Hans Strelocke

Mallorca Menorca

Ein Begleiter zu den kulturellen Stätten und landschaftlichen Schönheiten der großen Balearen-Inseln

DuMont Buchverlag Köln

Auf der Umschlagvorderseite: Mallorca: Hafen und Kathedrale von Palma
Auf der Innenklappe: Mallorca: In Valldemosa
Auf der Umschlagrückseite: Menorca: Megalithische Taula

4. Auflage 1985

Druck: Rasch, Bramsche
Buchbinderische Verarbeitung: Bramscher Buchbinder Betriebe

Printed in Germany ISBN 3-7701-1240-7

Kunst-Reiseführer in der Reihe DuMont Dokumente

Zur schnellen Orientierung – die wichtigsten Orte und Sehenswürdigkeiten Mallorcas und Menorcas auf einen Blick:

(Auszug aus dem ausführlichen Ortsregister S. 334)

In der vorderen Umschlagklappe: Karte von Mallorca

In der hinteren Umschlagklappe: Karte von Menorca und den Balearen insgesamt

Der Aufgang zur Kartause von Valldemosa. Nach: J.-B. Laurens, ›Souvenirs d'un voyage à l'île de Majorque‹, Paris 1840

Inhalt

Insel Mallorca

Insel Menorca

Geschichte – Kunst – Kultur

Anfänge balearischer Besiedlung

»Es liegen vor Iberia verschiedene Inseln, die die Griechen Gimnesias nennen, weil ihre Bewohner im Sommer nackt herumlaufen, und die Eingeborenen Balearen, weil auf der Welt niemand wie sie so große Steine mit Schleudern zu werfen versteht. Beide Inseln zusammen haben mehr als 30000 Einwohner. Die Inselbewohner leben in Felshöhlen, die sie an Steilufern und unterirdisch zu ihrem Schutz und zur Sicherheit graben. Auch unterscheiden sie sich in der Bestattung ihrer Toten von anderen Völkern. Die Leichen werden zerteilt und in eine Urne gelegt, über die dann große Felsbrocken aufgeschichtet werden. Ihre Waffen sind Schleudern, mit denen sie große Steine gegen ihre Feinde schleudern.« (Timaios, 4./3. Jh. v. Chr., zitiert von Diodorus von Sizilien)

Mit der Erwähnung von Felshöhlen lenkt Timaios unsere Betrachtung auf die Anfänge balearischer Besiedlung, auf die Zeit der Höhlenkultur, die nach gesicherten C 14-Daten (Radiocarbon-Analysen) ins 6. Jahrtausend v. Chr. anzusetzen ist. Es war die Zeit des frühen Neolithikums, als – sehr wahrscheinlich aus Nahrungsnot – Menschengruppen einer frühneolithischen Zivilisation nach neuen Jagdgründen suchten oder aufgrund irgendwelcher bisher nicht erfaßbarer Umweltveränderungen aus dem Raume der Provence und über den Golf von Lyon als Ausgangspunkt auf dem Seewege die Balearen erreichten – möglicherweise zur gleichen Zeit wie auch Malta, Sardinien und Korsika. Damit scheidet endgültig die überholte Lehrmeinung einer Invasion späterer, früh- bis mittelneolithischer El-Argar-Siedlergruppen aus Südostspanien aus. Vielmehr gibt es viele detailreiche Beziehungen und Verwandtschaften mit dem südfranzösischen Neolithikum und dessen Ausdrucksformen im Chasséen-Typ (Chassey-Kultur, Mitte 5. bis Mitte 4. Jahrtausend v. Chr.). In leichten Holzbooten, getrieben vom Tramontana-Wind, mögen sie erst angstvoll an den Küsten der Balearen gestrandet sein, bis sie erfreut feststellen konnten, daß es in vielen Buchten, an Steilfelsen und oft bis hinunter zur Wasserlinie (sie lag damals mehr als 30 m tiefer) weit im Fels, durch Wasser und Kuppeleinbrüche hervorgerufen, genügend Höhlen gab, die Schutz vor Feuchte, Kälte, Wind und den Angriffen wilder Tiere boten. Als dann weitere Gruppen, angezogen von den Siedlungsmöglichkeiten in einem angenehmen Klima und mit genügend jagdbarem Wild, auf den Balearen eintrafen – auf Mallorca und Menorca vornehmlich –, wurden die natürlichen Höhlen oder Höhlensysteme künstlich erweitert, unterteilt, Rauchabzugslöcher geschlagen und bequeme Eingänge, ja sogar

Fensterhöhlen geöffnet, kurz, eine neuentstandene Höhlengesellschaft schuf sich allmählich in ihrem neuen Lebensraum eine ihr adäquate Zivilisation und Kultur.

»Unter hohlen Felsen wohnen sie«, heißt es bei Diodor/Timaios, »und nachdem sie an Berghängen Höhlen ausgegraben und überhaupt an vielen Orten unterirdische Räume hergestellt, wohnen sie darin, um auf diese Weise Obdach und Sicherheit zugleich zu erhalten.« Diese troglodytenhafte Vorliebe und Gepflogenheit der von Timaios geschilderten Früh-Balearer fand dann in den aus Steinen gesetzten und ganz oder teilweise in den Boden versenkten, künstlichen 'Höhlen', Covas, besonders auf Menorca ihre Fortsetzung; sie dienten gleichermaßen als Wohnungen wie als Grabstätte.

Für Diodorus waren die Balearer wilde, rohe Völkerschaften, die (nach Timaios) im Sommer nackt herumliefen. Das stimmte nur bedingt, denn wie die alten Sarden trugen die Einwohner von Mallorca/Menorca gern einen Schafspelz; sie kämpften mit der Schleuder und hielten als Schild ein Ziegenfell in der Hand, später kamen noch kleine mit kupfernen, dann eisernen Spitzen versehene Wurfspieße hinzu. Sonst blieb man ungegürtet, also ohne Rüstung. Süffisant berichtet Diodor, daß eine Braut sich während der Vermählungsfeier jedem Gast hingeben mußte und die Frau überhaupt so hoch im Kurse stand, daß für eine etwa von fremden Stämmen entführte Frau bis zu vier Männer im Tausch geboten wurden. Weder der Ölbaum noch der Weinstock waren auf der Insel bekannt, und zum Salben verwendeten sie eine Paste aus Mastixöl, Terebinthe und Schweinefett. Ihren Toten sollen sie erst die Glieder mit hölzernen Keulen zerschlagen haben, sie dann in einen Behälter gelegt und darüber viele Steine geschichtet haben – möglicherweise sind damit Talajots oder Navetas gemeint.

Wenn auch nicht viel, so ist doch so mancher Rest ihres Hausrates gefunden worden, Knochennadeln, Pfrieme, Keramikscherben, dekorierte Broschen, eine Art Knöpfe mit V-förmigen Einkerbungen, zurechtgeschlagene Steine, menschliche Skelette und trepanierte Schädel. Bei solchen Trepanationen handelt es sich um Öffnungen der Schädelkapsel durch Bohren, Sägen oder Meißeln aus ärztlicher Absicht; sie waren bei den vorkeltischen Neolithikern weit verbreitet. Es sind fast kreisrunde Löcher im mittleren Schädelbein von etwa drei bis fünf Zentimetern Durchmesser, die dem Individuum meist noch bei lebendigem Leibe beigebracht wurden. Deutliche Regenerationsspuren der Knochenränder beweisen, daß der 'Patient' nach erfolgter Trepanation noch weitergelebt haben muß. Man kann

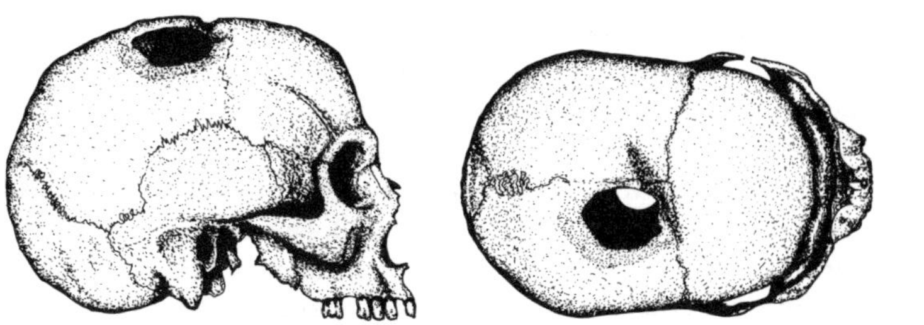

Schädel-Trepanation. Nach einem Fund auf Menorca

annehmen, daß die Anfänge der Trepanation wohl beim Herausnehmen bzw. Emporheben eingedrückter Schädelstücke nach einem Schädelbruch erfolgten, die schwere Formen von Hirndruck und Kopfschmerz, Depressionen oder Krampfzustände verursacht hatten. Die herausgehobenen Schädelknochenteile wurden dann als Anhänger und Amulette gegen die genannten Übel getragen. Ob Trepanationen allein zur 'Gewinnung' solcher Prophylaktika durchgeführt wurden, ist nicht bekannt, an Leichen aber könnte es durchaus möglich gewesen sein.

Neben vielen kleinen Schlupfhöhlen entlang der Steilküsten sind es auf Mallorca vor allem die gigantischen Höhlensysteme von *La Muleta* bei Soller, *Artá, Drach, Hams, Genova* und neuerlich *Campanet,* die viele Hunderte Meter weit und oft ebenso tief im Fels noch heute unerhört eindrucksvolle Höhleneinheiten bilden. Auf Menorca fehlen zwar die Giganthöhlen (außer vielleicht der *Cova d'Es Coloms* bei Binigaus), dafür aber gibt es viele hundert kleinere in den Wänden der Steilfelsen um heute so beliebte Badebuchten wie z. B. *Cala Coves, Cala Morell, Torre Saura, Son Bou* und anderswo. Meist sind sie nur 5 bis 10 m lang und breit und selten mehr als 2 m hoch. Sind ihre Eingänge ausgebaut, dann wurden sie oft mit Linierungen, gerade oder gewinkelt, geschmückt, und beim weiteren Ausbau der Wohnhöhlen ließ man, sicherlich aus statischen Gründen, meist in der Mitte einen Stützpfeiler stehen, in der Regel im zentralen Hauptraum, von dem seitwärts alkovenartige Zellen abgehen, vielleicht Schlafräume, die später, als man 'nach außen, oben' in die Talajots umzog, als Grabstätten benutzt wurden, sogar noch von Römern und Arabern, und die bis heute, jetzt oft unschön vermauert, dem Inselbauern als Ställe, Lager- und Abstellräume dienen.

Kaum ein Zufall kann es sein, daß zumeist in der Nähe solcher Höhlensiedlungen auf den Hügelkuppen befestigte Zufluchtsorte die fast unzugänglichen Klippen- und Steilränder überragen und daß sie in der Regel eine Quelle oder einen Brunnen mit einschließen; sie haben also offensichtlich den Charakter einer Festung, in die man sich bei feindlichen Überfällen zurückzog. P. Annius Flavius sagt ergänzend dazu, bei der Landung der Römer auf Mallorca 123 v. Chr. wären »die Eingeborenen auf die nächsten Hügel geflüchtet, wo man sie dann erst suchen mußte, um sie zu besiegen«. Auf Menorca bei *Son Bou* wird das ganz augenfällig, ähnlich bei *Es Castellaret* in der Nähe von Ciudadela, wo eine aus dem Fels geschlagene Treppe in einem Schacht tief hinab fast zum Wasserspiegel führt oder bei *Cala Morell* mit seiner gut 400 m langen Festungsmauer um den sicheren Platz. Menorcas vielleicht ältester Brunnen, *Na Patarra* bei Alayor, reicht fast 50 m tief in den Fels, das Wasser tröpfelt und sintert an den felsigen Wänden in eine steinerne Bodenschale, und man kann mühsam noch heute auf einer schmalen, glitschigen Treppe mit neun Absätzen zum Boden hinuntersteigen. Natürlich befindet sich auch dieses Wasserreservoir in der unmittelbaren Nähe eines talajotischen Heiligtums, der *Taula Toralba.*

Ihre Toten legten die neolithischen Höhlenmenschen in Grabnischen ab, die selten mehr als 30 cm im Querschnitt maßen und grob viereckig, trapezoid oder rundlich aus dem Fels gearbeitet wurden. Vertikale Verschlußsteine plombten die Nischen ab, die wohl oft auch für Urnenbestattungen genutzt wurden (Funde von Keramikresten und verkohlten Knochen). Grabnischen und Wohnhöhlen schmückten sie oft mit feuersteingeritzten und zuweilen rot nachgemalten Figuren: Aus pinselförmigen Füßen erwächst die Kreuzform des Körpers, ein auf der Spitze stehendes Dreieck bildet den Kopf. Exakte Datierungen fehlen bis heute.

Megalithische Bauwerke: Navetas, Talayots, Taulas

Als schließlich der Umgang mit Steinen und Steinblöcken zu echten Baukonstruktionen führte und man die einzelnen Schachtgräber durch Gänge, Nischen, Haupt- und Nebenräume zu regelrechten (Familien-?)Grüften erweiterte, stand der Weg vom nur ausgehöhlten zum fest geplanten, oberirdisch gebauten Grab offen, und es entstand um die Mitte des 2. Jahrtausends v. Chr. bei Palma der Grab-Turmbau von *Son Oms,* ein Gefüge aus zwei Ringmauern mit Steinkern, plattengedecktem zentralen Grabraum und einem zum Kultplatz auf dem Dachplateau (Sternbeobachtung?) hinaufführenden Gang, eine gigantische Baumasse, 25 m lang und 19,5 m breit, korsischen Grabtürmen sehr verwandt.

Auf Menorca entstanden von dieser Zeit an die zyklopischen *Navetas* (Abb. 172). Das sind megalithische Bauten in der Form eines Hufeisens, einer Ellipse oder eines verlängerten

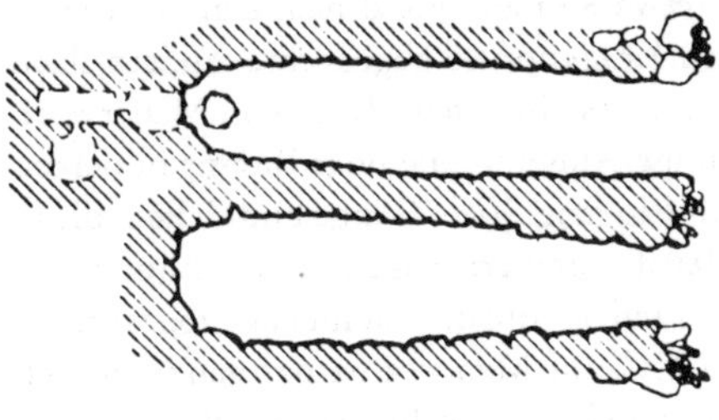

Es Rafael bei Palma: das unterirdische Grab in Verbindung mit einer ›Mehrfach-Naveta‹

U, aufgetürmt aus massigen Blöcken, auf Sockel-Orthostaten in rundumlaufenden Reihen. Der Name Naveta, schiffsförmig, deshalb, weil der nach oben verjüngte Baukörper einem kieloben liegenden Schiff ähnelt. In *Es Rafael* bei Palma ist es sogar eine Doppel-Naveta, und es gibt Reste von Navetas mit mehr als zehn Räumen, also wohl Mausoleen hervorragender Sippen. Die schönste und am besten restaurierte Naveta ist gewiß die von *Es Tudons* auf Menorca, wo in zwei Stockwerken fürstliche Tote beigesetzt waren – man kann durch den niedrigen Eingang in die Kammer kriechen – und wo man Knochen und Bronzeschmuck fand. Weil die Mehrzahl dieser Begräbnisstätten nicht allzuweit von Hafenbuchten liegt, darf man vermuten, daß die bronzezeitlichen Seefahrer diese eigenartige Form ihrer Gemeinschaftsbegräbnisse etwa um 2000 v. Chr. bewußt so gewählt haben, um noch im Tode in einer Art 'Schiff' zu ruhen. Navetas dieser Art gibt es mehr als sechzig auf der Insel Menorca.

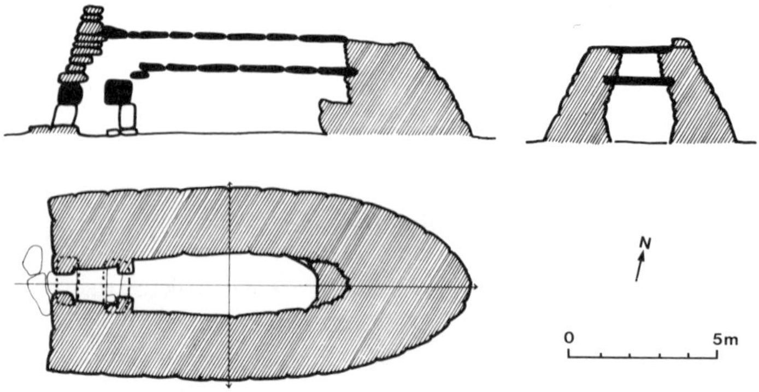

Es Tudons (Menorca): Längsschnitt, Querschnitt und Grundriß

Waren die Navetas die Mausoleen der Häuptlinge oder Fürsten, so sieht man in den *Talajots* (Abb. 171) heute – mit Vorbehalten – Wacht- und Verteidigungstürme, Sitz des Ortshäuptlings oder Lager- und Stallräume, auch werden sie mit dem Totenkult in Verbindung gebracht. Über tausend gibt es auf Mallorca, mehr als hundert auf Menorca; ihre Basisform ist rund, oval, quadratisch oder ganz unregelmäßig, im Mittel knapp 15 m im Durchmesser. Leicht konisch aus Steinblöcken mittlerer Größe, ohne Mörtel zusammengesetzt, steigen sie in der Regel zu einer Höhe von etwa 8 m auf. Sie ähneln den sardischen Nuraghen, waren aber nicht mit spitz zulaufenden Kragkuppeln abgedeckt, sondern flach mit Balken oder Steinplatten, die wohl eine Art Terrasse bildeten. Reste von Mauerwerk lassen vermuten, daß man sie über eine spiralförmige Außentreppe oder Rampe besteigen konnte. Alle haben einen heute meist verschütteten Eingang. Viele Gänge und Zellen, die in ihrer Anlage Beziehungen zu westeuropäischen Megalithgräbern zeigen, sind von auffallender Größe. Dann haben die dort stehengebliebenen Pfeiler wohl die Raumdecke abgestützt – in *Capicorp Vell* auf Mallorca oder *Sant Augusti Vell* auf Menorca ist das ganz deutlich auszumachen. Da solche Talajots in Gruppen oder vereinzelt, im Innern von Ringmauern oder auf Anhöhen stehen, bleibt bis heute die endgültige Deutung ihres Zweckes geheimnis-

Naveta Es Tudons (Menorca)

Bronzener Stierkopf aus Costitx (im Archäologischen Museum Madrid)

voll. Ob die einzelstehenden Talajots nur die Reste einer Siedlung sind, muß dahingestellt bleiben, stimmt aber vermutlich; sicherlich gehörten meistens mindestens vier, durch klobige Mauergürtel untereinander verbunden, zu einer Talajot-Siedlung und war diese Art Festung zum Schutze der Bevölkerung errichtet worden.

Natürlich fand man, obgleich diese megalithischen Talajots Jahrhunderte, vielleicht Jahrtausende hindurch als ideale Steinbrüche genutzt wurden, noch einzelne Relikte, Keramiken und Bronzen vor allem, die in den Museen der Inseln (Palma, Alcudia, Arta, Bellver, Mahón, Ciudadela) ausgestellt sind. Der schönste Fund sind zweifellos die drei bronzenen *Stierköpfe von Costitx* auf Mallorca, die man heute im archäologischen Nationalmuseum in Madrid als 'Tres testas de Toro' besichtigen kann. Sie sind in frappierend ähnlicher Weise wie die Stierköpfe aus Susa in Persien modelliert. Nimmt man die Kuh von Balazote und andere Funde dieser Epochen (6. bis 5. Jh. v. Chr.), die Sphinx von Bocairente und die Löwen von Delos hinzu, um einige weitere Beispiele zu nennen, dann entdeckt man vielfältige Beziehungen der Balearen, Iberiens und anderer Mittelmeerinseln zu den Grundformen der frühhellenischen Welt. Ob als Despoblados in Spanien, als Citanias in Portugal, als Nuraghen auf Sardinien, als maltesische Urzeittempel oder als Talajot-Siedlungen auf den Balearen: stets handelt es sich um aus rohem Bruchsteinwerk in zyklopischem Mauerverband errichtete Bauten und befestigte Umwallungen (als Beispiele auch die Mauern von Tarragona, Gerona, Malaga usw.), deren Steinsetzung an die Gräber von Mykene erinnert. Das Wort Talajot, aus dem Arabischen '*atalayi*' (=Wache, Wache halten), mag einen Aspekt dieser Bauten benennen. Den zusammenfassenden Begriff einer 'talajotischen Kultur' hat der menorquinische Archäologe Juan Ramis in die Geschichte der Balearen eingeführt.

Die imposanteste Erscheinung dieser talajotischen Kultur sind zweifellos die *Taulas* (Abb. 170), die nur auf Menorca anzutreffen sind. Immer findet man sie in Verbindung zu Talajots oder anderen megalithischen Bauwerken. Gut dreißig sind bis heute bekannt. Es handelt sich jeweils um eine vertikale Stütze oder Steinplatte, meist eine Seite schlagrauh, die andere geglättet und poliert, auf der horizontal und mit Loch und Zapfen stabilisiert, eine weitere, tonnenschwere Steinplatte T-förmig so aufliegt, daß die Form eines gigantischen Tisches zwischen 4 und 6 m Höhe entsteht *(taula* = Tisch). Außer der T-Form gibt es auch solche, bei denen eine diagonal angesetzte Steinplatte – oft mit Kapitell – die 'Tischplatte' zusätzlich zu stützen scheint, obgleich dafür statisch nachgewiesenermaßen keine Notwendigkeit vorliegt. Stets befindet sich die Taula inmitten eines bis 16 m weiten hufeisenförmigen oder runden Platzes, der von mannshohen Steinpfeilern gebildet wird, zwischen denen kleinere Pfeiler mit 'Tischplatten' wiederum einzelne Nischen abteilen – ähnlich wie in den Felsentempeln von Malta. In der Regel befindet sich der Eingang in den Taula-Ring an der Längsseite der Anlage, zwei steinerne Pfostenstützen mit darübergelegtem Monolithen bilden das Tor.

Über die Bedeutung dieser Taulas gibt es mehrere, widersprüchliche Theorien: es seien Stützsäulen, die die Decklast von großen, einst überdachten Sälen trugen; die Taula habe eine Gottheit personifiziert oder sei deren Thron gewesen (dort gefundene Stier- und Bockshörner könnten auf die Verehrung einer männlichen Gottheit deuten lassen); die Taula habe im Totenkult als eine Art Altar gedient, auf dessen Riesentisch fürstliche Tote zur Verwesung niedergelegt worden wären; die Taulas seien überdimensionale Opfertische gewesen (was indes sehr unwahrscheinlich scheint, da sie weder Brandspuren noch Blutablauflöcher aufweisen, ganz abgesehen von der für eine Opferhandlung 'unpraktischen' Höhe); die Taula stelle eine astronomische Hilfskonstruktion dar oder habe dem Stern-, dem Mond- oder dem Sonnenkult gedient. »Die Vorgeschichte der Balearen ist noch voll von Geheimnissen, doch es ist sicher, daß auch diese Inseln Teile einer großen religiösen Einheit waren, auf deren Grundidee jedes Volk seine eigene schöpferische Antwort gab« (Sibylle von Reden: ›Die Megalith-Kulturen‹).

Griechische Besiedlung der Balearen

Knapp dreihundert Jahre dauerte es nach der dorischen Wanderung, ehe Griechen – jetzt als seßhafte Bewohner der Ägäis und der kleinasiatischen Küsten – zur sogenannten 'griechischen Kolonisation' aufbrachen. Längst war die Landnahme abgeschlossen, die Stämme hatten so etwas wie ein griechisches Volksgefühl entwickelt, und die Polis um die vielen Burghügel mag schnell zu eng geworden sein. Was also lag näher, als in den damals fast leeren Küstensäumen entlang dem nördlichen Mittelmeer erst Ankerplätze, dann Faktoreien und Handelsplätze anzulegen? Zu Homers Zeiten geschah das, es begann Ende des 8. Jahrhunderts und dauerte bis ins 6. Jahrhundert. Dann freilich setzten das Vordringen der

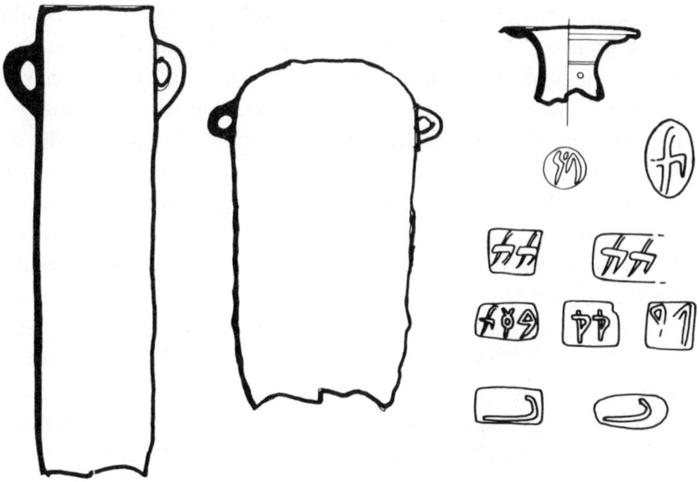

Phönizische Amphoren und Krugsiegel

Perser zur Küste Kleinasiens ebenso wie die frühe Entente Etrusker-Karthager gegen die Griechen im Westbecken des Mittelmeeres der griechischen Kolonisation ein Ende.

Daß ihre Schiffe dabei auch die Balearen besucht haben, liegt außerhalb jeden Zweifels und ist zudem durch Funde (Münzen, Keramiken, Bronzen, Schmuck- und Gebrauchsgegenstände, unter anderem auch durch die Figur des sinnenden Odysseus in *Mahón* auf Menorca und durch Schachtgräber auf Ibiza) belegt. Der Handel brachte ihnen Rohstoffe, die in den Zentren Korinth, Megara, Milet, Phokaia und anderen Städten verarbeitet wurden, während gleichzeitig die eingeborenen Handelspartner mit den verschiedensten Kulturgütern der neuen Hochkultur der Griechen Bekanntschaft machten.

Im 5. Jahrhundert müssen für längere Zeit die Phokäer zumindest auf Menorca gewesen sein. Denn von ihnen stammt der erste überlieferte Inselname 'Meloussa', eine Ableitung von *mélon* (= Vieh), ein Hinweis, daß schon vor zweitausend Jahren der Viehreichtum Menorcas beeindruckend gewesen sein muß. Im Diözesanmuseum von *Ciudadela* liegen die Funde aus dieser Zeit, vor allem eine diademgekrönte Harpyie (weibl. Windgöttin aus Vogelkörper und Frauenkopf, Tochter von Elektra und Thaumas).

Auf den Balearen sind solche Funde um so erklärlicher, als sich der zeitlich parallel laufende phönizische Fernhandel glücklicherweise fernab vom griechischen hielt; die Phönizier fuhren nur an den Südküsten des Mittelmeeres entlang, von Sidon, später Tyros aus, über Gibraltar hinaus und zu Spaniens Kupfer- und Silberminen bei Tartessos, und das bereits seit 1100 v. Chr. Erst im 6. vorchristlichen Jahrhundert gelang es dem phönizischen, 814 v. Chr. gegründeten Karthago, die endgültige Vormacht im westlichen Mittelmeer zu erlangen und vor allem am engen Riegel zwischen Tunis und Sizilien die alte phönizische Ost-West-Route abzusichern. Malta, Sardinien und Korsika wurden erobert, 654 v. Chr. Ebussos (Ibiza) und Westsizilien fest in Besitz genommen und auf Menorca die heutigen

Städte *Ciudadela* (Jamma) und *Mahón* (Maghen) gegründet. Bischof Severo aus Menorca schrieb im Jahre 417: »Die Punier gründeten die beiden kleinen Orte und sie benannten sie nach der Gegend, in der sie sich befanden: Jamnona blickt nach Westen, Magona neigt sich gen Osten«, womit augenscheinlich die geographische Lage angegeben war und zusätzlich im phönizischen Wort 'Maghen' für Schutz oder Verteidigung der großartige, gut 6 km tiefe Zufluchtshafen Mahón charakterisiert wurde, in dem nach Scipios Sieg über Hasdrubal die geschlagenen Reste der Karthager sicheren Zuschlupf fanden. Und weil regelmäßig, wenn phönizische Schiffe die Küsten Menorcas ansteuerten, dort sofort auf allen Höhen Warnfeuer abgebrannt wurden, hieß Menorca bei den Phöniziern treffend 'Insel des Feuers' oder Nure (phönizisch = Feuer).

Bei nun moderneren Schiffen größerer Tonnage scheint eine feste Besetzung Mallorcas, weil nicht mehr notwendig, auch nicht stattgefunden zu haben; einzelne Versuche dazu scheiterten am heftigen Widerstand der Inselbewohner. Vielmehr nutzten jetzt diese ihre so überaus günstige Lage zwischen den Einflußbereichen der Griechen und Karthager zur einträglichen Seeräuberei oder verdingten sich als damals hochberühmte, gefürchtete Steinschleuderer, so unter anderem im leichten Fußvolk der Söldnerheere des Hamilkar Barkas, Hasdrubals und Hannibals. 'Baliarides' hießen sie daher im Altertum (von ballein = werfen, schleudern). Oder, wie die Sage zu erklären versucht, nach dem Gefährten des Herakles, Baleo, der vom Herrn der Meerenge diese Inseln zum Geschenk erhalten haben soll. Die balearischen Kinder schon mußten sich im treffsicheren Steineschleudern üben, sie sollen zum Training ihre Nahrung von Baumästen oder Felsspitzen heruntergeschossen und alles Wild allein mit der Steinschleuder erlegt haben. Detailliert wird das geschildert bei Strabo. Auch bei Diodorus von Sizilien, zitiert aus Timaios, heißt es: »Ihre Waffen sind Schleudern, mit denen sie große Steine gegen ihre Feinde schleudern, und zwar mit einer Treffsicherheit, die sie von Kind auf geübt haben, so daß sie fast immer ihr Ziel treffen und dabei selbst Rüstungen und Helme durchschlagen und so ihren Feinden großen Schaden zufügen.«

Römische Zeit

Diese Schleuder (*funda* von den Römern genannt) war ein rundliches, zur Aufnahme des Geschosses bestimmtes Lederstück, an dem zwei Riemen befestigt waren. Sie nahm der Schleuderer in die Hand, wirbelte die Schleuder um den Kopf und ließ im richtigen Moment einen Riemen los, so daß das Geschoß, von der Zentrifugalkraft getrieben, ins Ziel geschleudert wurde. Solche Geschosse aus runden Kieseln oder stachlige, eichelförmige Bleikügelchen (*glandes* = Eicheln) waren, wie Timaios treffend feststellte, durchaus in der Lage, selbst gepanzerte Schilde oder Helme glatt zu durchschlagen. Als des Cäcilius Metellus' Legionäre von See her und von der Halbinsel Victoria aus gen *Cunium* (heute Alcudia) stürmten, trugen ihre vordersten Sturmreihen durchweg ein ledernes Wams unter der Panzerung. Später, zur Kaiserzeit, entwickelten die Römer aus diesen Schleudern ihre

Strick- oder Stockschleudern (*fustibalus*) mit der Schleudervorrichtung an einem etwa 1,25 m langen Stab, und noch im 16. Jahrhundert wurden solche Stockschleudern zum Werfen von Granaten und Brandfackeln in Einsatz gebracht.

146 v. Chr. war Karthago schließlich gefallen und zerstört worden, unter anderem auch mit Hilfe balearischer Schleuderer-Abteilungen in Massinissas nordafrikanischen Hilfstruppen-Kontingenten, und der Eroberer Karthagos, Scipio Aemilianus, sorgte auch für die Befriedung der Iberischen Halbinsel. Eigenartigerweise aber unterließen es die Römer, schon jetzt die balearischen Inseln in den Aufbau ihrer römischen Institutionen und ihrer Verwaltung mit einzubeziehen, ein lose geschlossener Vertrag zwischen Rom und den Mallorquinern blieb ohne Bedeutung. Im Gegenteil nutzten die Mallorquiner, jetzt politisch so ungebunden und dabei topographisch so überaus günstig gelegen, die Gunst der Stunde und kaperten rücksichtslos wo nur möglich römische Handelssegler im gesamten westlichen Mittelmeer und blockierten zeitweise sogar die unerläßliche Verbindung zwischen der spanischen Provinz und dem Mutterland. »In dieser Zeit waren die balearischen Inseln für ihre Piraten berüchtigt, denn ihre tapferen Männer überfielen nicht nur die in der Nähe vorbeisegelnden Handelsschiffe, sondern zögerten auch nicht, selbst römische Kriegsschiffe anzugreifen und sie als sehr willkommene Beute anzusehen. Die Römer wurden dann mit einem Hagel von Steinen empfangen, und erst unter der Wucht römischer Wurfspieße und Pfeile zogen sich die Inselbewohner in die Sicherheit ihrer Tumuli zurück.« (Anneus Florus, 2. Jh. Mit den *tumuli* sind sicherlich die Talajots gemeint.) Derart provoziert, setzte schließlich der bis dahin noch einigermaßen duldsame römische Senat im Jahre 123 v. Chr. den einstigen Prätor, Konsul und Prokonsul Quintus Cäcilius Metellus mit einer beachtlichen Kriegsflotte gen Mallorca in Marsch. In der Bucht von *Alcudia* gingen seine Truppen an Land, dort wurde von ihnen Pollentia (heute Alcudia) gegründet und bald die gesamte Insel für Rom eingenommen und befriedet. Als endgültiges Signum des Sieges wurde im Jahre 122 v. Chr. *Palma* (= Palmaria, die 'Siegespalme') gegründet. Metellus erhielt den Ehrenbeinamen 'Balearicus', ein Dekor mehr für die noble Familie der Meteller aus dem einstmals plebejischen Geschlecht der Cäcilier, die seit dem 3. Jahrhundert mehrfach Konsuln, den Pontifex Maximus, Prätoren oder Prokonsuln gestellt hatten. Noch vor seinem Tode 115 v. Chr. ließ er 3000 römische Veteranen und Kolonisten auf die Insel übersiedeln. *Balearis Major* oder Majorica wurde die Hauptinsel benannt, *Balearis Minor* oder Minorica die andere, und beide wurden der römischen Provinz Hispania Citerior mit der Hauptstadt Tarragona (Colonia Julia Victrix Triumphalis Tarraco) unterstellt. Eigene Provinz wurden die Balearen erst Ende des Imperiums. Auf beiden Inseln besetzten die Römer alle strategisch wichtigen Plätze, bauten sie aus und befestigten sie, benutzten dabei gern auch prähistorische Bauwerke wie die Talajots und Festungsbauten an Meeresbuchten oder auf Bergkuppen, etwa Palma, Castell des Rey, Capdepera, Alaro auf Mallorca und Magona (Mahón), Toro und Santa Agueda auf Menorca.

In *Pollentia, Manacor* und *Palma* als Bürger und Handwerker, mehr noch als Coloni über die Insel verstreut, begannen sie und bald auch Zuzügler aus dem übervölkerten Rom mit der Romanisierung Mallorcas und Menorcas, wo *Ciudadela* die römische Hauptstadt wurde

Römischer Steinsockel vom Cap Pinar bei Pollentia

Römische Öllampe aus der römischen Nekropole Es Rafal des Capits bei Ciudadela (Menorca)

und bis 1722 auch Inselhauptort blieb. Entlang einer neu erbauten Römerstraße zwischen Pollentia und Palmaria (Palma) über das Verwaltungszentrum Inca (Name vermutlich von *incola* = Einwohner) entstanden römische Siedlungen, wurde römischer Ackerbau eingeführt oder intensiviert, der Weinbau gepflegt (Plinius setzt die Qualität des mallorquinischen Rotweins den besten Lagen Italiens gleich), die Salzgewinnung erprobt und unter dem Schutz der Pax Romana systematisch ein gut funktionierendes römisches Verwaltungssystem aufgebaut.

Ob, wie manche meinen, nicht *Palmaria,* sondern *Campos* römischer Haupt- und Hafenort auf Mallorca war, ist ungeklärt. Um Campos breitet sich zwar eine 'römische' Landschaft, Mallorcas einzige Thermalquelle (heute Baños de San Juan) liegt dort, und in den Gewässern von Puerto de Campos (jetzt Colonia San Jordi) fand man Reste römischer Schiffe und viele Amphoren. Deshalb glaubt der mallorquinische Historiker Talladas, daß der Name des heutigen Landgutes El Palmer auf das römische Palmaria zurückzuführen sei, von dem Plinius und Estrabón eingehend berichten.

Drüben, aus den spanischen Festlandsprovinzen, entstammten die Dichter Lukian, Martial und Quintilian, der Philosoph Seneca und die Kaiser Trajan, Hadrian und später Theodosius, und ein Schimmer solcher Größe wird wohl auch in den insularen spanischen Provinzbezirken zu spüren gewesen sein. Denn dort wie hier schmückten stolze Bürger ihre Heimatorte mit Tempeln, Hallen, Palästen und Villen, Bäder und Märkte entstanden längs neuer, befestigter Straßen. Erhalten geblieben sind neben Resten von Tempel- und Privatbauten auf Mallorca das intime Teatro Romano in Alcudia und in Pollensa die kleine Römerbrücke über den Torrente de Sant Jordi. Bei Ferrerias auf Menorca gab es eine sogar 4,35 m breite Römerbrücke und in Terello und Mahón etliche großflächige Mosaiken. Viele Inschriften, Münzen und Grabstätten sind die Überreste aus der Römerzeit auf dieser kleineren Baleareninsel.

Im 1. Jahrhundert n. Chr. wohnten nach Diodorus bereits gut 30000 Menschen auf der Insel Mallorca, viele von ihnen waren aus Rom Vertriebene und Verbannte, denen in diesem Jahrhundert gerade Mallorca bevorzugt als Verbannungsplatz zugewiesen wurde, wie Tacitus berichtet. Die Dichte der vielen kleinen Städtchen noch heute auf der Insel zeigt den typisch römischen Hang zur Stadtkultur, in der allein die Römer glaubten die Civilitas, die ihnen eigene Vorstellung von Kultur und Zivilisation verwirklichen zu können. Den Bauern auf dem Lande, Einheimischen wie römischen Siedlern, bot zudem die Nähe einer Stadt erhöhte Sicherheit und wirksameren Rechtsschutz. Kurioserweise führte gerade während des 1. Jahrhunderts eine nicht einzudämmende Kaninchenplage zu partieller Hungersnot, die so gravierend war, daß die römischen Mallorquiner Kaiser Augustus um militärische Hilfe baten (Plinius/Strabo).

Christentum und Vandalenzeit

Vermutlich nur wenig später als die Ausbreitung des frühen Christentums auf der Iberischen Halbinsel im 2. nachchristlichen Jahrhundert erfolgte, entstanden auch auf Mallorca, Menorca und Ibiza erste christliche Gemeinden. Im 5. Jahrhundert war gar der Kirchenvater Paulus Orosio mit den Reliquien des Heiligen Stephanus in der Bucht von Mahón auf Menorca gelandet. Seit dieser Zeit spätestens war die Inselbevölkerung endgültig christianisiert und erbaute neben zerfallenden Römertempeln ihre ersten christlichen Basiliken. So fand man bei *Manacor* Reste einer Santa-Maria-Basilika aus dem 4./5. Jahrhundert. Fragmente ihrer Mosaikfußböden kann man heute im Museo Municipal in Manacor sehen. Auf Menorca sind die beiden Basiliken von *Son Bou* und von *Fornas de Torello* gut erhalten und in situ belassen, Reste zweier anderer am Cap Fornells und auf der Hafeninsel Del Rey bei Mahón freigelegt worden –, vor allem aber bleiben die Katakomben von *San Marti* bei Alcudia die geheimnisvollsten Zeugen des frühen Christentums auf Mallorca.

Als nach dem Konzil von Nicäa sich von Córdoba aus des Bischofs Hosius Lehre von der Wesensgleichheit Christi mit dem Vater durchsetzte, wurden die meisten christlichen Mallorquiner ganz besonders orthodoxe Athanasier (die Arianer behaupteten lediglich eine Wesensähnlichkeit).

Auf ihrer Insel von den politischen Wirren der ersten Jahrhunderte in Rom wie im gesamten römischen Reich isoliert, mögen die Einwohner der Balearen nur hier und da einzelne Unruhewellen verspürt haben. Die Römer gingen hier beschaulich ihrem Tagwerk in dem unübertroffen günstigen Inselklima nach, führten die Ölbaumkultur ein, begründeten die noch heute typische Keramikindustrie und exportierten Olivenöl und Töpferwaren ins stets aufnahmebereite Mutterland. An vielen Ortsnamen ist die Römerherrschaft noch abzulesen, zum Beispiel in denen, die mit 'lluc' beginnen, wie Lluch, Lluch Alcari, Lluchmayor oder Llucmassanes, was vom lateinischen Wort *lucus* (= Hain, Wald) hergeleitet ist, oder in

Namen mit 'mur', von *murus* (= Mauer), wie Muro oder Muro Vetera, ein Platz bei Son Tica auf Menorca.

Alles änderte sich schlagartig, als die Vandalen 406 nahe Mainz den vereisten Rhein überschritten hatten. Sie überzogen Gallien, fielen 409 in Spanien ein und bauten dort in der Folgezeit Cartagena zu ihrem Flottenstützpunkt aus. Bereits 425 erreichten die ersten Vandalenschiffe die Balearen, vorerst sicherlich nur im Rahmen von Testfahrten der im Entstehen begriffenen Flotte König Geiserichs. Nach dem erfolgreichen Übersetzmanöver der Vandalen und Alanen bei Tarifa nach Tanger im Mai/Juni 429 aber und der folgenden Besetzung Karthagos 439 begann die Festigung des vandalischen Mittelmeerreiches, und nun setzten sie, jetzt aus Nordafrika kommend, in einer Flankenbewegung endgültig nach Mallorca und den anderen Baleareninseln über, um künftig den Hafenplatz Cartagena flankierend besser schützen zu können. Diese Maßnahme hat verhindert, daß sich 460 eine kaiserlich-römische Flotte vor Spaniens Küsten zum Angriff gegen Geiserich sammeln konnte; Geiserich schlug und vernichtete sie dann im Gegenzuge bei Santa Pola.

Ob und inwieweit auf den Balearen die sogenannte 'vandalische' Zerstörungswut und Plünderei ein Dauerzustand wurden, muß dahingestellt bleiben, wie es überhaupt fraglich ist, ob sich dieses den Vandalen angelastete Benehmen wesentlich von den kriegerischen Gepflogenheiten anderer Völker aller Zeiten unterschied. Abgesehen von der obligatorischen 'Freigabe zur Plünderung' nach einer Eroberung, werden die Vandalen sich auch auf den Balearen ähnlich wie in Nordafrika verhalten haben, das heißt, relativ schnell die kulturellen und zivilisatorischen Annehmlichkeiten ihrer Vorgänger übernommen haben. Und wie König Geiserich in Karthago unumstrittener Herr über Land und Menschen war und bekanntermaßen hart und konsequent regierte, so taten es seine Verwaltungschefs in den eroberten Gebieten sicher ebenso, d. h., man war so klug, die Ortsgemeinden bestehen zu lassen, garantierten sie doch die sicherste 'Ausbeutung' der Ackerflächen und der Menschen und das Funktionieren der weiterhin bestehenden Steuererhebungspraktiken der römischen Capitatio (eine Steuer, die den Menschen insbesondere als landwirtschaftlich einsatzfähige Arbeitskraft erfaßte, eine Kopfsteuer, bei der z. B. zwei Maultiere einem Menschen gleichgesetzt wurden, in der Regel auf die niedrigeren Schichten beschränkt).

Dem religiös ziemlich toleranten Geiserich folgte sein Sohn Hunerich, trotz seiner Heirat mit einer Schwester Kaiser Valentinians ein Katholikenhasser, Arianer finsterster Art mit dem sektiererischen Eifer zur Einheit des Glaubens in seinem Sinne. Nach einem Edikt von 484, das die sofortige 'Bekehrung' aller seiner Untertanen forderte, setzten grausame Christen- und Judenverfolgungen ein, die erst unter seinen Nachfolgern Gunthamund, Thrasamund und Hilderich aufhörten, so daß den Katholiken wieder die freie Religionsausübung möglich war.

Letzter Vandalenkönig war Gelimar, zu impulsiv und zu unbedacht, um Kaiser Justinian zu trotzen. Dessen Feldherr Belisar landete mit 15000 Mann und 5000 Reitern auf 500 Schiffen im Jahre 533 bei Sousse, schlug Gelimar vor Karthago und liquidierte das relativ kurzlebige Reich der Vandalen (Gelimar starb am Bosporus im Exil; Kaiser Justinian legte sich die Titel 'Africanus' und 'Vandalicus' zu).

Arabisch-maurische Epoche

Dieser Blitzkrieg in Afrika und die Eroberung der wichtigsten Mittelmeerinseln im folgenden Jahre, also auch der Balearen, war für Byzanz zur Einkreisung Italiens strategisch notwendig und Voraussetzung des Krieges gegen die Goten. So wurden die Balearen der Provinz Sizilien angeschlossen und restaurativ die alten römischen Gesetze wieder eingeführt. In Spanien ging die Römerherrschaft endgültig zu Ende, sie war vom Reich der Goten abgelöst worden, die im Kampf mit Justinians Byzantinern zeitweise schon die gesamte Südküste Spaniens verloren hatten. Dazu in dynastischen Querelen befangen, verbündeten sich im Jahre 710 die Anhänger des abgesetzten Königs Witiza gegen seinen Nachfolger Roderich mit den längs der nordafrikanischen Mittelmeerküste stetig von Ägypten her vorrückenden Araberheeren unter dem Oberbefehl des Strategen Okba ibn Nafi. Als 642 das byzantinische Alexandrien gefallen war und islamische Mönchssoldaten Zypern und Sizilien angriffen, ja 698 sogar Karthago den Arabern in die Hände fiel, galt das als Menetekel, und wer es noch vermochte, floh nach Spanien oder auf die Balearen, die nun, im letzten byzantinischen Versuch, das westliche Mittelmeer zu verteidigen, verwaltungsmäßig in den Verbund spanischer und nordafrikanischer Staaten unter Führung Ceutas eingegliedert wurden. Nur für kurze Zeit, bis nämlich 708 Musa ibn Nusair mit dem Erreichen der Atlantikküste die arabische Eroberung Nordafrikas abschloß, und das just zur Zeit der oben genannten Hilferufe des westgotischen Exkönigs Witiza. Sofort setzte der Arabergeneral Tarik ibn Sijad über die Meerenge von Gibraltar, besiegte 711 König Roderich bei Jerez de la Frontera, von wo aus General Musa ibn Nusair in einem Siegeszug ohnegleichen ganz Spanien – außer dem christlichen Asturien – besetzte und sogar über die Pyrenäen vorstieß bis ins Herz Frankreichs, wo bei Tours und Poitiers schließlich Karl Martell das Kunststück fertigbrachte, die Araber 732 oder 733 zu schlagen und zum Rückzug zu zwingen.

Unterdessen operierten unter dem Befehl von Musas Sohn Abdullah omaijadische Seestreitkräfte im gesamten Mittelmeerbecken und fegten die Reste christlicher Flotten hinweg. Sardinien und die Balearen wurden dabei um 707 zum ersten Male geplündert, aber noch nicht endgültig besetzt, was den erbitterten Mallorquinern, den Menorquinern und den Einwohnern von Ibiza – soweit sie arabischer Gefangenschaft und Sklaverei entgehen konnten – die Gelegenheit bot, als Korsaren, die alle insularen Schlupfwinkel nur zu gut kannten, gleichermaßen gegen die dezimierten Einheiten der sich auflösenden byzantinischen Flotten wie besonders gegen arabische Geschwader zu operieren. Das wiederum zog ständig arabische Strafexpeditionen nach sich, die je öfter desto grausamer ausgingen, so daß schließlich die stolzen Mallorquiner nicht umhinkonnten, energisch bei Karl dem Großen um Hilfe nachzusuchen. 799 setzten sich die ersten kaiserlichen Einsatzverbände in Marsch, aber erst 813 gelang es dem Flottenchef Conde Armengol de Ampurias, vor Mallorca einen arabischen Flottenverband zu stellen und aufzureiben. Sicherheitshalber schlossen die so wieder unabhängig gewordenen Mallorquiner 848 einen Vertrag mit den Arabern, brachen ihn aber überheblich noch im gleichen Jahr und mußten dafür Plünderungen durch Truppen Abderrahmans II. von Cordoba hinnehmen. Mit 300 Schiffen wurde diese Strafexpedition nach Mallorca geschickt. Jetzt erst erflehten die Mallorquiner Gnade um jeden Preis – um in den nächsten Dezennien, gemäßigter zwar und sehr vorsichtig, dennoch der alten Korsarentätigkeit weiter nachzugehen.

Auf einer Pilgerfahrt, dem Haddsch im letzten Monat des Jahres Dhu'l-Hiddscha, mußte der Mozaraber* Isam el Jaulani vor einem Seesturm in einer Bucht der Insel Mallorca Schutz suchen, und während sein havariertes Schiff wieder flottgemacht wurde, erkundete er fleißig das Eiland. Jaulani muß ein aufmerksamer und aufgeschlossener Herr gewesen sein, denn als er nach Spanien heimkehrte, konnte er seinem Herrscher, dem Emir Abd-Allah (888–912) hochbeeindruckt die Insel Mallorca nur in den leuchtendsten Farben schildern und ihm dabei klug unterbreiten, daß die Verteidigungsanlagen dort in desolatem Zustande seien. Derart überzeugt, ließ Abd-Allah ein Invasionskorps aufstellen, übertrug Jaulani den Oberbefehl, und dem gelang es tatsächlich, trotz heftigen Widerstandes der Mallorquiner, bis 902 die gesamte Insel zu erobern. Er selbst wurde erster Gouverneur, und mit ihm begann eine der glückvollsten Zeiten Mallorcas, wie ähnlich auch auf Menorca ab 1025 unter dem Schirm der islamischen Hochkultur mit ihrer universalen Gelehrsamkeit, Kunstfertigkeit und Kultur. Nunmehr fest in arabischer Hand war aus dem Korsarenstützpunkt ein wichtiger Stützpunkt der arabischen Flotte geworden, die von hier aus unaufhörlich christliche Schiffe kaperte oder Kataloniens, Frankreichs und Italiens Küstenorte plündernd überfiel, ganz gleich, wer augenblicklich über Mallorca herrschte – nach Jaulani sein Sohn Abd-Allah bis 947, dann Al-Muwaffak, denen der einstige Sklave Caustir, dann Mucatil bis 1013 folgten, diesen der Emir von Denia und bis 1114 wechselnd mehrere selbständige, selbstherrliche Emire, deren letzter das Opfer der mallorquinisch-arabischen Seeräuberei wurde. Denn, als 300 mit zornigen italienischen Soldaten vollbeladene Schiffe von Pisa aus und dazu 500 aus Montpellier, Barcelona und Ampurias unter dem Oberbefehl des Grafen von Barcelona, Berenguer III., in der Palma-Bucht einliefen, war das Strafgericht nicht mehr aufzuhalten, die Stadt wurde wüst geplündert, tief im Land meilenweit alles zerstört und Tausende von Gefangenen gemacht. Fast schien die arabische Zeit der Balearen vorbei zu sein. Da zog sich ganz unerwartet die Strafexpedition zurück, und erst almoravidische, dann almohadische Herrscher nahmen die Insel wieder in islamischen Besitz. Der alte Seeräuberkrieg gegen die Christen ging weiter oder verlagerte sich zeitweilig auch auf dynastische Kämpfe mit den Glaubensbrüdern wie etwa um 1200, als die almoravidischen Banu Ghanij von ihrer Basis, den Balearen, aus die Almohaden in Nordafrika bitter bekriegten, bis sie der Almohade An Nasir 1207 mit einer von Algier ausgesandten Flotte zur Raison und damit Mallorca wieder zur Ruhe brachte.

Über 300 Jahre und sogar 522 Jahre lang, wenn man die Unterbrechungen nicht berücksichtigt, konnte sich das arabische Element auf den Balearen, vornehmlich auf Mallorca und Menorca etablieren. Die Araber meinten, nun für immer auf den Inseln bleiben zu können. Neben der *Medina Mayurca* (Palma) gab es auf Menorca die *Medina Minurca* (Ciudadela), wo im Alcazar die islamischen Statthalter residierten und die

* Mozaraber = Araberdiener, Schimpfwort für Christen, die damals arabische Sprache und Schrift angenommen hatten. Nach ihnen der Mudejar-Stil, ein christlich-arabischer Mischstil.

einzelnen Inseldistrikte regierten. Mit Hilfe ihrer ausgereiften Bewässerungskünste verwandelten sie die steinigen Karsthänge der Westküste Mallorcas in blühende Gärten, die heute noch in den Terrassenanlagen vor allem bei *Estellenchs* und *Bañalbufar* oder bei den Wind- und Wasserrädern bewundert werden können; Orangen- und Zitronenpflanzungen, Aprikosen und Pfirsiche bereicherten das Früchteparadies der Insel, Mandelbaumkulturen wurden angelegt, der Weinbau intensiviert, Handwerk, Industrie, Kunsthandwerk blühten, und ihre Güter fanden reißenden Absatz bei Moslems wie Christen; um einfache Landhäuser oder pompöse Villen breiteten sich prachtvolle Gärten, in denen raffinierte Wasserspiele oder stille Teiche die geometrischen Architektur- oder Gartenbauformen milderten. Die arabischen Gärten von *Raxa* oder *Alfabia* sind noch heute Touristenattraktionen ersten Ranges. Anstelle des von den Vandalen zerstörten Pollentia wurde *Alcudia* arabischer Regierungssitz. Man kann es noch heute besuchen, ebenso wie die kühnen Burgbauten von *Capdepera, Santueri* oder *Castillo del Rey* sowie *Santa Agueda* oder *Toro* auf Menorca.

In Palma konnte sich der arabische oder mozarabische Stil durchsetzen. Märchenhafte Paläste und Bürgerhäuser umgaben die oft mit Palmen bestandenen kühlen Innenhöfe; luxuriöse Inneneinrichtungen und Schmuckdetails, Seidenstoffe, Teppiche, Stickereien, Fayencen und Lederarbeiten, ornamental geradlinig oder verschlungen mit stilisierter Arabeske und reizvoll koloriert (meist in den Museen) zeugen von der verfeinerten arabischen Lebensform.

Stolz prägte man eigene Münzen mit der Aufschrift 'Medina Mayurca'. Damit war die gesamte Insel ebenso wie die Residenz der arabischen Wesire, der Palacio de la Almudaina, heute neben der Kathedrale, früher Platz der Hauptmoschee, gemeint. Wo der Almudaina-Bogen heute die Casa Villalonga Escaldas überspannt, standen am Stadttor die Wachen zur Medina, in der vor allem Araber wirkten: Literaten schrieben ihre Bücher (Asch-Schakandi, Ibn Alabana, Al-Macari u. a.), Theologen und Juristen verbreiteten islamische Gelehrsamkeit, verfeinerte Kultur und Vergnügungen konnten sich entfalten. Erhalten sind die *Font y Roig*, die 'arabischen Bäder' in der Calle Serra. In den Städten wie auf dem Lande ertönten damals wie heute die schmelzend traurigen Klänge mallorquinischer Musik, die seufzend-stöhnenden Melodien der Araber, die sich bis jetzt so charakteristisch im Volkslied der Balearen und in den Melodien der Lieder beim Dreschen und vielen Feldarbeiten erhalten haben, während von der arabischen Literatur Mallorcas das meiste verlorengegangen ist, verbrannt im Wüten der Inquisition.

Dennoch, mündlich überliefert blieben viele einfühlsame Erzählungen und Märchen aus arabischer Zeit, und ein typischer Hang zu Schicksalsglaube und Fatalismus war noch bis in neueste Zeiten augenfällige Ausdrucksform balearischer Mentalität, sie fußen sicherlich im Kismet-Ergebensein der arabischen Seele. Vielleicht kann auch die besondere Pferdeliebe als Indiz ihrer arabischen Vergangenheit angesehen werden. Aus vielen Ortsnamen wird das arabische Erbe besonders deutlich, wenn sie mit 'al' beginnen (Alcudia, Alaro, Algaida, Alfuri, Alparte, Artuig) oder mit 'bin' anfangen (Benisalem, Biniamar, Biniaimut, Binif Agull), der Pluralform von *ben* (*bini* = aus dem Besitz der Söhne von). Alte Steinmauern, die Tanca, sind oftmals noch von Hohlziegelstücken unterbrochen, wie sie nach uraltem Brauch arabische Maurer herstellten, auf Mallorca wie auch anderswo; man findet sie besonders an der Kapelle von San Salvador bei *Felanitx*. Dort wirft man zur Verehrung des heiligen Ortes einen Stein, eine alte Sitte arabischer Wüstennomaden, die damit verhinderten, daß ein besonderer Platz allzu schnell vom Sande wieder zugeweht wurde.

Christliche Wiedereroberung: Königreich Mallorca, Beginn der großen Bautätigkeit

In Spaniens Norden, in den asturischen Bergen bei Covadonga, nahm die Reconquista, die Rückeroberung des Landes aus den Händen der Araber, ihren Anfang, zog über Leon und Galicien nach Burgos und Toledo, und dort und anderswo bildeten sich unter oft kompliziert-widersprüchlichen Umständen christliche Teilstaaten, die in zähen Kämpfen bis zur Mitte des 15. Jahrhunderts schließlich die Araber in ihr letztes Königreich zurückdrängten, bis mit der Eroberung der Alhambra in Granada 1491 wieder die Flagge der christlichen Könige über dem gesamten Lande wehte.

200 Jahre zuvor war am 8. Februar 1208 im Pyrenäen-Königreich Aragon Prinz Jakob I. (Jaime I.) als Sohn König Pedros II. geboren worden, Herrscher über Montpellier, Ampurdan, Roussillon, die Provence, Valencia und Katalonien. Als der König in der Schlacht bei Muret 1213 gefallen war, bestieg Prinz Jaime I. den Thron, ein kluger, warmherziger und ritterlicher Jüngling, tief religiös, voller Ehrgeiz und Idealismus.

Von Mallorca aus operierten zu eben dieser Zeit die Piratenschiffe des Wali Abu Yahia Muhammed ibn Ali ibn Abi Iman al-Tinmalali ziemlich ungestört im balearischen Seeraum und dann schließlich immer ungenierter selbst bis zu den Küsten Kataloniens – vermutlich weil Abu Yahia meinte, als Günstling des Kalifen in Granada (seit 1203 gehörten die Balearen zum almohadischen Königreich Granada) gefahrlos vieles wagen zu dürfen. Derart bedroht schickten die Katalanen und besonders die Bürger von Barcelona beständig dringende Hilferufe zum königlichen Hofe, und schließlich entschloß sich der König zum Ausbrennen des Piratennestes und zur Eroberung der Inseln. Schon in Tarragona hatte ein Günstling des Königs, Pere Martell, bei einem Festessen dem erst zwanzig Jahre alten König mit Argumenten betreffs der strategischen Lage der Balearen und der Schönheiten Mallorcas in den Ohren gelegen. Derart beeindruckt ließ König Jaime I. schließlich im Tinell-Saale seiner Residenz in Barcelona alle Persönlichkeiten aus Stadt und Reich zusammenrufen, und mit dem anfeuernden Ruf »Auf nach Mallorca!« begann am Heiligen Abend 1228 die Rekrutierung für das Unternehmen. Unter dem Motto eines 'Heiligen Krieges gegen die Ungläubigen' wurde in Eile ein Heer aufgestellt, die Bischöfe von Barcelona und Tarragona und der Erzbischof von Gerona traten höchstpersönlich mit Fußsoldaten und Reiterei der Streitmacht bei, und auf 143 Schiffen stachen vier Divisionen mit rund 12000 Fußsoldaten sowie 1500 spanische und südfranzösische Ritter am 1. September 1229 von Salou (Tarragona) aus in See, Richtung Mallorca.

Aufkommender Sturm hätte in der Nacht zum 7. September beinahe das Unternehmen zum Scheitern gebracht. Ob König Jaime damals ein Gelübde zum Bau der Kathedrale ablegte, wie manche behaupten, bleibt zweifelhaft. Jedenfalls, der König trotzte dem Rat seiner Navigatoren, nach Barcelona zurückzusegeln, und auf seinem Schiff an der Spitze des Verbandes lief er Tage später in die Bucht von *Pollensa* ein. Da widrige Brandung und zu flacher Strand sich als wenig günstig für eine Landung erwiesen, segelte man, den Kundschafterbooten nach, entlang der Ost- und Südküste Mallorcas, sparte wohlweislich in der Palma-Bucht den für einen Handstreich zu stark befestigten Hafen *Palma* aus, setzte dafür aber die ersten Truppen auf die kleine Insel Pantaleu vor San Telmo ab, während die Hauptmacht schließlich in der ruhigen, sandigen Bucht von *Santa Ponsa* vor Anker ging.

Hier stiegen tags darauf am 12. September 1229 in Landungsbooten oder zu Fuß im seichten Wasser der Bucht die Truppen an Land, der Königsstandarte nach, die ein Junker Riudemeya ihnen vorantrug. Dort, wo er den Schaft in den Boden rammte, steht auf dem Caleta-Fels heute das hohe steinerne Gedenkkreuz mit acht Relieftafeln an der Basis, das Bilderbuch zur Landung der christlichen Ritterschaft um ihren für das Gelingen betenden König. Zum Ritter geschlagen, erhielt Riudemeya vom König allen Grund und Boden rund um die *Santa Ponsa*-Bucht. Dann zelebrierte Bischof Berenguer de Palou von Barcelona auf einem Stein (aufbewahrt heute in der Capella de Sa Pedra Sagrada) die erste heilige Messe auf Mallorca, ehe sich das Heer zum Abmarsch gen Palma aufstellte. Längst hatten die Araber seit der Vorbeifahrt an Pollensa und Palma die Absicht der Expeditionsflotte erkannt und auf den Höhen zwischen Santa Ponsa und Palma in Eile 5000 Mann Einsatztruppen in Verteidigungsstellungen gebracht.

Am Coll de Sa Batalla (Berg der Schlacht, die Gegend Palma Nova/Portals Vells heute) kam es noch am gleichen Tage zur Schlacht. Erbittert wurde auf beiden Seiten gekämpft, die arabische Streitmacht wurde stark dezimiert, das königliche Heer arg zur Ader gelassen. Die beiden Feldhauptleute des Königs, die Brüder Ramón und Guillermo Moncada, fielen, an sie und die Schlacht erinnert ein eisernes Gedenkkreuz, heute am Rande der Autobahn Palma-Andraitx. Die Oberhand behielten die Spanier, ihr Heer rückte vor Palmas mächtige Mauern. Für die Araber war alles zu schnell gegangen, Palma war trotz seiner 160 ausgebauten Walltürme nicht für eine lange Belagerung eingerichtet. Drei Monate waren sie eingeschlossen, da gingen Wasser, Nahrungsmittel und Munition zu Ende, der Emir erbat freien Abzug für sich und seine Bürger. König Jaime lehnte ab, der Kampf ging weiter, und am Silvestertage 1229 stürmten durch eine Mauerbresche – heute Puerta Pintada – die Spanier in die Gassen der Medina Mayurca. Dann ritt der König selbst mit seinem Stab durch das Tor Bab al Kofer in die Stadt ein. Der Emir suchte Schutz in der Moschee, die dort stand, wo sich heute die Kirche San Miguel (Plaza Virgen de la Salud) erhebt. Christliche Ritter führten ihn vor König Jaime I., der fortan den Beinamen 'der Eroberer' (el Conquistador) führte und im Schloß Almudaina darauf die Kapitulation der Stadt und die offizielle Unterwerfung des Emirs entgegennahm. Am nächsten Morgen, es war der 1. Januar 1230, wurde unter einem flugs errichteten Kreuz in der Hauptmoschee Palmas der christliche Neujahrsgottesdienst gefeiert. Zur sofortigen Umwandlung dieser Moschee in eine christli-

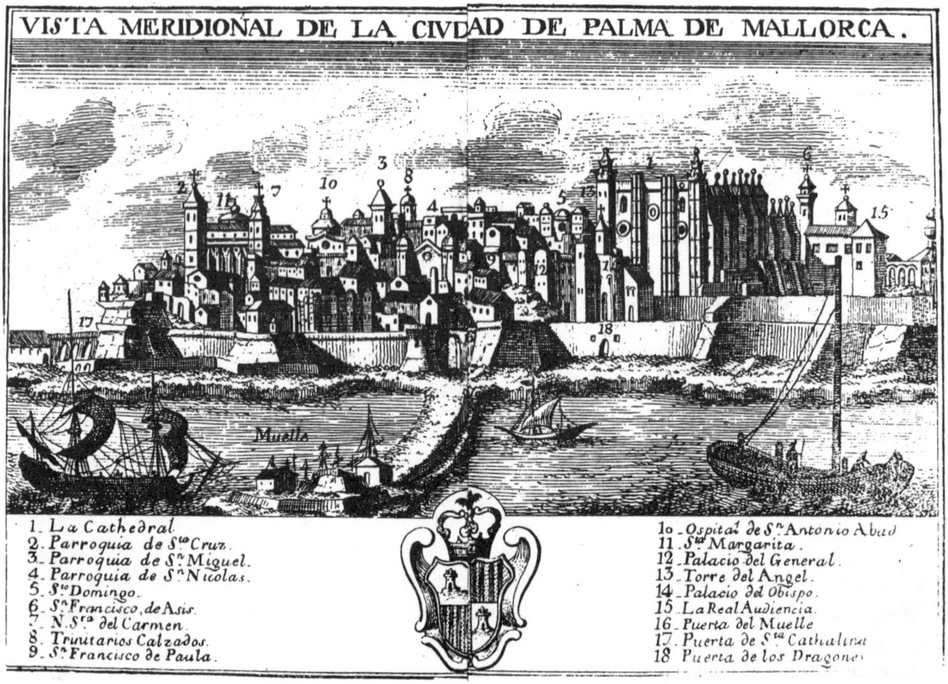

Das mittelalterliche Palma

che Kirche stiftete der König den Zehnten »der ersten Ernten aus allen neu eroberten wie noch zu erobernden Ländereien Mallorcas, Menorcas und Ibizas«. Auf acht Tage war für Soldaten und Seeleute die Plünderung der Stadt befristet, und in dieser Zeit mögen schier unersetzliche Werte verlorengegangen sein, zumal es sich ja 'nur' um heidnisches Kulturgut handelte. Dafür sollte neben der neuen Königsresidenz, der Almudaina, auf der Höhe der Küstenbastion nahe dem Kettentor (Puerta de les Cadenes) und zum Teil auf Grundmauern der alten Hauptmoschee auf Wunsch des Königs eine stattliche Marienkirche errichtet werden – vermutlich wurde mit dem Bau noch im Jahre 1230 begonnen: heute Palmas berühmte Kathedrale.

Palma war christlich geworden, ein politisch-ökonomisch-religiös ausgerichtetes System brach zusammen, ein völlig gegensätzliches kam zur Macht, eine Diskontinuität ohnegleichen. Die Eroberung und Christianisierung der Inseln hatte begonnen, und das hieß nun, dem ersten mußte ein zweiter Feldzug folgen (1231/32), denn das Gros des arabischen Heeres war entlang der alten Römerstraße nordostwärts in Richtung del Cami (heute Santa Maria del Cami) ausgewichen, weil es glaubte, in der uneinnehmbaren Bergfeste *Alaro* Sicherheit und Schutz finden zu können. Sie hatten freilich ihre Rechnung ohne den

Kommandanten gemacht. El Benahabet, arabischer Provinzgouverneur von Pollensa und Inca, Herr auf Alfabia und Festungskommandant von Alaro schätzte die realen Machtverhältnisse – vielleicht auch ein wenig opportunistisch eingestellt – richtig ein, wollte unnötiges Blutvergießen vermeiden und übergab kurzerhand Festung und Provinz den christlichen Truppen. Damit fiel fast die Hälfte der Insel König Jaimes Verbänden kampflos in die Hand, besonders eben die für einen Feldzug topographisch schwierigen Gebirge und Steilküstenlandschaften entlang der Westküste Mallorcas. Letzte Arabereinheiten suchten schließlich in den weitverzweigten Höhlensystemen der Nordostküste Schutz. Vergeblich! Sie wurden alle vom beizenden Rauch aus eigens dazu angefachten Stroh- und Reisigfeuern, den der Seewind in die Höhlen blies, buchstäblich ausgeräuchert (Cuevas del Drach, Cuevas de Arta).

Künftig übergab der König einem Gouverneur die Verwaltung der Insel, dem ein großer Rat zur Seite stand. Nominell sollte ein in 37 Abschnitte aufgegliederter Rechtskodex die verfassungsmäßigen Rechte der Mallorquiner sichern, d. h. die Übernahme des arabischen Grundbesitzes, Unantastbarkeit der Häuser, Mühlen und Schiffe, unabhängige Gerichtsbarkeit und allgemeine Freiheit und Gleichheit.

Der Emir von Menorca, von den Erfolgen König Jaimes auf Mallorca beeindruckt und durch Gesandte des christlichen Hofes bedrängt, versuchte erst gar keinen Widerstand, sondern unterstellte sich 1232 der christlichen Schutzherrschaft. Anstatt die arabische Oberschicht zu bekämpfen oder zu vertreiben, machte man sie klugerweise nur tributpflichtig, eine vorzügliche Aufbesserung der königlichen Kassen: »jährlich 3000 Scheffel Weizen, 100 Kühe und weitere 300 Stück Vieh, teils Ziegen, teils Schafe«, sowie für das Privileg, in Ciudadela und der Festung Santa Agueda bleiben zu dürfen, »jedes Jahr 4 Zentner Fett und 200 Boote zur Beförderung der Tiere«. Der Name *Ciudadela* wurde zum ersten Male in der Chronik von Jaime I. erwähnt. Vermutlich als Verkleinerungsform von Ciutat (= Stadt) war Palma die Ciutat de Mallorca, sie die Ciutadela de Menorca. Erobert wurde Menorca erst 1286. »Am 16. Tag vor den Calenden des Februar im Jahre des Herrn 1286 wurde die Insel Menorca von Alfons, dem guten König von Aragon, genommen.« (Bogeninschrift, Museum Mahón).

Auf Mallorca fand zweifellos die Mehrzahl der Araber bei den Kämpfen den Tod oder wurde restlos ausgeplündert, so daß die meisten Überlebenden es vorgezogen haben mögen, nach Ibiza oder lieber nach Granada auszuwandern. Andere wurden Sklaven, mußten weiterhin die Äcker bearbeiten, wurden verkauft oder aber als handwerkliche Spezialisten bevorzugt behandelt. So wurde ein Araber sogar königlicher Silberschmied und später dank seiner Meisterarbeiten freigelassen, eine Sklavin und zwei Männer schenkte Alfons III. der griechischen Kaiserin Konstanze, seiner Tante, die Kinder Gefallener wurden ohnehin automatisch als Sklaven verkauft, Kranke oftmals brutal aus vollbeladenen Schiffen über Bord ins Meer geworfen – Grausamkeiten, die der mittelalterlichen Mentalität adäquat waren. Wer blieb, ließ sich besser taufen und nahm künftig zusammen mit den Veteranen des Königs oder Neuzugewanderten aus Valencia und anderswo an den christlichen Gottesdiensten in usurpierten Moscheen oder den ersten christlichen Kirchen-Neubauten teil. Enge

Gefolgsleute des Königs, Militärs und kirchliche Würdenträger übernahmen die riesenhaften Landsitze arabischer Edelherren, wohnten in deren Villen, bearbeiteten deren Landgüter oder ließen sich, angeregt von der arabisch-mallorquinischen Umwelt, jetzt ähnliche, mediterran-arabisch nachempfundene Häuser bauen – ebenso, wie man sie heute in Palma und überall auf der Insel mit gestelzten Bogenstellungen auf schlanken Mamorsäulen um anmutige, von Blumen und Bäumen bestandene Innenhöfe bewundern kann.

Der König ließ die Araberfestung *Almudaina* umbauen und nach seinen Erfordernissen gestalten (Architekt P. Salva). Vieles Arabische ging dabei verloren und wurde erst in neuester Zeit durch einfühlsame Restaurierungen wieder freigelegt. Auf den Höhen über der Stadt wurden die Gründungsarbeiten zum Castillo de Bellver durchgeführt. Während der noch 36 Jahre währenden Regierungszeit des Königs bis zu seinem Tode 1276 besuchte er noch viernal Mallorca, konnte den Baufortschritt seiner Marienkirche, die als Kathedrale geplant war, verfolgen und erlebte die Fertigstellung der Altarapsis 1232, in der Bischof Morella 1269 den Hochaltar einweihte.

Zu spät kam die Eroberung Mallorcas für den auf dem spanischen Festland bereits abklingenden romanischen Baustil, dennoch führten einige Baumeister ihn in kleinerem

Jaime II. de Mallorca. Nach Marti Camps

Umfange auch auf der Insel ein. So erhielt beim Umbau des arabischen Almudaina-Palastes die neue, sonst gotische Santa Ana-Kapelle ein vorzügliches romanisches Tor aus dunkelrotem Marmor, und viele andere der ersten christlichen Gotteshäuser benutzten, um gegenüber dem Islam dem neuen Bauempfinden Ausdruck zu geben, das streng gegliederte tektonische Gefüge des romanischen Stils, so etwa in *Santa Magdalena* bei Inca, das in Teilen noch zu arabischer Zeit entstand und unter Duldung des Islams den wenigen christlich Gebliebenen einzige Zuflucht war das Kapellchen *San Miguel* bei Campanet am Wege zu den neuen Tropfsteinhöhlen, oder *San Pedro* in Escorca, fast ein Wehrbau in blockhaft gedrungener Bauweise, heute unmittelbar an der touristischen Westküsten-Bergstraße C-710 zwischen Soller und Lluch gelegen.

In das nun christliche Land strebten von überall her Kaufleute zu ertragreichem Handel in die Hafenstädte, und in Palma waren es besonders die Genuesen, die sich vom König ihre Handelskolonie 1231 eigens privilegieren ließen. Jaimes I. Testament bestimmte aus dynastischen Erwägungen, daß nach seinem Tode das Reich Aragon unter die beiden Söhne geteilt werden solle. Kronprinz Pedro (III.) erhielt die Festlandskomplexe Aragonien und Katalonien, der andere, jüngere, Montpellier, das Roussillon und die Balearen. Hier gründete er als Jaime II. (der I. von Mallorca) das Königreich Mallorca, stellte sich so auf die gleiche Stufe mit seinem Bruder und legte damit den Keim einer tiefen Entfremdung zum väterlichen Aragon.

Auf Mallorca ließ er bis 1309 den so eigenartig harmonisch proportionierten Rundbau des *Castillo de Bellver* (Abb. 56–59) fertigstellen, damals wie heute Pulchro Visu, die 'schöne Aussicht' über Stadt und Hafen; an der Kathedrale forcierte er das Bautempo und gab 398 Pfund aus seiner Privatschatulle vor allem für eine in den neuen Grundbauplan eingefügte Dreifaltigkeitskapelle, in der er einst beigesetzt zu werden verfügte, was nach seinem Tode auch geschah; dem von seinem Vater gegründeten Kloster *San Francisco* spendete er die großartige Kirche und genehmigte den Bau der weiten Kreuzgänge; in der neugegründeten königlichen Münze, Zeca, ließ er seine mallorquinischen Zahlungsmittel prägen – bis 1746 waren sie als gültig im Umlauf; in Valldemosa ließ er ein Schloß errichten, heute Teile der Cartuja, ein anderes in Sineu, und er gründete die Orte Manacor, Petra, Felanitx und Lluchmayor.

1235, noch zu König Jaimes I. Zeiten geboren und ehemaliger Page von Jaime II. wurde Raimundus Llullus später der Nationalheros der Insel Mallorca. Als Gelehrter, Begründer der katalanischen Literatur (fast 150 philosophische Werke), Missionar und Scholastiker gründete er die erste Missionsschule für orientalische Sprachen und lebte zwei Jahre auf dem Klosterberge *Randa.* In Bougie (heute Kabylei, Algerien) gesteinigt, verstarb er 1315 als Märtyrer; er liegt im Kloster San Francisco in Palma begraben (über sein Leben s. S. 278).

Auf Menorca entstand auf dem Gipfel des höchsten Inselberges, dem *Monte Toro,* das gotische Kloster für die Inselheilige, die 'Madonna vom Stier', bald der wichtigste Wallfahrtsort der Insel, in *Alayor* wurde Santa Eulalia erbaut, noch festungsartig und fast ohne Fenster, aber mit einer großartigen Figurengruppe am Hochaltar, und, wie in Palma, begann man in *Ciudadela* die islamische Hauptmoschee ab 1300 zu einer Kathedrale umzubauen, der mohammedanische Alcazar wurde zum gotischen Rathaus. Überall auf der Insel folgten viele weniger bedeutende Kapellen und Herrenhäuser diesem Beispiel.

1311 starb König Jaime II., sein kränkelnder Sohn Sancho I. folgte ihm auf dem Throne. Für sein Königreich Mallorca viel zu tun, blieb ihm wenig Zeit, und es fehlte ihm wohl auch die Lust dazu, obgleich der Kathedralenbau in Palma weiterhin Fortschritte machte (Apsiskapellen, Gewölbe bis zum ersten Säulenpaar). 1324 verschied der König, die Krone fiel an den Sohn seines Bruders Fernando. Als Jaime III. nahm dieser vom Throne Besitz, ein würdiger Nachfahre seines Urgroßvaters Jaime I., voller Tatkraft und Ehrlichkeit und einer großen Liebe zu seiner Heimat Mallorca. Allen Reformen, die seinen Untertanen Vorteile bringen konnten, stand er aufgeschlossen gegenüber, Handel und Wirtschaft blühten dank der intakten mallorquinischen Flotte von mehr als 350 tüchtigen Seglern, die in den Urteilssprüchen des 1325 erbauten Seehandelsgerichtes, dem Consulado del Mar (heute am Paseo Maritimo), ihre juristischen Belange vertreten sahen. Im Wettstreit mit den damals schnelleren Schiffen der Italiener liefen Mallorcas Segler bis Flandern und England, kauften Gewürze und Drogen aus dem Orient und bezahlten mit Gold aus dem Sudan, das der nordafrikanische Handel einbrachte – und mehrere Schiffsreisen führten gerade während dieser Zeit zu den Kanarischen Inseln. 1341 hatten sie die Portugiesen und Italiener wiederentdeckt. Deshalb sollten bereits 1342 die Kapitäne Domingo Gual und Francesco des Valer »nach den Gegenden der im Westen neu entdeckten Inseln segeln, die gewöhnlich die Glückhaften Inseln genannt werden«. Insgesamt sechs große Expeditionen dorthin sind erwiesen. Talg, Felle, Farbstoffe und Sklaven brachten sie nach Mallorca zurück, bis der neue Bischof der Kanaren, ein Frater Bernardo, dem Sklavenhandel ein Ende setzte, und König Peter IV. von Aragon nach einem Prozeß um die Verschleppung von 200 kanarischen Eingeborenen nach Mallorca von Palma aus eine Missionsexpedition zu den Kanaren sandte, um dort die Eingeborenen zum katholischen Glauben zu bekehren und die Inseln, wenn möglich, »mit Gottes Hilfe als Lehen des Königs von Aragon zu nehmen«, was naturgemäß nicht im Widerstreit zu den damaligen Konstellationen im europäisch-dynastischen Gefüge möglich war.

Ende des Königreichs. Einverleibung ins spanisch-aragonesische Reich

Nach König Sanchos Tode lebten die zwischen Mallorca und Aragon latent schwelenden Erbfolgestreitigkeiten und Rivalitäten wieder voll auf, es kam zum Kampf, und bereits am 26. 5. 1343 schlugen in der Paguera-Bucht König Pedros IV. Truppen den regierenden Mallorca-König. Jaime III. mußte nach Rossillion flüchten und nach erneuter Niederlage sich mit »bedecktem Haupte« unterwerfen. Eine Jahresrente von 10 000 Libras und die Ländereien Montpellier, Melader und Carlades vermochten seinen Rachegeist nicht zu besänftigen, im Gegenteil. Montpellier wurde 'preisgünstig' an den König von Frankreich verkauft, mit dem Geld eine Flotte und ein Heer ausgerüstet, und 1349 landeten zwei hochgerüstete Divisionen des königlich aragonesischen Heeres unter der Führung von Admiral Rimbeau

1 Palma Die Kathedrale, 1380 bis 1420 von Guillermo Sagrera erbaut

2 PALMA Balearischer Schleuderer, Bronzebild vor der Almudaina

3 PALMA Mallorcas Nationalheros Ramon Llull

4, 5 PALMA Almudaina: die ältesten Teile der arabischen Burg und Erker- und Loggientrakt

6, 7 Palma Aufgang zur Almudaina (links) und zur Kathedrale (rechts). Westfront der Almudaina

8 Palma Die Kathedrale von Südosten

9 PALMA Kathedrale: Abendmahl im Mirador-Portal

10, 11 PALMA Kathedrale: Mirador-Portal. Der kassettierte Renaissance-Bogen im Westportal

12 Palma Kathedrale: Petrus und Paulus, Gewändefiguren am Mirador-Portal

13 PALMA Kathedrale: Corpus Christi-Altaraufsatz, 1641

14, 15 PALMA Kathedrale: Kapelle der Jungfrau der Barmherzigkeit, 14. Jh., und Kapelle des Hl. Sebastian, 18. Jh.

16 PALMA Kathedrale: Hauptkanzel von Juan de Salos (1531), Relief der Auferstehung

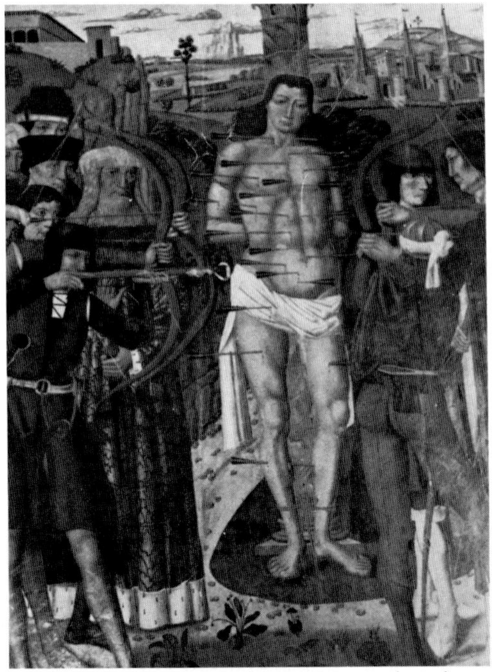

17, 18 PALMA Kathedralmuseum: Silberleuchter von Joan Matons, 1718. Hl. Sebastian von A. de Sedano, 1488

19, 20 PALMA Konvent Santa Clara (1256), minarettähnlicher Glockenturm. Barockportal der Klosterkirche Montesion

21 PALMA Die Arabischen Bäder, bedeutendste Reste der mehr als 400jährigen arabischen Vergangenheit der Insel

22, 23 PALMA Renaissancefenster in der Calle del Sol. Portal von San Francisco

24, 25 PALMA Innenhof der Casa Oleza. Innenhof in der Straße El Sol

26 PALMA Kirche San Francisco: Drachentöterfigur über dem Barockportal von Herrera

27, 28 Palma Innenhof der Casa del Marqués de Vivot im Renaissancestil. Treppenhaus im Rathaus

29 Palma Das Rathaus

30, 31 Palma Almudaina-Bogen, Stadttorrest der arabischen Medina Mayurka. Denkmal Joan Alcovers (1854–1926) auf der Plaza de la Reine

32, 33 Palma Palast Morell. Schildkrötenbrunnen an der Plaza de Pio XII.

34, 35 Palma Casa Berger, heute Justizpalast: Innenhof mit Galerien und Wappenwand an der doppelläufigen Treppe

36, 37 Palma Kirche San Nicolas: Portal und Hl. Nicolaus, 14./15. Jh.

 San Miguel, die älteste Kirche der Stadt

39 PALMA San Miguel: Portalfront mit Erzengel Michael, im Bogenfeld Maria mit dem Kind

40, 41 PALMA San Miguel: unter den Fialtürmchen die Evangelisten Matthäus und Markus

de Corbera an der Ostküste und setzten sich in Richtung Palma in Marsch. König Jaime III. eilte ihnen entgegen und stellte sich, nolens volens, am 4. Oktober mit nur 3000 Fußsoldaten und etwa 400 Reitern dieser Übermacht bei *Lluchmayor,* kämpfte selbst »wie ein Löwe« an der Spitze seiner Truppen und fiel. Ein Soldat Pedros schlug ihm den Kopf ab. Die Schlacht war verloren. Des Königs Leiche, Königin Doña Violante und die Kinder Isabella und Jaime wurden auf Schloß Bellver gebracht, der Sohn später von dort nach Barcelona, wo man ihn in einem eisernen Käfig eingeschlossen gefangenhielt. Die Balearen wurden zur Provinz Aragoniens. Auf dem *Camp de Sa Batalla* steht heute ein hohes weißes Steinkreuz an der Carretera C-717 und im Orte *Lluchmayor* ein Denkmal des sterbenden letzten Königs von Mallorca.

Die folgenden Jahre regierten nach Pedro IV. (1336–87) die aragonischen Könige Johannn I. (1379–96), Martin I. (1396–1410), Alfons V. (1416–58) und Johann II. (1458–79), wobei der Tod König Johanns II. am 19. Januar 1479 zur Vereinigung Aragons mit Kastilien führte – unter den katholischen Königen Ferdinand und Isabella, denen dreizehn Jahre später, 1492, die Eroberung der Alhambra in Granada gelang. Das bedeutete das endgültige Ende der Araberherrschaft in ganz Spanien.

Für Mallorca bedeutete das einhundertdreiundvierzig Jahre Wartestellung am Rande der spanischen und südwesteuropäischen Geschichte. Das Thema der Reconquista (Wiedereroberung) war erledigt, und was blieb, waren Handel und die Seefahrt zu den nahen und weiteren Häfen von Cadiz bis Sizilien und anderswohin. Zwar gab es, weil der neue aragonische Besen allzugut kehrte und für Pedros IV. Kriege gegen Kastilien, Genua und Sardinien zu viele Mittel auch den Mallorquinern abverlangt wurden, anfangs nicht unerhebliche Unruhen. Bis in die Zeiten König Johanns I. zog sich das hin, und 1391 stürmten empörte Bürger, Bauern und Handwerker sogar gen Palma. Dann aber zog, bei geringerer Besteuerung und stetig steigender Handelsbilanz Ruhe auf Mallorca ein, und ein nicht zu langes, dafür aber goldenes Zeitalter öffnete seine Pforten.

Blütezeit in Handel und Seefahrt, in Wissenschaft und Kunst

Der Handel vor allem Mallorcas erreichte im 14./15. Jahrhundert seinen Höhepunkt; hierzu trug die Lage der Insel wesentlich bei; vor der Entdeckung Amerikas und des Kap-Weges war sie eine Drehscheibe des europäischen Handelsverkehrs mit dem Orient, der sich über Ägypten bis nach Asien ausdehnte. Von je einem Gouverneur wurden die beiden Inseln Mallorca und Menorca regiert. Er war verpflichtet, ständig auf seiner Insel zu wohnen. 125 mallorquinische Pfund verdiente er im Jahre. Ihm unterstanden ein Stellvertreter und Berater, die Schloßwarte der Festungen, die Richter für das Landrecht und, noch wichtiger, für das Seerecht, die Eichmeister zur Kontrolle der königlichen Märkte, die Landvögte von Palma, Inca, Pollensa, Manacor und andere auf Mallorca, und Ciudadela, Mahón, Alayor, Mercadal und Santa Agueda auf Menorca, die Stallmeister, denen die Registrierung und Kennzeichnung der Viehherden oblag, die Gartenaufseher mit der besonderen Aufgabe der gerechten Wasserverteilung und schließlich der 'Senyor de la guaita', der als Nachtwächter vom Stadtturm aus auf seinem gebogenen Horn lautstark die Stunde zu blasen hatte. Königliche Dekrete befaßten sich mit der Stoffweberei, mit Fischfang und -verkauf, mit der schon in der zweiten Hälfte des 14. Jahrhunderts auf Menorca blühenden Käseindustrie und verboten beispielsweise im Jahre 1376 für die nächsten zwei Jahre das Schlachten von allen Wolltieren, da sie einer Seuche wegen schon stark dezimiert waren. Ja, 1403 forderte der König von den Menorquinern, es denen in Mallorca nachzutun und innerhalb einer Frist von sieben Jahren den Weinanbau zu beginnen und zu forcieren, und weil 1350 übler Mißernten wegen auf Menorca Brotgetreide fehlte, mußte jedes einen Inselhafen anlaufende Getreideschiff dort auch seinen Weizen löschen und verkaufen.

Nur noch Barcelonas Kauf- und Handelsherren konnten mit denen in Palma mithalten, ein Stamm erfahrener mallorquiner Seeleute navigierte die 30 modernen Dreidecker und die mehr als 400 anderen Handelsschiffe der Insel (Gesamtbesatzung um 37000 Mann) unter allen nautischen Bedingungen sicher in jeden Hafen. Palmas Hafen lag ursprünglich in Porto Pi, wo heute vor dem *Castillo San Carlos* der alte Leuchtturm am Marinebecken steht, genau gegenüber der *Torre de Pelaires* (Befestigungsturm) an der Uferstraße bei der Einfahrt zur Estacion Maritima, wo die Fährschiffe aus Barcelona und die Überseedampfer anlegen. Erst als diese Hafenanlage mit dem Anwachsen des mallorquinischen Seeverkehrs zu klein wurde, entschloß man sich zum Bau eines neuen Hafens in der Gegend des Seehandelsgerichtes (Consulado del Mar) und der Börse (Lonja). Als mallorquinische Schiffe, 73 Jahre vor denen Portugals, um 1346 unter Jaime Ferrer bereits bis zum Rio del Oro gesegelt waren und dabei die damals noch unbekannte Westküste Afrikas auch karthographisch exakt aufgenommen hatten, galten Mallorcas Seeleute bald als die besten der westlichen Hemisphäre, und der Kartenzeichner Cresques konnte nach ihren sehr genauen Angaben und Notizen die erste Weltkarte 1375 in Kupfer stechen. Was Wunder, daß der portugiesische Prinz Heinrich der Seefahrer an seiner Nautikerschule am Cabo de São Vicente in Sagres als Chef von Seeoffizieren, Geographen, Kartenzeichnern und Schiffsbauern einen Maestro Jacomo de Mallorca berief.

Von den Arabern hatten die mallorquinischen und menorquinischen Seeleute längst schon den Gebrauch des magnetischen Kompasses übernommen, wie ihn Ibn Bailak 1242 als Wasserbussole genau beschrieben hatte. So konnten sie sicherer ihr Wissen auch um gefahrvolle Routen erweitern und ihre Seekarten derart penibel zeichnen und vervollständigen, daß diese als die genauesten ihrer Zeit angesehen wurden. Ein Musterbeispiel ist die reizend mit kolorierten Miniaturen ausgeschmückte Karte des Gabriel de Valseca aus Palma, die dann Amerigo Vespucci nicht eben preiswert erwarb, was er handschriftlich auf der Kartenrückseite vermerkt hat: »Questa ampla pelle de geographia fu pagata da Amerigo Vespucci CXXX ducati di oro di marco.« (heute im Marine-Museum in Palma)

Baulicher Mittelpunkt *Palmas* wurde mehr und weiter der *Kathedralenbau*. Zwar hatte er bis um 1376 fast stagniert, und die geringen Baufortschritte waren allein den edlen Spendern zu verdanken gewesen, deren Familienwappen gegen eine Spendenquittung von 1000 Pfund in einem der Schlußsteine des Mittel- oder Seitengewölbes eingehauen wurden – George Sand bezeichnete das spitz als »Eitelkeitssteuer«. Um 1412 war man dann doch am Aufbau des hohen Mittelschiffes, dem nun die einstige umgewandelte Moschee endgültig weichen mußte. Sie wurde abgerissen. Um 1490 jedenfalls war der Kathedralenbau dreischiffig bis zur Höhe der Seitenportale hin fertig, und um diesen jetzt bereits voll erkennbaren, massigen Baukörper errichteten nun überall an Straßen und Gassen, auf Baulücken oder Abrißgrundstücken wohlhabend gewordene Bürger und Handwerker, Kaufleute oder Kanoniker und Gutsherren ihre palastähnlichen Häuser, statteten die Innenräume à la mode aus, was ständig kostspielige Importe vor allem aus Italien auf mallorquinischen Handelsseglern erforderlich machte, soweit man nicht von eigenständigen Handwerkern Spitzenerzeugnisse erwarb. Das waren damals Keramiken, Majoliken mit unverkennbar hispanomaureskem Dekor, silbernes Tafelgeschirr oder kassettierte Holzdecken und der maurische Spitzbogen. An Bürgerhäusern wie an der Kathedrale arbeiteten die besten Bildhauer der Insel wie Pedro Morey, dem wir das *Mirador-Portal* verdanken, und Guillermo Sagrera, der dort zusammen mit seinem Vater meißelte und dann unter eigener Regie sein Hauptwerk, die *Lonja,* Palmas Handelsbörse zur Verherrlichung des Kaufmannsstandes der Stadt, schuf. Sie ist sicherlich das Meisterwerk profaner spanischer Gotik auf Mallorca, äußerlich eher wie eine Kirche und nur aus dem Geist ihrer Zeit zu erfassen, als man noch allen aus Handel und Geschäften erworbenen Reichtum bedenkenlos unter den Schutz des Himmels zu stellen bereit war. Deshalb auf Maßwerkskonsolen Heiligenstatuetten als Schutzpatrone der Kaufmannsgilden, ein schwebender Engel über dem Haupteingang und filigran zerbrechlich geklöppelte Maßwerksrahmen um Fenster und Portale, an Galerien und Simsen, der architektonische Ausdruck dankbar froher Gottergebenheit.

Franziskaner und Dominikaner hatten ihren katalonischen Kirchenbaustil schon im Gefolge der Eroberung Mallorcas durch König Jaime I. auf die Insel gebracht, signifikant heute zum Beispiel in den Kirchen *Santa Cruz* mit der Krypta *San Lorenzo,* vermutlich Mallorcas ältestes Sakralbauwerk überhaupt, gleich am Hafen von Palma, oder *San Francisco* mit der großartigen Drachentöter-Fensterrosette und dem herrlichen Kreuzgang, Palmas beeindruckendster Kirchenbau, beides Beispiele für den naturgemäß besonders starken Einfluß katalanischer und französischer Bildhauerschulen.

Das gilt ebenso für die Malerei, in der sich anfangs französische Einflüsse voll durchsetzen konnten, so wie es z.B. ein Altaraufsatz des heiligen Bernard vom Ausgang des 13. Jahrhunderts oder ein Passions-Retabel aus dem 14. Jahrhundert zeigen, bis sich im 15. Jahrhundert erst valencianer, dann italienischer Kunststil bemerkbar machen konnte, etwa in der 'Versuchung' oder dem 'Hl. Georg' von Nisart, auf dem übrigens das mittelalterliche Palma den Hintergrund bildet. Die flämische Schule beendete die gotische Epoche mit einem einzigartigen Kruzifix aus dem 16. Jahrhundert; aus dieser Zeit ist auch von Juan Dauder eine 'Krönung der Jungfrau Maria' (fast alle im Diözesanmuseum Palma).

Nur wenigen Besuchern Mallorcas ist bekannt, daß in der Pfarrkirche *San Julian von Campos del Puerto* ein echter Murillo hängt, eine in typisch warmen, dunkelgesättigten Farbtönen der Schule von Sevilla meisterhaft mit lockerem Pinselstrich durchgeführte

Arbeit ganz in der Frömmigkeit seiner spanischen Heimat und seiner Zeit: 'El Santo Cristo de la Paciencia', nach Campos geholt aus dem sicherlich ältesten Gotteshaus im Südosten Mallorcas, der *Ermita de San Blas.*

Auf Menorca stammen nur die *Kathedrale in Ciudadela* und das Schiff der *Eremitage de Nuestra Señora de Gracia* aus dem Mittelalter, die Einbauten, Fassaden usw. wurden neoklassizistisch oder barock erst später angesetzt. Aus demselben Zeitalter sind die gotisch-martialischen Küsten-Wachttürme und das alte Rochus-Tor in *Mahón* erhalten geblieben. 1453 gab sogar eine eigene menorquinische Münzpräge – von der in Palma neidisch beargwöhnt – eigene Geldstücke aus mit dem Kopf des Gründerkönigs ALPUNSVS REX auf ihrer Vorderseite und MINORICAARUM auf der Rückseite (Museum Mahón).

So viel golddurchwirkter Brokat wie die Bilder ihn zeigen, kostete sehr viel Geld, bedeutete, daß jeder Grundherr sein Gut, seine Untertanen oder Pächter bis zum äußersten ausnehmen mußte – was nicht gutgehen konnte. Die Unzufriedenheit mit solch ungerechter Güterverteilung führte zu Revolten, ein Juan Crispin riß die Führung an sich, erbitterte Haufen zogen plündernd und brandschatzend durch Palma und über die Insel, wer in Schloß *Bellver* Schutz zu finden meinte, wurde brutal enthauptet, nachdem die Aufständischen das Bollwerk genommen hatten, Gutshöfe im Innern der Insel gingen in Flammen auf, *Puebla* wurde belagert und genommen, und wer Rang und Namen hatte, verlor auch dort seinen Kopf – nur *Pollensa* und *Alcudias* Verteidiger konnten sich in den starken Mauern ihrer Städte halten. Da sandte Kaiser Karl V. (zugleich als König Karl I. von Spanien, der eben erst ähnliche Aufstände der Communeros, einer Verbindung revoltierender kastilischer und katalonischer Städte niedergeschlagen hatte) Truppenverbände nach Mallorca, die bald Ruhe und Sicherheit wiederherstellen konnten. Crispin gab auf, wurde gefaßt und gevierteilt.

In *Valldemosa* wurde zu eben dieser Zeit, am 1. Mai 1531, Catalina Thomás geboren, die nach einer Dienstmagdzeit auf Gut Raxa und einem heiligmäßigen Leben als Nonne 1574 verstarb und 1627 heiliggesprochen wurde – bis in unsere Tage Mallorcas hochverehrte Inselheilige. In der Kirche *Santa Magdalena in Palma* wird ihr einbalsamierter Leichnam in einem gläsernen Sarkophag aufgebahrt.

Händel mit Algier

1541, am 13. Oktober, landete Kaiser Karl V. höchstpersönlich in Palma. Mallorcas Huldigung entgegenzunehmen war die eine, die optische Seite des Besuches, die kaiserliche Flotte zu verproviantieren aber das Hauptanliegen – und Algier das Ziel. Hier hatten die Spanier vor der Stadt deren Hauptinsel zu einer die Hafenbucht beherrschenden Bastion ausgebaut und konnten Seefahrt und Handel lückenlos kontrollieren, sehr zum wirtschaftlichen Nachteil des Emirs von El-Djezair (Algier). Also rief er die im Mittelmeer operierenden, gefürchteten türkischen Seeräuber, die Brüder Barbarossa, zu Hilfe. Sie kamen, vertrieben die Spanier, und einer von ihnen, Kheir ed-Dine, faßte die Gelegenheit beim Schopfe und erklärte sich, unter der Oberhoheit des Sultans von Konstantinopel, zum Statthalter der Stadt. So war Algier türkisch geworden. Und das wieder rückgängig zu machen, war des Kaisers Absicht. Unter Aufsicht des kaiserlichen Admirals Andrea Doria füllte man in Palma die Schiffsbäuche mit Brot und Fleisch, Käse, Öl und Trockenfisch, die Magazine mit Munition, dann stach man, trotz der für Nordafrikas Küsten gefahrvollen Zeit der Herbststürme in See. Karl V. meinte, dieser Kreuzzug gegen die Ungläubigen werde gelingen, weil, »wenn die Galeeren nur bis Mitternacht aushalten, sich dann in Spaniens Klöstern die Mönche und Nonnen erheben, um für das Gelingen meines Werkes zu beten«.

Glaube und Gebete halfen diesmal nicht. Die spanische Flotte erlitt eine furchtbare Niederlage und wurde fast vernichtet. Barbarossa, nun als Herr im westlichen Mittelmeer und im Bündnis mit den Schiffen von König Franz I. von Frankreich gegen die Habsburger, gab alle Rücksichten auf. Nach erprobter Seeräuberart, jetzt ganz offiziell für seinen Sultan am Bosporus, brandschatzten seine Piratensegler Italiens Häfen, belagerten Nizza, suchten die Küsten der Balearen heim, besetzten die Insel Cabrera und nisteten sich frech in den bis 300 m tief und weit verzweigten Höhlen von Arta ein. Ihre schlimmsten Überfälle waren: 1550 *Pollensa,* 1551 *Alcudia,* 1552 *Valldemosa,* 1553 *Andraitx* und 1558 *Ciudadela* auf Menorca, wo auf Befehl des türkischen Admirals Mustafa Pali fast alle Einwohner niedergemetzelt wurden. Derart brutal aufgeschreckt, griff man allenthalben zur Selbsthilfe, errichtete auf vielen hochstehenden Küstenfelsen Wacht-, Signal- und Verteidigungstürme, die Atalayas (Abb. 77), und die Wächter dort gaben mit Rauchsignalen am Tage und Feuern in der Nacht ihre Alarmzeichen, die schließlich zuletzt auf der *Torre del Angel* des Almudaina-Palastes in Palma ankamen und eine entsprechende Hilfsaktion in Gang setzten. Küstenorte verlegte man landeinwärts in die Berge, in tiefe Täler oder hinter Felsen, und wenn man heutzutage bei einer Inselrundfahrt im Schiff sich die Hotelbauten und modernen Anlagen einmal wegdenkt, dann könnte man meinen, eine fast unbewohnte Insel zu umfahren. – Auch *Palmas* Verteidigungsanlagen längs der Hafenseiten wurden verstärkt und man legte allerorten Depots für Nahrungsmittel und Waffen an. Solche Rüstung und ständige Alarmbereitschaft verfügte ab 1556 der eigens aus Italien herbeigeholte Festungsbaumeister Juan Bautista Calvi im Auftrage des neuen Kaisers Philipp II. von Spanien.

Als Folge davon gab Mallorcas Landwirtschaft immer weniger her, fast drohte eine Hungersnot, selbst Brot mußte zeitweilig rationiert werden. Die Seeräubereinfälle rissen nicht mehr ab. 1571 versuchte sich die algerisch-türkische Piratenflotte noch einmal massiv an Mallorca. Sie plünderte und verwüstete wo immer es möglich war, aber diesmal funktionierten die Alarmsysteme, die Befestigungen hielten besser stand, und man verteidigte sich nicht mehr überrascht und kopflos. Nach diesem letzten Seeräubereinfall, der als flankierende Maßnahme zum gleichzeitigen Aufstand der Mauren in der südspanischen Sierra Morena gedacht war, gab es für Mallorca wie Menorca keine nennenswerten Piratenüberfälle mehr. Denn in der Seeschlacht von Lepanto am 7. Oktober 1571 war dem Freibeutertum endgültig die Spitze gebrochen worden, wiewohl kleine Piratereien das Mittelmeer noch bis ins 19. Jahrhundert hinein verunsicherten.

Renaissance und Barock

Jetzt endlich konnte man auf den Inseln wieder die angenehmen Seiten des Lebens genießen. Durch Columbus war Amerika entdeckt worden, und mehr als im unruhigeren spanischen Festland häuften die Mallorquiner, die Menorquiner Gold und Silber in ihre Schatullen oder verarbeiteten es zu filigranen oder plateresken Kunstwerken. Der Aufschwung des jetzt sicheren Handels schlug sich allgemein und relativ schnell in Wohlstand nieder und dieser – vor allem in *Palma* – in unzähligen Neubauten einfacher Bürgerhäuser oder großartiger Adelspaläste, eben vielen von denen, die heute jeder Tourist aufsucht, wie etwa *Casa Oleza, Casa Marques, Casa Berger, Casa Vivot* oder *Casa Palmer,* um nur einige zu nennen. Alle zeichnet eine unaufdringliche Vornehmheit aus, die sich auffallend in Renaissance-Formen präsentiert, etwas ganz Typisches für Mallorca, besonders für Palma. Denn zur Zeit der Gotik hatte man für Profanbauten keine Zeit und noch viel weniger Geld. Fast allein dem Sakralbau blieben damals gotische Elemente vorbehalten, die man, wenn sie schon als Spitzbogenportale oder Fenstereinfassungen auch profan eingearbeitet waren, nun flinkweg entfernte oder im jetzt modernen, weitaus prachtvolleren Renaissance-Stil verblendete, ergänzte oder vermischte.

Monumental und geräumig bei edler Zurückhaltung wollte man es haben, und es sollte den in sich ruhenden vollkommen geschlossenen Formen von klarer Harmonie entsprechen. So umzog man die Innenhöfe herrschaftlicher Profanbauten mit luftigen Galerien, ließ antikisierende Kranzgesimse kräftig vorspringen, gliederte flächig die Fassaden mit Pilastern und erreichte mit schwerer Rustikaverkleidung Ruhe und nuancierte Belebung zugleich. Eigentümlich ist, daß bei Privatbauten oft zwei-, ja drei- und vierbogige Fenster mit sehr dünnen Stützsäulen auftreten, die wie Blütenstengel aussehen und meist aus sehr festem Nummulitenkalk gefertigt sind und oben mit blättrigen oder viereckigen Kapitellen abschließen, deren Seiten Rosetten zieren. Den dreifachen Bogen faßt eine flache Braune, oft mit einer Rosettenleiste. Solche Fenster heißen 'Coronellas'.

Türen und Tore sind spitzbogig gebaut und mit Krabben geziert, Treppengeländer, besonders der gotischen Hoftreppen, aufwendig mit durchbrochenen Arbeiten dekoriert und dort angebrachte Familienwappen zwischen blättrigem Geschlinge von Engeln, Knaben oder Greifen getragen, oft noch sehr spätgotisch, was sich an kleinformatigen, kielbogenförmigen Türen und Fenstern besonders ausformt mit Krabben, blättrigen Knäufen oder Viereckumrandungen.

Viel verschwenderischer präsentiert aber eben die Renaissance ihre architektonischen Details, die sich besonders in Spanien zu oft absonderlichen Mischungen mit der Gotik verbunden hat und noch bis ins 17. Jahrhundert hinein unbekümmert den gotischen Spitzbogen verwendete.

Viele unbekannt gebliebene Meister wirkten dort und anderswo, neben den bekannten Bildhauern wie Miguel Verger (Hauptportal der Kathedrale), dem später noch zu nennenden Felipe Fulló (Chorgestühl der Kathedrale) und Gaspar Gener (mehrere Altaraufsätze und die bereits platereske Capilla Virgen del Rosario in der Pfarrkirche von Sineu).

Als zuerst kirchliche Bauherren ausländische, meist italienische Baumeister, Steinmetze und Holzschnitzer auf die Inseln holten, mischte sich deren Kunstfertigkeit mit den eigenständigen Formen der Inselkunst, die hauptsächlich in arabischen Strukturen ihre Wurzeln hatten, und die nun zusammen im eigenartig prunkvollen Plateresco-Dekorationsstil mündeten. Gold- oder silberschmiedeartig überziehen seine Dekorformen kleinteilig und oft filigran die Oberflächen mit Ornamenten oder figürlichen Darstellungen, wie etwa das Portal der *Klosterkirche von Montesion* bei Poreras, das Hauptportal der *Kathedrale in Palma* oder die plateresken *Retabulos* (Altaraufsätze) *in Sineu* und *Palma* und dort in der Kathedrale das Schnitzwerk des *Chorgestühls* von Meister Felipe Fulló. Denn mit niemals nachlassender Begeisterung wurde der Kathedralenbau weitergetrieben, die Seitenschiffe vollendet und 1587 der Schlußstein in die fertigen Gewölbe eingefügt. Fünf Jahre später legte man den Grundstein für das *Hauptportal,* das 1601 fertig wurde.

Mit Jaime Blanquer und seinem 'Corpus Cristi' in der *Kathedrale von Palma* begann auf Mallorca der Barockstil mit seinem leidenschaftlichen Pathos innerhalb aller nur möglicher Kontraste von Schein und Realität. Das gilt vor allem für den klassisch-nüchternen, aus Flandern und Italien übernommenen Stil eines Francisco Herrera aus Navarra, der im Ausgang des 16. Jahrhunderts nach Palma übergesiedelt war, hier in einem großen Wurf gleich das Hauptportal der Kirche *San Francisco* und später mehrere Retabulos für die Heiligen Martin und Antonius schuf. Ihm eiferten seine nicht weniger bedeutenden Schüler Carbonel, Muntaner, Gaspar Homs oder Rafael Torres nach, wobei für Mallorca typisch ist, daß oftmals bei Fassadengestaltungen flächenfüllende Schmuckformen nur appliziert wurden, eine spanische Spielart mit phantastischen und oft sehr zum Volkstümlich-Dekorativen tendierende Bauform.

Der barocken Malerei fiel meist die Aufgabe zu, mit illusionistischen Effekten Architektur, Plastik und Dekoration zu verbinden oder sie mit perspektivischen Kunstgriffen zu verwandeln. Selbst an den Retabulos konnte das vorbildlich gelöst werden; Maler wie Pedro Faysan aus Frankreich und die Valencianer Manuel Ferrande, Baltasar Buyra und Baltasar Reyes werden dem Mallorca-Besucher an mehreren Plätzen begegnen, ebenso wie die Werke der Italiener José Dardone, Pedro Canet und Jacinto de Leo. Allen Malern war das Religiöse für ihren Bildentwurf bestimmend, in oft grellem Helldunkel malten sie in kühlen, eindringlichen Farben ihre frommen Gestalten mystisch entrückt, doch nicht pathetisch, wozu der italienische Barock so leicht neigte. Die spanisch-mallorquinische Variante blieb ungekünstelter und echter, selbst in der Darstellung inbrünstiger Gefühlsaufwallungen.

Vom Erbfolgekrieg bis zu den Karlisten-Bürgerkriegen

Im Spanischen Erbfolgekrieg (1701–05) standen die meisten Mallorquiner fest auf der Seite des Erzherzogs Don Carlos von Österreich. So wurde von General Aspheld, der für Philipp V. von Spanien kämpfte, im Juli 1715 Palma erobert, aber Gibraltar und Menorca, mit dem vortrefflichen Hafen Mahón, wurden von den Engländern eingenommen. Auch nach

Die Engländer übergeben den Spaniern die Insel Menorca nach dem Frieden von Amiens 1802

dem Friedensschluß von Utrecht 1713 blieb Mallorca bei Spanien. Menorca dagegen wurde im Siebenjährigen Krieg 1756 vom französischen Herzog Louis François de Richlieu erobert, sein Gegenspieler, Englands Admiral Sir John Byng, dem ein Entsatz Mahóns nicht gelang, kam vor ein Kriegsgericht, er wurde verurteilt und auf dem Deck seines Flaggschiffes erschossen. Nach dem Frieden von Paris wurde Menorca 1763 wieder britisch und ist ab 1802 (Friede von Amiens) bis heute endgültig spanisch.

Die Jahrzehnte des Überganges vom 18. zum 19. Jahrhundert sind im Buche der mallorquinischen Segelschiffahrt besonders eindringlich verzeichnet. Die bis 200 Tonnen großen Schnellsegler steuerten die Karibik und die Antillen an, umrundeten das Kap der Guten Hoffnung und löschten ihre Waren in den Häfen der Philippinen ebenso wie in Havanna. Auf einem dieser Schnellsegler reiste 1747 der in Petra auf Mallorca geborene Fray Junipero Serra, soeben Doctor der Theologie geworden, nach Vera Cruz, wurde später Superior der Franziskaner in Kalifornien und gründete dort neben vielen anderen Missionsstationen 1776 auch das Kloster San Francisco de Assisi, heute die Millionenstadt San Francisco. Auf dem Kirchplatz seiner Geburtsstadt steht ihm zu Ehren ein Denkmal.

1776 mußten auf Mallorca wie auf Menorca die Jesuiten ihre Klöster, Hochschulen und Schulen schließen und die Inseln verlassen, ein schlimmer Aderlaß für ihre kulturelle und geistige Entwicklung. Im Gegensatz dazu begannen Wirtschaft und Handel wieder Fortschritte zu machen, besonders profitierte die Landwirtschaft, man förderte den Kartoffelanbau und erntete auf riesigen Flachsfeldern den Rohstoff für eine bald blühende Leinenindustrie. Französische Tuchmacher, Bauern und Händler hatten in oder nach den Wirren der Französischen Revolution ihre Heimat verlassen und sich auf den Balearen niedergelassen. Auch in der *Huerta von Soller* verdingten sich viele und halfen beim Zitronen- und Orangenanbau. Auf eigener Flotte von Soller aus bedienten diese 'Orangensegler' vor allem die französischen Mittelmeerhäfen zum Weitertransport ins Binnenland oder bis nach Deutschland.

Der Bey von Algier hatte, wenig diplomatisch, den französischen Gesandten geohrfeigt, Frankreich nahm das als willkommenen Anlaß zum Kriege, pachtete von Spanien Menorca als Flottenstützpunkt und Nachschubbasis und eroberte binnen kurzem Algier. Die aufgrund eines Aufstandes in Griechenland ausgesandte türkische Flotte traf zur selben Zeit mit den vereinigten mittelmeerischen Seestreitkräften der Russen, Engländer und Franzosen bei Pylos zusammen und wurde vollkommen vernichtet. Beide Ereignisse besiegelten das Ende der Türkenherrschaft in den beiden Mittelmeerbecken.

In den Karlisten-Bürgerkriegen (1833–39) erkannten die Balearen Karl V., den Bruder des Königs, statt dessen Tochter Isabella als ihren König an. Nachdem sich Isabella durchgesetzt hatte, kam es ab 1836 zu einer weitgehenden Säkularisierung, in der unter der Federführung des umstrittenen Premierministers Don Juan Mendizabal die Mönchsorden enteignet und aufgehoben wurden. Klöster mit weniger als zwölf Insassen wurden abgerissen, oder, wie auf dem Festland, der klösterliche Besitz verweltlicht, darunter war auch das Kartäuserkloster *Valldemosa*. Vom Dezember 1838 bis Februar 1839 wohnten zur Miete in Zellen dieser Kartause im 'Winter auf Mallorca' Frédéric Chopin und George Sand mit den Kindern der Dichterin (s. Fig. S. 173). Die Französin resümierte, Mallorca sei »eines der schönsten Fleckchen auf dieser Erde«, »ich habe nie etwas Reizenderes und gleichzeitig Melancholischeres gesehen als diese Landschaft«.

Als Königin Isabella von Spanien, als Folge eines Militäraufstandes in Cadiz 1869, ihren Thron verloren hatte, wurde das in Palma zum Fanal eines konservativen Aufstandes, bei dem im Anschluß an einen Sturm auf das Rathaus die Archive der Stadt in Flammen aufgingen. Nachdem dann im Gefolge dieser Rebellion die Aufrührer sogar die Republik ausgerufen hatten, wurden von Cartagena aus Kriegsschiffe in Marsch gesetzt, die auf Mallorca für Ruhe sorgten und mit Alfons XII. auch die spanische Monarchie wieder einsetzten. Demonstrativ besuchte der König, jetzt unangefochten, 1877 die Insel.

Übergang zur Moderne und zur touristisch-merkantilen Jetztzeit

Schon seit 1833 gab es einen regelmäßigen Fährdienst mit Segelschiffen zwischen Palma und Barcelona. Als aber am 20. Januar 1834 der erste Dampfer 'El Balear' (ein hölzernes Radschiff mit zwei Kesseln, 60 PS und 7 bis 8 Seemeilen pro Stunde) den Fährverkehr zwischen Barcelona – Palma – Mahón aufnahm und sich so das Beförderungsmonopol zu sichern schien, schlossen sich andere Reeder zusammen und gaben den Werften Aufträge zu noch schnelleren Seglern mit größerer Tonnage. Der Konkurrenzkampf dauerte bis zum Ausgang des 19. Jahrhunderts, dann erst mußte Mallorcas einst so stolze Segelschiffahrt vor der nicht mehr aufzuhaltenden Entwicklung der Dampfschiffahrt buchstäblich die Segel streichen – auch diese Epoche ging zu Ende.

Zweifellos eine Sternstunde für Mallorca war der Entschluß des Erzherzogs Ludwig Salvator von Österreich-Toskana, sich ab 1864 endgültig auf der von ihm so sehr geliebten Insel niederzulassen. Sein Dorado war gut gewählt: die herrlich wilde Küstenlandschaft der Westküste zwischen *Valldemosa* und *Deya* am Hang der Küstenberge inmitten eines urwüchsig-eindrucksvollen Waldgebietes mit unvergleichlichen Fernblicken. Diese 'Costa Brava Mallorquina' mit *Son Marroig* und *Miramar,* des Erzherzogs Residenz, die kostbar ausgestatteten Innenräume und die tropischen Gartenanlagen werden heute noch immer von jedem Mallorca-Touristen besucht. Ludwig Salvator ermöglichte als Mäzen die Erforschung der *Drach-Höhlen bei Porto Cristo,* er sammelte den alten mallorquinischen Volksliederschatz mit seinen so eigenartig-klagenden Melodien und seine Märchen und schrieb sich seine Liebe zu den Balearen in einem vielbändigen Werk von der Seele, sehr konservativ, denn es ging ihm ja um die Bewahrung dessen, was er als bewahrungswert in seinem Mallorca erkannte, auch wenn zwangsläufig die Erfordernisse der neuen Zeit sich meldeten. Vermutlich waren seine enthusiastischen, dabei sachlichen und kenntnisreichen Schilderungen der Inseln mit einer der Anstöße, die bereits am Ausgang des 19. Jahrhunderts das Interesse der damals noch zahlenmäßig kleinen Gruppe Reiselustiger zu den Balearen, besonders aber nach Mallorca, lenkten. Die Vision eines täglich in Dutzenden von Flugzeuglandungen nach Mallorca einfallenden Touristenstroms mit seinen oft wenig erbaulichen Nebenerscheinungen hätte ihn wohl tief erschreckt.

Beispielhaft aber hat sein Wirken auch auf die Mallorquiner selbst gewirkt. Mehr denn je sahen sie jetzt ihre Insel in rosigerem Lichte, verschönerten Kirchen und Häuser, bauten Wege und Straßen aus, restaurierten, wo es nötig war, und verhinderten Verfall und Verlust wo irgend möglich.

Als im Sommer 1890 eine Mehltau-Epidemie hektarweise Mallorcas Malvasier-Weinstöcke besonders an den Steilhängen der Bezirke um *Bañyalbufar* dezimierte oder vernichtete, mußten resistente Arten aus Kalifornien eingeführt werden, heute die roten Sorten Rancio aus den Gebieten *Felanitx, Binisalem* und *Santa Margareta.* Andere mallorquinische Weinbauern stiegen um auf Mandelbaumpflanzungen, die nunmehr im Januar/Februar Mallorca in ein Blütenparadies verwandeln und mit jährlich mehr als 10000 Tonnen Mandeln zur Zahlungsbilanz der Insel viel beitragen, zusammen natürlich mit Erzeugung und Export von Olivenöl, von Aprikosen in fast allen Gegenden der Insel und von Zitronen und Orangen aus der Huerta von Soller, der von Pollensa und der bei Andraitx.

Palma vor allem, aber auch die anderen Küsten- und Binnenorte wuchsen vom ausgehenden 19. Jahrhundert bis heute ständig an, die Bevölkerung nahm zu, die Ortsflächen wurden größer. Und nichts hinderte die gottesfürchtigen Mallorquiner, an ihrem Jahrtausendwerk, der Kathedrale von Palma, weiterzuarbeiten. Mehrfach waren Gewölbeteile eingestürzt und wurden erneuert, die Hauptfassade schien instabil und mußte abgestützt und nach einem Erdbeben 1851 sogar erneuert werden, eine Arbeit, die bis 1901 dauerte, und deren Ergebnis die heutige, etwas pseudogotische Fassade ist. Chor, Kanzeln und der gesamte Altarraum wurden bis 1915 verändert und, ebenfalls unter Antoni Gaudi, wurde später die Empore errichtet und im Jahre 1947 schließlich mit der Restaurierung der uralten Dreifaltigkeitskapelle der Kathedralenbau Palmas abgeschlossen.

Der spanische Bürgerkrieg schien anfangs nach einem Bombenangriff republikanischer Flugzeuge von Menorca aus für die Insel Mallorca glimpflich zu verlaufen. Erst als Truppen der Volksfront bei *Porto Cristo* landeten und ins Inselinnere vorrückten, kam es bei *Manacor* zum erbitterten Kampf, der sich in der Folgezeit über die gesamte Insel ausbreitete und – wie auf dem spanischen Festlande – auch auf Mallorca und den anderen Baleareninseln zu schrecklichen Vernichtungen führte. 1939 setzten Truppeneinheiten Francos – abgesichert durch britische Flottenverbände – von Mallorca aus nach Menorca über.

Während des Zweiten Weltkrieges nutzten deutsche U-Boote die verschwiegenen Schlupfhäfen der Balearen, um von hier aus Einzelschiffe oder Geleitzüge der Alliierten auf den mittelmeerischen Hauptrouten zu kapern oder zu versenken, gleichzeitig boten vielen Besatzungen angeschossener und nicht mehr flugsicherer Maschinen der Achsen-Luftwaffe Flughäfen oder Felder auf den Balearen lebenrettende Landepisten.

Seit 1939 und trotz des Zweiten Weltkrieges, in dem Spanien neutral blieb, stieg dank behutsam, aber konsequent durchgeführter Reformen der allgemeine Lebensstandard. Gerade auf den Balearen, Mallorca und Menorca insbesondere, stieg als Folge eines ständig steigenden Reisebooms nach dem Kriege, der wiederum Hotel-, Hafen- und Freizeitbauten erforderlich machte, überproportional auch das Volkseinkommen an und zog immer mehr Fremdkapital ins Land – eine Entwicklung, die wohl in neuester Zeit zur Ruhe kommt.

Abgesehen von dem, was die Architektur aus so vielen Jahrhunderten dem Besucher an Sehenswertem bietet, abgesehen auch von mancherlei Fundstücken (meist in den Museen), lassen schon die Namen mallorquinischer wie menorquinischer Orte die Wechselfälle balearischer Geschichte deutlich werden. Von den römischen und arabischen Namen (S. 25) war bereits die Rede. *Sa, Sant* oder *Santo* deutet logischerweise auf christliche Gründungen hin. Das häufige *Son,* ebenfalls erst nach der christlichen Wiedereroberung aufgekommen, leitet sich von *Co d'En* (Eigentum/Besitz von ...) her, wie Son Moragues, Son Salomo. Handelt es sich um eine Frau, so heißt es *So na,* wie in So na Cassana usw. Sogar Über- und Necknamen enthalten zuweilen das *Son,* ist ihnen dann ein *'de baix'* (Unter-) oder *'de dalt'* (Ober-), ein *'nou'* (neu) oder *'vell'* (alt) beigefügt, dann weist das bestimmt auf Landbesitzungen, die einmal verkauft und dann geteilt worden sind.

Geographie – Klima – Volkstum

Als einzige im westlichen Mittelmeerbecken gelegene Inselgruppe gehören die Balearen, als Provinz Baleares, zu Spanien. Mallorca, Menorca, Ibiza als Hauptinseln und Cabrera und Formentera als die beiden kleineren werden auf rund 5014 km^2 von knapp einer halben Million Menschen bewohnt. »Inseln der nackten Menschen« (Gymnesiai) nannten die Griechen ursprünglich die Hauptinseln, während sie Ibiza und Formentera als Kieferninseln (Pityuses) bezeichneten; erst seit dem 3. Jahrhundert n. Chr. hieß die größte Maiorica, die kleinere Minorica.

Zwischen 90 km (Ibiza) und 200 km (Menorca) dem Golf von Valencia vorgelagert und vom spanischen Festland entfernt, isolieren allseitig Wassertiefen zwischen 100 m und 3200 m die Inselgruppe, ein Grund für die auch heute noch ungetrübte Reinheit des Wassers in den flachen Sandbuchten ebenso wie an den gebirgigen Steilküsten. Da es kaum mit Plankton durchsetzt ist, ist es auffallend fischarm. An den Küsten gibt es weder Ebbe noch Flut, höchstens Niveauänderungen durch Windeinfluß, die 'Falsas mareas' (falsche Flutzeiten).

Recht einleuchtend läßt ein physikalisches Atlasbild erkennen, daß die balearischen Inseln einstmals Teile eines andalusischen, penibetischen Gebirgszuges waren, der vom marokkanischen Atlasgebirge kommend über Gibraltar in der betischen Kordillere mit der Sierra Nevada seine Fortsetzung fand und vom heutigen Cap de la Nao bei Denia hinüberschwang zu den Balearen, die also als die übriggebliebenen höchsten Erhebungen dieser Faltenkette an ihrem östlichen Ausläufer anzusehen sind.

In geologischen Zeiträumen vor dieser Faltung und Verwerfung aber ließen Druck, Temperatur und Zeit die heute anstehenden Sediment-Materialien an der Sohle längst vergangener Festlandslagunen oder Meere entstehen, die heutigen Mergel (Gemenge von Ton und Kalk), Tone (wasserhaltige Aluminiumsilikate) und Sandsteine (klastische Sedimente, locker oder verfestigt), heute der gefragte schwarze Marmor aus *Binisalem*, der rötliche aus *Sollerich* und der feinkörnige Sandstein aus *Santanyi*, u. a. Baumaterial der Kathedrale in Palma. An der Stelle Menorcas mag das seinen Anfang genommen haben, wo sich Erdschichten sogar bis aus den frühen paläozoischen Formationen finden, während Ibiza und Mallorca vornehmlich aufgrund sekundärer und tertiärer Faltung entstanden sind. Als im Zuge einer tertiären Undation, einer Großfaltung der Erdrinde, die Masse des nordafrikanischen Kontinents gegen eine Grabensohle vor der heutigen Gebirgskette drückte, bewirkte ein derart massiver, tangentialer Preßschub erst eine buckelförmige Auftreibung des Grabenbodens, dann eine ständige Aufwärtsbewegung der alten Meeresablagerungen und weitere Faltungen und Verformungen. Das geschah exakt zur gleichen Zeit, als andere Gebirge des Mittelmeeres und die Alpen entstanden. Die Balearen sind also nicht vulkanischen Ursprungs, wie dem Kundigen allein schon die Topographie Mallorcas verrät: steil abschüssige Gebirgsketten mit Parallelzügen, insbesondere längs der Westküste. Bis ins mittlere Miozän hinein (tortonische/helvetische Stufe) bestand eine zusammenhängende Gebirgsgruppe von Alicante bis Menorca. Erst als danach Senkungen und Kippungen innerhalb der mittelmeerischen Tektonik wieder verstärkt einsetzten und gleichzeitig durch submarine Gleitung lockere Sedimente verschoben wurden, begann die endgültige Trennung einzelner Abschnitte zu den Inseln der Balearen untereinander und zur spanischen Festlandsküste, wie wir sie heute kennen.

Älteste geschichtete Form ist das mittlere Lias am Fuße der höchsten Bergregionen aus kristallinem Kalkstein mit kleinen Kalkspatadern – die schönen Marmorarten von Schwarz bis zu lichtem Grün und hellem Braun. Dann folgen in der Schichtung Korallenkalkstein (Ammonitenfunde) und bläulicher Mergel, während die Hauptmasse der Inselgebirge aus graublau-tonigen Kalksteinen mit Kieseladern und Knollen, Dolomit, Gips, rotem Ton, Kalkspat und Sandsteinen bestehen (in allen viele Petrefakte). Kalkige Schiefer gibt es bei *Bañyalbufar,* Sandsteinformen sind unter anderem der *Puig de Galatzo.* Um *Binisalem* bis *Lloseta* liegen unter den quartären Ablagerungen bis hundert Meter mächtige Nummulitenschichten mit Kalkablagerungen und gerölligen Konglomeraten. Dann folgen die quartären Formationen mit gelben und blauen Tonen und grobkörnigem Sandstein – und schließlich große Alluvialablagerungen in der Alcudia-Bucht, die einstigen Sümpfe bei *Colonia Sant Jordi* und die Moraste von *Campos.*

Mallorca

3640 km² ist Mallorca groß und wird von 550000 Menschen ständig bewohnt. Hinzu kommen rund drei Millionen Touristen pro Jahr, die Mehrzahl während der Saison in den Badeorte längs der rund 300 km langen Küstenlinie der Insel. Dort gliedern drei große Buchten das Bild Mallorcas: die von *Palma* im Süden und die beiden von *Pollensa* und *Alcudia* im Norden.

Die Insel selbst – sie hat grob gesehen die Form eines schiefwinkligen Parallelogramms – kann man übersichtlich einteilen in den westlichen, gebirgigen Teil 'La Muntanya' und in die weiten, welligen Ebenen 'Es Pla' im Osten und Südosten, wobei einschränkend zu vermerken ist, daß auch der Ostteil der Insel von niedrigen Bergzügen durchsetzt ist, so besonders von der Sierra de Levante zwischen der Halbinsel Arta und hin zur Gegend um Felanitx. Ein Charakteristikum Mallorcas sind die vielen aus den fruchtbaren Ebenen zwischen den beiden Gebirgszügen aufsteigenden kleineren Erhebungen, auf denen heute meistens kleine Eremitagen auf Grundmauern irgendwelcher vorchristlicher Bauwerke stehen, exzellente Besuchs- und Aussichtsplätze der Insel weitab von den lauten Küstenabschnitten der Badeurlauber, etwa der Klosterberg *Randa* (549 m) mit drei beschaulichen Eremitenheiligtümern; *Bonany* (317 m) bei Petra, wo das uralte Bild der 'Madre de Dieu' aufbewahrt ist; *Santa Magdalena* (300 m) bei Inca, Eremitage und Herberge der Heiligen Antonius und Paulus; *Santa Lucia* (260 m) bei Mancor del Valle; *Consolación* (151 m) bei San Juan, das Heiligtum der 'Madonna im Dornenbusch'; *Consalación* (120 m) bei Santanyi oder *Montesion* (254 m) südlich von Porreras, um dem Kunst- und Naturfreund nur die bedeutendsten zu nennen.

Der westliche Gebirgswall beginnt mit der Insel *Dragonera* und verläuft gegen 5 bis 12 km breit und gut 100 km lang südwest–nordost zur Halbinsel *Formentor*. Aus ihm streben Mallorcas höchste Erhebungen auf (von Süd nach Nord): *Galatzo* (1025 m), *Teix* (1064 m), *L'Ofre* (1091 m), *Puig Mayor* (1445 m, höchster der Insel), *Massanella* (1340 m), *Roig* (1003 m) und *Tomir* (1103 m). Dieser Barriere vor den kalten Nordwinden verdankt die Insel ihr überaus mildes Klima und rechtfertigt damit ihren Beinamen 'Isla de la Calma', Insel der Stille, im Gegensatz etwa zu Menorca, das mit flachem Inselprofil schutzlos allen Winden ausgesetzt ist, die über die oft ausgetrockneten kurzflorigen Viehweiden wehen. Bemerkenswert ist die Feststellung Ludwig Salvators, daß generell die Nordseite der Mittelmeerinseln die klimatisch mildere ist, weil »die vom Norden kommenden Winde durch die Reise über eine längere Mittelmeerstrecke gemildert werden, bevor sie die Nordküste der Inseln erreichen«. Sie hatten »durch diese Seereise ihre Schärfe, ihre Rauheit verloren. Während sie dagegen, wie sie über die Gebirgskette steigen, auf den Abhängen und in den Tälern derselben an Kraft gewinnen, erreichen sie die Südküste, wo sie, durch die kalte Atmosphäre, die sie zu durchziehen hatten, rauher geworden, eine bedeutende Verminderung der dort ohne dieselben herrschenden Temperaturen verursachen.« Auf Mallorca ist tatsächlich auffallend, und das bekräftigt Salvators Überlegungen, daß »der durch das Meer gemilderte Nordwest dem Orangental von *Soller* nicht schadet, während er an der Südküste in kalten Wintern bei *Campos* und *Santanyi* sogar den Feigen- und Johannisbrotbäumen hart zusetzt«. (Ähnliches gilt auch für Zypern, Korsika und Sardinien.)

Diesem Windschirm ist Mallorcas Waldreichtum ebenso zuzuschreiben wie die ertragreiche Bodenbewirtschaftung auf den großen Ebenen des Südens und Ostens. Da diese zudem relativ tief liegen, bereitet auch die Bewässerung kaum Probleme. Wie intensiv dort dank überlieferter Wasserversorgung mit Hilfe Tausender von Windmühlen (Farbt. 14) – oder moderner über Kreiselpumpen – und im Zusammenwirken mit dem mild-warmen Klima Kartoffeln, Obst, Gemüse, Reis und Getreide angebaut werden, mögen die mehrfachen Ernten im Jahr vor allem in der Gegend *Mura/La Puebla*, oder die Zitronen- und Orangenhaine in der *Huerta von Soller* beweisen.

Auf Menorca dagegen gibt es nur in den weit südlichen, jetzt hinter dichten Pinienbeständen einigermaßen windgeschützten Inselbezirken Huertas, in denen ebenfalls Zitrusfrüchte reifen, ein Grund auch dafür, daß auf Menorca zur Stein- und Bronzezeit gerade nur in

Solche Wasserhebemaschinen findet man noch überall in den landwirtschaftlichen Gegenden Mallorcas, bei Palma in der Nähe des Flughafens San Juan, in den Marjals um Muro und Puebla und anderswo. Bei jeder Drehung, jedem Kolbenhub, werden etwa 24,50 Liter Wasser gepumpt, durchschnittlich also bei 20 Umdrehungen pro Minute 490 Liter oder bei täglich sieben Stunden 205 800 Liter Wasser

diesen Gegenden Menschen siedelten, während sie sich auf Mallorca fast überall niederließen.

Daß erfolgreiche Bodenbewirtschaftung aber auch an den westlichen Küstenhängen möglich ist, wird jedem Besucher auf den vor Generationen angelegten und gepflegten Terrassenkulturen (meist Tomaten und Gemüse) bei *Bañyalbufar* und *Estellenchs* auf Mallorca anschaulich. Landwirtschaft ist mit Tierhaltung oder -zucht verbunden, und auf Mallorca wird neben dem Zugvieh, Kuh und Pferd, der üblichen Hühnerhaltung und Schaf-

Auf Feldern oder in immergrünen Eichenwäldern werden sie von Porqués gehütet, von denen ein insulares Sprichwort treffend meint »Porqué no fera mai dobbé« (Ein Schweinehirt wird niemals reich werden). Rassenmerkmale der mallorquinischen Schweine sind eine größere Menge Fleisch und Fett im Verhältnis zu Knochen und Eingeweiden. Mastschweine (porcs d'aglá) fressen Eicheln, Mastixbeeren, trockene Feigen, Kleie, Gerstenmehl, Kürbis, Mais, Bohnen, Wicken – oder man sperrt sie zur Mast in zu niedrige und enge Ställe und füttert sie mit Feigen.

und Ziegenzucht vor allem eine intensive Schweinehaltung betrieben. Auffallend ist die Zucht des rabenschwarzen mallorquinischen Fettschweines, das unter borstenloser Haut guten Speck und schmackhaftes Fleisch aufweist. Dies ist mit ein Grund für die vielen Spanferkelessen für Touristen während der Saison, die freilich nur ein blasser Abklatsch der alten Mantanzas, des Schweineschlachtens, sind, bei dem man in Mallorcas Dörfern fröhlich zusammenkommt, um das Zubereiten der Selchwaren gemeinsam zu betreiben und wobei heute noch, trotz Fernsehen und Funk, die alten Rondayes (Märchen) erzählt werden. »Die Feldknechte (Missatjes) kehren von der Arbeit zurück an einem kalten Wintertag; zuerst werden die Pfluggespanne gepflegt und gefüttert, und alle erscheinen dann in der großen langen Küche; es heißt Saubohnen für den nächsten Tag einzuschneiden (sayar favas), aber die Arbeit für den Körper soll auch für die Seelen dienen, der Pächter (Amo) oder der erste Feldknecht (Missatje mayor) bedienen (serven) den Rosenkranz; sie gehen gemessenen Schrittes durch die Küche und beten vor, inzwischen bemühen sich die Knechte, mit der Saubohnenarbeit gleich fertig zu werden, ein jeder will mehr als nur möglich machen, um zur rechten Zeit bereit zu sein. Die Escudella, ein Gericht aus Saubohnen, die karge Mahlzeit dortiger Landbewohner, wird von der Madona serviert; und nach dem Essen gehen alle an den breiten gemeinsamen Feuerherd sich wärmen. Schaffelle sind auf die an den Seiten gelegenen Mauerbänke ausgebreitet, und in der Mitte lodert ein dicker Stamm, am Ende halb verkohlt, der jeden Tag weiter geschoben wird, um das Feuer zu erhalten. Die Schäferhunde (Caus de Bestia) legen sich dem Feuer so nahe, daß fast ihr struppiges rauhes Haar davon brennt. Der Nordost tobt draußen grimmig, und durch die Spalten der Fensterpfosten sickert dann und wann ein kalter Sprühregen. Das kalte Schlafzimmer verlockt nicht die Missatjes, die Flamme brennt munter, stachelige Cytisen werden hineingeworfen, die besonders hell auflodern: da ist die Zeit, wo die Rondayes am meisten zur Geltung kommen. Kein Laut, nirgends hin, außer das Heulen des Windes, und der alte Hirt, oder ein ergrauter Missatje erzählt die Rondayes von vergangenen Zeiten, welchen die jungen Leute mit offenem Munde gespannt zuhorchen, und auch die Madona, die mit dem großen Cuerot die Escudella im Feuer rührt, hält inne, durch den Zauber derselben angezogen, und so geht es lange hin, bis das Feuer sich allmählich auslöscht und zur Ruhe gebietet.« (Erzherzog Ludwig Salvator).

Ganz typisch für Mallorca und Menorca sind die *Tanca.* So heißen die endlos – scheint es – an Straßen, Wegen und quer über Wiesen und Felder sich entlangziehenden Mauern aus Feldsteinen. Sie grenzen Parzellen der Bauern ab, verhindern das Austreten weidender Tiere und umwallen schützend das Eigentum. Geradezu kunstvoll und in steter Steinbautradition seit den prähistorischen Talajot-Erbauern sind diese Mauern ohne Mörtel meist 1,25 m hoch aufgeführt und statisch stabil, weil die beiden Seitenfronten aus gröberem Steinmaterial und

Die Tanca

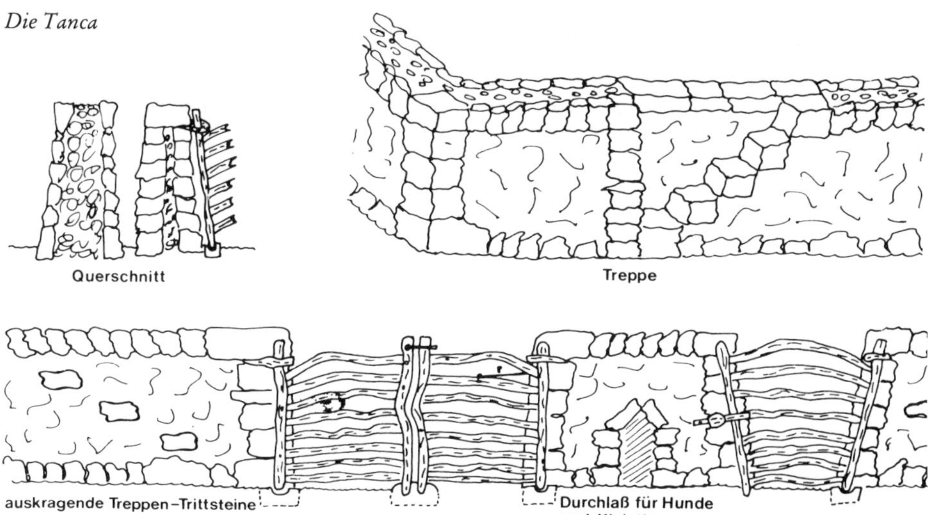

zudem leicht konisch ansteigend aufgestellt sind (90 cm dick an der Basis, 80 cm auf der Krone), während in den Zwischenräumen auch kleineres Steinmaterial eingefüllt wird. Besonderer Wert ist auf die Eckverbindungen gelegt, die großen Steine dort liegen fast wie im klassischen Mauerverbund.

Menschen steigen grundsätzlich *über* eine Tanca. Dazu wird der Mauerverbund geteilt und Quader werden treppig auf der Außenseite nach oben, versetzt an der Innenseite nach unten eingefügt – oder man läßt Steinplatten aus der Mauermasse so auskragen, daß sie als Treppen-Trittsteine funktionieren können. Tiere dagegen bekommen ihre Gattertore, einfache oder doppelte, in der Regel aus Rundholzstäben, meist krummes Olivenholz und so ausgesucht, daß sich die Naturform dem gewünschten Zweck einfügt. Die Pfostenzapfen drehen unten im Erdreich oder einem Steinloch, oben in Astgabeln, die Aufhängung ist ezxentrisch und so, daß jedes Tor von selbst zufällt. Holzriegel oder schmiedeeiserne Überfallen verschließen die Gatter. Manchmal gibt es für Kleintiere oder Schäferhunde zusätzlich Mauerdurchgänge durch die Basis, um 40 cm hoch, und wie bei den Barraca-Fenstern oben von zwei Steinplatten, die winklig aneinandergestellt sind, abgedeckt.

246 km Schienen und um 2000 km Straßen auf Mallorca, fast alle asphaltiert, verbinden die Orte untereinander und mit den Häfen oder der Hauptstadt und dem Flugplatz *San Juan;* sie schaffen damit die Voraussetzung, daß jeder Insel-Besucher auch jeden gewünschten Platz und jede Sehenswürdigkeit aufsuchen kann. (Zugverkehr heute nur noch Palma-Inca und Palma-Sóller.)

Wann er das am besten tut, hängt von der verfügbaren Zeit und dem dann vorherrschenden *Klima* ab. Das Klima auf Mallorca ist gemäßigt-subtropisch (300 Sonnentage pro Jahr), d.h. es gibt keine ausgesprochen kalte Jahreszeit, wenig Nebel, selbst im Hochsommer nachts genügend Abkühlung und damit reichen Taufall, der die immergrünen Pflanzen trotz der Bodentrockenheit gedeihen läßt, wenig Nord- oder Nordostwinde, dafür vorherrschend solche aus dem Süden. Meist setzt um 10 Uhr morgens eine frische Seebrise (Embat) ein und bleibt erhalten, bis nach Sonnenuntergang gegen 22 Uhr abends die Landbrise (Terral) sie ablöst.

Regen fällt bloß an 70 bis 90 Tagen im Jahr und dann nur in kürzeren Güssen, nach denen sofort die Sonne wieder scheint, stets ist die Luft rein, auffallend klar und erlaubt weite Sicht, nur im Hochsommer trübt manchmal der Sonnenglast der Calina die Fernblicke; große Temperaturschwankungen gibt es nicht, die Durchschnittstemperaturen betragen im Sommer kaum mehr als 25 Grad C, im Winter um 10 Grad C bei einer relativen Luftfeuchtigkeit von 75 Prozent konstant über das ganze Jahr hin (vgl. Tabellen: Temperaturen und Winde, S. 308).

Menorca

Menorca, die zweitgrößte Balearen-Insel 35 km nordwestwärts von Mallorca ist nur 701 km^2 groß (kleine angrenzende Inseln eingeschlossen), hat eine Küstenlinie von etwa 220 km und wird von 53 000 Menschen bewohnt. Trotz der Nähe zur Nachbarinsel Mallorca ist Menorca anders, besteht eigentlich aus einem recht baumarmen (15 % Wald) zwischen 50 bis 100 m hohen Hochplateau, aus dem in der Inselmitte der *Monte Toro* (358 m, höchster der Insel, einst mit dem gotischen Kloster für die Schutzheilige der Insel, die Virgen del Toro, heute nur noch eine kleine Einsiedelei) aufsteigt und um den sich die anderen, wesentlichen Höhen gruppieren: *Inclusa* (274 m), *Falconera* (205 m), *Santa Ermita* (236 m) und *Puig Menor* (119 m). Solche niedrigen Erhebungen sind nicht in der Lage, die kalten und trockenen Nordwinde (Tramontana) aus dem Golf von Lyon abzuhalten. Deshalb ist Menorcas Inselklima geprägt von häufig steifen Tramontana-Winden (alle Bäume und Sträucher sind auffallend stark nach Süden geneigt), was während der heißen Sommermonate sicherlich von Vorteil ist, vor allem, wenn er hält, was ein menorquinisches Sprichwort von ihm meint: »El viento tramontana dura una semana« – eine Woche dauert der Tramontana-Wind. Bezaubernd sind die zarten, transparenten Farbabstufungen der menorquinischen Landschaft zur Zeit des Altweibersommers, einer sicheren Schönwetterperiode Mitte Oktober bis fast Ende November, die sich nach dem 15. Januar noch einmal wiederholt.

So wird Menorca charakterisiert von heißen, aber windreichen Sommern und milden Wintern. Nur an windgeschützten Plätzen wachsen Pappeln, die immergrüne Eiche, Pinien und Aleppokiefern, wilde Olivenbäume und Feigen, sonst herrscht grünes Strauchwerk vor, Myrten, Schilf, Binsenarten, Mastixbäume, Feigenkakteen und der Kapernstrauch.

Weil Menorca Etappenrastplatz der europäischen Zugvögel ist, kann man über das Jahr verteilt an die achtzehn Vogelfamilien, 51 Arten und 178 Gattungen antreffen, Finken, Stare, Drosseln, Falken, viele Taubenarten, Schnepfen und Rebhühner. Ihre vielfältige Insektennahrung hat Pater Francisco Cardona y Orfila aus Mahón erforscht und exakt beschrieben. Neben etwa fünfzehn Feldmausgattungen gibt es Rattenarten und Igel und, heute nur noch wenige, Wiesel und Marder, deren Felle einstmals als Jahresdotation des Inselgouverneurs dem König von Mallorca präsentiert wurden.

Charakteristisch für Menorca ist, daß seine Nord- und Ostküste fjordartig und fiedrig von vielen tief ins Land greifenden Buchten gegliedert wird, während den Westen und Süden mehr lieblich-malerische Sandbuchten auszeichnen. Die Inselhauptstadt *Mahón* (20 000 Einw.), an einem der besten und schönsten Naturhäfen des Mittelmeeres gelegen, mußte allein schon dieser Lage wegen alle seefahrenden Völker des Mittelmeeres anziehen, wie es die Geschichte seit Urzeiten beweist. Außer *Mahón* und *Ciudadela* sind alle anderen Orte recht klein geblieben, und noch immer bestimmt das auf dem Gipfel einer Höhe stehende Gehöft das Landschaftsbild der Insel, Überbleibsel aus der Zeit, als man sich gegen arabische und türkische Seeräuber schützen mußte. Und noch immer spricht der Menorquiner in der Pluralform von 'ses cases', wenn er sein Haus meint, und nimmt damit fast gedankenlos Bezug auf die frühen Zeiten, als sich ein Bauernhaus noch aus einzelnen kleinen Hütten zusammensetzte, eine für die Küche, eine zum Schlafen, eine zum Wohnen, ein Schuppen, eine Werkstatt usw. Heute sind alle Räume unter einem auffallend großen, ziemlich flachwinklig abgedeckten Spitzdach zusammengefaßt und mit arabischen Ziegeln in der Form 'Mönche und Nonnen' abgedeckt.

Dort, wo es kein fließendes Wasser gibt, wird in kleinen Kanälen und Rinnen das Regenwasser vom Dach in eine Zisterne geleitet. Das breite Hauptportal Sa Porxada ist des kalten Tramontana-Windes wegen stets, auch bei Neubauten, nach Süden zu orientiert. In der Regel steht dort auch der Brunnen oder die Zisterne bei oder zwischen mehreren weitgeschwungenen Rundbogenarkaden, vor denen sich, wenn es geht, möglichst groß, ein Hof, Patio, mit festem Boden breitet, während die alten Fußböden im Haus aus ockerfarben gestrichenem Mörtel, Trespol, waren, später aus roten Fliesen, mit Mosaiksteinen belegt oder aus Kunststein. Alle Mauern sind sehr dick und immer grellweiß gekalkt, früher waren sie – und sind es bei alten Bauernhäusern noch immer – aus dem Marés genannten weißen Kalkstein der Insel, weil dieser leicht zu bearbeiten ist und sich leicht in Quader mit 20 cm Basislänge, den 'Canto', oder in die größeren 'Tres por dos' bis 'Quart' und 'Quint', schlagen läßt; so können sie für die Außenwände groß, für die Innenwände kleiner und für die Zwischenwände ganz klein vermauert werden. Das ständige Kalken sollte den sehr porösen Stein wasserabstoßend machen, was nur teilweise gelingt, ein Grund, weshalb man die Wände bald mit Mörtel putzte und heute lieber Ziegelsteine verwendet.

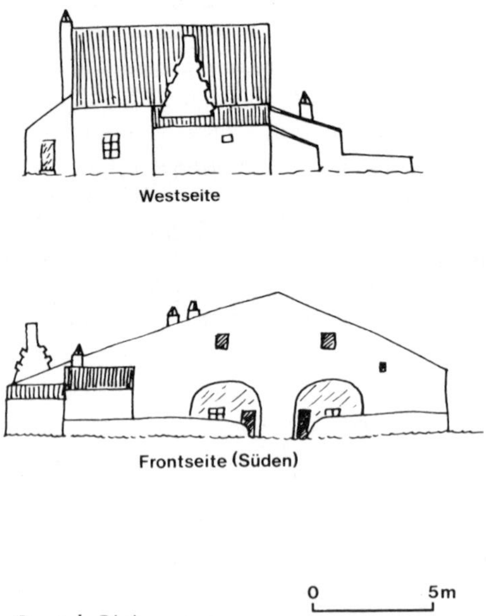

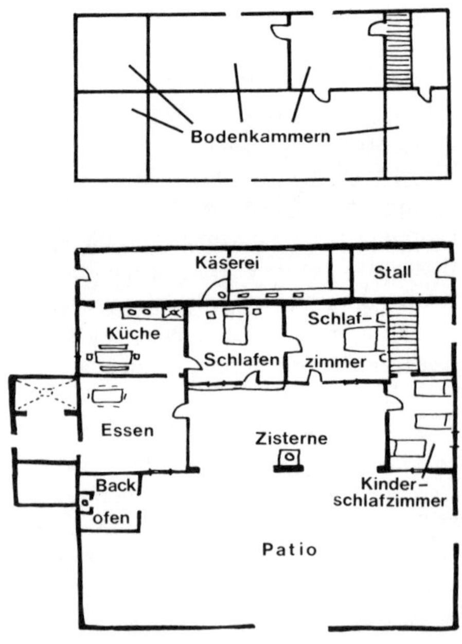

Casat de Binisarmenya

Ähnlich Mallorca ist Menorca heute ebenfalls ein beliebtes Ferien- und Reiseziel, und rings um die Insel gibt es genügend Badebuchten mit weißem oder rosa Sandstrand, und dazwischen immer wieder steil ins Meer abfallende Felsenriffe – das Dorado für jeden Unterwassersportler – und hier die reichsten Fanggründe der gesamten Balearen für Menorcas Fischer. Freilich muß man einschränkend hinzufügen, daß heute alle balearischen Fischgründe nicht ausreichen, auch nur die Inselbewohner mit Meerestieren zu versorgen. Speisefische werden tiefgefroren vom spanischen Mutterland eingeführt. Im Lebensraum der Fische zwischen 5 und 100 Metern Wassertiefe längs der schmalen Inselschelfe vor den bis mehr als 3000 m tiefen Gräben um die Balearen fehlt es an genügend nährstoffhaltigem Plankton, und nur wenige Arten wie Tintenfisch, Sardine, Thunfisch, Seezunge, Brasse oder Katzenhai können den Lebensraum in großen Tiefen nutzen.

Weniger Getreideanbau (Weizen), mehr Viehzucht (Maultiere und vor allem Kühe) und Käseproduktion (in Stroh zum Reifen gebracht, hart aufgetrocknet gelblich mit einem dem Parmesan ähnelnden Geschmack), industrielle Schuhherstellung und Fertigung von Modeschmuck sind die anderen Gewerbe der Insulaner, die von Jahr zu Jahr mehr auch vom Tourismus profitieren.

Der Kuriosität halber erwähnen wir, daß zur Zeit der französischen Besetzung um 1757 in Mahón bei einem Bankett zum ersten Male eine aus Eidotter, Öl und Essig, Senf und anderen Ingredienzen gemixte Sauce, als 'Sala mahonesa' gereicht wurde, heute unsere beliebte Mayonnaise.

Nach 1763 waren die Briten wieder Herren der Insel. Von ihnen übernahmen die Menorquiner die überaus praktischen Schiebefenster, die es bis dahin dort nicht gab, und darüber hinaus eine aus Gerstenmalz, Roggen- und Weizenschrot und zerquetschten Wacholderbeeren hergestellte Maische, die über Wacholderholz und mit viel Wacholderbeeren und Weingeist abdestilliert den vorzüglichen Gin ergibt, bis heute ein bedeutender Exportartikel der Insel, auch der Eigenkonsum ist beachtlich.

Schließlich muß erwähnt werden, daß das Meeressalz in der Inselluft dem Gemüse wie dem Fleisch auf Menorca einen ganz besonderen Geschmack verleiht.

Aus diesen und vielen anderen Gründen wird, ganz anders als auf Mallorca, jeder Besucher Menorcas etwas spüren von der reizvollen Individualität und der bescheidenen Schönheit dieser friedlichen Insel voll 'Ambiente acogedor', voll von anheimelnder, gemütlicher Stimmung.

Reisen auf Mallorca und Menorca

»Folge mir zu einer Insel, die ich dir nennen werde, einer Insel, auf der immer Ruhe herrscht und wo die Männer es nie eilig haben, wo die Frauen niemals alt werden, ja wo nicht einmal Worte vergeudet werden und wo die Sonne länger verweilt.

Denn in dem Augenblicke, da du hier an Land gehst, wirst du von so einer rhythmischen und melodiösen Faulheit ergriffen werden, von solch einer behüteten und durchschlagenden Lust, ganz einfach nichts zu tun und in eine derart andauernde Träumerei zu versinken, daß du loben wirst:

Das ist das Land, das ich zur Besserung meines Leidens nötig hatte, wo man, ohne zu schlafen, ausruhen und träumen kann.«

Santiago Russinol

Wie man die Schönheiten und Sehenswürdigkeiten der Insel Mallorca erfährt

Wir wissen es, da kommen die einen für drei Wochen mit dem Flugzeug nach Mallorca, wollen baden, sich sonnen, viel Erholung und Ruhe haben, möchten aber auch ein wenig von der Insel sehen, außer Palma ein paar Sehenswürdigkeiten zumindest. Eine Möglichkeit bietet die überall angebotene Inselrundfahrt im Reisebus, das ist unproblematisch, für alles ist gesorgt, der Routenverlauf auf der Karte vorgezeichnet, gefahren wird viel, eine Anzahl der echten Hauptsehenswürdigkeiten wird auch besucht, aber zu kurz meist, weil zu viele Zielpunkte 'absolviert' werden müssen – und am Ende hat man einen Tag lang wirklich viel zauberhaft Schönes gesehen, zuviel, und der Wunsch wird wach, das noch einmal und intensiver zu erleben, die reizenden Kleinigkeiten am Wege mitzunehmen, Berge, Kapellen, Windmühlen und Klöster, kleine Badebuchten am Ende winziger Bergstraßen, auch die Menschen genauer kennenzulernen, ihnen zuzuhören, anhalten zu dürfen wo man möchte.

Nehmen Sie also ein Mietauto – sind Sie jung genug, tut es auch ein flottes Moped – und dann fahren Sie los, irgendeinem unserer Routenvorschläge nach zu den Zielen, die wir hier mit dem Hintergedanken vorgeschlagen haben, daß, wer diese Ziele ansteuert – und es sind durchweg Mallorcas Höhepunkte – zwangsläufig unterwegs Land und Leute, Landschaft und Stimmungen, Tagesarbeit und vielleicht frohe Feste, Handwerk, volkstümliche Kunst – und sogar große Kunst erleben wird – oder, wie George Sand (wir werden sie noch mehrmals zitieren müssen) sagt: »Alles ist pittoresk, ... die Landschaft, reicher an Vegetation als die afrikanische Küste, besitzt ebensoviel Weite und Ruhe. Es ist eine grüne Schweiz unter kalabrischem Himmel mit dem feierlichen Ernst des Orients.« Genießen Sie also Mallorca in Muße und – haben Sie Geduld. Mucha calma – Geduld, viel Geduld!

Ein Tag für eine 'Inselrundfahrt' ist auf jeden Fall zu wenig. Eine Übersichtsfahrt von *Palma,* die Westküste entlang bis *Pollensa/Alcudia* und über *Inca* direkt nach *Palma* zurück ist in einem Tage denkbar. Besser ist, sich eine Woche Zeit zu nehmen, und wer im eigenen Wagen mit einem Transmediterranea-Fährschiff angereist kam, oder wer gar auf der Insel überwintert, der hat das 'große Los' gezogen, er kann alle Punkte bequem und ohne Hast ansteuern. Aber auch wer die Eisenbahn oder/und den Linienbus wählt, tut gut daran, alles mit Muße anzuschauen. Fast alle unsere Ziele sind auch mit Bus und Bahn zu erreichen, und wenn nicht ganz, dann ist nur ein letztes Stückchen mit der Taxe oder zu Fuß zurückzulegen.

Natürlich mußten wir bei der Wahl unserer Ziele eine Auswahl treffen. Das ist schwer in dieser »rundum schönen Landschaft, die überall durchsetzt ist mit Landhäusern, eines malerischer als das andere, mit Hütten und Palästen, mit Kirchen und Klöstern«, in der man »keine zehn Schritte auf dieser Zauberinsel machen kann, ohne an jeder Wegbiegung stehenzubleiben« (G. Sand).

Wer Griechenland besucht, erlebt das Land von Tempel zu Tempel, Italien bereist man von Stadt zu Stadt und Ägypten vielleicht entlang dem Nil. Wer Mallorca besucht, erlebt die Insel von Berg zu Berg mit meist zerfallenen Castillos, stets phantastischen Panorama-

Aussichten und immer wieder kleinen, oft unscheinbaren Heiligtümern, in denen irgendeine ländliche, mallorquinische Madonna sanft ihr mildes Lächeln verströmt.

Das meinen wir. Fahren Sie also los, hierhin heute, dorthin morgen und übermorgen zu anderen Zielen. Sie müssen keinen zusammenhängenden Routen folgen, weil jeder Weg für sich ein abgeschlossenes Erlebnis bilden wird. Erst am Ende werden viele oder alle angegebenen Zielpunkte Ihnen das echte Mallorca-Bild vermitteln, das ganz anders ist, als es an den lauten Küstenbuchten des Massentourismus scheint, denn »auf Mallorca ist die Stille tiefer als anderswo; unterbrochen wird sie nur zuweilen, wenn Esel und Maultier auf nächtlicher Weide ihre Glocken schütteln, die heller und melodischer klingen als die der schweizer Kühe« (G. Sand).

Unsere Routenübersicht gibt die vorgeschlagene Fahrstrecke an, die fettgedruckten Namen innerhalb der Routen bezeichnen die Hauptsehenswürdigkeiten, die zu besichtigen wir empfehlen. Entlang dieser Fahrstrecken nennen wir dazu skizzenhaft anderes, weniger Wichtiges, was aber dennoch für den einen oder anderen interessant und beachtenswert sein mag. Badebuchten näher zu beschreiben wäre müßig. Statt dessen empfehlen wir, bei entsprechender Wetterlage und Laune, irgendwo zu rasten, zu baden oder echt mallorquinisch zu speisen. Und damit auch der im Reisebus oder im nur für wenige Tage gemieteten Auto fahrende Mallorca-Reisende bequem und übersichtlich unseren Erläuterungen folgen kann, haben wir die Routen so gelegt, daß sich von Route 1 bis 12 eine quasi-zusammenhängende Inselrundfahrt ergibt, die in den Routen 13 bis 18 dann durch die letzten Ziele im Zentrum der Insel ergänzt wird, Ziele, die zwar gesondert angefahren werden müssen, die aber ebenso vielversprechend sind und auf keinen Fall ausgelassen werden sollten.

Die Angabe 'Tagesfahrt' oder 'Halbtagsfahrt' gilt nur für diejenigen, die wirklich in Muße und ohne auf die Zeit Rücksicht nehmen zu müssen, die Hauptsehenswürdigkeiten Mallorcas aufs genaueste kennenlernen möchten, was stets individuell verschieden bleiben wird und auch davon abhängig ist, ob und welche Spaziergänge oder Wanderungen (** das Zeichen dafür) durchgeführt, und wie lange vielleicht gebadet und erholsame Pausen an ausgesuchten Plätzen eingelegt werden.

Immer gilt: Genießen Sie ihren Mallorca-Urlaub, erleben Sie die Schönheiten der Insel und verstehen Sie die Hauptsehenswürdigkeiten so, wie es Ihnen Freude macht, denn, wer alles zu sehen versucht, hat am Ende meistens zu wenig gesehen.

Palma

Ganz gleich, wie man zum ersten Male nach Palma kommt, wie man zum ersten Male das einzigartige Stadtbild anschaut, aus dem Flugzeug, von Bord eines weißen Schiffes oder durch die Scheiben eines Autos – es wird ebenso sein, als würde man aus der dunklen Kühle eines Tordurchganges ganz plötzlich hinaustreten in einen von Sonne überfluteten, weiten Hof voller Blumen und Blüten: »Perle des Mittelmeeres«. 'Palma de Mallorca' steht auf den offiziellen Fahr- und Reiseplänen, für den Mallorquiner ist es einfach die 'Ciutat', die Stadt, neben der es eine andere, bessere nicht gibt. Sie gehört zu den weltoffenen einladenden und bezaubernden Städten der Welt.

Palmas Historie, nicht zu trennen von der Inselgeschichte, ist bekannt (s. S. 28ff.). Treten wir also unvermittelt hinaus in die gleißende Helle des Sonnentages! Eigentlich sollte jeder Palma-Besucher zuerst hinaufspazieren oder hinauffahren zur Balustrade vor *Schloß Bellver.* So von oben in Muße betrachtet, ergäbe sich am sichersten der Überblick, der dann eine Stadtbesichtigung einfacher und verständlicher machte. Indes, wir kennen die Schwächen der Touristen und die Bequemlichkeit der Reiseunternehmen, die da hinauf stets zuletzt fahren. Erfahrungsgemäß ist das erste Ziel aller Besucher die *Kathedrale,* und um sie herum *La Portella,* die herrliche Altstadt Palmas. Folgen wir also deshalb dieser natürlich auch nicht schlechten Gewohnheit und beginnen wir unseren ersten Rundgang am *Paseo Sagrera* dort, wo am Denkmal für Raimundus Llullus die Avenida Antonio Maura von der Militär-Kommandantur hinführt zur Plaza de la Reina.

Rundgang A: Almudaina-Palast und Kathedrale (etwa ein halber Tag)

1 Denkmal für Raimundus Llullus
(Abb. 3)
Llullus ist der Nationalheros der Insel (Lebensgeschichte s. S. 31 u. 278). Von dort großartiger Blick zum Palast und zur Kathedrale. → Nun in die *Av. Antonio Maura;* unterhalb des Almudaina-Palastes blumengeschmückte Gartenanlagen mit Wasserspielen, dahinter die *Palastfront,* 15. Jahrhundert, Säulen und Bastionen, durch Umbauten in einer flachen Linie verbunden, Renaissance-Balkons am Platze der wenigen Fenster des Mittelalters, quadratische Ecktürme und maurische Zinnen. Es ist die Stelle des römischen Lagers von Metellus, unter den Almoraviden im 11. Jahrhundert Alkazar der Medina Mayurca am Meer auf dem Hügel der Hafenbastion, von den Baumeistern der christlichen Könige zur Residenz umgebaut und verändert. Heute sieht man an der seewärts gelegenen Halle des Palastes vorn acht Spitzbogen, von achtekkigen Pfeilern getragen, darunter eine ähnliche Halle mit vier Rundbogen und Balkonen an jeder Ecke.

Der Aufgang zum Palast erfolgt entweder über Treppen von der Plaza de la Reina aus (dort in Hausfassaden Türme aus dem 13. bis 15. Jahrhundert, aus der Zeit nach der Palasterweiterung) oder direkt neben dem

PALMA DE MALLORCA
0
200 m
N
Pueblo Español
Marinero Moll Duniach
Calle Teniente Torres
Tennis
Calle de Juan Crespi
Calle Espartero
Calle de Andrea Doria
Pl. Puente
Paseo Maritim
Calle de la Cenia
Calle Fray
So. Armadans
Calle de Sotelo
Calle del Marques
Calle de Calvo Sotelo
Park
Avenida Ingeniero Gabriel Roca
Schloß Bellver
Calle de Bellver
Nach Génova
Nach Santa Ponsa

Via Alemania
Via Conde Salent
Via Portugal
Via Roma
Bahnhof
Ronda de Poniente
Ruiz de Alda
Fatima
Torrente La Riera
Av. Rey Jaime III
Avenida Argentina
Fremden-verkehrsamt
Post
Hafen
Parque del Mar
Ronda Litoral
Palma-Bucht
MITTELMEER
Nach Lluchmayor und zum Flugplatz

Calle Cecilio Metelo
Bahnhof
Plaza España
Ruiz de Alda
Paseo Mallorca
Cerdaña
Obispo Campins
Via Roma
Calle de los Olmos
C. Conception
C. Piedad
Calle
Pl. Sta Magdalena
Calle San Jaime
Av. Rey Jaime III
C. Protectora
Pl. de Pio XII
Calle Gral. Mola
Calle San Miguel
Plaça Mayor
Calle del Sindicato
C. S. Lorenzo
S. Pedro
Pl. Atarazanas
C. Apuntadores
Pl. de la Reina
Calle Conquistador
Pl. Cort
C. Godet
Pl. Santa Eulalia
C. Zavella
C. Campaña
C. Troncoso
Almudaina
C. Moray
C. d. Seo
Pl. Lonja
Av. Antonio Maura
Calle del Sol
S. Pedro
C. Palau
Sta. Clara
C. Portella
Viento Crianza
Montserrat
Paseo
Parque del Mar
II Ronda Litoral
Uruguay
1
2
3
4
5
6
7
8
9
10
11
12
13
14
15
16
17
18
19
20
21
22
23
24
25

Torbogen im *S'Hort del Rey* (Farbt. 6) am Schwanenteich, von wo einst die Boote den Wali zur Ausfahrt abzuholen pflegten. Über Stufen entlang der Mauer auf der alten Bastion zur breiten Treppe zwischen Kathedrale und Palast gelangt man zum Haupteingang. Bis ins 18. Jahrhundert hinein stand hier eine maurische Torturm-Anlage.

2 Palacio Almudaina

Er liegt heute nicht mehr am Meer; zur arabischen Zeit und noch in der Epoche der aragonesischen Könige umspülten ihn die Wellen der durch die Stadt fließenden Riera und die des Meeres. Der Palast (Abb. 4, 5, 7) ist insgesamt 20000 m^2 groß, heute Sitz des Generalkapitäns; um den 'Hof des Königs' (1309) stehen Arkaden. Die gotische *Capilla Santa Ana* hat ein romanisches Tor mit vier Säulenbögen aus rotem Marmor, Kassettentür, innen ist sie schlicht, der Hauptaltar zeigt das Bild der Heiligen Hedwig, Herzogin von Schlesien. Die *Capilla dels Pellaires*, im strahlenden Flamboyant-Stil, hat einen Reliquienschrein und andere Gold-, Silber- und Emaillekunstwerke in der Sakristei aufzuweisen. Daneben, flankiert von zwei marmornen Brunnenlöwen (12. Jh.) und von bronzenen Haubitzen, die *Freitreppe* zur königlichen Wohnung; Führung durch diverse Palasträume, wie Thronsaal, Arbeitszimmer des Königs usw. mit zeitgenössischem Mobiliar und privaten Gegenständen der Bewohner (striktes Fotografierverbot!). *'Turm der Ehrwürdigkeit'* mit Bronzeengel von Camprodón (14. Jh.), auf dessen Brustpanzer die Worte »Et verbum caro factum est« erscheinen, die Engelsfigur drehte sich früher im Winde. – Seit der Renovierung im 13./14. Jahrhundert hat der Palast, was Lage und Details anbelangt, viele Ähnlichkeiten mit dem der Könige von Mallorca in Perpignan.

Palma: Portal der Capilla Santa Ana

Palma: Stadtplan
(S. 74/75 und S. 76)

1 Llullus-Denkmal 2 Palacio Almudaina 3 Kathedrale 4 Palacio Episcopal 5 Arabische Bäder 6 Konvent Santa Clara 7 Kirche Montesión 8 Casa Marqués de Palmer 9 Kloster San Francisco 10 Palacio Marqués de Vivot 11 Kirche Santa Eulalia 12 Rathaus 13 Calle Almudaina 14 Almudaina-Bogen 15 Paseo Borne 16 Plaza de Pio XII 17 Plaza Santa Catalina Thomás 18 Kirche San Miguel 19 Plaza Santa Magdalena 20 Capilla de Santissima Sangre 21 Kloster La Concepcion 22 Fuente del Sepulcro 23 Santa Cruz 24 Consulado del Mar 25 La Lonja 26 Calle Apuntadores

3 Die Kathedrale

Sie ist Palmas Wahrzeichen (Farbt. Umschlagvorderseite; Farbt. 1; Abb. 1, 8), begonnen von König Jaime I. gleich nach der Wiedereroberung der Insel, wie es in seinem Tagebuch heißt, für den »Namen und zur Ehre der Heiligen Jungfrau Maria« am Platze der alten Moschee. Über die nächsten Jahrhunderte war sie Palmas ewige Baustelle, bis 1904, als der katalanische Architekt Gaudi sie von Grund auf renovierte. Material: einheimischer Sandstein, Marés, aus Palma, Lluchmayor, Calvia, Campos, Santanyi und Portals, warm-saftiger Steinton, besonders an der Seeseite. Der Plan der Kathedrale stammt entweder vom königlichen Architekten Nicolás oder von Cam-

Palma: Puerta del Mirador der Kathedrale, Statuen links (s. S. 80)

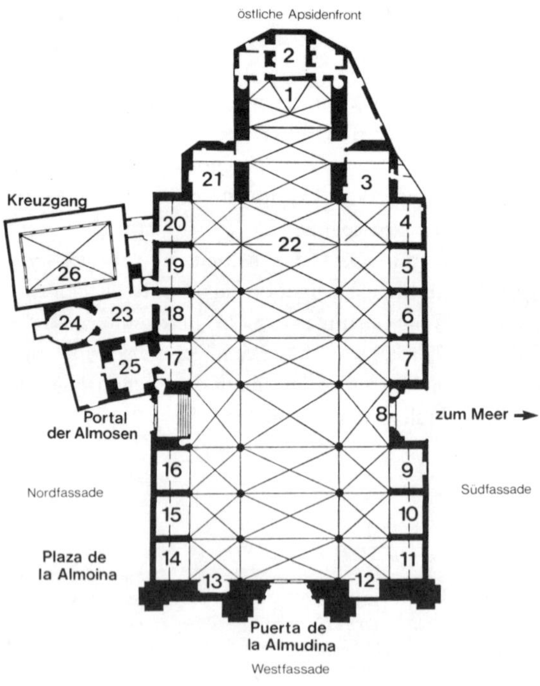

Palma: Grundriß der Kathedrale
1 Königskapelle 2 Kapelle der Trinität 3 Petruskapelle 4 Antonius von Padua-Kapelle 5 Kapelle der Hl. Jungfrau mit Krone 6 Kapelle des Hl. Martin von Tours 7 Bernhards-Kapelle 8 Puerta del Mirador 9 Kapelle der Hl. Jungfrau von der Treppe 10 Kapelle des Hl. Herzens 11 Kapelle des Hl. Benedikt 12 Taufkapelle 13 Kapelle der Seelen 14 Kapelle der Unbefleckten Empfängnis 15 Kapelle des Hl. Sebastian 16 Kapelle des Hl. Joseph 17 Allerheiligenkapelle 18 Kapelle der Jungfrau der Barmherzigkeit 19 Kapelle zu Christi Kreuzabnahme 20 Kapelle des Hl. Hieronymus 21 Kapelle des Leibes Christi 22 Hauptkanzel 23 Alter gotischer Kapitelsaal 24 Neuer barocker Kapitelsaal 25 Sakristei de Vermells 26 Kreuzgang

prodón, der auch den Almudaina-Palast umbaute. Über die Baufortschritte informiert der Abschnitt 'Geschichte'; hier eine grobe Reihenfolge: a Chor im Osten, b Nord- und Westfassade, c Südfassade. Die Kathedrale ist im gotischen Mittelmeerstil mit lombardischem Einfluß errichtet, jedes Schiff hat eine Apsis (Ordnung romanischer Basiliken, daraus ergibt sich das Fehlen eines Chorumganges). Konsequent ist das Prinzip des rechten Winkels angewandt, das Kreuzschiff nähert sich den Portalen dort, wo im fünften Abschnitt des Schiffes der Säulenzwischenraum geringfügig breiter ist. Die Außenlänge beträgt 118,40 m; Innenmaße: 109,16 m Länge (Köln 144 m), 39,46 m Breite (Köln 44,8 m), 43,74 m Höhe (Köln 43,5 m), bei etwa 6600 m² umbauter Fläche (160 000 m³ für rund 18 000 Personen). Die etwa 4250 m² große Decke wird getragen von nur 14 überaus schlanken, 21,47 m hohen Säulen (Köln 10,50 m) von bloß 1,48 m und 1,68 m im Durchmesser (Köln 2,10 m); lichte Bogenweite 19,36 m, überhohe Seitenschiffe, doch so, daß dem Mittelschiff Lichteinfall nicht verwehrt wird (30,17 m : 43,74 m). Vom Innenraum her gesehen ist sie die Kathedrale, bei der mit der sparsamsten Menge Baustoff der größte nutzbare Raum geschaffen wurde, und nach Gaudi der größte und vollkommenste »Erfolg in Harmonie, Konstruktion und Mechanik des gotischen Stiles« erzielt wurde.

Palma: Querschnitt und Längsschnitt der Kathedrale (Innenraum vor Gaudís Umbau)

Palmas Kathedrale ist in der Tat eine der großartigsten und vollkommensten Kathedralen in der Welt.

Bevor Sie den Innenraum betreten, spazieren Sie erst einmal außen um die Kathedrale herum und betrachten Sie, am besten von der Bastion del Mirador vor dem Diözesanmuseum aus, die östliche Apsidenfront in ihrer rotbraunen Sonnenfarbe. Von den drei Apsiden ist die Mittelapsis 24,20 m tief mit ihren gewaltigen massigen Rustikal-Strebepfeilern. Anbauten: Sakristeien, Reliquiensaal, Treppe zur Trinitätskapelle. Vermutlich war der Kathedralanbau nur 15,85 m breit und einschiffig vorgesehen, wurde von Jaime II. aber zum dreischiffigen Gotteshaus umgeplant, dabei ergab die Verlängerung der Apsis das heutige Mittelschiff (siehe Plan).

Die Südfassade sieht man am schönsten vom Parque de Mare (Abb. 8); ihre Länge mißt 118,40 m, sie ist charakterisiert durch den Wechsel der Strebepfeiler. Die acht großen, 37,40 m hohen Stützpfeiler für die leicht gekrümmten, doppelten Strebebögen entsprechen den Rippen der Kuppelgewölbe innen, die vierzehn kleineren sind ohne besondere statische Funktion, tragen aber verspielte Spitztürmchen und Wasserspeier. Das 'Tor der Aussicht' zum Meer, die *Puerta del Mirador* (Fig. S. 78 u. 100), ist ein mehr als 15 m hoher, mit geometrischen und floralen Ornamenten geschmückter Spitzbogen mit Baldachin und Blumenrosette; innen sechseckige Vorhalle mit Kreuzgewölbe, dann in absteigender Ordnung in der Portalwand wieder Dreieckgiebel mit Medaillons und geometrischer Verzierung; drei Bogen: außen Blumenornamentik, innen fünf Propheten (Daniel, Hesekiel, Isaias, Jeremias, Daniel) und fünf Erzväter (Abraham, Jonas, Isaak, Saulus, Moses), im Giebelfeld oben Gottvater und sechs Engel mit Weihrauchfässern, unter dem Baldachin das Abendmahl mit fünfzehn Figuren (ganz selten auf gotischen Giebelfeldern in Spanien!). In der Mitte der Portalöffnung eine Konsole mit fünf Engeln und ein Pfeiler für die Statue der Jungfrau des Mirador (Kopie, Original im Museum). In den Pfosten unter Baldachinen fünf Apostelfiguren (Petrus, Paulus, Jakobus, Andreas, Johannes d. Täufer), die beiden ersten im derben Naturalismus von G. Sagrera. Im Gewände 36 Nischen und 13 leere für geplante, nicht gemeißelte Figuren.

Die Westfassade, gegenüber dem Almudaina-Palast mit dem Hauptportal *Puerta de la Almudaina,* ist unvollkommen geblieben, sie ist 61,70 m hoch mit zwei Strebepfeilern (Figuren von Llullus und Catalina Thomás) und zwei kleinen Türmen (16. Jh.), nach Erdbeben später pseudogotisch verändert, wobei die obere Rosette zum Teil verdeckt wurde und sich eine Schmälerung des Raumeindruckes innen ergab; im Giebel die Statue 'Mariä Himmelfahrt'; das Hauptportal triumphbogenartig im Plateresco-Stil von M. Verger (1601); kassettierter, 16,60 m hoher Bogen über dem zentralen Mittelpfeiler (Abb. 11) mit dem Bild der Gottesmutter unter einem Stern und zwischen Mariensymbolen (rechts: Mond, Rosenbusch, Palme, Tor des Himmels, Garten, Quelle, Turm; links: Sonne, Tempel, Schwertlilie, Zypresse, Stadt, Brunnen, Spiegel). Darunter Wappen von Bischof Joan Vic Manrique und Inschrift »Niemals ist so etwas geschaffen worden in allen Königreichen«. In den Mauernischen Statuen von Gregor und Hieronymus, Augustinus und Ambrosius,

42 Palma San Miguel: Virgen de la Salud

43, 44 PALMA Die schattige Via Roma

45, 46 PALMA Kirche Santa Cruz, 1343. Holzkruzifix in der Krypta San Lorenzo, 14. Jh.

47, 48 Palma Denkmal Jaume Ferrers (13. Jh) auf dem Ataranzanas-Platz. Reiterstandbild Jaimes I. auf der Plaza España

49, 50 Palma Consulado del Mar, die alte Seefahrerschule der Insel. La Lonja, die alte Börse, erbaut von G. Sagrera, 15. Jh.

51 PALMA La Lonja: Engel des Handelskollegiums im Bogenfeld des Hauptportals

52, 53 PALMA Gotisches Spitzbogenfenster der Lonja. La Lonja vom Hafen aus gesehen

54, 55 PALMA Torre de Pelaires, Hafenturm des 15. Jh., und Leuchtturm von Porto Pi

56 Castillo de Bellver bei Palma

57, 58 Castillo de Bellver: Innenhof, zweigeschossig, romanische Loggien. Der Brunnen im Innenhof

59 Castillo de Bellver: Torre de Homenaje

60 Castillo de Bellver: der große Saal

61 Castillo de Bellver: alte Schloßküche

62 Castillo de Bellver, Museum: römischer Stein

63, 64 Castillo de Bellver, Museum: Fragment mit arabischer Schrift und arabischer Brunnenlöwe

65 Castillo de Bendinat mit vier Ecktürmen

66 Cala Figuera In der Cova de la Mare de Déu

67, 68 Santa Ponsa Siegeskreuz auf dem Sa Caleta-Felsen, Landeplatz der christlichen Flotte am 12. 9. 1229; König Jaime I. auf einer Relieftafel

69 Cruz de Moncada, Mahnmal an die Schlacht vom 12. 9. 1229

70 Andraitx Mittelalterliches Wegekreuz am Aufgang zur Pfarrkirche

71 Capella de Sa Pedra Sagrada mit dem Steinblock, der am Tag der Schlacht von 1229 zum Altartisch wurde

72, 73 Bañyalbufar mit den Terrassengärten. Im Hof des Adelspalastes La Baronia

74 Puerto de Andraitx

75, 76 Moleta d'Esclop. Sierra d'es Pinotells

77, 78 Son Oleza, alter arabischer Wachtturm, 479 m. Landgut Son Mas (bei Valldemosa)

79 Ermita de la Trinitat bei Valldemosa

80–82 Valldemosa Am Fest der Ortsheiligen Catalina Thomás werden noch die mallorquinischen Trachten getragen

83 Valldemosa

84 Landgut Son Marroig

oben die beiden Johannes, der Täufer und der Evangelist.

Die Nordfassade an der Plaza de la Almoina ist nur 43,60 m lang, da Glockenturm, Kapitelsäle, Kreuzgang und Almosenhaus, *Casa de L'Almoina,* anschließen; dort wurden stets nach der Messe Almosen (Almoina) an die Armen verteilt; das Almosenhaus wurde auch als Hauskapelle und Schulhaus genutzt. (Casa de les Escoles, gotisch 1529, zwei Fenster, Baumeister sicherlich ein Sagrera-Schüler). Das *Portal der Almosen* ist ein großer, stil- und geschmackvoller, in reinen Linien aus Santanyi-Sandstein gefertigter Spitzbogen mit gotischem Rankenwerk von klarer Gliederung; im leeren Giebelfeld eine Marienfigur (16. Jh.). Daneben der *Glockenturm* (1536), quadratisch, von 2,51 m Mauerdicke, vermutlich das Minarett der alten Moschee, dreistöckig mit gotischen Fenstern, 215 Stufen zur Höhe, 47,80 m; neun Glocken, älteste von 1312, größte 2 m Durchmesser, 3500 kg schwer. Großartige Aussicht.

Das Innere beeindruckt durch die Höhe auch der Seitenschiffe und den freien Blick durch den Raum, in dem die schlanken Säulen mit den Bündeln der gefilterten Lichtstrahlen und Schatten zusammenzufallen scheinen. Dazu springen die achteckigen Säulen in keiner Weise vor und zwingen den Blick frei nach oben in die streng gegliederten Gewölbe, zu den leicht ansteigenden Kappen, zu den relativ kleinen und hoch angesetzten Fenstern und zu den Rosetten.

Die Fenster: 91 waren geplant, fast die Hälfte ist noch zugemauert oder hinter Altaraufsätzen verborgen, zehn offene im Mittelschiff zeigen Bilder zu Bibelstellen, dreizehn in den Seitenschiffen Bilder zu messianischen Weissagungen. *Rosetten:* die große in der Hauptapsis ist mit 11,15 m Innendurchmesser größte der Welt (Notre Dame in Paris: 9,60 m), sie hat eine Oberfläche von 97,45 m^2 und ist aus 1236 einzelnen farbigen Glasstücken zu einem geometrischen Muster aus Dreiecken und Blumen zusammengesetzt (unter Bischof Galiani im 14. Jahrhundert) und wurde mehrfach beschädigt und restauriert. Zwei kleinere Rosetten in den Seitenschiffen (19. Jh.), in der Westfassade drei Rosetten (1599), von zwei kleinen ist eine zugemauert, die mittlere über dem Almoina-Portal ist als vielfarbige Rose gebildet, 10,51 m Durchmesser. Schönste Beleuchtung des Innenraumes am frühen Vormittag, dann ist sie wahrhaftig eine 'Kathedrale des Lichtes'.

Wer Interesse hat, mag sich uns nun bei der Besichtigung der Kapellen anschließen (vgl. Fig. S. 78); es sind zwei Apsiskapellen, dazu acht Kapellen je Seitenschiff, zwei davon als Portale und zwei in der Fassade des Hauptportals, alle mit Kreuzgratgewölbe und 16,35 m hoch, 7,65 m breit, 6,70 m tief, also rechteckig und über Trompen zum oberen Sechseck überleitend.

1 Königskapelle (Capilla Real), ältester und erster Bauteil, eine Großapsis mit drei Gewölben, rechteckig mit trompenförmigem Übergang ins Sechseck, Beispiel französischer Gotik; über dem Kranzgesims zehn Standbilder (Maria, Petrus, Paulus, Gabriel, sechs Engel mit Kerzen, 1417); Chorgestühl 110 hochgotische Sitze mit Nußbaum-Schnitzwerk an Armlehnen, auf Relieftafeln und Friesen (Tiere, Florales, Phantasiefiguren, Engel, Medaillons, Evangelisten), ab 1329 geschnitzt; darüber acht flämische Gobelins aus Arras, 1604, Themen: Geschichte von Nebukadnezar und galantes Treffen in einem Garten; Hauptaltar aus Alabaster, 3,07 m lang auf acht Säulen mit unterschiedlichen Kapitellen, im 13. Jahrhundert von islamischen Künstlern nach Zisterzienservorbildern gemeißelt: byzantinische oder arabische (?) Mittelsäule; umstrittene Beleuchtung von Gaudi mit vielen farbigen Glühbirnen und Kronleuchtern an einer großen Tiara und eisernen Kronen; über dem Altar ein eigenartiger Baldachin von Gaudi, ein Brokatbehang, Weinlaub, Trauben, Ähren, byzantinisches Kreuz; im Boden drei Grabplatten über den Gräbern einer Nichte Jaimes III., eines Bischofs und eines Domherrn; übertriebene und stilfremde Dekorationen an den hinteren Wänden; davor in einer gotischen Mauernische der Bischofsstuhl aus Carrara-Marmor, von Löwen getragen (1269); dahinter, sieben Meter über dem Niveau des Altarraumes, die

2 *Kapelle der Trinität* (Capilla Trinidad). Ihr Bau wurde 1306 von Jaime II. angeordnet, sie war als Begräbnisplatz für ihn bestimmt und ist 9,46 m tief, 5,78 m breit, 13,40 m hoch, vermutlich von Descoll nach dem Vorbild der Königskapelle in Perpignan erbaut; Kreuzgewölbe; Standbild der Gottesmutter mit Tabernakel in den Händen (14. Jh.), in den Bogennischen Alabaster-Sarkophage mit Wappen und Liegefiguren auf Kissen, die Könige Jaime II. und III., dieser im Maschenpanzer, in dem er bei Lluchmayor fiel.

3 *Petruskapelle* (Capilla de San Pedro), aus dem 14. Jahrhundert; alter barocker Altaraufsatz durch Feuer vernichtet, jetziger neoklassizistisch (19. Jh.); Gemälde zum Schlüsselamt Petri von Salvator Torres, darüber die päpstlichen Symbole; Statuen von Johannes dem Täufer und Bruno aus der Kartause von Valldemosa; auf vier flämischen Wandteppichen Szenen zur Jakobsgeschichte; unter der Kapelle Gräber von Prinzen, Bischöfen, Prälaten.

4 *Antonius von Padua-Kapelle* (Capilla de San Antonio de Padua), im 14. Jahrhundert konzipiert von Sagrera; barocker Altaraufsatz von Francisco Herrera (18. Jh.), Unterteil roter Marmor mit Verschnörkelungen, Mittelnische mit überlebensgroßem Statuenprospekt des predigenden Antonius; unter dem Giebeldach des Jesusknaben ein Hochrelief der Heiligen Rosalia; im Fußboden der Grabstein für den Domherrn Mir, Kämmerer von Papst Urban V. (14. Jh.).

5 *Kapelle der Heiligen Jungfrau mit der Krone* (Capilla Nuestra Señora de la Corona), aus dem 14. Jahrhundert; churrigueresker Altaraufsatz (18. Jh.), voll überreicher ornamentaler Dekorationselemente aus vergoldetem Holzschnitzwerk, Marmor und Leinwand; in der Quadratnische Gemälde der Jungfrau, daneben Heiligenbilder; hinter dem Aufsatz und verdeckt Grabmal des ersten auf Mallorca geborenen Bischofs Antoni de Galiana (1363–75); Bogennische mit Engeln, Blattranken und Zinnen, im polychromen Hochrelief Trauerzug und Begräbnisszene, alles vermutlich Werk des Kathedralenbaumeisters J. Mates aus dem 14. Jahrhundert.

6 *Kapelle des Heiligen Martin von Tours* (Capilla de San Martin), 14. Jh., über rotem

Marmorsockel Altaraufsatz aus vergoldetem Holzschnitzwerk von Herrera 1725, barockes Bildwerk: Sankt Martin auf dem Pferde schenkt einem Pilger die Hälfte seines Mantels, dahinter Engel und Statuen des Petrus von Alcantara, Thomas von Aquin und Bonaventura, über dem vermauerten Seitenfenster Trophäen aus den Kämpfen mit den Arabern, Schilde und Wappen der Kapellenstifterfamilien.

7 *Bernhards-Kapelle* (Capilla de San Bernardo), 14. Jh., durch Brand alter Herrera-Aufsatz vernichtet, ersetzt durch neogotischen Aufsatz aus rotem Marmor und Alabaster, 1921, unter einem Baldachin Sankt Bernhard von Clairvaux, darunter sechzehn heilige Zisterzienser, an den Bogenansätzen Statuen von je drei Großen der morgenländischen wie der lateinischen Kirche: Cyrill, Basilius, Chrysostomus, Augustinus, Gregor der Große, Ambrosius, 1916 Durchbruch von drei Fassadenfenstern, Glasmalereien von Vilar zum Leben Bernhards.

8 *Tor der Aussicht* (Puerta del Mirador) (s. a. S. 79; Abb. 9, 10, 12); hier die Innenwandung mit dem von Gaudí 1904 dort aufgestellten gotischen Retabel des Hochaltars, wohl 1346 von Camprodón geschnitzt, sieben Flachreliefs auf der Altarstaffel zum Thema ›Lob der Gottesmutter‹, in den acht Pfeilernischen standen einst Heiligenfiguren und die Jungfrau der Kathedrale (jetzt an der Wand der Königskapelle), daneben ein von Gaudî entworfener Beichtstuhl und die gotische Kanzel, von der herab 1413 der Heilige Vincenc Ferrer gepredigt haben soll.

9 *Kapelle der Heiligen Jungfrau von der Treppe* (Capilla de la Grada), benannt nach der Treppe, die früher in den hier liegenden alten Kreuzgang führte (14. Jh.), früher den Kölner Märtyrern Ursula und ihren Gefährtinnen geweiht, seit 1547 Mariä Himmelfahrt zugeeignet; barocker hölzerner Aufsatz mit fünf Gemälden, 1665 (Himmelfahrt, die Heiligen Anastasius, Chrysostomus, Basilius, Gregor von Nazianz); liebliche Marienfigur aus Holz (14. Jh.), Patronin der Maler und Sticker; an der linken Wand aus Holz und vergoldet das ›Lager der schlafenden Gottesmutter‹, wird stets am Tage Mariä Himmelfahrt (15. August) in der Mitte der Kathedrale aufgestellt; beachtenswert das schmiedeeiserne Gitter, 1592 aus 71 Stäben mit Spitzen, Rosetten, Platten und Wappen geschmiedet.

10 *Kapelle des Heiligen Herzens* (Capilla del Sagrado Corazón), aus dem 15. Jahrhundert, an der Stelle des alten Kreuzganges, einst dem Schutzengel Mallorcas, dann Vincenc Ferrer, schließlich dem Heiligen Herzen geweiht, dazu die Christusstatue mit dem Herzen, geschnitzt von Galmés (1890); seitwärts Gemälde, Papst Silvester und der Heilige Coloma; seit dem 15. Jahrhundert auf Seitenfensterkonsolen prachtvolle Urnen aus Stein und Alabaster für Verehrer von Raimundus Llullus.

11 *Kapelle des Heiligen Benedikt* (Capilla de San Benito), 15. Jahrhundert, andere Kreuzgangskapelle, einst der ‘Lieben Frau der Seefahrer’ geweiht, daher das Schnitzwerk des Jesusknaben mit einem Dreimaster in der Linken oben am Retabel; dieser hochbarock vom Herrera-Schüler Carbonell,

Palma: Puerta del Mirador, innen ▷

Benedikt zwischen Gertrud und Scholastika, hinter dem Altar der Glassarg des römischen Märtyrers Vincentius (2. Jh.); Kapellenwände mit Grabmalen für den Benediktinerbischof Panyelles und den Edelmann L. Brieen; beachtenswert das Kunstschmiedegitter mit der Spruchplatte 'Sei gegrüßt Stern des Meeres, Schutz der Seefahrer'.

12 Taufkapelle (Capilla del Baptisterio), aus dem 18. Jahrhundert, in der Westwand der Kathedrale, reich neoklassizistisch, in Marmorrahmen Bilder von Hauptvertretern der valencianischen Schule: ›Taufe Christi, im Jordan‹ von Planes, ›Petrus tauft den Hauptmann Cornelius‹ von J. Camarón, ›Sankt Remigius tauft den Frankenkönig Clodwig‹ von J. Vergara (alle 18. Jh.), darüber drei Medaillons zu Seelenzuständen vor, während und nach dem Empfang der Taufe; ovales Taufbecken auf zwei Stufen aus rotem Jaspis, dekoriert mit Girlanden und Bronzeaufsätzen, Präsent des Bischofs von Mallorca, Rubio Benedicto; sein Bild in der Sakristei.

13 Kapelle der Seelen (Capilla de las Almas), aus dem 19. Jahrhundert, in der Nische für das geplante linke Seitenschiffportal; Spitzbogengewölbe; Altaraufsatz in griechisch-römischem Mischstil mit dem Kreuzigungsbild ›Jesus de las Animas‹, darunter Bild ›Seelen im Fegefeuer‹, flankiert von Heiligen.

14 Kapelle der Unbefleckten Empfängnis (Capilla de la Púrisma), letzte Kapelle des alten Kreuzganges, der bis hierher reichte, 1574 zugleich mit der Fertigstellung des Gesamtgewölbes der Kathedrale errichtet; Altaraufsatz von J. Aragón; im Mittelteil Statue der Unbefleckten mit Silberkrone und Heiligenschein; dahinter Mariensymbole; im Sockel zwölf Stucktafeln mt Heiligen und schönen Blumenvasen; an den Wänden bemerkenswerte Gemälde des Mallorquiners G. Mesquida (17. Jh.).

15 Kapelle des Heiligen Sebastian (Capilla de San Sebastián; Abb. 15), aus dem 18. Jh., dem Schutzpatron der Stadt Palma geweiht; Wappen im Gewölbe-Schlußstein; Altaraufsatz von Herrera; fast römisch-mallorquinischer Barock, um Sebastian am Baum, von Pfeilen durchbohrt, viele Figuren von Heiligen der Kirche und Mallorcas, vor allem auf den Seitenflügeln die beiden Helden von Alaro, Cabrit und Bassa (s. S. 260) die Vorderseite des Altars zeigt auf rotem Samt diffizile Goldstickerei mit Bild Sebastians (17. Jh.).

16 Kapelle des Heiligen Joseph (Capilla de San José), aus dem 19. Jahrhundert; neogotischer Altaraufsatz aus geschnitztem, vergoldetem Holz von Galméss Socias, Joseph in der Mitte, flankierend Jakobus und die Heilige Therese vom Kinde Jesu; darunter ›Aufnahme des Heiligen Joseph in den Himmel‹, in den Wänden Grabmäler des Vizekönigs von Mallorca, Cervello († 1547), eines Oberbefehlshabers der mallorquinischen Truppen und eines Bischofs; vor der Kapelle das schönste Schmiedeeisengitter der Kathedrale, gotisch mit Doppeltoren, die paarweise geordneten Eisenstäbe mit Blättern und Blumen dekoriert.

17 Die Allerheiligenkapelle (Capilla de Todos los Santos), im 13. Jahrhundert als erste Kreuzgangskapelle vom zweiten Bischof Mallorcas erbaut, ist ohne Altar, sie bildet die Vorhalle der Sakristei de Vermells (nach der roten Vermell-Farbe der Soutanen, die ebendort die zwölf Sängerknaben anzogen); vor der Kapelle der Torbogen des alten Chores, bis zu Gaudis Umbau der Kathedrale 1904 stand er im Mittelschiff, 1526–29 von Juan de Salas im reinen Renaissance-Stil gemeißelt, italienische Einflüsse, auf dem Kranzgesims Petrus und Paulus, im Bogen die ›Verkündigung‹ und im Überbau ›Jesus lehrt im Tempel‹ und ›Fußwaschung‹; die Kapellenrückwand ist schräg, um Anschluß an den nicht rechtwinklig zum Kirchenschiff stehenden Turm zu bekommen, kreuzgratgewölbt; in der Rückwand ein gotisches Portal; im Giebel Maria mit knienden Engeln, die Kerzen tragen; beachtenswert ein 2,25 m hohes Altarkreuz und acht 94 cm hohe vergoldete Kandelaber, sie wurden 1804 bei der Krönung Bonapartes zum Kaiser Napoleon I. in Notre-Dame, Paris, benutzt; im großen Wandschrank goldbestickter Balkonbehang aus rotem Samt, dient gründonnerstags zur Verkleidung des Katafalks. Kuriosum: an den Stufen der Puerta de la Almoina steht ein dunkler Eichenholztisch (16. Jh.) für Brot, das aus gespendetem Weizen gebacken und an Palmas Arme ausgeteilt wurde.

18 *Kapelle der Jungfrau der Barmherzigkeit* (Capilla Nuestra Señora de la Piedad; Abb. 14), aus dem 14. Jh., gedehnter Eingangsbogen skulptiert; interessantes Strahlengewölbe mit Muschelbögen, Engeln und Heiligen; im Eingangsbogen innen neun Gemälde (Jesus, Maria, Heilige), in den oberen Maueröffnungen vier Loblieder auf Maria; an den beiden Seitenwänden Heilige auf Ölbildern (17. Jh.), dazu zwei große Gemälde der beiden Stadtpatroninnen von Mallorca und Katalonien: Jungfrau von Lluch und Jungfrau vom Montserrat; kleiner barocker Altaraufsatz (17. Jh.) aus Stein; die ›Jungfrau der Barmherzigkeit‹; neben anderen Heiligen an den Altarseiten die Statuen der tapferen Krieger Cabrit und Bassa, die König Alfons III. auf Schloß Alaro lebend rösten ließ; ihre Urnen unter dem Altar, deshalb auch Capilla de los Santos Martyres. Über der Kapelle die Orgel mit spätgotischer Front. (Hier der Durchgang zu den Kapitelsälen und zum Domschatz!)

19 *Kapelle zu Christi Kreuzabnahme* (Capilla de Santo Cristo), 14. Jahrhundert, einst mit drei Altären, später verfallen und im 18. Jahrhundert von Grund auf restauriert; jetzt barocker Altaraufsatz mit lebensgroßer Christusfigur mit beweglichen Armen für die Karfreitagszeremonie, davor vom mallorquinischen Maler Anckermann das Bild ›Kreuzabnahme‹, auf Konsolen Heiligenfiguren, oben das Bild der Heiligen Cäcilia vom Mallorquiner G. Mesquida (17. Jh.); zwei Grabmäler, Bischofsgrab mit Liegefigur im Plateresco-Stil und Dominikanergrab neogotisch; vor der Kapelle schönes Schmiedeeisengitter (19. Jh.), von G. Reynés.

20 *Kapelle des Heiligen Hieronymus* (Capilla de San Jerónimo), aus dem 14. Jahrhundert. Standbild des Heiligen in der Mitte des plateresken Altaraufsatzes, darüber ›Verkündigung‹ und Magdalena, zehn beachtliche Altarbilder, vermutlich von C. Homs in flämischer Manier; an der rechten Wand das bedeutende neoklassizistische

Grabmal für den Marques de la Romana (†1811), Recke aus dem Unabhängigkeitskrieg, Liegefigur mit Fahnen, Wappen und Symbolen, schöne Flachreliefs am Sockel; es wurde 1837 aus dem Kloster Santo Domingo in die Kathedrale umgesetzt.

21 *Kapelle des Leibes Christi* (Capilla de Corpus Cristi; Abb. 13) mit dem schönsten Altaraufsatz der Kathedrale, geschnitzt von Jaume Blanquer 1641 (von unten nach oben): über dem Altartisch, zwischen den Märtyrerinnen Nifa und Christina, ein 2,18 m × 0,80 m großes, überaus wertvolles Hochrelief ›Christus vor Kaiphas im Pilatus-Palaste‹, darüber in Schrägperspektive das ›Abendmahl‹, flankiert von Matthäus und Johannes dem Täufer, darüber die ›Darstellung im Tempel‹ zwischen Franziskus von Assisi und Franziskus de Paula, ganz oben ›Versuchung des Antonius‹, umgeben von den theologischen Tugenden und Engeln mit Instrumenten, Weihrauchfässern und Kerzen; links eine Bogennische in katalanischer Gotik und das Grabmal des ersten mallorquinischen Bischofs Ramón de Torella (1266).

22 *Hauptkanzel,* auch 'Kanzel des Evangeliums', 1531 von Juan de Salas aus Aragon in bester Frührenaissance und ornamental fast überladen (stand mit der anderen Kanzel früher am vierten Säulenpaar im Schiff, von Gaudi 1904 an den heutigen Platz gesetzt) 3,70 m breit, 4,08 m hoch (von unten nach oben): von Löwen gestützter achteckiger Säulenfuß mit sieben Nischen für die (nicht gearbeiteten) sieben Tugenden, Kanzelkörper von Atlanten getragen, auf neun Flachreliefs die sieben Lobpreisungen: Verkündigung, Anbetung, die Weisen aus dem

Palma: Hauptkanzel der Kathedrale

Morgenlande, Auferstehung (Abb. 16), Himmelfahrt, Aussendung des Geistes, Mariä Himmelfahrt, Umarmung der Eltern Mariens, Mariä Geburt und zwischen den Reliefnischen Statuetten der vier Evangelisten und der drei lateinischen Kirchenväter.

23 *Alter gotischer Kapitelsaal,* auf leicht trapezförmigem Grundriß mit Kreuzgewölbe, feinstem Gesims und beachtenswerten Schlußsteinen, alles sicherlich von Sagrera; beherrschend das Grabmal des Gegenpapstes Klemens VIII., der 1447 auf das römische Hirtenamt verzichtete und Bischof von Mallorca wurde, Grabplatte auf vier Löwen; an den Wänden Altarbilder, Staffeln, Tafeln und Urnen mit besten Beispielen der mallorquinisch-gotischen Schulen:

›Hl. Eulalia‹ von Joan Loert, Altarbild (1335);

›Hl. Papst Klemens‹, unbekannter Meister (1376);

›Hl. Matthäus, Hl. Franz von Assisi‹ vom Meister des Bischofs Galiana, Altarbild (1377; Farbt. 7);
›Golgatha‹ vom Montesion-Meister, Gedächtnis der 5000 Toten Palmas bei der großen Überschwemmung (1403);
›Hl. Jungfrau der Barmherzigkeit‹ vom Montesion-Meister (1406);
Urne von Pere Bennasser, Dominikaner, dessen arabischer Vater König Jaime I. bei der Eroberung der Insel unterstützte (15. Jh.);
›Hl. Margarethe‹ von R. Moger (1460);
›Hl. Sebastian‹ von A. de Sedano, Renaissancegemälde (1488; Abb. 18);
›Mariä Verkündigung‹ von M. Torner, valencianisch beeinflußt (1490);
›Gemälde der Almoina‹ vom Meister von San Francisco (1497);
›Predigt des Vincenz Ferrer‹, unbekannter Meister, zu beachten die Kathedrale und die Bußprozession (1413);
dazu eiserne Ständer, Fackelhalter und Einlegearbeiten von Mora (1493); beachten Sie ein Kästchen, nur gezapft oder überblattet und vollkommen ohne Nägel gearbeitet.

24 Neuer barocker Kapitelsaal, Eingang durch ein vielformig dekoriertes, im Churrigueresco-Stil gemeißeltes Portal (im Bogen Maria, von Engeln verehrt, Tonfiguren: Glaube, Hoffnung, Liebe); Saal elliptisch, 9,82 m × 7,48 m, geriffelte Spiralsäulen, Gesims und voll mit Blumen dekoriertes Gewölbe (17. Jh.); dem Eingang gegenüber Kapellchen mit barockem Altaraufsatz (1756) und platereskem Reliquienschrein des Heiligen Kreuzes (16. Jh.) (von einem Galeerenkapitän, der einen Bischof aus den Händen von Seeräubern befreit hatte), 3,3 kg Gold mit Amethyst, Topasen, Granat, Rubinen und 551 Perlen. – Vitrinen:

Vitrine 1:
›Petrus‹, barock, aus Silber getrieben und ziseliert, 17,9 kg (1749);
›Maria auf der Säule‹, vergoldetes Silber (17. Jh.);
Reliquienschrein 'Heiliger Sebastian' in Form eines rechten Unterarmes mit Hand, Silberarbeit aus Rhodos (1552);
Reliquienschrein von San Verecundo, sechseckig mit Glasfuß, Deckel und Kugeln (16. Jh.);
Kelch, plateresk und filigran, Miniatur ›Abendmahl‹ im Knoten (1819).

Vitrine 2:
›Hl. Vincenz Ferrer‹, Silber getrieben und ziseliert (1596);
Kruzifix aus Elfenbein, Kreuz und Fuß Ebenholz mit Muscheln (18. Jh.);
Reliquienschrein des Hl. Stephan, Silber vergoldet, oval mit Rahmen aus Halbblatt-Reliefs, Inschrift griechisch (18. Jh.);
›Hl. Pedro von Alcántara‹, Holzschnitzbild mit Knochenreliquie im Silbergehäuse (18. Jh.);
›Ecce Homo‹, Silber-Treibarbeit auf Sockel aus Ebenholz, Krone vergoldete Bronze, Brillanten, im Bergkristall des Kreuzes ein Splitter vom Kreuze Christi (18. Jh.)

Vitrine 3:
Kruzifix aus Elfenbein, Kreuz und Fuß Ebenholz, silberne Eckbeschläge, mit 62 cm sehr groß (1652);
Kreuz des Hl. Andreas, Silber, 2,3 kg schwer, Fuß mit luftiger Wolke aus Engelsköpfen (1702);

›Santa Maria‹ (die Ägyptische), auf der Brust der Statue Reliquienbehälter, vierseitiges Fußgestell mit je einer Reliquie (1648);

Reliquienschrein (vom weißen Kleide Jesu), barock, Holz vergoldet und versilbert (1808);

Reliquienschrein des Schwammes mit Reliquie vom Hauptaltar (1808);

Reliquienschrein der Geißelungs-Säule Christi, barock, Silber vergoldet, Kreuz 14. Jh., von einem Engel gehalten; Goldmedaillon auf Ährenstrauß mit Bildnis Christi vorn und der Schmerzensmutter hinten, 16. Jh.

Vitrine 4:

›Hl. Joseph‹, Silberarbeit, Fuß aus Ebenholz, in der Mitte die Reliquie (18. Jh.);

›Hl. Ludwig Gonzaga‹, Silberarbeit, 2 kg schwer, Goldkette mit ovalem Medaillon, Dekor 24 Diamanten, 8 Rubine (1772);

Reliquienschrein des Hl. Pantaleón, im Silberkörper besten Churrigueresco-Stiles die Reliquie (17. Jh.);

Monstranz des dritten Sonntags, barock mit 241 Brillanten, 186 Perlen, oben Goldkreuz mit 4 Brillanten, 11 Saphiren und Smaragden, Schnur aus 124 Perlen, gearbeitet von N. Bonnîn (1786);

Meßkelche, mehrere neuzeitliche, u. a. ein neugotischer, Geschenk von Königin Elisabeth II., ein anderer von Papst Pius IX. (19./20. Jh.);

Urne zur Aufbewahrung des Heiligsten Sakramentes am Gründonnerstag, Holz mit Silber, am Fuße vergoldet (1673);

Zwei barocke Kandelaber, jeder 2,61 m hoch, massives Silber, getrieben und ziseliert, je 268 kg schwer, von Joan Matons, eine unbeschreibliche Pracht (Abb. 17).

25 Sakristei de Vermells im Untergeschoß des Glockenturmes, Gewölbe elegante Kreuzbogen, dort das *Museum für mittelalterliche Kunst* (insgesamt fünf Vitrinen und Einzelstücke).

Hauptmonstranz, 2,28 m hoch, das Prunkstück der Kathedrale, vergoldetes Silber, 120 kg schwer, gearbeitet von J. Nicolau, später ergänzt von N. Bonnîn und anderen, gotische Altarbild-Monstranz, am gotischen Sockel aber zwei Barockengel und platereskes Dekorwerk, Wappenschild von Bischof Muñoz, um den Glasschrein 826 Perlen, 1585/1780/1820;

›Verkündigung‹, farbig gemalter Alabaster, unbekannter Meister (14. Jh.);

›Die Jungfrau des Mirador‹, von vielen als das vollendetste Werk gotischer Bildhauerarbeit des 14. Jh. angesprochen, von Sagrera oder Morey oder einem unbekannten Italiener (?);

Grabstein für den Mäzen der Kathedrale, Joan Font, gotischer Bogen mit Maria und Aposteln (1516).

Vitrine 1:

Kästchen mit Eisenbeschlägen (13. Jh.);

Arabisches Kästchen aus Pinienholz, Palermo (12. Jh.);

Reliquienschrein der Hl. Eulalia mit rundem, silbernem Reliquienbehälter, außen grün, innen golden (13. Jh.);

Silberbuch, zwei Taschen 38 × 26 cm, pro Blatt 24 Quadrate, Holz mit Silberplatten, stand an Bord des Flaggschiffes von König Jaime I. (13. Jh.);

Portopaz, Kreuzigungsszene aus Elfenbein, Renaissance (15. Jh.);

Holzkästchen, innen Sterne auf blauem Grund (15. Jh.).

Vitrine 2:

Reliquienschrein San Sebastian, romanische Monstranz in Kreuzform mit Emaillearbeiten (14. Jh.);

Reliquienschrein der Tunica Christi aus dem Besitz des Kaisers Manuel II. Paläologos von Konstantinopel, später des Papstes Benedikt XIII., Silber vergoldet, 2,7 kg schwer (15. Jh.);

Brief Manuels II. Paläologos an Papst Benedikt in Avignon, daß die Reliquie der Tunica echt sei, griechisch mit lateinischer Übersetzung und kaiserlicher Unterschrift (1402);

Reliquienschrein der Tunica Mariens, Monstranz mit Kruzifix aus vergoldetem Silber, 2,9 kg schwer, unbekannter Meister (1504);

Kelche aus Silber, beide feinformig schön (14. Jh.).

Vitrine 3:

Chorbuch, eine Seite mit zwei Bibeltexten, drei Predigten, sechs Gebeten, freistehende Noten ohne Linien und Schlüssel (13. Jh.);

Llibre del Repartiment, eine Kopie mit Angaben zum Vermögenszuwachs für König Jaime I. und andere nach der Eroberung Mallorcas, 122 Blätter, viele Miniaturen auf den Anfangsbuchstaben, mudejarer Ledereinband (1307);

›Eroberung Mallorcas‹, Kopie des lateinischen Textes von Pere Marsili, der die Chronik Jaimes I. geschrieben hat (1331);

Chorbuch zur Liturgie, 16 Seiten mit Noten und doppeltem Violinschlüssel, Doppellinien schwarz und rot (14. Jh.);

Pergament Peters IV. von Aragon zu einem Privilegium der Kathedrale, Rundstempel roter Lack (1336);

Choralbuch, rote und blaue oder Miniatur-Anfangsbuchstaben, Pergament, 484 Seiten, liturgischer Psalter und gregorianische Noten (15. Jh.).

Vitrine 4:

Drei Teller aus der belgischen Stadt Dinant zum Einsammeln der Kollekten, Messing getrieben, geometrisch dekoriert, biblische Szenen (14. Jh.);

Eucharistie-Kasten, Silber, innen vergoldet, in feiner Limoges-Emaille Szenen zur Jesusgeschichte (14. Jh.).

Vitrine 5:

Reliquienschrein der Hl. Afraca, Medaillon mit Marienfigur, griechische Inschrift, in Messinghülle ein Knochenstück (9. Jh.);

Reliquienschrein des Hl. Blasius, Glas mit Silber und vergoldet, einst Monstranz, Unterteil kleine Medaillons, an beiden Kreuzseiten Kruzifixe (13. Jh.);

Kreuz der Hl. Barbara, eigenartig mit gekrümmten vertikalen Armen, Silber vergoldet, griechische Inschrift (14. Jh.);

Reliquienschrein der heiligen Dornen, Silber vergoldet, auf gotischen Türchen ein Zweimaster, Stiftung der Bruderschaft der Seeleute, Palma (1546);

Rimmonium, Silber, mudejar dekoriert, rundförmige Degenknäufe als Abschluß für die Stäbe bei Schriftrollen, acht hebräische Inschriften und acht Glöckchen zum Gebetsläuten am Sabbat, aus Sizilien und dann von dort ausgewanderten Juden auf Mallorca verkauft, zuletzt als Schenkung an die Kathedrale (14. Jh.).

26 *Kreuzgang* im alten Garten des Domkapitels, rechteckig, 17,95 m × 11,12 m groß, Zisterne und hübscher Zierbrunnen

innen, je Längsachse sechs, je Schmalseite vier Säulen für zwanzig Rundbögen als Abschluß der Gang-Rippengewölbe, zwei kleine gotische Portale zur Kathedrale, schöner Blumen- und Baumschmuck (17. Jh.).

Rundgang B: Altstadt La Portella (etwa ein halber Tag; Farbt. 4)

Ausgangspunkt dieses Weges ist die Südseite der Kathedrale mit der *Puerta del Mirador*, an der vorbei man dem *Paseo del Mirador* bis an sein Ende folgt. Unterhalb der Fußweg Paseo del Uruguay an der neu gestalteten (umstrittenen) Bassin-Anlage des Parque del Mar. Dort steht der

4 Palacio Episcopal

Der Bischofspalast hat einen gotischen Eingang mit Krabben, in der Mitte eine Madonnenfigur zur gotischen Sant-Paul-Kapelle; im schlichten, unregelmäßigen Palasthof eine Loggia (15. Jh.) und Wappen der Bischöfe, an der langen, leicht bauchigen Seeseite zwei Galerien mit drei Bögen auf rustikalen Säulen, im Palast das sehr sehenswerte *Museo Diocesano:* Funde aus der Vorzeit, Relikte aus alten Kirchen und gotische Skulpturen, Architekturbruchstücke, vor allem herrliche Schnitzaltäre und Retabulos und mehrere vorzügliche Gemälde der gotischen Malerei wie von Pedro Niset, ›Heiliger Georg‹ (15. Jh.), von J. Daudet, ›Krönung Mariens‹ (14. Jh.) oder die ›Virgen del Mirador‹ von P. Morey (14. Jh.); von den bibliographischen Sammlungen das bei H. Schedel in Nürnberg 1493 gedruckte ›Liber Chronicarum‹ (mit 2000 Illustrationen). → Calle Palau, Calle San Pedro → rechtsab in die Calle La Portella (weil man von See her durch das Walltor dieser Straße die Stadt betrat). Linkerhand Nr. 5 im ehemaligen *Palacio Gran Cristina* das Museum der schönen Künste (Querschnitt von der Gotik bis zur Moderne, aber auch vorzeitliche Funde). → Im Bogen nun in die Calle Serra Nr. 13, rechts, zu den

5 Arabischen Bädern

Casa Font y Roig, Privatgrundstück, Bäder (Abb. 21) im Gartenteil (vermutlich um die Mitte des 10. Jahrhunderts erbaut, Trompenkuppel, Tonnen und Kreuzgratgewölbe auf zwölf Säulen mit Überhalbkreisbogen, die auf Ecken und Seitenmitten eines Quadrates stehen – Tonamphoren römisch).

Man befindet sich im engen Bezirk der Altstadtgassen, deren Verlauf in der Regel dem alten arabischen Plane zwischen den Wallmauern noch heute entspricht. Hausnummer 9 der *Palast der Grafen Santamaria de Formiguera,* 1231 (großer gotischer Patio, Wohnung des Grafen Don Ramón, der, um seine Landarbeiter einzuschüchtern, 1647 einen Rädelsführer von ihnen, Baltasar Calafat, ermorden ließ. Ramón flüchtete in die Berge bei Galilea, bis heute sind phantastische Geschichten vom ‘bösen Grafen’ in Umlauf. Im 19. Jahrhundert wohnte hier Ludwig Salvator von Österreich.) → Calle Serra und spitzwinklig in die Calle Santa Clara zum

6 Konvent Santa Clara

Convento de Santa Clara, 1256 (Abb. 19), Torbogen zum Innenhof, auffallend der einem Minarett ähnelnde Glockenturm und

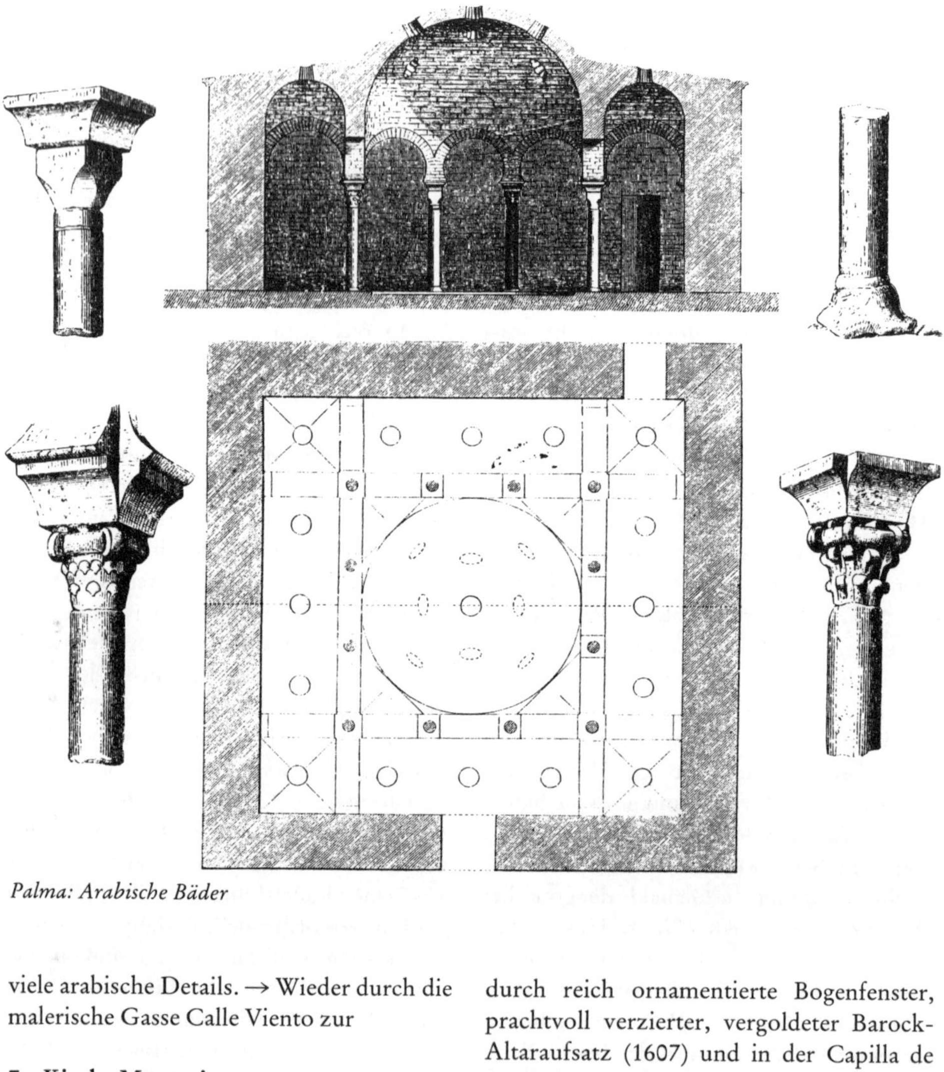

Palma: Arabische Bäder

viele arabische Details. → Wieder durch die malerische Gasse Calle Viento zur

7 Kirche Montesion

Hauptkirche der Jesuiten (Abb. 20) am Platz einer Synagoge, erbaut 1571–1683, elegantes Barockportal (Maria, daneben links Ignatius von Loyola, rechts Franz Xavier), innen gotisierendes Gewölbe mit schönen Rippen und Stichkappen, belichtet durch reich ornamentierte Bogenfenster, prachtvoll verzierter, vergoldeter Barock-Altaraufsatz (1607) und in der Capilla de Santissimo Sarkophag und Altar des Hl. Rodriguez aus Segovia, alles vorzüglicher Barock; gotischer Marienaltar (15. Jh.) mit dem Bild der Gottesmutter im Kreise von Heiligen und musizierenden Engeln vom mallorquinischen Meister Salom, das Kleinod der Kirche.

Benachbart, Calle Seminario Nr. 2, die *Provinzialbibliothek,* viele alte Originale, u. a. die Handschriften von R. Llullus. → Calle Crianza → Calle del Sol, nach links zur

8 Casa Marqués de Palmer

In Hausnummer 17, erstes Renaissance-Bauwerk Palmas (1556), aber die Dachgalerie gotisch, fast identisch mit der Lonja, Fensterfriese mit kannelierten Säulchen, Karyatiden, Medaillons, Skulpturen reine Renaissance, zeitgenössische Inneneinrichtung.

Nach Osten zu, rechts, endet die Calle del Sol am Tempel-Platz mit dem *Oratorium der Tempelritter,* seit 1232 eines der ältesten romanischen Häuser Palmas. Bei der Auflösung des Tempelordens schenkte es König Sancho 1314 den Johannitern (Vorhalle mit mächtigen Spitzbögen, vier schmucklose Raumbogen tragen das Holzdach, Seitenkapelle mit byzantinisch anklingendem Spitzbogen der Traggesimse, geschachtelt und gewürfelt das eine, mit Rosetten und Greifen das andere). → Calle Lulio zum Francisco-Platz.

Palma: Haus des Marqués de Palmer, Renaissancefenster und Profil

9 Kloster San Francisco

Bedeutend wie die Kathedrale, 1232 auf den Grundmauern der Achmet Jalafa-Moschee erbaut, *Kirche* aber ab 1281 erst unter Jaime II.; barockes Portal von Herrera mit plateresken Teilen, ausgewogen in den Proportionen, Mittelachse besonders betont mit Fensterrose und Drachentöterfigur auf dem überreich skulptierten Eingangsbogen der triumphierenden Gottesmutter (Abb. 23, 26); innen reine Gotik, einschiffiger Langhausbau mit tief heruntergezogenen Gewölben, 64 m lang, 15 m breit, 24 m hoch, statt Seitenschiffen zwischen den Strebepfeilern auf Sockeln aus Binisalem-Marmor Kapellen, halb so hoch wie das Mittelschiff; beachtenswert: vom Maestro de San Francisco dreiteiliger Altaraufsatz und Chorgestühl (15. Jh.) und spätgotische Kapelle; dort unter dem Korbbogen *Grabmal des Raimundus Llullus,* Alabaster (1487), von Sagrera; Wappen von Llullus und den katholischen Königen; Podest mit sieben Säulen, in den Bogen einst Figuren der sieben Weisheiten (Rhetorik, Grammatik, Logik, Arithmetik, Geometrie, Astronomie, Musik); sehr schöner *Kreuzgang* (Farbt. 5), spätgotisch (14/15. Jh.), jede Seite mit anderen Kapitellen und zierlichen Spitzbogen auf

Palma: Klosterkirche San Francisco, Fensterrose

vierfach gegliederten Säulen, Sockelparapet auch innen mit Spitzbogenfries in Relief; in den Feldern in unregelmäßigen Abständen Wappenschilde; die Nordseite ist der älteste Teil; Galerien im Obergeschoß, überhängendes Dach auf Achtecksäulen. »Der kostbare feingliedrige Säulengang hat jenes wunderbare Goldgelb alter spanischer Bauwerke. Im Innenhof rosafarbener Lorbeer und Pfeffersträucher und ein schmiedeeiserner Ziehbrunnen, an dem ein Schöpflöffel aus oxydiertem Kupfer liegt.« (Albert Camus).

Im Kloster sind bemerkenswert: der getäfelte Saal und die Sakristei mit gotischen Gemälden und wertvollen Kultgegenständen. Unvergessen ist der 2. November 1480: Während des Gottesdienstes brach eine alte Fehde zwischen zwei Adelsfamilien wieder auf, es kam zu erbittertem Kampf in der Kirche, und binnen kurzem lagen mehr als 300 Tote aus Mallorcas Hochadel zwischen Altären, Kirchenbänken und auf dem Vorplatz.

→ Über Calle Troncoso → zur Calle Zavella Nr. 4, *Palast der Familie Zavela* (im spanischen Erbfolgekrieg stand der Conde auf seiten Österreichs, scharte Mallorcas Aristokraten um sich, nahm 1706 die Insel für Carlos III. in Besitz, bis 1716 französische Truppen für Philipp V. Mallorca wieder zurückeroberten.

(Rechtsab in der Calle Samaritana Nr. 4 sehenswerter *Patio* in großartiger Renaissance mit Loggia und offenem Balkon.)

10 Palacio Marqués de Vivot

Nr. 6, ab 1230 erst gotisch, dann im Renaissance- und Barockstil umgebaut, Innenhof Renaissance mit Loggia über Bogen auf roten Marmorsäulen (Abb. 27); breite Treppe zu den oberen Stockwerken; Säle, Wohn- und Arbeitsräume; Himmelbett Geschenk von König Ferdinand VII. an den Marqués de Vivot, Deckengemälde italienischer Künstler, Bibliothek von etwa 10000 Bänden, Gobelins, Möbel usw. »Die kleinen Palacios Palmas sind entweder gotisch (selten) oder Renaissance, romanischer Stil tritt uns nur in Details am Portal der Palastkapelle und der Capilla del Temple entgegen. Eigentümlich ist aber einigen Renaissancekirchen eine gewisse Ähnlichkeit im Bau und in der inneren Verteilung: Eine Empore ruht auf einem großen Segmentbogen über dem Eingang, beiderseits ... fünf Seitenkapellen und eine sich verengende Hochaltarkapelle, häufig mit gewundenen Säulen und Wölbungsgurten, ein Typus nicht nur in Palma. Plateresk sind viele Kirchenportale, u. a. das Hauptportal der Kathedrale und das von San Francisco. Viele Altäre churrigueresk in knotigem, goldstrotzendem, schwerfälligem Rokoko, typisch spanischer Altarstil.« (Ludwig Salvator)!

11 Kirche Santa Eulalia

Sofort nach der Eroberung gleichzeitig mit der Kathedrale erbaute Kapelle 1236, Weiterbau 13./14. Jh.; Glockenturm und neogotisches Portal 19. Jh.; Hauptaltar Rokoko/Barock mit ›Krönung der Jungfrau‹ von Mezquida; im Chor zwischen Säulen Bild der Eulalia; in der Capilla de los Catilar spätgotischer Altaraufsatz mit Apolonia, Barbara, Lucia, Blasius (frühes 15. Jh.); Marmorstatue ›Schlafende Jungfrau‹ (15. Jh.); in der Christus-Kapelle ›Salvator Mundi‹ von Comes (15. Jh.); wertvolle Kronleuchter.

Calle Jeronimo Amengual/Calle Plateria und Nebengassen waren einst Zentrum des jüdischen Ghettos, Zugänge wurden nachts verschlossen; Herstellung von Bijouterien, besonders von Silbergegenständen. Heute noch immer viele Juwelierläden und Antiquitätengeschäfte; (anspruchslose Fortsetzung des Straßenzuges ist die Calle del Sindicato).

Von der Plaza Santa Eulalia → Calle Cadena zur Plaza Cort.

Palma: Rathaus, Fassade und Profil

12 Rathaus

Ayuntamiento (Abb. 28, 29), im Zentrum der Altstadt, am Platze eines Hospitals 1598 begonnen, im stumpfen Winkel über Eck gesetzte Fassade aus Santanyi-Sandstein, Sockel gelber Marmor aus Benisalem; barock, aber stark von italienischer Renaissance beeinflußt; auf 3 m weitausladenden Konsolen und von elf Karyatiden getragenes reich verziertes Dachgesims (G. Torres, 1680), in der Mitte verzierter Balkon mit Palmas Wappen; Mittelfenster und beiderseits drei andere mit gebrochenen Bogen, im Treppenhaus gefelderte, hölzerne Kassettendecken, gestützt von acht Engelsgestalten, links die folkloristischen Giganten-Figuren und das Gemälde des Stadtpatrons ‘San Sebastian’ von van Dyck; im Sitzungssaal (Obergeschoß) Gemälde ›Jaime I.‹ und viele Stadtpersönlichkeiten; im Historischen Archiv des Königreiches Mallorca Handschriften, Dokumente usw., vor allem das 1334 von Poal lateinisch und katalanisch geschriebene und kunstvoll mit Miniaturen geschmückte Gesetzbuch der Könige von

König Jaime I. gewährt Mallorca die Privilegien. Miniatur im Gesetzbuch ›Llibre dels privilegis dels reis de Mallorca‹

Mallorca ›Llibre dels privilegis dels reis de Mallorca‹.

→ Calle Godet und linksab → in die enge, krumme

13 Calle Almudaina,

in der beiderseits mehrere bekannte Herrenhäuser, fast alles Paläste, liegen; charakteristisch zur Straße hin kaum Fenster, und wenn, dann klein und hoch oben; wuchtige Eichenbohlentore mit Eisen- oder Kupferbeschlägen und mächtigen geschmiedeten Schlössern und Riegeln; stets ein offener großer quadratischer oder rechteckiger Innenhof, der Patio, oft mit Palmen, Blumenarrangements und dem Brunnen und so groß, daß eine stattliche Gruppe Bewaffneter sich dort versammeln konnte wie im Hof einer Festung, die diese Häuser noch zur Zeit der Raubüberfälle im mallorquinischen Mittelalter auch waren. Die Eingänge von der Straßenseite zum Patio und zwei oder gar drei Hofseiten sind feierlich überwölbte Vorflure (Entradas), meist mit Kreuzgratgewölben gedeckt, seltener von Tonnen, manche mit rotfarbenem Pinienholz getäfelt und von Marmorsäulen mit hübschen Kapitellen gestützt, von Eisenlaternen beleuchtet und immer so hoch angesetzt, daß zwei Reiter noch nebeneinander hindurchreiten, und wo die Kutschen abgestellt werden konnten. Vor dem Obergeschoß liegt in der Regel eine Galerie mit anmutiger Brüstung wie an der Treppe, die einfach oder doppelt aus dem Patio nach oben führt – alles im wesentlichen im gotischen Stil, später mehr zur italienisierenden Renaissance und zum Barock gerichtet und nur selten mit maurischen oder byzantinischen Details, wie etwa die dreiteiligen, Coronella genannten

Palma: Säulen- und Eckverzierungen an Privathäusern

Schmuckfenster in Häusern einst wohlhabender aristokratischer Mallorquiner.

Im Obergeschoß liegen die Schlaf-, Wohn- und Arbeitszimmer und saalgroße Gesellschaftsräume, meist durch lange Korridore getrennt, die Wände mit Gobelins oder Damastgewebe bespannt, vor den Fenstern schwere Brokatvorhänge, alle Räume sorgfältig und stilvoll-vornehm möbliert, die wuchtigen Runddeckeltruhen gotisch, einfach landesüblich-bäuerlich oder bereits barockisierend dekoriert, gemütliche lederne Armsessel im Renaissancestil, wie die Tische, und je nach Wohlhabenheit oder Interessen Kunstgegenstände wie Bilder, Statuen, Keramiken oder Bücher passend plaziert.

Palma: Fenster der Casa Villalonga

In der Calle Almudaina nennen wir: Nr. 8 *Casa Oleo* (breiter Hofraum, gotische Treppe mit Rosetten und Wappen, oberhalb der Treppe Veranda mit kassettierter Deckung, dort das Museum der llullianischen archäologischen Gesellschaft); Nr. 11 *Casa Truyols* (z. Z. britisches Konsulat); *Casa Villalonga Escaldas* (zum Patio arabischer Halbkreisbogen, Renaissance-Säulen und Fenster mit Wappen-Medaillons);

14 Almudaina-Bogen

Am Straßenende, mit den arabischen Bädern einziger Architekturrest der Medina Mayurka vor 1229, Stadttor vom inneren Festungswall mit auf Kragsteinen aufgesetzten Wohnungen darüber (Abb. 30). → Rechts in die Calle Moray zum *Palacio Oleza*, Nr. 33 (Abb. 24): entspricht fast ganz unserer Charakterisierung von Palmas Adelshäusern, wurde spätgotisch begonnen und im Verlaufe der Zeit bis zum Barockstil hin erweitert und verändert, korinthische Säulenkapitelle im Patio, Mobiliar des 18. Jahrhunderts; Privatkapelle mit gotischen Retabulo.

Palma: Fenster im ersten Stock der Casa Oleza

→ Rechts in die Calle San Pedro Nolasco und an der Rückseite der Kathedrale zum Almudaina-Platz am Kathedralenturm, dann → über die Cuestra de la Seo, eine lange, von Absätzen unterbrochene Treppe, hinab zur *Plaza de la Reina* (hier die kleine Gartenanlage *Glorieta de la Reina* mit Brunnen, Grotten und Denkmal für den mallorquinischen Dichter Joan Alcover; Abb. 31) → rechtsab und entlang dem

15 Paseo Borne

(Nach Borne = Lanzenspitze, weil früher hier Turniere, Spiele und Feste stattfanden, aber auch Ketzer von der Inquisition verbrannt wurden.) Einst Flußbett der Riera mit Wegen beiderseits und schönen Villen entlang den Uferseiten, heute unter Platanen einer der schönsten Straßenzüge Palmas (Farbt. 2, 3), nach Rusino gar der »Augapfel der Insel«. Links vor der Calle Cifré die behäbige Renaissancefront mit fünfbogiger Loggia der *Casa Sollerich* (auch *Palacio Morell* nach der Familie, die schon 1229 aus dem Languedoc nach Mallorca gekommen war), 1763 von K. Palmer gebaut (Abb. 32), größter Palast Palmas mit einem der schönsten Patios im italienischen Stil, Doppeltreppe mit Kunstschmiedegitter, Inneneinrichtung und Dekor zeitentsprechend dem mallorquiner Lebensstil von adliger Eleganz; Rückseite (Calle San Cayetano) über dem Portal eingestülpter Balkon mit Schmiedeeisengitter.

16 Plaza de Pio XII. und Fuente de la Princess

Erinnerung an den Besuch Isabellas von Asturien, später Königin von Spanien, auch *Schildkrötenbrunnen* (Font ses Tortugas), weil vier steinerne Schildkröten den Brunnenobelisken tragen (Abb. 33). Inschrift: »A la Jura de la Princesa Isabel Luisa El Ayuntamiento de Palma en XXIV Julio de MDCCCXXXIII«; seitdem werden auch die vier Sphingen an den Eingängen zum Paseo 'Ses Lleones des Born' genannt; gegenüber das Künstlerkaffee *Ca'n Tomeu*, u. a. einst Stammtisch der mallorquinischen Maler Russinol und Mir und des Dichters Alcover.

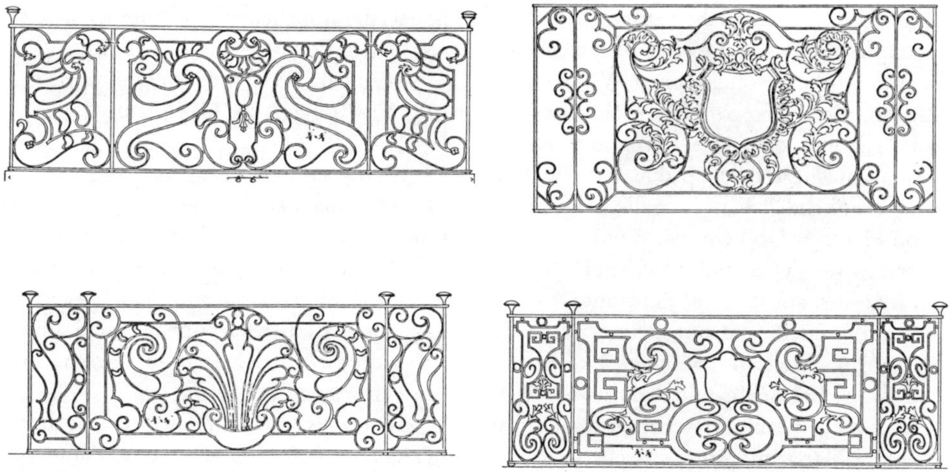

Palma: Beispiele schmiedeeiserner mallorquinischer Balkongitter in der Innenstadt

Rundgang C: Höher gelegener Teil der Altstadt (Vila de Dalt) und Unterstadt (Vila de Baix) (etwa ein halber Tag)

Ausgangspunkt der *Schildkrötenbrunnen* an der Plaza de Pio XII. → durch die Calle General Mola zur

17 Plaza Santa Catalina Thomás

Denkmal für den Politiker Antonio Maura und Justizpalast, richtiger *Casa Berger* (18. Jh.; Abb. 34, 35), zweitgrößter Palast Palmas, ein wuchtiger Rundbogen mit Wappen am Portal der von Balkonen aufgelockerten Fassade; im etwas schiefwinkligen Innenhof unten flachbogige Gewölbe, oben rundum eine Galerie auf je zwei Säulen dreibogig elegant gewölbt; doppelläufige Treppe; zeitgenössisch möbliert; Gemälde des 18. Jahrhunderts.

Schräg gegenüber mit hohem Turm Kirche *San Nicolás* (14./15. Jh.), oftmals verändert, alte Portale blieben erhalten, schönes Hauptportal mit der Figur des Heiligen (in der Calle Orfila; Abb. 35, 37).

→Vorbei an Casa Berger über die kleine Treppenanlage gleichen Namens (Souvenirhändler) hinauf zur *Plaza Mayor* (links unten das *Teatro Principal*, im weißen Giebelfeld Relief der Künste; vom Rondell ab die Rambla Palmas, die Via Roma mit dem bunten Blumenmarkt der Stadt). Das Stadtviertel um die Plaza Mayor ist heute ein lautes Einkaufsbummel-Zentrum, so auch in den umliegenden Gassen und den Andenkenläden in den Passagen unter dem Platz; → Calle de San Miguel (Fußgängerzone) zur

18 Kirche San Miguel

Älteste Kirche der Stadt (Abb. 38–42), einst

Moschee, in der noch während des Endkampfes um Palma die erste Messe gehalten wurde vor der romanischen ›Virgen de la Salud‹, die eigens vom Flaggschiff des Königs geholt und auf dem ersten improvisierten Altar aufgestellt worden war, heute in der prunkenden Seitenkapelle; Hauptaltar von Herrera; Deckenfresken von Mutaner, Ferrer, Morey; Standbild des ›Hl. Joseph‹ von Homs, aus dem 14. Jahrhundert erhalten die klare Portalfront mit der Figur des Erzengels Michael zwischen Fialentürmchen mit Baldachin und Konsolen für die vier Evangelistenfiguren; im gotischen Bogenfeld Maria mit Kind zwischen zwei ihr huldigenden Engeln.

Im Kirchenturm die Räume, in denen früher Verbrecher 'im Sacrum' Asyl fanden, u. a. flüchtete Don Pedro Pont, Bischof von Mallorca, 1523 hierher, als ihm die Comuneros hart zusetzten, weil er sie angeblich verraten hatte.

Nur wenige Schritte weiter die Kirche *San Antonio* über dem Grab des Juan Despuig, Gründers des Nonnenklosters Catalina de Siena 1668 (typisch mallorquinische Barockkirche, elliptischer Grundriß, kannelierte toskanische Säulen, mächtiges Altargemälde, schöne Kuppelfenster; heute Sitz des Stadtgerichtes; am 17. Januar laute, farbenfrohe Tierweihe vor dem Portal). (Rechtsab die Hallen Palmas, bunter Markthallenbetrieb, besonders vormittags.)

→ Calle San Miguel weiter bis Kirche *Santa Catalina* (18. Jh.), (dort rechtsab zur *Plaza España,* einst der Standort des arabischen Stadttores Bab al-Kofer, durch das Jaime I. am 31. Dezember 1229 an der Spitze seiner siegreichen Truppen in Palma einzog; Reiterstandbild des Königs (Abb. 48); Station der Eisenbahnen 'Roter Blitz' nach Soller, der üblichen Ferrocariles nach anderen Orten, Fernbus- und Taxistationen).

→ Calle de los Olmos leicht abwärts und über Via Roma (Abb. 43, 44) zur

19 Plaza Santa Magdalena

Die gleichnamige Kirche (18. Jh.) ist das Gotteshaus des Magdalenenklosters aus dem 14. Jahrhundert, in dem später (16. Jh.) Catalina Thomás als Nonne lebte und heute in einem gläsernen Sarkophag einbalsamiert ruht; interessant viele Bilder mit Szenen aus ihrem frommen Leben.

(Geradeaus weiter in der Calle San Jaime beiderseits viele Fassaden und Patios sehenswerter alter Patrizierhäuser, die noch immer die alten Besitzernamen tragen wie Toralla, Orlandis, Ferrandall, San Simón, Ribas, Armengos usw., und die Kirche *San Jaime,* 14. Jh.)

→ Aufwärts um die verkommenen Anlagen des sog. Jardin Botanico zum Hospital Provincial. Im Hof steht

20 Capilla de Santissima Sangre

Ein kleines Kirchlein aus dem 15. Jahrhundert mit einem sehr alten, aus Holz geschnitzten ausdrucksvollen Christusbild ›Santo Cristo de la Sangre‹ (des heiligen Blutes); ein Platz zum stillen Verweilen und zum Beobachten der tiefen Frömmigkeit stiller Beter.

→ Calle Piedad → Calle de la Concepción führen zum

21 Kloster La Concepción

Es liegt an engen, dunklen Gassen mit einem noch immer fast ursprünglichen mittelalterlichen Straßenbild; gotische Fenster in den Fassaden; in der tonnenüberwölbten Kirche von 1648 beachte man das Holzschnitzbild

›Santo Cristo del Nogal‹ (vom Nußbaum) und ›Versuchung des Hl. Antonius‹, barokker Hof und Refektorium, beide 15. Jahrhundert (an der Pforte läuten und um Einlaß bitten). → Calle de la Concepción weiter zum Straßenende bei der

22 Fuente del Sepulcro

Ein winziges Kapellchen mit Brunnenschale in der Straßengabel am Platze eines größeren Gotteshauses, das an der Stelle der arabischen Moschee vom Marschall Montcada errichtet worden war. König Jaime I. hatte sie ihm geschenkt, 1232 übernahmen die Grabritter das Gotteshaus.

→ Calle Agua und Treppe hinab zur Avenida Rey Jaime III., Palmas moderner Einkaufs- und Repräsentationsstraße für gehobenere Ansprüche (u. a. Reisebüros, Fluggesellschaften, Kaufhäuser, das Informationsbüro), → Nun Calle Protectora abwärts bis zur Kirche

23 Santa Cruz

Einer der ersten katalanischen Bauten der Hochgotik (Abb. 45) über einer älteren Krypta (1343 genehmigte Jaime III., daß zum Kirchenbau Steinquader in der Nähe von Schloß Bellver gebrochen werden dürften), Portal 15./16. Jahrhundert, mit vielen Stukkaturen, gotisches Innere, 50 Schritt langes Schiff, Gewölbe drei Spitzbogen auf runden Pfeilern, Rippen einfach gekreuzt, barocker Hauptaltar 1793 um die Figur der Hl. Helena; rechte Seitenkapelle ›Animas de Nuestra Señora de la Paz‹, gotischer Altaraufsatz 'Ave Regina' (um 1560), gegenüber ›Nuestra Señora del Buen Camino‹ und das *Holzkruzifix* aus dem 14. Jh. (Abb. 46), das den Kirchennamen bestimmte. In der Sakristei gotische Tafel und silbernes Prozessionskreuz.

Unter der Kirche die Krypta *San Lorenzo,* ursprünglich die älteste gotische Kirche der Stadt (13. Jh.), gotisches Portal mit Tierkapitellen (Hähne, Greifen, Löwen, Wölfe, Drachen); Kreuzgratgewölbe; fünf Seitennischen; Pfeiler mit rohen Kapitellen; schiefe Spitzbogen; Altarstein und Retabulo (1230), ›Kaiser Konstantins Mutter Helena mit dem Kreuz Christi‹ und das Holzkreuz Santa Creu (15. Jh.).

Vor der Kirche *Plaza de Jinetes de Alcala* am hügligen Bezirk des *Puig de Sant Pere,* eines der typischen alten Stadtviertel mit einem Netz von engen, verwinkelten Gassen, zu denen Touristen nur selten hinfinden.

→ Calle San Lorenzo → Calle San Pedro führen zum von Platanen beschatteten *Ataranzanas-Platz* (Denkmal für den mallorquinischen Seefahrer und Geographen Jaume Ferrer, 14. Jh.; Abb. 47); einst der Platz gleich hinter den alten Stadtmauern, auf dem die Fischer ihre Netze ausbreiteten, flickten und trockneten; dort Hausnummer 4, alter *Renaissance-Palast Chadón* mit großem Patio.

→ Calle Consulade führt hinunter zum *Paseo Sagrera,* einem Abschnitt von Palmas blumen- und palmenbestandener Prachtallee am Meer und zum

24 Consulado del Mar

(Abb. 49) Im 17. Jh. anfangs als Seefahrer- und Nautikerschule eingerichtet, dann das alte Seehandelsgericht Palmas: schlichter Quaderbau mit vorspringendem Dach, bester Renaissancestil; wuchtiges Erdgeschoß mit nur drei klassisch gerahmten Fenstern mit Kielbogen, darüber prächtige Renaissanceloggia, fünf Segmentbogen auf runden Säulen, zwischen den viereckigen Postamenten die Balustrade mit Doggengeländer; Kassettendecke; innen heute das *Museo Marítimo* (Karten, Schiffsmodelle, Gallionsfiguren, nautische Geräte usw.).

An der Rückseite ältere kleine spätgotische Kapelle (16. Jh.), Altarbild ›Erscheinung des Hl. Bernhard‹ (14. Jh.).

→ nur wenige Schritte weiter der Torbogen *Puerta del Mar*, 1620 von J. Blanquer, einst Haupttor zum Hafen, durch das hochgestellte Persönlichkeiten von der Seeseite her die Stadt betraten.

Am 22. August 1246 übertrug Don Jaime I. an einen gewissen Ferrer de Granada in Erbzins »den Grund in der Nähe der einstigen Puerta vieja del Muelle von der

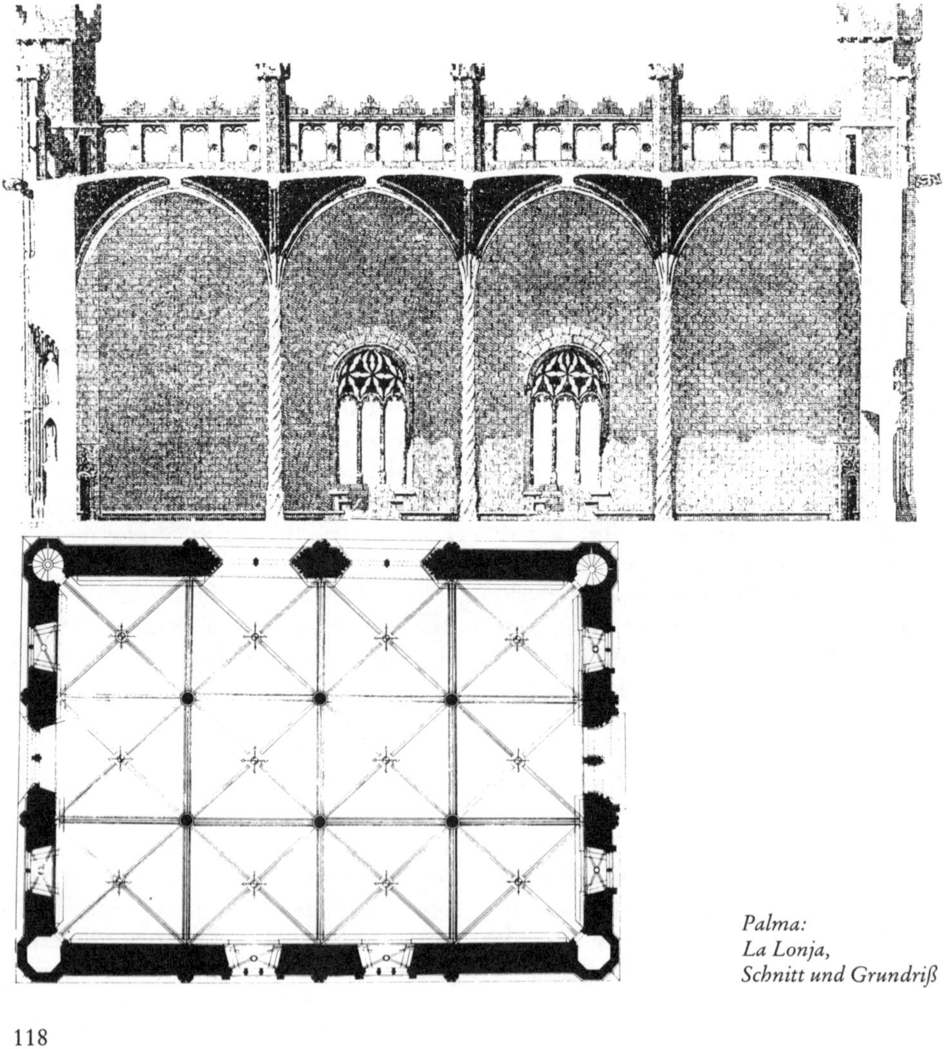

Palma: La Lonja, Schnitt und Grundriß

Ecke der Böschung gegen das Hospital zu, mit einer Breite von 15 und einer Länge von 20 Brazas, zwischen dem Meer und dem Torrente de la Riera, damit auf demselben eine Lonja und Hospederia zum Gebrauch der Handelsleute Mallorcas errichtet werde«. Mehr als 200 Jahre dauerte es jedoch, ehe die Börse errichtet wurde.

25 La Lonja

Die alte Börse war der Umschlagplatz für Geld und Waren, die Palma vor der Entdekkung Amerikas zur mächtigsten Handelsmetropole im Mittelmeer gemacht hatten. Dem auch äußerlich zu entsprechen, vergab man endlich 1426 an G. Sagrera den Auftrag zu einem entsprechend repräsentativen Bauwerk zum vereinbarten Preis von 22000 Libras Mallorquinas, und nach vielen Querelen wurde schließlich 1451 der Bau vollendet, eines der hervorragendsten Bauwerke profaner spanischer (katalanischer) Gotik (Abb. 50–53). Kaiser Karl V. meinte, als er die Lonja erblickte, es wäre eine Kirche.

Grundriß rechteckig, Santanyi-Sandstein, vier achteckige Ecktürme mit Wendeltreppen innen, alle Türme durch offene Bogengalerien miteinander verbunden, zwischen den Türmen maurische Zinnengalerien mit zehn Ziertürmchen, prächtige Wasserspeier, glatte Fassaden mit erhöhten gotischen Spitzbogenfenstern und Maßwerk, Ostfassade mit spätgotischem Hauptportal, im Bogenfeld großer Engel des Handelskollegiums, Portal im Garten mit Maria und Engel, Innenraum 40 × 24 m, drei Schiffe, die Gewölbe von fünf Spitzbogen getragen, zwischen denen sich verkehlte Rippen einfach kreuzen, die wie Bogen von den sechs spiralig gedrehten Säulen ohne Kapitelle ausgehen. Wie schlanke Palmen tragen sie allein die gesamte hohe Wölbung. In den Ecken Evangelistenfiguren an den Stürzen der Türen zu den Turmtreppen.

Heute wechselnde Kunstausstellungen des *Museo Provincial de Bellas Artes*, ständig u. a. ›Krönung Mariens‹ von Daurer, ›Gründung von Valldemosa‹ von Ferrando, römische Grabsteine aus Pollentia, gotische Wappen, Renaissance-Kapitelle usw.

→ von der Plaza Lonja → Calle San Juan zur →

26 Calle Apuntadores

Sie ist die geschäftige Hauptader im Gassengedränge der unteren Altstadt; heute vorwiegend Restaurants, Bars und typische Bodegas. In Nr. 13 das *Ocha-Museum* (Werke vom 11. bis zum 17. Jh., u. a. Gemälde von van Dyck, Moreno, Charonero, Morales, Ribera), Nr. 15 die *Casa Marqués* (beachtlicher Patio und breite, offene Treppe).

Bei der Plaza de la Reina am Anfang des Paseo Borne endet dieser Weg.

Rundgang D: Entlang der Palma-Bucht

Am besten mieten Sie eine Pferdedroschke und lassen sich gemütlich vom Paseo Sagrera aus (dort u. a. Droschken-Standplatz) das große Halbrund der Palma-Bucht entlangkutschieren, hin und wieder zurück. Unsere stichwortartigen Erläuterungen sollen nur grob informierend sein, denn eine Fahrt entlang der Bahia de Palma sollte in erster

Linie erholsam, genußvoll und gemütlich bleiben:

Rechts →*Lonja* – Torbogen *Puerta del Mar* – *Consulado del Mar;*
links ← kleines Hafenbecken an der Contramuelle zwischen der *langen Mole* für den Warenumschlag mit der Hafenbehörde und dem *Schiffahrtsbüro* (Passagen zum Festland und nach Menorca) und der *kleineren Mole* des Club Nautico.

Hier vom Innenhafenbecken aus der 'Fotoblick' zur Kathedrale, zwischen Schuppen die Seemannskapelle *San Telmo* (gehörte der Schiffer-Gilde und wurde mit Geldern der 'Ankerrechte' erhalten, mit der Verpflichtung für jedes Mitglied, stets zu helfen, die Güter schiffbrüchiger Segler zu retten).

Rechts → Eckbefestigung der *Stadtmauer* an der Riera Torrente; *Windmühlenhügel* mit teilweise zu Nachtetablissements umgebauten alten Segel-Windmühlen, die früher Wasser in die Stadt hinaufpumpten; schöner Blick von oben.

Hotels, Reisebüros, Restaurants, Agenturen, Geschäfte.

Auditorium, Palmas moderner Konzertsaal, 1969 von M. Ferragut erbaut, Ballettschule, Opern, Konzerte;

Cuarenta, Gartenanlagen 1656, später im Besitz des die schönen Künste fördernden Kardinals Despuig;

Palma: Der Windmühlenhügel vor 200 Jahren

Torre de Pelaires (viereckiger, klotziger Turm mit rohen Zinnen (15. Jh.), früher Torre d'en Caroz nach einem Heerführer bei der Inseleroberung, diente später als Wohnung der Wärter, die den Hafen Porto Pi zu überwachen und ihn nachts mit einer Kette zu versperren hatten. Als 1475 die Quarantäne eingeführt wurde, wurden im Turm Waren und Personen zur Beobachtung und zum 'Lüften' untergebracht, und aus 'per Ayres' (zum Lüften) machte der Volksmund Peraires.

Links ← jenseits des Militärhafenbeckens der *Leuchtturm von Porto Pi,* noch aus der Araberzeit, Wachtturm am alten Hafen Palmas (Abb. 55; 1369 Verordnung von König Pedro, daß die 12 kleinen Turmlaternen zur Orientierung für einlaufende Schiffe mit dem Öl zu speisen seien, das während eines Jahres als Verkaufsmuster auf der Plaza del Aceite angeboten wird. Später erst kam im Verlaufe einer Modernisierung der viereckige konische Aufsatz hinzu.)

1315 wurde hier der aus Nordafrika übergeführte Leichnam von Raimundus Llullus an Land gebracht.

Unterhalb der Torre de Pelaires (Abb. 54) die neue Mole, *Muelle Poniente,* Schiffsverkehr zum Festland, zu den Inseln und nach Übersee.

Vom *Hafenrestaurant* bester Blick zum Castillo de Bellver; an der Einfahrt ins Hafengebiet *Denkmal* für den großen mallorquinischen Kapitän Antonio Barceló, der im Kampfe gegen mittelalterliche Piraten größte Verdienste erwarb.

Weg E: Zum Schloß Bellver

Castillo de Bellver (zum Fotografieren spätnachmittags am günstigsten – etwa 2 Stunden, Abb. 56–64).

Im Auto: zum Stadtteil El Terreno über Calle de Fatima – Calle Espartero – Calle la Cenia – Calle de Calvo Sotelo und einbiegen nach rechts in die Calle Bosque (Hinweisschild).

Zu Fuß: ab Plaza Gomila (Bus Nr. 2) über Calle de Bellver und Calle Atajo in den schütteren Wald des Kastells und entweder im großen Bogen oder direkt an der San Alonso-Kapelle vorbei aufwärts zum Schloß.

Noch unter König Jaime I. (13. Jh.) begonnen, wurde das Kastell erst unter seinem Sohn Jaime II. 1309 fertig. Bis sein Hofarchitekt Pedro Selva, der auch den Umbau des Almudaina-Palastes betreute, diesen fertiggestellt hatte, war Schloß Bellver die erste Residenz des Königs. 1349 mußte Bellver nach hartnäckiger Verteidigung an Pedro von Aragon übergeben werden und wurde Gefängnis, auch für die Witwe des bei Lluchmayor gefallenen Königs Jaime III., Doña Violante und ihre unmündigen Kinder Isabel und Jaime, 1391 für Palmas Juden, die kurz später auf den Burgwällen bei lebendigem Leibe verbrannt wurden. 1395 wohnten Don Juan de Aragon und seine Familie im Schloß, und ab 1408 bis 1440 wurde es der Oberhoheit (mit Schlüsselgewalt) der Äbte von Valldemosa zugesprochen. Kriegsschiffe der arabischen wie der türkischen Seeräuber beschossen es bei ihren Raubzügen im 16./17. Jh. mehrfach, schließlich wurde es endgültig Staatsgefängnis, vornehmlich die freistehende Torre de Homenaje (Turm der Ehre; Abb. 59). Dort führt eine Wendeltreppe nach unten zu vier Räumen mit konisch zugespitzter Wölbung, von den zwei unteren in der Basis ist einer der La Olla genannte, berüchtigte Kerker, feucht, dunkel, nur durch einen Schlitz kümmerlich belichtet. Prominenteste Gefangene im 19. Jahrhundert waren der Staatsminister und Schriftsteller G. M. Jorellanes, zusammen mit gefangenen Franzosen aus den Napoleonischen Kriegen, und der britische General D. L. Lacy, bevor er dort 1817 erschossen wurde.

Wälle und Gräben umgeben den mit drei hohen wuchtigen und vier kleineren, aus den Mauern vorspringenden halbrunden Türmen gewappneten Rundbau. Der Bergfried, die *Torre de Homenaje*, vollkommen rund im Grundriß, steht frei, früher über eine luftige Zugbrücke, heute auf einem spitzbogigen Steinübergang mit der Terrasse des Kastells verbunden. Die wenig, nur durch Fenster gegliederten Außenmauern werden allein vom Eingang unterbrochen, der Grundriß des Hauptbaues ist vollkommen rund, ein in Spanien ganz seltener Bautypus, ursprünglich aus dem Orient, wie man assyrischen Flachreliefs entnehmen kann (Susa, Hatra).

Im Innenraum bestechen vor allem die zweigeschossigen, unten rundgeschlossenen, romanischen Loggien wie die oberen mit gotischen Doppelbögen, die in Rosetten ausschwingen, alles elegant und anmutig ohnegleichen (Abb. 57). Nur die Zisterne (als Regenfänger dient die Terrasse) mit Brunneneisen im Hof setzt einen Akzent (Abb. 58).

Im Untergeschoß das *Museo Municipal* (archäologische Sammlungen bis zur Talajot-Zeit und römische und arabische Relikte aus der Sammlung des Kardinals Despuig; Abb. 62–64), im Obergeschoß diverse, zum Teil zeitgemäß eingerichtete Räume und interessante Gemälde zur Inselhistorie; beachtenswert die alte Schloßküche unter einem mächtigen Rauchfang und mit hübsch gekachelten Nischen (Abb. 61). Von der Dachterrasse weiter Blick auf Palma, in die Bucht und weit über die Insel.

Castillo de Bellver: Schnitt

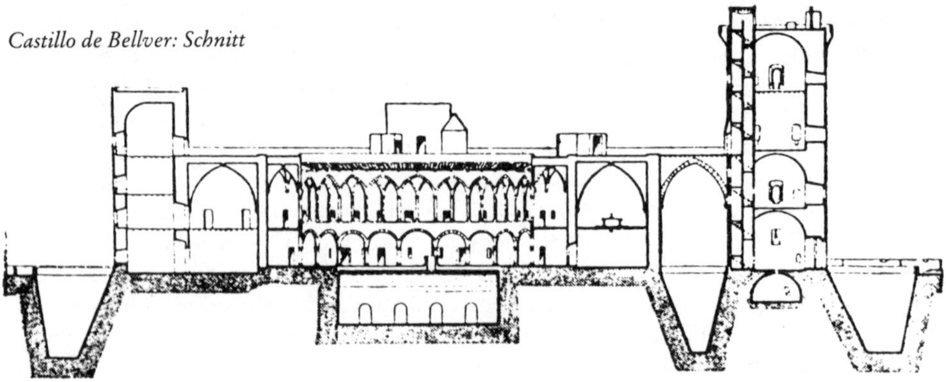

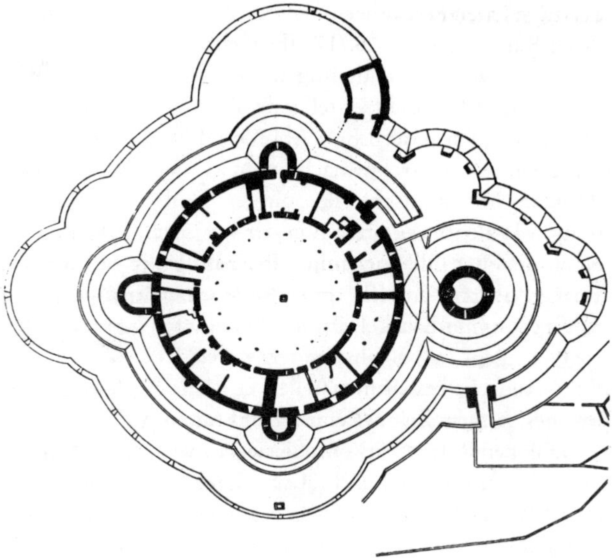

Castillo de Bellver: Grundriß

Oberhalb des Kastells das Dorf *Génova,* dort die kleinen *Tropfsteinhöhlen,* 'Cuevas de Génova', und die 'Casa Tipical Mulet', *Heimatmuseum* in einem landesüblich eingerichteten mallorquinischen Landhaus.

** Von Génova zum *Gipfel der Sierra Burguesa,* etwa 2½ Stunden (Na Burguesa, 485 m, neues Kapellchen des Immaculada Corazon de Maria, 1958, Aussicht: Palma, Bahia, südwestliche Inselbezirke).

** Von Génova zum *Castillo de Bendinat,* etwa 1 Stunde (durch offenen Kiefernwald entlang dem 'Königsweg', Camiño de los Reyes, unterwegs unablässig schöne Blicke zur Palma-Bucht).

** Zum Pueblo Español (siehe Gelber Teil, S. 309).

Insel Mallorca

Route 1: Palma – Cala Mayor – Castillo de Bendinat – Portals Nous – Palma Nova – Cruz de Moncada – Portals Vells – Cova de la Mare de Déu – Magalluf – Santa Ponsa – Capella de Sa Pedra Sagrada – Coll des Cucoms – Calvia – Coll de Sa Creu – Génova – Palma – (Tagesfahrt, etwa 85 km)

Man verläßt Palma auf der C-719 in Richtung Andraitx, biegt am Militärhafenbecken und dem Leuchtturm *Porto Pi* sofort links (nicht Autobahn) nach *Cala Mayor* ab (kleiner Strand um Halbrundbucht, viele moderne Hotels, Herrenhaus Marivent, Sommersitz der spanischen Königsfamilie) und über *Illetas,* das seinen Namen den kleinen vorgelagerten Inselchen Caleta, Paso und Salas verdankt (kleiner Pinienwald, Sandstrand), zur Straßengabelung mit der nach rechts abgehenden Allee zum

Castillo de Bendinat vor der um 400 m hohen Sierra Burguesa, die gleich jenseits des Schlosses von der Autobahn Palma – Andraitx angeschnitten wird. Der Erobererkönig Jaime I. ließ es ursprünglich als Festung erbauen, und zwar am Platze eines kleinen Bauerngehöftes, das damals dem 'Sohne eines Bartlosen' gehört haben soll, dem Ibn Dinat, dessen Name verballhornt zu Bendinat wurde. Noch schöner aber klingt die Namensdeutung in Zusammenhang mit einer angeblich historischen Begebenheit: Als nämlich nach der Landung im Morgennebel des 12. September 1229 in der Santa Ponsa-Bucht Jaimes Truppen vorrückend noch am selben Tage am Coll de Sa Batalla die Araber gen Palma zurückgeschlagen hatten, lagerten die ermatteten königlichen Truppen abends just am Platze von Ibn Dinat. Schwarzbrot gab es und Knoblauch und dazu schweren Wein. Wie seine Mannen hatte der junge und keineswegs zimperliche König am Lagerfeuer sitzend kräftig zugelangt, sich dann auf den vollen Bauch geklopft und jenen bedeutenden Satz im majestätischen Plural gesprochen, der bis heute so gerne zitiert wird: »Wir haben gut gegessen« oder kastilisch »Havem ben Dinat«, aus dem dann Bendinat geworden sein soll.

Die später verfallene Burg wurde im 18. Jahrhundert zum Schloß umgebaut, ein Rechteck mit vier kräftigen Ecktürmen, Prunkportal an der Südseite, Wappen und hohen Spitzbogenfenstern, Balkonen und Zinnen, alles aus dem roten Sandstein der Steinbrüche der Sierra Burguesa (Abb. 65).

Weiterfahrt durch *Portals Nous* (moderne Feriensiedlung) in Richtung *Palma Nova,* vorbei an der Delphinschau in 'Marineland' und leicht bergauf zum alten *Coll de Sa Batalla,* wo am Invasionstage die für Mallorca entscheidende Schlacht geschlagen wurde. Des Königs

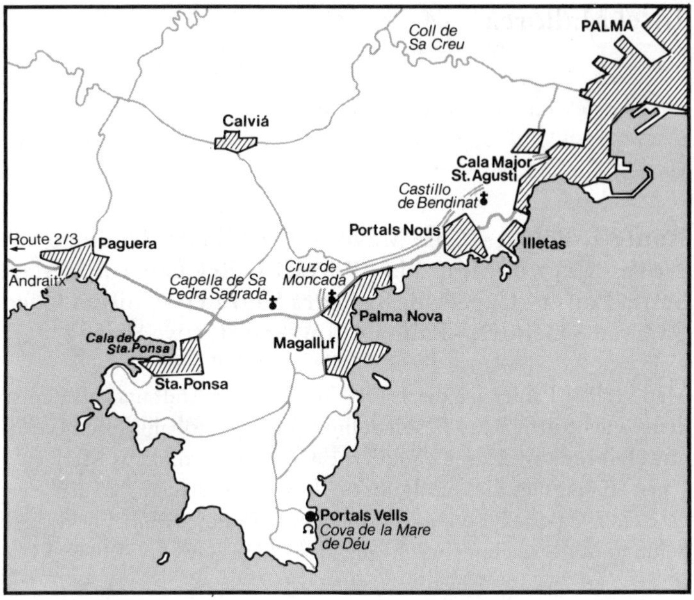

Paladine, seine beiden Feldhauptleute fielen, die Brüder Ramón und Guillermo Moncada.
Parallel zur Autobahn verläuft die C-719 und führt vorbei am

Cruz de Moncada, einem eisernen Gedenkkreuz für diese beiden Krieger und zur Erinnerung an die große Schlacht am Coll, der dort noch ebenso aussieht wie vor 750 Jahren, schütterer Kiefernforst in leicht welliger Landschaft mit Fernblicken zuweilen zum Meer auf der einen, zum Puig de Ginestra auf der anderen Seite (Abb. 69).

Nur wenige hundert Meter weiter biegt nach links die Fahrstraße ab zur *Cala Figuera* und nach *Portals Vells.* Weiße Bauernhäuser, Windmühlen, daneben das Gut Sa Porrasa noch aus der Araberzeit (heute als Bar mit ausgedientem Flugzeug für Nachtschwärmer von Magaluf); dann eine beschauliche Wegstrecke durch dichte Kiefernbestände, Serpentinen und hinab in die kleine Sandbucht beim Restaurant. Weit geht der Blick in die Bucht, zum alten Wachtturm auf der Punta S'Estaca und zu der ganz nahen

Cova de la Mare de Déu. Ein paar Minuten zu Fuß über Steine und Felstreppen der horizontal geschichteten Marés-Felsen, riesige Latomien, aus denen auch Steine für den Bau der Kathedrale in Palma gebrochen wurden. Im 14./15. Jahrhundert soll es gewesen sein, als ein genuesischer Segler auf dem Wege zur spanischen Festlandsküste in der Palma-Bucht von einem fürchterlichen Orkan erfaßt wurde. Der Sturm warf das Schiff wie eine Nußschale umher, die Segel zerfetzten, Planken und Masten brachen, und in letzter Lebensnot gelobten Kapitän und Matrosen feierlich, sollten sie je wieder Land betreten, so würden sie ihrer kleinen Muttergottesfigur, die in der Kajüte des Kapitäns fast vergessen bisher alle Reisen ihres Seglers mitgemacht hatte, einen Gebetsplatz errichten. Und siehe da, der Sturm ließ nach, seine letzten Böen trieben das malade Schiff in die Bucht von Portals Vells. Und weil es dort die riesenhafte Felshöhle gab, stellten die Seeleute ihre weiße Madonna Santa Maria del Carma da auf, schlugen aus dem weichen Stein einen Altar, skulptierten die Wände wie in alten Retabulos, bloß hier mit all den Dingen, die ein rauhes, naives Seefahrergemüt so mit sich schleppt (Abb. 66): mit Sonne, Mond und Sternen, verschlungenen Pflanzen, Krustazeen und Meeresungeheuern, mit Seesternen und Phantasiegestalten, mit einer wie ein Priesterbarett aussehenden Krone, phantastischen Blumen, von Kugeln überragten Pfeilern, mit dem Jesuslamm und dem Wappen Mallorcas, dazu die Inschrift: Fecit Joanes Vailesco Alias Marchanido mit eigenartig unbefangenen Engelchen mit Fischerkindergesichtern – kurz eine inbrünstige Volkskunst naiver Religiosität, die zu etwa gleicher Zeit im spanischen Plateresco, und noch stimmender in der portugiesischen manuelinischen Kunst aus ganz ähnlichen Wurzeln gespeist, zu Hochformen der Kunst hochstilisiert wurde.

Vermutlich hat zwischen 1558 und 1571 der Inselgouverneur Don Guillermo de Rocafull (sein Wappen an der Wand) neben der ersten, kleineren dann die zweite, größere Kapelle errichten lassen, und weil man mehr Sicherheit für das Muttergottesbild wünschte, ließ er ein 2 × 3 m großes Viereck mit Altartisch und Nische darüber für die in einem Glasschrank hinter Gittern ausgestellte Madonnenfigur aus dem Felsen schlagen. Als sich im 18. Jahrhundert ein gewaltiger Steinblock vom Höhlendach löste und einen Schweinehirten samt seinen Tieren erschlug, ließ man den Plan fallen, die Höhle in eine Kirche umzubauen, und brachte das Gnadenbild erst in die Pfarrkirche von Calvia, später nach *Portals,* wo es noch heute steht.

** Ein Spaziergang durch den Forst führt zum *Cap de Cala Figuera* – der Rückweg im Fahrzeug bis *Sa Parossa* (Flugzeug) und/oder zusätzlich zu einem Besuch im Badeort *Magalluf* – und dann direkt in Richtung Santa Ponsa. Bald sieht man linkerhand die roten Felsen der *Penas Rojas* (Yachthafen, riesiges Apartmenthaus). Vor Santa Ponsa unbedingt Halt an der *Plaza del Malgrats* (links) zum Fernblick: rechts der Felsvorsprung Na Foradada und die Inselchen Ses Pedrerets, in der Mitte die massige Insel Malgrats und weiter links die kleine Kanincheninsel (Isla de los Conejos).

Santa Ponsa. Biegen Sie in die Via de la Cruz nach links ein, um an ihrem Ende das *Siegeskreuz* zu finden. Hoch aufgerichtet steht es auf dem Sa Caleta-Felsen genau dort, wo der Fahnenjunker Riudemeya im Morgengrauen des 12. September 1229 den Schaft der königlichen Standarte in mallorquinischen Boden rammte (Abb. 67, 68). Auf acht Relieftafeln von Tomás Vila kann man, wie in einem historischen Bilderbuch, alle Details dieses Tages betrachten und den einzigartigen Fernblick in die Paguera-Bucht genießen.

Santa Ponsa gehört heute zu den mit am schnellsten wachsenden Siedlungen der Insel, hat einen guten Sandstrand und weite Kiefernwaldungen in der Umgebung.

Den Namen hat der Ort vom alten *Landgut Santa Ponsa* (bei der Ausfahrt 500 m rechts nach dem Verteilerkreisel, gepflegter schöner Innenhof mit Brunnen, Palmen, Vorplatz mit

Agaven, Kakteen und Palmen). Bei den Resten einer alten Mühle biegt man dann wieder in die C-719. Aufpassen! Knapp 2 km linkerhand einbiegen zur

Capella de Sa Pedra Sagrada am Fuße des Puig de Ginestra, ein kleines, bescheidenes hellockerfarbenes Kapellchen mit schön geschmiedetem Türgitter (Abb. 71). Dort wird seit den Tagen der großen Schlacht 1229 der gewaltige Steinblock aufbewahrt, auf dem als Altartisch Barcelonas Bischof Berenguer höchstpersönlich die erste Messe, eine Feldmesse, auf mallorquinischem Boden feierte, ganz nahe dem Coll de Sa Batalla und dem Kreuz für die beiden Moncadas.

Die Autobahn führt direkt zurück nach Palma. → Bei genügend Zeit empfehlen wir: von Palma Nova aus der Ausschilderung 'Calvia' folgen, in Kehren aufwärts zum *Coll des Cucons* – großartige Fernsicht – und nach *Calvia,* dem Verwaltungsort für alle vorgelagerten Badezentren: Paguera, Santa Ponsa, Magalluf, Palma Nova, Portals Nous und Illetas *(Pfarrkirche* mit romanischem Portal, 1248, interessantes Relief ›Taufe Christi‹). In der Umgebung vorzeitliche *Höhlen,* Reste von *Talajots.* Der Ortsname kommt vom römischen *calvus* (kahl, leer).

→ Weiter in Richtung Palma über den *Coll de Sa Creu,* stets Ausblicke in die Palma-Bucht bis nach Arenal und zu den umliegenden Bergen im Valldurgent, wo der Bauza 614 m, der Esclop 924 m und der Galatzo sogar 1025 m hoch aufsteigen. Schließlich taucht *Schloß Bellver* auf, und nach vielen Kehren abwärts fährt man in der Calle de Andrea Doria in Palma ein.

Route 2: Santa Ponsa – Costa de la Calma – Paguera – Camp de Mar – Puerto Andraitx – Cabo de Sa Mola – Andraitx – San Telmo – (Halbtagsfahrt, etwa 30 km)

Kommt man via Autobahn von Palma her, dann beginnt unsere Route 2 an der Straßenkreuzung nach Santa Ponsa bei der ehemaligen Mühle. Nach 1 km bergauf zweigt nach links die Avenida del Mar ab zur Urbanisation

Costa de la Calma, einem winzigen Stückchen verlorenen Paradieses, in dem zu wohnen sich so viele heimlich wünschen. Keine Sehenswürdigkeiten gibt es zu sehen, nichts Historisches – man sollte dennoch einen Rundgang, eine kurze Rundfahrt machen durch andalusische Gärten, an maurischen weißen Villen vorbei, wo man zwischen Palmen und Akazien, Bougainvilleas und Orangenbäumen meinen könnte, bereits in Afrika zu sein, wo die Küste zerbrochen ist in zerklüfteten Fels und winzig kleine Sandbuchten, hinter denen es überall grünen Wald und mannshohe Macchien gibt, wo der Blick vom Mirador bei La Siesta an der Weite des Meeres, in dem die Malgrats-Insel behäbig versinkt, sich sattsehen kann bis hin zu den sich selbstmörderisch ins Wasser stürzenden Felsen von Cap des Llamp und Cap Andraitxol. Paguera und die Pueblo-Bungalows von Fornells säumen die Bucht, und das

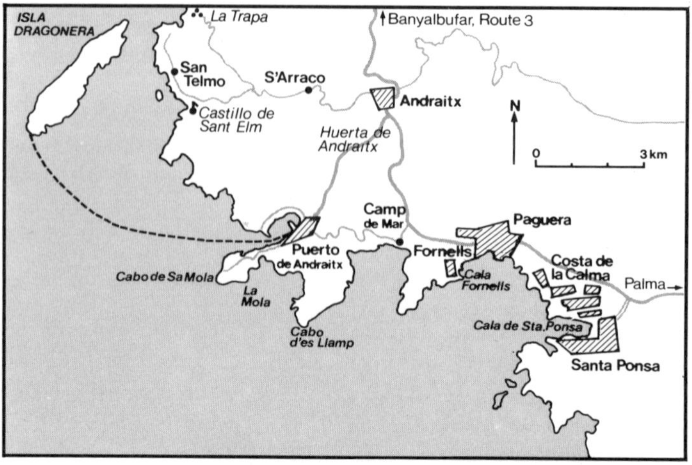

grünliche Blau des Meeres wetteifert mit dem tiefen Azur des klaren Himmels. Weiß steht vor ihm dort, rund, sympathisch und teuer das 'Hotel Galatzo'. Fahren Sie hinauf, der Blick von der Terrasse ist bezaubernd, das Baden im Swimming-pool angenehm kühl wie die Getränke und die Atmosphäre gepflegt. Darf man so etwas auslassen?

Paguera hat mehrere Sandstrände, liegt zwischen Wäldern und dem Meer und hat sich im letzten Jahrzehnt zu einem kleinen Kurstädtchen gemausert. Mit Recht. So mußte dort auch das interessante Pueblo *Cala Fornells* entstehen (Farbt. 13), einzigartig in seiner bienenwabenhaften Verschachtelung und allerorten jetzt kopiert, ein gelungenes Konglomerat aus Andalusien, Arabien, Afrika und allerletzter Moderne. Man muß auf jeden Fall die 2 km bis zum Straßenende am 'Hotel Cala Fornells' fahren; zauberhaft treffen sich dort Wasser, Fels und Wald, erfüllt von dem herben Duft saftstrotzender Pinien.

Camp de Mar, nur 2 km weiter, liegt ein wenig abseits der Hauptstraße, ist zweifellos hier mit der eleganteste Badeplatz an einer etwa halbrunden und von Kiefern dicht bestandenen Meeresbucht.

Von hier aus wählt man die Wald-Küstenstraße PM-102 direkt zum Hafen von Andraitx – und wenn nicht schon vorher, spätestens auf dieser Strecke wird jeder sein bisheriges Mallorca-Bild revidieren, sofern es von menschenwimmelnden Superstränden mit Neon und Discos wie in den reißerischen Prospekten geprägt war. »Mit jedem Schritt, den wir auf dem gewundenen Bergpfad machten, bot sich uns ein erhebenderer Anblick als der vorherige ... In Mallorca sah ich es endlich (das Meer) wie ich es mir erträumt hatte: klar und blau wie der Himmel, sanft gewellt wie eine Ebene aus Saphiren, die sich, von einem unsichtbaren Pflug beständig zu Furchen gelegt, aus einer gewissen Höhe gesehen nicht merklich bewegt und von dunkelgrünen Forsten eingerahmt ist.« (G. Sand).

1 Palma Die Kathedrale

2, 3 Palma Paseo Borne, eine der Prachtstraßen der Stadt

4 PALMA In der Altstadt 'La Portella'

5 Palma San Francisco: Kreuzgang

6 Palma S'Hort del Rey der Almudaina

7–12 Die Heiligen Matthäus und Franziskus, Retabel (1377). Silberstatue Vincenc Ferrer (1596). Die ›Jungfrau unter dem Distelstrauch‹ von San Lorenzo. ›La Moreneta‹ von Lluch. ›Nuestra Señora‹ in der Kirche San Salvador in Arta. ›Mare de Deú‹, die ›Regenmacherin‹ von Consolació

Restaurante

14, 15 Windrad und Wasserschöpfrad

◁ 13 PAGUERA Pueblo Cala Fornells

16 In S'ARRACÓ

17 Mirador de Ricardo Roca

18 Küste bei San Telmo und Insel Dragonera

19 Terrassenanlagen bei Bañyalbufar

20 VALLDEMOSA Die Kartause

21–23 In Valldemosa

24 Valldemosa Fest der Ortsheiligen Catalina Thomás

25 Estellenchs

27 Torrente de Pareis ▷

26 Biniaraitx bei Soller

29 Na Foradada bei Son Marroig

◁ 28 Son Marroig, Marmorpavillon

30 Puig Mayor, Mallorcas höchster Berg ▷

32 In der Bucht von Pollensa

◁ 31 Cala San Vicente

34 Alcudia Antike Stadtmauer

◁ 33 Cap Formentor

35 Landschaft bei Alcudia ▷

36 Ermita de Betlem

37 Landschaft zwischen Porto Cristo und Porto Colom

39 Es Pontas

◁ 38 Costa de los Piños

40 Alter Olivenbaum

41, 42 Mandelbäume und Orangenbäume

43 Cala Figuera

44 Bizarre Tropfsteingebilde in den großen Höhlen. Hier die Cueva de Campanet

45 MENORCA Blick in die Hafenbucht von Ciudadela ▷

46 MENORCA Felsenküste bei Arenal d'en Castell

47 MENORCA Fornells

48, 49 MENORCA Gehöfte im Inselinnern

50 MENORCA Taula Talati de Dalt

Puerto de Andraitx (Abb. 74). Auf Serpentinen vom Collet de Cala herab fährt man im Hafen ein, den zwischen Mole und Hafenstraße gleich mehrere Cafés und Restaurants säumen, die zum Verschnaufen einladen, ehe man die kurzen 3 km hinauffährt zum

Cabo de Sa Mola (121 m), erst entlang und steilauf am Hang mit Wachtturm (15. Jh.) bei der Casa Bascones und Es Forti. Die Ausblicke sind phantastisch und wechseln bis hoch zum Cap. Da flimmern bei klarem Wetter weit links vielleicht die zarten Konturen von Cabrera, mit Glück und gutem Blick erhascht man sogar Ibizas Insellinie und weiter rechts bestimmt vor der Küste von San Telmo die Insel Dragonera (Farbt. 18).

Auf dem Rückweg lohnt ein Halt auf halber Höhe zum Panoramablick über den Hafen, die Fruchtgärten der Huerta vor dem Orte Andraitx ganz hinten und zu dem in der Sonne fast wie schneebedeckten, kalkig schimmernden Felsgipfel des Galatzo als Abschluß der Landschaftskulisse.

Andraitx, das alte Andrachium der Römer, 5 km von seinem Hafen entfernt, war niemals Fischerort, sondern stets Zentrum der Landwirtschaft. Das hat seine Gründe in den jahrhundertelangen Überfällen der meist arabischen Piraten, denen zwar der Hafen, aber nicht erst fünf Kilometer Fußmarsch für unvorgesehene Überrumpelungen gelegen kamen. Und als die Araber dann selbst Herren der Insel waren, bauten sie diesen Sicherheitsstreifen der Christen zu der bis heute intensiv bewirtschafteten Huerta aus, die – vielleicht mit der bei Soller – Mallorcas blühendste Gartenlandschaft ist. Goldgelbe oder glutrote, prallschillernde Orangen betonen das saftige Grün der Blätter (Farbt. 42), was blühen kann, verströmt Farben und Düfte, Mimosen, Heckenrosen, Kakteen, Johannisbrot, Oliven (Farbt. 40), Mandelbäume (Farbt. 41) und Bananenstauden, Palmen und fette Aloën – im Garten des Paradieses kann es nicht schöner gewesen sein. Zwischen dieser Pracht die geduckten Häuser der schmucken Landgüter, *C'an Catali,* wo der Weg nach links abzweigt zu den Häusern von *Aldea Blanca,* dem 'weißen Dorf' über dem Leuchtturm auf der Hafenmole, weiter nach Andraitx zu und vorbei an alten Norias (arabische Wasser-Schöpfräder; Farbt. 15) oder ihren hölzernen Resten, dann rechts das Gut *Vileta,* leicht auszumachen an der Jahreszahl 1925 auf blendend weißem Kalkanstrich, und immer wieder Gärten, Palmen, Grün und Blüten, grellweiß getünchte Mauern und Torbögen und blaue Kacheln in der Musterung der arabischen Azulejos.

Stellen Sie kurz Ihr Fahrzeug ab, spazieren Sie in Seitenwege und lauschen Sie dem Klang der Musikinstrumente, riechen Sie den Duft und schauen Sie die vielfachen Schönheiten.

Die *Pfarrkirche* mit dem klobigen Schutzturm aus dem Jahre 1236 (innen: sieben an der Wand anliegende Pfeiler stützen die gleiche Anzahl Bogen, Rippen einfach gekreuzt mit Schlußsteinen, schöne Fensterrose) und der *Palast Son Mas* (Abb. 78) überragen das Städtchen Andraitx. Einst arabisch, zeigt der Palast noch in einzelnen Details arabische Schmuckfreudigkeit (ein kleines *Museum* im Palast mit Münzen, Porzellan und wertvollen Gemälden ist seit 1979/80 aufgehoben.) Schöner Blick vom Schloßturm. Nach dem Sieg

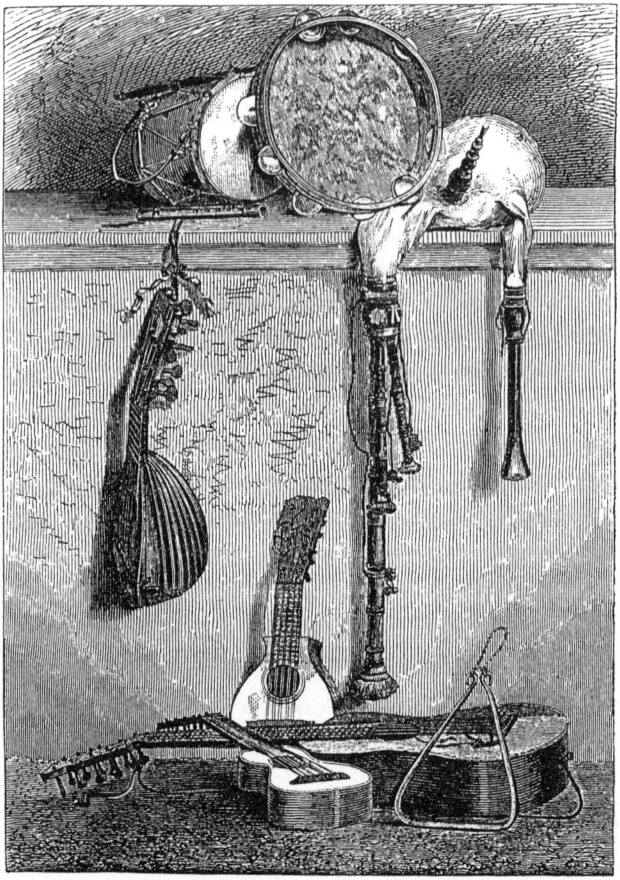

Die alten Inselgesänge werden ohne instrumentale Begleitung vorgetragen. Sie ist nur bei Tänzen und Serenadas üblich. Die Instrumente sind, wie überall in Spanien, die große Gitarre (guiterra) und die kleinere (guiterró), dann die mandurria, eine Art Mandoline, und bei den Bauern der Dudelsack (xaramias oder cheremias), die Flöte (fabiol), das tamborino und die castanetas, die Kastagnetten

über die Araber schenkte König Jaime I. das Schloß dem Bischof von Barcelona, Berenguer de Palou.

Lohnend ist ein Spaziergang am Friedhof hinter der Kirche vorbei auf den ehemaligen Windmühlenhügel zum Blick über den Ort, die Huerta und zum Hafen bis Cap Mola.

Am Wegekreuz unterhalb der Kirche (Abb. 70) zeigt der Wegweiser nach San Telmo 7,7 km, und die ersten 3 km bis *S'Arraco* (Farbt. 16) sollte man bedächtig fahren, vor- und zurückschauen, bis man im Tal von La Paloma (Taubennest) vor Arracos Pfarrkirche Santo Cristo anhält. Sie bewahrt das hübsche Marmorbildnis der Nuestra Señora de la Trapa, eine liebliche Figur, die französische Trappisten im 18. Jh. in dieses Tal mitbrachten.

** (2 km weiter in Richtung San Telmo rechts Abzweigung zu den Klosterruinen von Sa Trapa, 5 km, wo aus Frankreich ausgewiesene Trappisten sich niederließen, bis sie schon zehn Jahre später im Zuge der Säkularisation alles noch einmal aufgeben mußten. Bei der Klosterruine steht ein riesiger Baobab, Affenbrotbaum, der größte Mallorcas.)

Kurvig geht es auf und ab durch eine liebliche Landschaft zum Strandbogen von

San Telmo. Dort, gleich am Ortseingang, thront auf einem Hügel das *Castillo*, uralt, der Turm aus der Zeit König Jaimes II., alles andere nach 1581. Während Piraten den ungedeckten Anmarsch nach Andraitx vom Puerto aus konstant mieden, bevorzugten sie den so gut getarnten, von Gelände verdeckten Schleichweg aus der San Telmo-Bucht desto mehr, zumal sie auf den kleinen Inselchen Pantaleu oder Mijana, wenn nicht gar auf Dragonera, gemächlich in Ruhestellung die günstigsten Zeiten für Überfall und Räubereien abwarten konnten. Dem abzuhelfen hatten es sich die Bürger von Andraitx in den Kopf gesetzt, eben dort am Landeplatz der Seepiraten eine Burg zu errichten, um so feindlicher Initiative zuvorzukommen. Der Plan war gut, Geld war nicht da. Wenn der Bischof von Barcelona und Eigentümer des Küstenbezirks den Bau einer wenigstens kleinen Burg veranlassen würde, wollte man 1000 Libras beisteuern. Der Plan war auch gut, doch Geld hatte die bischöfliche Kasse auch keines, und der Plan wäre buchstäblich im Meer versunken, hätte solches nicht im 'passenden' Augenblick ein unbekannt gebliebener Handelssegler getan. Sein Treibgut genau in der San Telmo-Bucht brachte bald die zum Bau des Castillo erforderliche Restsumme ein, und 1581 war das Bollwerk fertig.

Wie der Türmer früher, so schaut man zwischen den Schießscharten heute über die Bucht zu den kleinen und der großen Insel (Farbt. 18), und man wird heute höchstens ein verwundertes Lächeln ernten, würde man hinabrufen wie einst der Wächter: »Moros en Terra!« – »Die Mauren kommen an Land!«

** Von San Telmo zum Mirador von Sa Trapa, 1½ Std., weiter zu den Ruinen von *La Trapa* (siehe vorher), und nach San Telmo zurück, etwa 3½ Stunden insgesamt.

(Mallorcas Südwestspitze bildet der Leuchtturm der 331 m hohen Felseninsel *Dragonera*, die um 7 km lang und 1 bis 4 km vom Festland entfernt und unbewohnt ist. Bootsfahrten zur und um die Insel von San Telmo und Andraitx aus.)

Route 3: Andraitx – Mirador de Ricardo Roca – Estellenchs – Mirador de Ses Animas – Banyalbufar – La Granja – (Galilea – Capdella und Puig de S'Esclop – Andraitx) – (Tagesfahrt, etwa 70 km)

Beginn der einzigartigen Westküstenfahrt auf Mallorcas schönster Aussichtsroute voller faszinierender landschaftlicher Überraschungen.

Ausfahrt aus *Andraitx* am Palast Son Mas, dann vorbei an einem typisch balearischen Inselfriedhof und stets aufwärts zum *Coll de Sa Gremola* (343 m); zyklopischer werdende

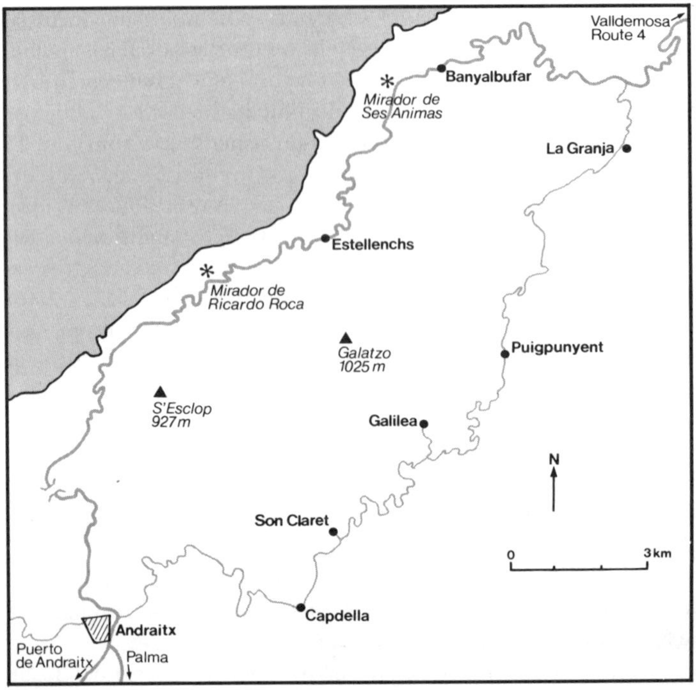

Felslandschaft der Sierra d'es Pinotells mit Gipfel des Esclop (927 m); halbrechts voraus, ein Alternativziel unserer Route (siehe unten). Großartige Blicke in bizarre Felsformationen und zu nur vom Meer aus zugänglichen Buchten. Halteplatz (Foto) *Torrenova.* Im Meer die Punta de Na Foradada und die Inselchen Farayons.

** (Bei genügend Zeit Wanderung, um 70 Minuten hin und zurück, zur *Torrenova de S'Evangélica,* alter Wachtturm in der Kette der mallorquinischen Atalayas, unvergleichliche Aussicht!).

Mirador de Ricardo Roca (Farbt. 17). Parken beim Restaurant 'Es Grau', zur Felsnase über den Tunnel hinaufsteigen, Aussicht – wie von der Restaurants-Terrasse – nach Norden auf die Punta d'es Verger mit unserem nächsten Ziel, dem 'Turm der Seelen', unten auf die Playa de Ca'n Pruaga, nach Süden auf die 490 m tief zum Meer abbrechende Punta d'es Fabiolet; im Rücken der Gipfel des Puig Cerda (392 m).

** Bei genügend Zeit empfehlen wir Wanderung zur *Quelle d'es Quer,* Hinweg etwa 75 Minuten: zuerst 100 m an der Straße zurück in Richtung Andraitx, dann durch ein Gatter und Aufstieg zum Gut Es Grau, weiter steiler bergauf, ein erkennbarer Pfad durch Weideland und über Terrassen und Steinmauern, die Fernblicke werden großartiger, je höher man steigt, dann mehr und mehr schüttere Steinlandschaft und ganz oben das Plätschern der kristallklaren *Sa Font d'es Quer.* Die Legende zur Quelle ist schnell erzählt: Noch keine zwanzig Jahre nach der christlichen Eroberung Mallorcas suchte eine furchtbare Dürre die Insel heim, das Vieh auf den Weiden starb, und die Not der Menschen wurde von Tag zu Tag größer. Da erbot sich der arabische Sklave Ahmet, für seinen Herrn vom Gute Es Grau eine Quelle zu suchen und erbat, sollte er eine finden, volle Freiheit für sich. Mit der Zusage zog er los, stieg auf die Berge und fand die Wasser von Es Quer. Wieder zurückgekehrt, erhielt er die zugesagte Freilassung aber nicht, sondern mußte weiter wie bisher als Sklave arbeiten. Da gab es nach Jahren erneut eine Dürrezeit, und auch Ahmets Quelle in den Bergen oben versiegte. Diesmal regte der Herr von Es Grau selbst eine erneute Wassersuche an und erneuerte sein gebrochenes Versprechen. Ahmet sagte zu unter der Bedingung, daß sein Freibrief diesmal schriftlich gegeben und vom Pfarrer von Estellenchs mitunterzeichnet werde. Es geschah, Ahmet marschierte wieder zur Quelle, und diese floß von dieser Zeit an bis heute. Nie mehr gesehen verschwand der Junge in seine Freiheit.

An den Stufen zum Mirador verkaufen Mallorquinerinnen in ihrer schmucken Tracht (s. S. 313, 314) selbstgearbeitete Dinge.

Weiterfahrt durch den Straßentunnel und entlang dem Abbruch und dem Bergfuß des Galatzo (1025 m), und aufwärts zum Coll d'es Pi bis *Estellenchs* (Farbt. 25), Bergdorf mit Terrassengärten (sehr malerisch, Pfarrkirche San Juan, 15. Jh.; zum Hafen und der Cala nur schmaler Fahrweg, 1,5 km, besser laufen). Zwischen Orangen- und uralten Olivenbäumen und steilen Felswänden entlang, vorbei an der *Font de Sa Menta* zum

Mirador de Ses Animas über einer tiefen Schlucht, ein anderer Wachtturm mit Bogenbrücke an der Westküste der Insel (15. Jh.), für Rauch- und Feuersignale bei Angriffen arabisch-türkischer Piraten zum Weitermelden von Turm zu Turm bis zur Torre des Angel des Almudaina-Palastes in Palma, was rund um die Insel nicht länger als zwei Stunden gedauert haben soll. Wehrhaft verteidigte man sich auch mit Steinkugeln, die man durch die Matacans (Wurflücken) auf die Angreifer schleuderte.

Über eine Eisenleiter gelangt man auf die Turmplattform, jetzt 250 m über dem Wasserspiegel; Aussicht: im Süden die Insel Dragonera (Farbt. 18) mit Leuchtturm auf Cap Tramuntana, im Norden unten der Hafen von Valldemosa, die Felsnasen Na Foradada (Farbt. 29) und Punta de Deyá. Die Landschaft wird weiter, erste Terrassengärten linkerhand.

Bañyalbufar aus dem arabischen 'buniola al bahar' (kleiner Weingarten am Meer), charakterisiert den von Opuntienhecken und Palmen umgebenen Ort, kleine oder weite Terrassenanlagen an allen Hängen (Farbt. 19; Abb. 72) und oft bis hinunter zum Meer, Obst-, Gemüse- (Tomaten) und Weingärten (Malvasia-Muskateller, im Geschmack etwa wie Sherry), allenthalben runde oder eckige Zisternen, gespeist von Quellen aus den Reservoiren in den Kalkdomen des Mola de Planicie-Massivs (932 m) und in unzähligen, kilometerlangen gemauerten Kanälen bis zu den Terrassengärten geführt.

Mit aller Wahrscheinlichkeit darf angenommen werden, daß mindestens schon nach 800 v. Chr. Phönizier die bei ihnen hochentwickelte Bewässerungskultur nach Spanien und auch auf die Balearen gebracht haben. Schon der griechische Gesetzgeber Solon berichtet in seiner Atlantis-Erzählung von Bewässerungskanälen an den westlichen Grenzen der Alten Welt. Kurz vor der Zeitenwende ließen die Römer, zumindest an Spaniens Küsten, die im Kriege durch Pompejus zerstörten Bewässerungsanlagen wieder herstellen, und auch in westgotischen Landordnungen gibt es bereits detaillierte Bestimmungen zur Wasserzuteilung und Bewässerung. Wenn also die Balearer beim Bau von Talajots, Taulas und Navetas ein solches Geschick in der Verarbeitung von Natursteinen entwickelten, werden sie gleichermaßen zum Bau von Terrassen und anderen Bewässerungsanlagen in der Lage gewesen sein, möglicherweise als Vorläufer der später verfeinerten und bis heute bestehenden Bewässerungsbauten, besonders auf Mallorca. Das sind die Quellwässer, die an Olivenhainen vorbei zu Obstbäumen und Gärten geführt werden in gemauerten Hangkanälen, welche ziemlich exakt den Höhen-Schichtlinien folgen. Bis zu 2000 Anliegern konnte so aus einer einzigen Quelle das Wasser zugeteilt werden. Weil zwischen Mai und September kaum Niederschläge fallen, mußten die Winter- und Frühjahrsniederschläge in Zisternen gespeichert werden, von denen aus über Terrassen mit Leitungen und Gräben das Wasser den Baum- und Gemüsegärten zugeteilt wird.

Die pauschale und immer wiederholte Meinung, die Araber hätten auf Mallorca das Bewässerungssystem eingeführt, ist auf jeden Fall falsch und kann nur meinen, daß von ihnen ein bereits jahrhunderte-, vermutlich aber jahrtausendealtes Bewässerungssystem erneuert, ausgebaut und vervollkommnet wurde.

Im eng gebauten Ort mit vielen Rundbogenportalen der alte Adelspalast *La Baronia* (links gegenüber der Kirche; 14. Jh.), Rundbogenportal, gepflasterter Innenhof, aus dem über einen Segmentbogen eine Treppe aufwärts führt; Ziehbrunnen mit Wappen. (Zum Hafen nur schmaler Weg, 1 km, dort Klippen und Höhlen, gut für Unterwassersport.)

Kurvenreiche Auffahrt zum *Coll de Sa Bastida,* im Rückblick Gesamtübersicht auf Bañyalbufars Terrassenlandschaft, voraus das auffallende Bergdreieck des Teix (1064 m), schon jenseits von Valldemosa gelegen, die ins Meer vorspringende Felsnase von Na Foradada, dann linkerhand Abfahrt zum *Puerto de Canonge,* 4 km, und gleich rechts die Straßengabelung mit der PM-110.

(Die obligate Westküstenfahrt folgt der Küstenlinie weiter auf der C-710, das heißt unserer folgenden Route 4, Seite 169.)

Wer unserer Route 3, einer Rundfahrt, weiter folgen möchte, biegt jetzt in die PM-110 ein. »Wenn einer unserer großen Landschaftsmaler jemals nach Mallorca kommt, so empfehle ich ihm den Landsitz Granja de Fortuny mit den Orangen- und Zitronenbäumen in der Mulde, die sich vor seinen Marmorkolonnaden erstreckt, und den Weg, der dorthin führt.« (G. Sand).

La Granja

La Granja. Besuchenswertes typisches Landgut, schön im Talkessel gelegen, üppigste Vegetation in den Gärten, Wasserspiele, Patio mit von zwei Bogenreihen überspannten Galerien, weinrankenbewachsene Pergola, die einstigen Schuppen und Werkstätten voller liebevoll gepflegter alter Gutsutensilien, oft 'mallorquinische Abende' mit Tanz, Volksliedern, Musik und ländlichem Essen. Als 'el Alpij' bereits zur Araberzeit bekannt, später im Besitz der Zisterziensermönche, dann der Familie Vida und seit dem 17. Jahrhundert in dem der Familie Fortuny, die es seitdem zur heutigen Anlage aus- und umgebaut hat.

Hinter dem Landgut *Son Vich de Superna* steigt erst allmählich, bald steiler und in engen Kurven die Straße an und überfährt die Höhe zwischen zwei massigen Felsblöcken. Bei der Abfahrt rechts das stattliche Landgut *Son Forteza* (18. Jh.), dann das Straßendorf *Puigpunyent* am Ostfuße des Galatzo inmitten weiter Mandel- und Olivenhaine (Pfarrkirche La Asunción; früher als Santae Mariae de Puigpunyent in der Bulle von Papst Innozenz 1248 genannt; Retabel mit der Lieben Frau von Loreto, um 1500; Sankt Josephs-Altar aus der Kathedrale in Palma).

Nun Straße geradeaus Richtung Galilea/Capdella wählen. Bizarre Felswände und lichter Kiefernwald, stille Täler und ausgetrocknete Bachläufe bestimmen das Bild.

Galilea, benannt nach dem gleichnamigen palästinensischen Ort, malerisches Bergdorf, etwas abseits der Hauptstraße: Pfarrkirche auf dem Ortshügel, Viereckturm, innen Tonnengewölbe mit sechs Gurtbogen, vier Seitenkapellen links, drei rechts, Standbild der Immaculada Concepción. Ein Kapitän Antonio Barcelo, der größte Sohn des Ortes, erwarb Ruhm, Ehre und Reichtum beim erfolgreichen Kampf gegen türkische Seeräuber und hat das Kirchlein erneuern lassen. Von der Terrasse weiter Blick in die umliegende Landschaft.

** *(Zum Gipfel des Galatzo,* Hinweisschild, anfangs Straße, später durch Pinienwald und auf Schaf- und Ziegenpfaden zum 1025 m hohen Gipfel. Aussicht! Bis zum Gipfel etwa 2 Std., Abstieg auch nach Estellenchs möglich, etwa 1½ Std.)

Gleich hinter Galilea anhalten! Fernblick bis in die Buchten vor Paguera/Santa Ponsa und zu den roten Felsen der Penyes Rotjas. Serpentinenfahrt, im Tal die kleine Steinbrücke Na

Schmuck mallorquinischer Bauersfrauen

Corva, rechts später das Landgut *Son Claret* mit dem Puig Matoso (241 m) als Akzent im Hintergrund.

Capdella, Pfarrkirche, ebenfalls Stiftung des Kapitäns Barcelo; im Hauptaltar die Reliquien des römischen Märtyrers Sankt Urban, Retabel mit Heiligen, Aposteln und der Lieben Frau vom Karmel.

Weiter in Richtung Andraitx. Rechts der 483 m hohe *Sa Grua,* dann der Abzweig S'Alqueria rechts und nach etwa 1 km das gleichnamige Landgut.

** Von hier zum *Puig de S'Esclop,* eine Halbtagswanderung (Abb. 75). Am Gut Wagen abstellen, zu Fuß durch das Gehöft, dann über Waldwege und Gatter zu den verlassenen Hausresten von Alquerioles und letzter Aufstieg zum Esclop-Gipfel (927 m). Unterwegs stetig wechselnde Fernblicke, die diesen Aufstieg so erlebnisreich machen. Man überschaut den gesamten Südwestteil der Insel Mallorca. Auf dem Gipfel die Reste der Caseta de N'Aragó. Ihre Geschichte: Als Vermessungsspezialist arbeitete hier zu Beginn des 19. Jahrhunderts der französische Gelehrte Aragó. Als er eines Abends, er hatte sich verspätet und für einen Heimweg blieb ihm keine Zeit mehr, in der Berghütte zu übernachten beschlossen hatte, machte er sich abends ein kleines Reisigfeuer. Weil aber just zur selben Zeit in den Köpfen der Mallorquiner der Gedanke einer französischen Invasion der Insel spukte und man allerorten Spione vermutete, glaubten die aufmerksamen Bauern in Estellenchs, als sie auf dem Berggipfel Monsieur Aragós Feuer sahen, er signalisiere französischen Schiffen eine Nachricht. Mit Knüppeln bewaffnet zogen sie zum Puig. Aragó konnte noch rechtzeitig flüchten und sich dann als Fischer verkleidet heimlich von der Insel stehlen.

In zahlreichen Kurven und über die Schlucht des Torrente de Ses Penyas erreicht man beim Palast von Son Mas wieder Andraitx.

Route 4: Bañyalbufar – Puerto de Valldemosa – Valldemosa – Ermita de la Trinitat – (Halbtagsfahrt, etwa 25 km)

Erste Fortsetzung der Westküstenfahrt (Route 3), nun an dem herrlichen, ab jetzt Costa Brava Mallorquina genannten Küstenabschnitt zwischen Bañyalbufar und Cabo Formentor.

Beginn der Route an der Einmündung der von Palma/Esporles/La Granja kommenden PM-110 in die Küstenstraße C–710.

In Serpentinen, steigend und fallend, quert die Straße den *Coll de Claret* (545 m; Fotohinweis rechts beachten, Fernblick bis nach Palma mit Kathedrale und Schloß Bellver), dann halblinks auf einer Anhöhe deralte arabische Wachtturm von *Son Oleza* (479 m; Abb. 77), Blick nach Valldemosa mit dem 874 m hohen Puig Fontanellas (links) und dem 650 m hohen Puig Fatima (rechts) als Bergkulissen. Dann rechts das Landgut *Son Ferrandell*

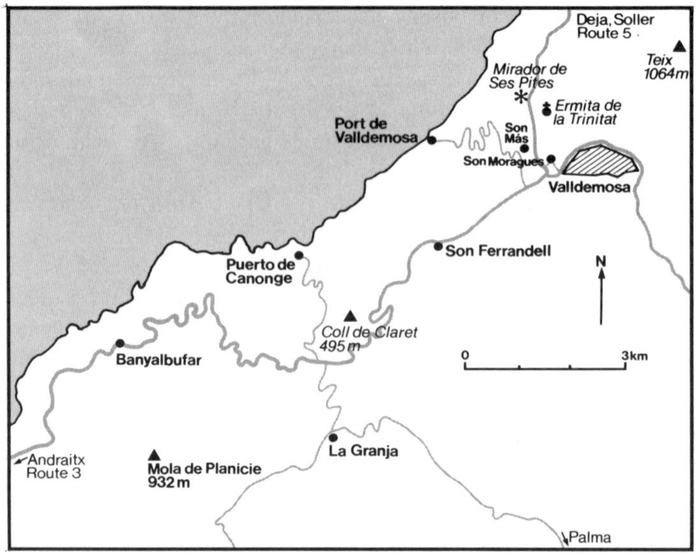

(1762), links eine Allee nach *Son Oleza Nou* und zum Landgut *Vistamar* und bald der Abzweig (links) zum

Puerto de Valldemosa, 5 km, unbedingt hinfahren! Nach 700 m rechts das Gehöft *Son Mas* mit einem wuchtigen, wehrhaften Quadratturm zur Straße hin und mit bogengeschmückten Loggien an der Gartenseite mit Palmen, Pappeln, Pinien und Orangen (Abb. 78). 1276 soll an eben diesem Platze Prinz Don Jaime, der dann als Jaime II. mallorquinischer König wurde, als ihn die Nachricht vom plötzlichen Tode seines Vaters erreichte, von Trauer übermannt, bitterlich geweint haben. Seitdem trug dieses Gut den Namen Son Mas el Plá del Rei (die 'Träne des Königs'); zieht man die tränenreichen Zusätze ab, so ist nicht plá, Träne, sondern pla, der flache, noch ebene Platz des Landgutes vor dem Steilabfall hinunter zum Meer gemeint. Und genau hier haben mallorquinische Ingenieure die kühnsten Serpentinen für eine Fahrstraße angelegt und halsbrecherische 6 km, einer Jahrmarkts-Achterbahn nicht unähnlich, erbaut. Fahrmöglichkeit nur für normale PKW; für Busse und Laster zu schmal; viel Hupen; zum Schauen und Fotografieren öfter anhalten.

Unten kleiner Hafen zwischen Klippen, ideal für Unterwassersport und zum Fischen, Bademöglichkeit.

Und so schilderte die Schriftstellerin George Sand eben diesen Steilabfall zum Hafen von Valldemosa, als statt der Fahrstraße nur ein Fußpfad hinunter führte: »...wir befanden uns auf einem Pfad, der um eine Felsnadel in Form eines Zuckerhutes herumführte. Nach einigen Windungen standen wir plötzlich wie durch Zauberei hoch über dem unermeßlichen Meer mit der seitlichen Sicht auf die gegenüberliegende Küste der kleinen Bucht zu unseren Füßen. Dieser unerwartete Blick machte mich zunächst einmal schwindlig ... aber diese Anwandlung verging allmählich, ich wurde wieder beherzt und ging sogar den Pfad weiter hinunter, obwohl er nicht für Menschenfüße, sondern eben für Ziegen gedacht war ... plötzlich sah ich nichts mehr vor mir und unter mir als das strahlend blaue Meer. Hätte ich auch nur einen Schritt weiter gemacht, wäre ich viel schneller unten gewesen, als mir lieb sein konnte, es sei denn, es wäre mir gelungen, wie Fliegen an der Zimmerdecke umgekehrt zu laufen, denn der Felsen, auf den ich zusteuerte, war überhängend und der Inselblock unten tief ausgewaschen ... Niemals in meinem Leben hatte ich etwas dem Vergleichbares gesehen wie das, was ich da unten erahnte und was meine Phantasie beflügelte ... Endlich konnte ich einen Blick vom riesigen Maul des ausgehöhlten Gesteins erhaschen, in das sich die Wellen in seltsamen Lauten stürzten ... Vielleicht hätte ich Amphitrite leibhaftig in einer Perlmuttgrotte gesehen, bekränzt mit raschelndem Seegras. Statt dessen sah ich nur Felsennadeln, teils wie Säulen von Schlucht zu Schlucht aufragend, teils wie Stalaktiten von Höhlung zu Höhlung herabhängend, und alle bizarr in der Form und phantastisch in der Stellung. Über den Abgrund neigten sich Bäume von erstaunlicher Lebenskraft, alle krumm und schief und halb vom Winde entwurzelt. Aus der Tiefe dieses Abgrundes erhob sich senkrecht ein anderer Berg gen Himmel, ein Berg von Kristall, Diamant und Saphir. Es war das Meer, das, von hoch oben gesehen, sinntäuschend als vertikale Fläche erscheint. Erkläre es, wer mag.«

Son Mas: der Turm

Man muß den gleichen Weg zurück, eine Auffahrt bis Son Mas, die landschaftlich und fahrtechnisch gleichermaßen reizvoll ist wie die Abfahrt. Nun einen halben Kilometer weiter rechts die Abzweigung nach

Valldemosa, 420 m, 1500 Einwohner (Farbt. 20–24; Abb. 80–83), nach Palma auf der PM-111, 18 km, Hauptattraktion im Programm des Touristen in Zusammenhang mit dem Winteraufenthalt (1838/39) von Chopin und der französischen Baronin Dupin Dudevant (als Schriftstellerin George Sand). Der an Rheumabeschwerden und Tuberkulose (?) erkrankte Komponist sollte im Sonnenklima der Insel Heilung finden, die befreundete Baronin seinen verdüsterten Geist aufmuntern. Zwei Monate regnete es, die erhoffte Glückseligkeit mit der Baronin blieb aus, und mit der kaum toleranten Bauernbevölkerung des Dorfes kam es zu ähnlichen Streitereien wie schon in Son Vent bei Palma, wo man die beiden einfach aus dem Haus geworfen hatte; man nahm Anstoß an der emanzipierten, Hosen tragenden und Zigarren rauchenden Dame, am Zusammenleben der beiden in wilder Ehe, an der mangelnden Frömmigkeit, kurz am völligen Anderssein. Zwei Klosterzellen waren gemietet, zum Komponieren war Chopins Pleyel-Piano eigens aus Paris herbeitransportiert worden – um all den Querelen zu entgehen, vertiefte sich Chopin mehr und mehr in seine Arbeit. Seine Augen- und Ohrenzeugin, die kluge Baronin Dudevant, mag uns berichten: »Das Kloster war ein Ort des Schreckens und der Geister für ihn, auch wenn er in guter Verfassung war. Wenn ich mit den Kindern von unseren nächtlichen Streifzügen durch die Klosterruinen zurückkam, fand ich ihn bleich an seinem Klaviere. Er brauchte eine Weile, bis er uns erkannte. Dann brach er in ein gezwungenes Lachen aus und spielte uns herrliche Musik vor, die er gerade komponiert hatte, oder genauer gesagt, die Vertonung von schrecklichen und quälenden Vorstellungen, die sich seines Unterbewußtseins in dieser Stunde der Einsamkeit, des Trübsinns und des Entsetzens bemächtigt hatten. Unter diesen Umständen hat er die schönsten seiner kurzen Stücke geschaffen, die er bescheiden Präludien nannte. Es sind Meisterwerke. Einige von ihnen klingen, als habe er sie unter ödem, quälendem Eindruck eines Spuks geschrieben, der ihm einen Zug längst verstorbener Mönche beim Grabgesang vorgaukelte. Andere sind melancholisch und lieblich. Ihre Eingebung verdankt er den sonnigen und gesunden Stunden, wenn das fröhliche Lärmen der Kinder durchs Fenster zu ihm drang, wenn ferne Gitarrenklänge sein Ohr erreichten, wenn er Vogelstimmen im feuchten Laub hörte, und wenn er kleine, blasse Rosen sah, deren Knospen aus dem Schnee herausragten. Andere wieder sind von düsterner Traurigkeit, sie bezaubern das Ohr und zerreißen das Herz. Sein Genius war erfüllt von geheimnisvollen Harmonien der Natur, die er durch verfeinerte Äquivalente in seine musikalische Sprache übertrug und nicht etwa durch sklavische Wiedergabe wahrgenommener Töne. Im Präludium, das er an jenem Abende komponierte, sind die Regentropfen zwar vorhanden, die auf das Dach der Kartause schlugen, aber sie hatten sich durch seinen tonschöpferischen Geist zu Tränen gewandelt, die vom Himmel auf sein Herz tropften ... Seine Musik ist voller Nuancen und Überraschungen, bisweilen bizarr, geheimnisvoll und gequält ... Der klagende Hungerschrei des Adlers auf den Felsen Mallorcas, der schrille Pfiff des Nordost-

Frédéric Chopin

George Sand in Männerkleidung

windes und die trostlose Gestalt der schneebehangenen Eiben versetzten ihn länger und nachdrücklicher in traurige Laune, als ihn der Duft der Orangeblüten, die anmutigen Schlingen der Weinranken und der maurische Gesang der Feldarbeit froh stimmten ... Seinen kläglichen Gesundheitszustand ertrug er heldenhaft bei ernstlicher Gefahr, quälte sich jedoch fürchterlich mit harmlosen Unpäßlichkeiten herum. Das war und ist wohl das Los aller Wesen mit überfeinertem Nervensystem. Mit seiner Überempfindlichkeit beim geringsten Anlaß, mit seinem Abscheu vor dem Elend und mit seinem Bedarf an raffiniertem Komfort war ihm natürlich Mallorca schon nach wenigen Krankheitstagen ein Greuel ... Unser Aufenthalt in der Kartause von Valldemosa war infolgedessen eine Qual für ihn und eine Marter für mich ... Aber all das war nicht seine Schuld, sondern lag an seiner Krankheit. Seine Seele wurde lebend getötet, ein zerknittertes Rosenblatt, Schatten einer Fliege konnten ihn Blut speien lassen. Abgesehen von mir und den Kindern war ihm alles unter spanischem Himmel unsympathisch und zuwider ... Ich schied von der Kartause mit aus Freude und Schmerz gemischten Gefühl. Allein mit meinen Kindern hätte ich dort gern zwei oder drei Jahre zugebracht. Der Himmel wurde herrlich blau und die Insel märchenhaft schön. Unsere romantische Unterbringung machte uns viel Spaß ... Der Kranke seinerseits wäre unwiderstehlich liebenswert gewesen, hätte er gesund werden können. Mit welcher Poesie erfüllte seine Musik den heiligen Ort selbst in den Augenblicken seiner schmerzvollsten Unrast. Die Kartause war so schön unter ihren Efeuranken, das Tal so wundervoll in seiner Blütenpracht, die Luft so rein in unseren Bergen, das Meer so blau am Horizont. Es ist der schönste Ort, an dem ich je gewohnt habe, und einer der schönsten, die ich je sah.«

Aus dem arabischen *Vall de Mus* wurde Valldemosa – der Platz war ursprünglich ein Landgut des Arabers Wali Musa, der hier in traumhafter Lage und ausgesprochen günstigem Klima die Sonnenhänge landwirtschaftlich nutzte. Noch heute ist nach allen Seiten hin der Ort von Obst- und Gemüsegärten umgeben, die infolge des üppigen Bodens und des Wasserreichtums vorzügliche Erträge ergeben. Möglicherweise wurden im Verlaufe der christlichen Wiedereroberung die Baulichkeiten zerstört, jedenfalls ließ dort König Jaime II. ein kleines Schloß errichten – späterer Lieblingsaufenthalt der mallorquinischen Königsfamilien, besonders des asthmakranken Königs Sancho I. Als Mallorca 1349 zu Aragon kam, verwitterten die Mauern des Königsschlosses, und so fiel es König Martin von Aragon nicht schwer, es genau fünfzig Jahre später den Kartäusern aus Tarragona zum Geschenk zu machen, um dort eine Klostergemeinschaft zu etablieren, die *Cartuja de Jesus Nazareno* mit nur zwölf Mönchen, wie die Regeln des Ordens es vorschrieben. Auf Grund eines Dispens durch den Ordensoberen durfte später noch ein dreizehnter Kartäuser hier wohnen. Die Zehnten der Pfarrei Santa Cruz in Palma fielen dem Kloster als Finanzhilfe zu. Wie anderswo auf der Insel mußten im stürmischen 16. Jahrhundert Bollwerke und feste Mauern auch die Kartause vor Piratenüberfällen schützen, die Türme de las Armas und de los Huéspedes. Alle wesentlichen Teile des Klosters aber entstanden im 18. Jahrhundert. Als 1835 im Zuge der Säkularisation Mendizabals alle spanischen Mönchsorden aufgehoben wurden, verkaufte die Regierung auch Kloster Valldemosa für 40000 Reales, und die Mönchszellen wurden in Wohnungen umgewandelt. Zwei davon bewohnten dann im Winter 1838/39 Chopin und George Sand. Daß gerade sie Valldemosa zu derartiger Berühmtheit verholfen haben, gehört zum mallorquinischen Anteil an der Ironie der Geschichte.

Klosterkirche in Kreuzform nach Plänen von Mezquida ab 1738, Innenraum Spätbarock, viel Marmor, Ornament- und Skulpturenfriese, fünf Rundbogen mit Zwickelkuppeln und Fenstern, über dem Transept Kuppel aus acht Rippen, Kuppelfresken vom Kartäusermönch Bayeu, Schwager von Goya, Retabel der Schmerzensreichen, Statuen von Christus, Bruno, Johannes, der Catalina Thomás und ein Priorsessel, von dem es heißt, jedes Mädchen, welches sich auf ihn setze, werde noch vor Ablauf des Jahres unter der Haube sein; in der Sakristei u. a. mit Gold und Silber bestickte Meßgewänder, eine gipserne und von Gold-Silberblechen gefaßte Altarblende (um 1700), ein bedeutender gotischer Reliquienschrein.

Apotheke, alte Gefäße mit volkstümlichen Etiketten wie etwa 'Apostelschmalz' (adeps apostulorum) und ähnliche hübsche mallorquinische Glasgefäße, zum Teil aus Felanitx (17./18. Jh.). Don Caspar Melchior de Jovellanos soll hier ein Buch über Botanik geschrieben haben (geb. 1744, spanischer Staatsmann und Schriftsteller, Richter, Mitglied im Rate der Ritterorden, Justizminister, 1801 in die Kartause nach Valldemosa verbannt, ein Jahr später ins Staatsgefängnis Bellver verlegt, schrieb Briefe, Tragödien und politische Traktate, 1811 gestorben).

Prior-Zelle, Wohnung des Klosterabtes, wertvolle Bibliothek, Elfenbeintriptychon, Keramiken, Gemälde.

Zellen George Sand und Frédéric Chopin, u. a. altes, zierliches Mobiliar, Chopins erstes Klavier, Buchmanuskript von ›Ein Winter auf Mallorca‹, 114 Zeichnungen des kleinen Maurice Dudevant, Chopins Pleyel-Piano, auf dem er seine Präludien, ein Scherzo, zwei Polonaisen, zwei Nocturnes und eine Mazurka komponierte, Manuskripte, Briefe des Komponisten.

Vor den Zellen – eigentlich Zwei- bis Dreizimmerwohnungen heute – jeweils Terrassengärten der Mönche, sehr üppig bepflanzt, einzigartige Blicke ins Tal und über das Unterdorf. (Unter der Cartuja Gangsystem mit den Gebeinen aller verstorbenen Kartäusermönche von Valldemosa.)

Museum in drei Räumen, vor allem berühmte Druckpresse noch in der Technik von Gutenberg, Druckerei 1579 von der Familie Guasp gegründet, älteste der Insel; interessante alte Druckstöcke – diverse Gegenstände, Bücher, Zeichnungen, Briefe von Erzherzog Ludwig Salvator, kleine Galerie mit Werken einheimischer Maler und solchen der mallorquinischen Schule aus dem 19. Jahrhundert, alle mit dem typischen Akzent mallorquiner Eigenständigkeit und Heimatliebe.

Palast des Königs Sancho, südöstlich des Cartuja-Vorplatzes (dort Frauen aus Valldemosa in ihrer schmucken Tracht bei handwerklichen Arbeiten), seit 1340 wohl erster Klosterkomplex, mehrere zeitgenössisch eingerichtete Räume, Bilderzyklus des einheimischen Malers Anckermann zur Geschichte Valldemosas. (Regelmäßig Vorführung mallorquinischer Volkstänze; Zeiten erfragen.)

Entgegen der üblichen Praxis, mit den genannten Plätzen die Besichtigung Valldemosas zu beenden, raten wir sehr zu einem halbstündigen Spaziergang ins Unterdorf, zum eigentlichen Valldemosa rund um die Pfarrkirche *San Bartolomé,* 1245 gegründet, gotisch seit dem 15. Jahrhundert, Turmaufsatz ähnlich dem der Klosterkirche, innen viele Bilder zu Themen aus dem Leben der Heiligen Catalina Thomás, in der Seitenkapelle ihr Marmorstandbild, schöne Kuppelfresken – an der Kirchenhinterseite der liebenswerte Catalina-Brunnen, wenige Schritte weiter, Calle de la Rectoria, das Geburtshaus der Heiligen. Schmale Straßen, einfache Fassaden an engen Gassen, steinerne Treppen und überall in bunten Töpfen Blumen und Blüten entlang der Mauern, der kleine Rathausplatz mit flachbogigen Arkaden, irgendwo ein steinernes Waschhaus, in dem das Wasser leise plätschert, fast verwunschene Durchgänge zu den rückwärtigen Gärten, Kachelbilder mit frommen Heiligen, vor allem mit Catalinas Bild und 'ewige Lampen' davor, Vogelbauer mit lustig zwitschernden Kanarienvögeln (vgl. Umschlagvorderklappe) und die etwas scheuen Valldemoser, wenn sie außer Haus Besorgungen machen gehen, alles ein wenig verschlafen, gemütlich, ohne Hast und voller Zufriedenheit.

Wer das so erlebt, der wundert sich nicht, daß Valldemosa immer gefühlsoffene Künstler angezogen hat, Dichter und Schriftsteller wie Rubén Dario und Miguel Unamuno oder Maler wie Vullier, Sargent und Meifren, um einige zu nennen.

Vorbei an *Son Moragues* (Landgut am Fuße des Fontanellas aus dem Besitz von Ludwig Salvator, heute *Museo Balear* mit archäologischen Funden, Bildern und heimatlichen Trachten) aufwärts. Aufpassen! Rechts an der Natursteinmauer der Straße weißes Schild 'Ermita'. Dort Auffahrt (Asphaltweg, sehr schmal, keine Ausweichmöglichkeit, zu Fuß nur 15 Min.) zur

Ermita de la Trinitat (Abb. 79). Es ist eine von einst vielen in dieser Gegend, die am besten erhaltene und noch heute von Mönchen bewohnte kleine Klostergemeinschaft. So um 1260 herum war Mallorcas Nationalheiliger, Raimundus Llullus, in diesen Landstrich gekommen, um von hier aus seine Lehren zu verkünden. Was Wunder, daß zu diesem Platze dann später stets fromme Eiferer zogen. Als gar König Philipp II. großzügig das Anwesen Miramar (siehe weiter unten) verschenkte, strömten Eremiten und eifernde Sonderlinge zu versteckten Höhlen, alten Türmen und verfallenden Anwesen oder errichteten sich an hochgelegenen Plätzen kleine Eremitagen. Juan Mir war einer von ihnen, er meinte auf einer Terrasse des Pouet den passenden Ort gefunden zu haben und baute sich seine Einsiedelei Mare de Deú de la Trinitat. Einen schöneren Platz hätte Anachoret Mir sich nicht aussuchen können – jeder Besucher, der von der Terrasse hinter der Kapelle zum ganz tief unten glitzernden Meer schaut, wird das bestätigen müssen und die Mönche um diesen Platz beneiden. Juan Mir, jetzt als Pater Juan de la Conceptión, schloß Freundschaft mit Pater Miguel Monserrate Geli von Valldemosa, und es entstand als Gemeinschaftsarbeit das Regularium für Eremiten und Einsiedeleien: ›De la vida monastica y eremitica que hicieron los antiguos padres y hacen hoy dia los verdaderos eremitanos de S. Pablo‹.

Läuten Sie an der Pforte. Besuch der neuen Kapelle (1705), Dreifaltigkeitsaltar, naive Krippe der Catalina Thomás, Terrasse mit Brunnen, rechts alte Kapelle, jetzt Hospenderia, zauberhafter Fernblick, bei ganz klarem Wetter, besser nachts, bis Barcelona.

Wieder auf der Küstenstraße gleich links alter Wachtturm (15. Jh.), *Mirador de Ses Pites,* 403 m über dem Meer, neuer Aussichtspunkt am Ende eines Fußweges, 5 Min., direkt über dem Küstenabfall. Fernblick wie von der Ermita. (Der Weg zum Turm ist oft gesperrt.)

Route 5: Valldemosa – Son Miramar – Son Marroig – Deya – Lluch Alcari – Soller – Puerto de Soller – (Halbtagsfahrt, etwa 25 km)

Zweite Fortsetzung der Westküstenfahrt (Routen 3 und 4), zum Herrenhaus Son Morraig und zum Künstlerdorf Deya durch die, wie bisher, wilde Landschaft der Costa Brava Mallorquina bis zum runden Hafenbecken von Puerto de Soller.

Ablaufplatz ist Valldemosa, Anfahrt über unsere Route 4 oder direkt von Palma aus, 18 km.

Ermita de la Trinitat (s. S. 176), dann, 2 km weiter links, das Landgut

Son Miramar bei einem alten Wachtturm. Hier gründete Ramón Llull (mallorquinisch) oder Raimundus Llullus (Abb. 3) 1276, durch Papst Johannes XII. ausdrücklich bestätigt, eine Missionsschule für orientalische Sprachen mit dem religiös-politischen Ziel, genügend Missionare auszubilden, um die 'ungläubigen' Araber in Spanien und ganz Nordafrika zum Christentum zu bekehren. Er lehrte selbst zwei Jahre dort. In vielen philosophisch-mystischen Werken hat er Ideen und Möglichkeiten dazu niedergeschrieben. Als er später in die Missionierung persönlich eingriff, wurde er im heutigen Algerien (Bougie) zum Märtyrer. Sein Leichnam ruht jetzt in der Klosterkirche von San Francisco in Palma.

Miramar ging später in den Besitz des *Erzherzogs Ludwig Salvator* von Österreich über. 1860 war er nach Mallorca gekommen, die Insel begeisterte ihn so sehr, daß er blieb, Land aufkaufte und mehrere entzückende Häuser erbauen ließ. Von dem Landgut S'Estaca über Son Galcerán, Son Gallart, Son Ferrandell, Son Moragues, Sa Pedrissa bis Miramar und Son Marroig mit der Halbinsel Foradada gehörten ihm gut 10 km der wilden mallorquinischen Küste und ein entsprechendes Areal Hinterland. Wege ließ er anlegen, Blumen und Bäume pflanzen, kleine Parks gestalten, baute Aussichtspunkte aus, ließ dort Pavillons aufstellen und seine Villen errichten; er erforschte die Insel, sammelte ihre Lieder und Märchen und wurde zum guten Vater der ihn bald verehrenden Mallorquiner. Er lebte mit der einfachen Mallorquinerin Catalina Homar zusammen. Erst in Miramar, später im für sie errichteten Schlößchen La Estança, waren die beiden Verliebten mehrere Jahre glücklich. Auf einer Palästina-Reise erkrankte Catalina an Lepra, sie wurde nach Mallorca zurückgebracht und verschied in La Estança. Der Erzherzog wurde vom Kriegsausbruch überrascht, sah sein geliebtes Mallorca nie mehr wieder und verstarb 1915 auf Schloß Brandeis in Böhmen. Sein Leichnam ruht heute in der Kapuzinergruft in Wien.

»Das ganze Territorium von Miramar, wo Wald und bebaute Strecken miteinander abwechseln, ist von zahlreichen Wegen durchzogen und gleichsam in einen natürlichen Park umgewandelt. Schaut man vom Mirador, so entringt sich ein Ruf der Überraschung jeder Brust, wenn man die schwindelnde Tiefe bis zum Meer übersieht, wo die Fischerboote wie kleine Bojen erscheinen und Felsspitze auf Felsspitze, Vorgebirge auf Vorgebirge, von der sphinxartigen Foradada bis zur Punta de S'Aliga von Banyalbufar folgt. Mastixsträucher und

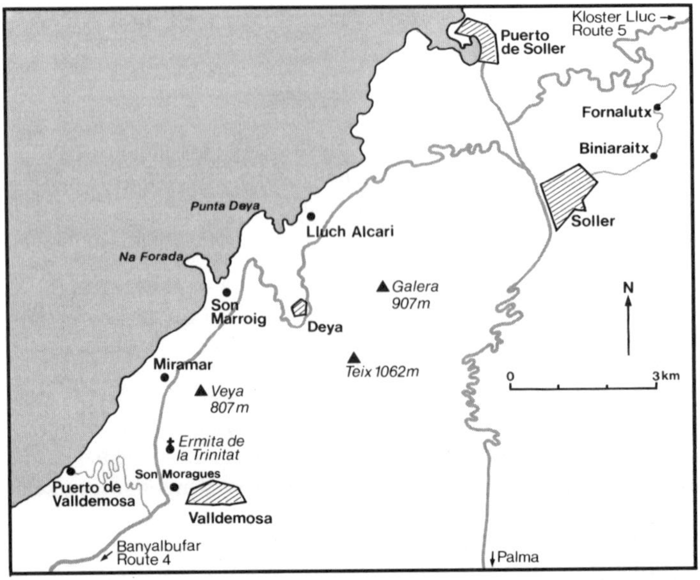

wilde Olivenbäume umsäumen diese Felsenwarte und den Rand des Abgrundes, wo alle wildwachsenden Bäume und Sträucher nebeneinander grünen, von dem Taxus baddata und Acer opalus der höchsten Bergspitzen bis zum Tamarisk und der Sivine der sumpfigen Sandufer, dem goldblättrigen Hypericum Balearicum und dem tiefgrünen Buxus Balearica, der Strohblume der Felsenküste am brandenden Strande und den zahlreichen buntblühenden Cistusarten« (Ludwig Salvator).

Opfern Sie eine Stunde, steigen Sie auf einem Fußweg von Miramar ab zur *Gedenkkapelle* des Raimundus Llullus (1876 aus Anlaß der 600-Jahrfeier von Miramar errichtet, Fernblick von der Terrasse) und dann zum Schlößchen *La Estança* (Hanglage etwa 50 m über dem Meer, maurische Baudetails, Fernsicht). Oben der *Mirador del Portalet,* Weitsicht zum 'Loch' der Foradada (Farbt. 29).

Dann vorbei am Gut *Son Gallart* (rechts) und nach einem Straßenbogen voraus linkerhand inmitten von Gärten der kleine runde Marmorpavillon von

Son Marroig (Farbt. 28; Abb. 84), Herrenhaus aus dem 16. Jahrhundert, ein recht massigtrutziger Quadratturm mit Pechnase, letzte Zuflucht bei Überfällen von Piraten, quervorgelagert der Wohntrakt, einst Hauptsitz des Erzherzogs, Vorhalle auf Säulen vorn, Loggia mit

»Die Foradada besteht gleichsam aus zwei Teilen: aus einem niedrigeren Vorsprung, der zu einer Art tiefen, abgerundeten Sattel herabsinkt, aus dem man auf die Torre de Deya und das Cap Gros blickt, und aus der hohen Masse des durchbrochenen Felsens, der, aus dunkelrötlichen Konglomeratmassen bestehend, mittels einer starken Wand den Ausgang zum Escar gegen das wildtobende Meer schützt und die Playola der Foradada bildet. Bei einer kleinen Hütte und einer Aushöhlung des Gesteins befindet sich der Aufgang zum Felsen der Foradada, wo man erst mühsam hinaufklettern muß. Es ist ein malerischer Felsen, das am Meere weit sichtbare Kennzeichen meiner Einsiedelei. Die Foradada sa bona nennen sie die Fischer, denn weit vorspringend gewährt sie an der schutzlosen Küste auf einer oder andern Seite kleinen Barken einen momentanen Schutz. Man kann auch westlich von derselben ankern, wobei man vor Ost- und Nordostwinden geschützt ist, dem Nord, Nordwest und West aber ganz ausgesetzt bleibt, so daß es nur bei ganz schönem Wetter im Sommer geraten ist, hier vor Anker zu liegen.« (Erzherzog Ludwig Salvator von Österreich)

fünf wohlgeschwungenen Bögen hinten (dort die beste Aussicht wie im gepflegten Garten vom blendend weißen Mamorpavillon aus). Die Innenräume *Museum* mit vielen persönlichen Erinnerungsstücken aus dem Leben des Erzherzogs (Gemälde, römische, phönizische Funde, griechische Keramiken, wertvolles Mobiliar).

(Am Seiteneingang zum Garten, unterhalb des Turmes, Fußweg oder Möglichkeit einer Jeep-Tour hinunter um die Halbinsel Na Foradada; Zeiten und Gebühr dort erfragen.)

Nur knapp 500 m weiter links *Fotohinweis.* Halten, hier bester Blick hinunter zur Halbinsel Na Foradada ('die Durchlöcherte') mit dem großen Loch (18 m Durchmesser) im Felsen (Farbt. 29), an dem die Yacht des Erzherzogs, 'Nixe', stets angelegt haben soll.

Später im großen Straßenbogen Ausblick zur Punta de Deya, in der Nähe alter Wachtturm, viele Kehren am Fuße des Teix, 1064 m, bis

In Deya

Deya (Abb. 85), das von der Straße fast umrundet wird. Um die *Kirche* Johannes des Täufers hoch auf dem Ortshügel (barocker Hauptaltar, Gemälde von A. Ferrán ›Hl. Sebastian‹, Christusfigur, 13. Jahrhundert) ducken sich malerisch die Häuser bis hinunter zum *Torrente d'es Salt,* der die Felder bewässert (Gemüse, Aprikosen, Feigen, Oliven). Deya wird heute saisonal von freien Künstlergruppen bewohnt. Der britische Schriftsteller Robert Graves und der amerikanische Maler William Waldren lassen im neuen *Museum* abwechselnd zeitgenössische Bilder mit Motiven aus der Gegend um Deya wie aus ganz Mallorca ausstellen. Viel Kunsthandwerk mäßiger Fertigkeit, oft 'touristischer Kunstbetrieb'.

Als arabischer Ort Ca Na Rosa vermutlich an diesem günstigen Platze um den Alkazar auf dem Hügel angelegt, dann Zentrum der St. Bernhard-Mönche, zu Dantes Zeiten Aufenthaltsort der Visconti (erwähnt in der ›Göttlichen Komödie‹), die im Haus *C'an Fusimany* (aus forca i manya = Kraft und Fähigkeit) gleich an der Straße wohnten. Zum Schutz vor Piratenüberfällen viele wehrhafte Häuser und Türme, meist 16./17. Jahrhundert. Sehr schmaler Fahrweg zum Hafen, winziger Sandstrand, sonst bewaldete Klippen, ideal aber für Unterwassersport.

Etwa 1000 m hinter dem Ort nach links Weg zu kaum sehenswerten Höhlen. Vorsicht, ungesichert!

Lluch Alcari, gegründet zur Araberzeit, heute Künstlerkolonie, auch hier auffallend viele Wehrbauten und Türme. In der kleinen *Kirche* juwelenbesetztes Marienbild ›Muttergottes der Hilflosen‹.

Kurvenreiche Straße, oft geradezu phantastische Ausblicke, dann über den *Coll de Galera* und abwärts in die Fruchtlandschaft der Huerta von Soller, rechter Hand der Puig de L'Ofre (1091 m), vorweg der *Puig Mayor* (1445 m), im Talkessel der Ort Soller, den man von der Landseite her nur über steile Paßstraßen erreichen kann: *Coll de Soller* von Palma, 30 km; *Coll de Galera* von Valldemosa, 22 km; *Coll de Puig Mayor* von Lluch, 36 km.

Soller, abgeleitet vom arabischen *'Sulliar'* ('Tal des Goldes'). Gemeint ist die Huerta mit ihren goldroten Zitrusfrüchten und Feigen- und Mandelbäumen, später von den Franzosen als 'Jardin d'Espagne' bezeichnet, Mallorcas anderer Fruchtgarten neben der Huerta von Andraitx. Stets kamen Siedler wie Eindringlinge von See her, angelockt vom so günstigen Naturhafen vor diesem sonnigen Fruchtgarten, stein- und bronzezeitliche Ureinwanderer, Phönizier, Griechen, Römer, Araber, Christen und immer wieder Piraten. So wird die Geschichte von Soller ein Spiegel der Inselgeschichte. Das Menetekel bleibt der 11. Mai 1561, als der Bandit Occhalis mit einer Korsarenmeute von 1700 Mann landete und die Stadt zu nehmen versuchte. Historie und Fama mischen sich seitdem, und wer welche Heldentaten vollbrachte, mag unerheblich sein: ob und wie der brave Kaplan von Santa Catalina die Ungläubigen von seinem Gotteshaus vertrieb, oder wie die 'Valentes dones de Ca'n Tamany' als echte streitbare Amazonen mit den Sperrbalken ihrer Haustüren und mit Beilen und

Küchenmessern Haus für Haus verteidigten, bis endlich Kapitän Angelats Entsatz und Rettung brachte (Denkmal mit Reliefs von Pedro Martinez Paria an der Straßengabelung zum Hafen und zur Straße nach Lluch).

Rundgang ab *Plaza Calvo Sotelo:* erste Pfarrkirche *San Bartolomé* auf Grundmauern einer Moschee 1248, heutige 16. Jahrhundert, schöne Rosette, beachtenswerte Kanzel, hohe Fassade.

Nachbargebäude das schmucke *Rathaus* (17. Jahrhundert).

In der Calle José Antonio das *Museum* (altes Herrenhaus, 1400, unten Keramiken, alte Hausgeräte, oben ein typisch mallorquinisches Wohnzimmer, Gemälde, Holz- und Alabasterstatuen 15. und 17. Jahrhundert).

An der Straße nach Palma der *Convento de Jesus,* mächtiger Klosterbau (1458), 'Unserer lieben Frau von den Engeln' geweiht, ihr Bild im Bogen des Hochaltars, altes Kruzifix 1530 noch vor dem Piratenüberfall, linke Seitenkapelle interessante 'Exvotos'.

Spazieren Sie durch die Gassen des Städtchens, betrachten Sie die alten Häuser, ihre hübschen Balkone, die handgeschmiedeten Geländer und Gitter, die Tore und Türen und werfen Sie, wenn geöffnet, einen Blick in Vorhallen und auf die blumengeschmückten Innenhöfe, gönnen Sie sich eine Rast am Platz vor der Pfarrkirche draußen, vor einem Kaffee in der Sonne und genießen Sie das eigenartig Sympathische dieses Ortes.

Ein Tip: Nach Soller kann man von Palma aus (oder zurück) anstatt auf der Straße auch mit dem 'Roten Expreß' fahren; Endstation in Soller hinter der Pfarrkirche an der Plaza Mauro. Viele meinen, es sei die gemütlichste, schönste alte Eisenbahnfahrt in ganz Europa (Abb. 87). Von Soller, Abfahrt vor dem Bahnhof, holpert ständig die einzige Straßenbahn der Insel zum Hafen, knapp 5 km, die sicherlich lustigste Trambahnfahrt, die es noch gibt, erst durch die Gassen der Stadt und dann mitten durch die Fruchtgärten der Huerta von Soller und oft so nahe an den Orangenbäumen vorbei, daß man mühelos nach den Früchten greifen könnte. Autofahrer sollten sich die Freude machen, ihren Wagen zu parken und einmal hin und zurück zwischen Städtchen und Hafen per Trambahn zu pendeln.

Puerto de Soller. Einzigartig die fast kreisrunde Bucht, ihre Einfahrt von zwei Leuchttürmen flankiert. Neben dem beachtlichen Tourismus ist Puerto de Soller vor allem Exporthafen für die Erzeugnisse der Huerta; Hafenprivilegien bereits durch Dekret von König Martin I. im Jahre 1399. Beste Blicke über Hafenbucht und Stadt von den nördlichen (rechten) Höhen: empfehlenswert etwa *Torre Picada* auf der Punta Grossa (Auffahrt über Calle Antonio Montis), ein klotziger Rundturm, als Wachtturm nach dem Piratenüberfall 1561 errichtet, später auch mit Kanonen bestückt; oder von der *Terrasse des Hotels Atalaya-Club* (Auffahrt wie zur Torre Picada); oder vom tiefer gelegenen *Oratorio de Santa Catalina*

Dank der Porösität des Tones und der dadurch entstehenden Evaporation (Verdampfung) des Wassers bleibt die in Tonware gefüllte Flüssigkeit erfrischend kühl; so in den jerras aus Felanitx oder denen mit zwei Henkeln (jerretas), die außen meist glatt sind und sparsam mit farbig eingelassenen Rot- oder Blau-Dekoren versehen werden

(in der gleichnamigen Straße oberhalb des Marinehafens, stammt aus dem 13. Jahrhundert, von den Piraten zerstört, nach 1561 wiederaufgebaut).

Linke Seite der Bucht Fahrstraße zum *Cap Gros:* Einfahrt über die Trambahngleise noch vor dem Ortsschild 'Puerto de Soller' beim Hinweis 'Playa d'en Repice', vorbei an den Strandanlagen und auf der Bergstraße aufwärts zur Terrasse beim Leuchtturm; Aussicht zur Punta Grossa, zur Torre Picada, zum Puig Balitx (578 m) und zum Inselchen S'Illeta vor der Küste.

Empfehlenswert: mit dem Schiff von Puerto de Soller nach La Calobra.

Unser Vorschlag: Selbst wenn Ihre Zeit drängt, verlassen Sie das Gebiet von Soller nicht, ohne wenigstens die beiden verträumten Bergdörfer *Biniaraitx* (2 km; Farbt. 26) und *Fornalutx* (3 km) besucht zu haben, eine gute Stunde per Auto, drei zu Fuß werden dazu ausreichen. Zwei Bergdörfer, in denen die Zeit stehengeblieben zu sein scheint, wo man sich an vielen Details kaum sattsehen kann, weil alles zusammen dazu beiträgt, uns in die Vergangenheit zurückzuversetzen. Und dazu zwischen Häusern, Gassen, Treppen und Torbögen eine sanfte Stille, in der alle Früchte und Blüten der kleinen Gärten ihren Duft verströmen.

Biniaraitx war arabisch, von *beni a'rag* ('Söhne des Lahmen') stammt der Name, und vom Kirchplatz (Pfarrkirche 1634) schaut man an den bewaldeten Hängen hinauf zum L'Ofre, der von hier aus bestiegen werden kann (** gut 3 Stunden zu Fuß).

Fornalutx lockt mit der Patina seiner Häuser an steilen Straßen oder verschlungenen Gäßchen, war ebenfalls arabisch und zeigt auf Schritt und Tritt noch sein verschachteltes Ortsbild. Kirchplatz mit Brunnen, am romanischen Kirchenportal Sonnenuhr und Marienfigur.

Route 6: Soller – La Calobra – Torrente de Pareis – Escorca – Monasterio de Lluch – (Tagesfahrt, etwa 80 km)

Dritte Fortsetzung der Westküstenfahrt (Routen 3, 4, 5) um den höchsten Berg der Insel und dann auf einer 'verknoteten' Paßstraße hinab zur Mündung des großen mallorquinischen Cañons am Meer. Ein Besuch bei der lieblichen Moreneta von Lluch beschließt diesen Streckenabschnitt.

Beginn der Route an der Straßengabelung (Denkmal) zwischen Soller-Ort und Soller-Hafen; sofort bergan und in vielen Kehren durch die Sierra de Torellas am Puig de Sa Comuna gut 8 km zum

Mirador de Ses Barques, Parkplatz, Aussichtsterrasse, Blick über Soller im Kessel der umgebenden Berge, zum Hafen, zur Punta Grossa und der Illeta.

Ständig steigt die Straße mehr oder weniger steil an, der *Puig Mayor,* Mallorcas höchster Berg (1445 m; Farbt. 30), rückt näher, rechts bleibt eine riesenhafte Hotel-Bauruine liegen, von der Wasserstelle und dem Rastplatz *Font de S'Alzinar* dann der beste Blick zum aufwuchtenden Puig Mayor. Am Scheitelpunkt der Straße (halten, letzter Blick ins Soller-Tal) ein Straßentunnel durch den Torellas. Jenseits im von Oliven, Steineichen und Macchia bestandenen Hochtal Wasserreservoir, Kasernenbauten und die für Touristen gesperrte Straßenabzweigung zum Puig Mayor.

In Kehren wieder abwärts, noch ein Wasserreservoir, dahinter der 1074 m hohe Puig d'es Nogue und dann voraus der stille *Gorg Blau,* ein Stausee, in dem sich der 1340 m hohe Massanella spiegelt (Abb. 93). Rechts der Straße eine verwitterte Steinsäule ohne Inschrift, die vielleicht megalithisch ist oder von einem Sanktuar aus den ersten nachchristlichen Jahrhunderten stammt und vor dem Überfluten des Talkessels geborgen wurde (Abb. 94).

Am Ende des Stausees Tunneldurchfahrt, dort nach rechts der Fußweg zur Schlucht 'Gorg Blau', Wildwassertobel zwischen eng beieinanderstehenden, himmelhoch ragenden Felswänden.

Hinter dem Tunnel rechts ein sog. 'römischer' Aquädukt. Hier der Abzweig nach links zur phantastischen Paßfahrt nach *Calobra,* 15 km, zuerst bergauf, nach einem Felsdurchbruch wird der Blick frei auf die ersten Windungen der Straße hinab zum 'Knoten'.

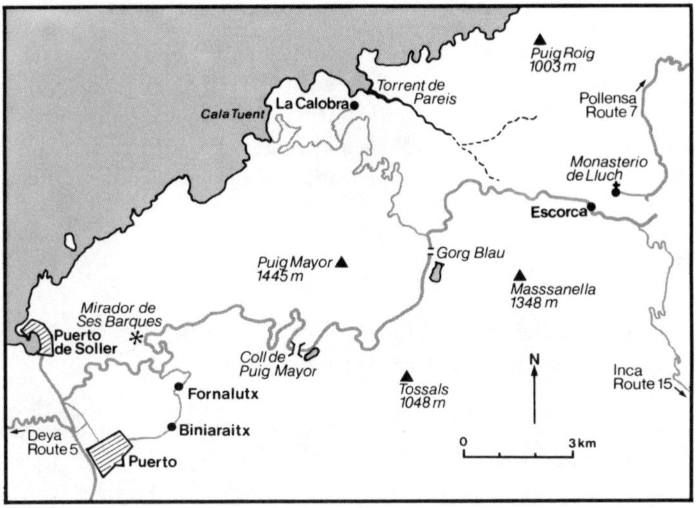

Diese Straße ist ein Meisterwerk moderner Straßenbaukunst, ob sie Europas großartigste und nur noch mit dem Stilfser Joch vergleichbar ist, mag jeder selbst entscheiden – die kleine Paßstraße zum Puerto de Valldemosa steht ihr nicht nach. Wer seinen Führerschein erst kürzlich gemacht hat, sollte beide Straßen lieber meiden. 800 m Höhendifferenz auf 14 km sind zu überwinden. Das Ausrufezeichen ist der berühmte *Nus de Sa Corbata,* der 'Knoten der Krawatte', eine Kehre, die sich, überschneidend mit 360 Grad, elegant auflöst (Abb. 95). Halten Sie in den oberen Paßabschnitten öfters an, die wechselnden Aussichten zur *Torre de Es Bose* auf einem Hügel, in die wilde Karstlandschaft und die fast unheimliche Stille sind oftmals schier unglaublich. Tiefer unten zwischen wilden, oft seltsam gewachsenen Olivenbäumen eigenartig bizarre Felsformationen, Spülrillen, welche den Kalkstein zu traumhaften Figuren geformt haben, die sich je nach Phantasie als märchenhafte Gestalten, Grotten, Orgelpfeifen, Skulpturen oder wer weiß was deuten laasen.

Dann muß man im Einbahnverkehr durch das felsige Nadelöhr der *Cavall Bernart* und am überhängenden *Garganta* vorbei, bis tief unten zwischen Oliven- und Kastanienwäldern das Blau des Meeres in der Sonne glitzert.

La Calobra, das Hostal, ein paar Häuser, ein kleiner Badestrand und eine Hafenbucht, rechts der Fußweg durch den 200 m langen Fußgängertunnel zum Feinsandstrand an den 'Kuhmaul' (Moro de Sa Vaca) genannten Felsformationen, ein weiterer Tunnel zur Mündung des

Torrente de Pareis (Farbt. 27). Kleiner Teich am Schuttkegel des Flußdeltas, in dem die Wasser des Torrente de Pareis versickern und verdunsten. Sie kommen aus dem Tal von

Torrente de Pareis

Lluch, vom Clot d'Albarca, treffen bei Entreforc mit den Wassern des Gorg Blau und denen aus dem Hochtal von Pla de Cuber zusammen und waren während geologischer Zeiträume in der Lage, mehr als 4000 m lang und bis 400 m tief die anstehenden Kalkfelsformationen zu erodieren. Ihr Tiefenschurf ist beachtlich, der Seitenschurf beträgt bis 40 m, der Böschungswinkel ist durchweg steil und hat durch Rutschungen, Unterwaschungen und Felsstürze die Talsohle immer wieder in den Berg hinein verlegt, eine Talsohle, in der zwischen himmelhoch anstehenden Felswänden auch tagsüber eine eigenartig düstere Dämmerung, la Fosca, vorherrscht.

** Zumindest sollte man ein bis zwei Kilometer weit im Geröllbett des zur Sommerzeit fast ausgetrockneten Flußbettes wandern, die Strudellöcher im Flußbett (oder wie aufgebrochene Riesentöpfe im Hang) und die gigantischen Schleifspuren in den Wänden anschauen, welche wanderndes Geröll einst ausgekolkt und abgeschliffen hat, alles sehr typisch für eine linear wirkende Erosion. Weil das Sohlengefälle des Torrente de Pareis stets relativ gering war, mußten seine Flußschlingen, die Mäander, stärker ausschlagen und die Erosion zur Breite hin zwingen, heute das gewundene Talbett mit den angenagten Böschungen an dunklen Felsüberhängen.

Zurück muß man wieder die Paßstraße hinauf, durch den 'Knoten' und zur Straßengabelung am römischen Viadukt und folgt ab dort weiter der Küstenstraße C-710, Richtung Lluch bis zum *Mirador del Torrente de Pareis,* Aussichtspunkt 664 m über dem Meer mit Blick in die grauweißen, bizarren Cañons des Torrente. Dann das Bergdorf

Escorca und gleich links der Straße das Kirchlein *Sant Pere* (1247), mit das älteste Gotteshaus der Insel, wegen der Pirateneinfälle mit überaus starken Mauern erbaut (Abb. 86).

** Auch von hier aus Wanderung zur Schlucht des Torrente de Pareis (nur in Sommer und Herbst möglich), erst abwärts bis Entreforc und weiter bis Calobra – eine großartige Tagestour, wenn man abends in Calobra abgeholt wird, oder wenn man von dort aus mit dem Schiff nach Puerto de Soller zurückfährt. In jedem Falle ist diese Wanderung sehr zu empfehlen, nur muß man vorher die etwas verwickelten Verkehrsverbindungen erfragen und entsprechend koordinieren.

(Beachten Sie: Notwendig sind gute Wanderausrüstung, festes Schuhwerk, Rucksack. Es ist kein Spaziergang, sondern eine anstrengende Wanderung; mindestens drei Personen sollten daran teilnehmen, im Unglücksfalle müßte ein Verletzter stundenlang allein bleiben, die Bergung durch nur eine Person ist unmöglich. Unbedingt vorher über die Wetterlage informieren; nach längerem Regen oder vor Gewittern die Wanderung verschieben, um nicht von Wassern im Engtal abgeschnitten zu werden. Auf alle Fälle den roten Markierungspfeilen folgen, selbst wenn deren Auffinden zeitraubend ist; ein falscher Einstieg in den Canyon kann lebensgefährlich werden.)

In Kehren und durch Wald weiter (unten links bald das Kloster Lluch) zur Straßengabelung: rechts nach Inca, geradeaus nach Pollensa, links, 2,4 km, nach

Lluch, zu Mallorcas bedeutendstem Wallfahrtsort, außerhalb dieser Zeit aber ein Platz der Stille und Besinnung (Abb. 88–92). Gleich nach der christlichen Wiedereroberung der Insel war mit seinen arabischen Eltern auch der kleine Lluc (Lukas) zum christlichen Glauben konvertiert. Als Schafhirte hütete er die Herde seines Vaters. Da fand er eines Tages zwischen Geröll und Gestrüpp eine kleine Figur, eine Madonna mit ebenso dunkler Hautfarbe wie seine eigene (Farbt. 10). Die Figur brachte er abends zum Pfarrer von San Pere in Escora, und der stellte sie in eine Nische seiner Kirche. Tags darauf kamen die Neugierigen und wollten Llucs Fund betrachten. Aber, der war verschwunden – und, o Wunder, noch einmal fand der Junge die Madonnenfigur an der gleichen Stelle in den Bergen. Wieder brachte er sie zum Pfarrer, wieder erhielt sie ihren Platz in San Pere, und wieder war sie am nächsten Morgen verschwunden, und noch einmal fand Lluc sie am gleichen Platze wieder. Jetzt begriff man. Eine Kapelle wurde errichtet, und, als immer mehr Wallfahrer herbeiströmten, erbaute man 1260 unter König Jaime I. die Augustiner-Einsiedelei *Nuestra Señora de Lluch,* die später zum Kloster und zum Priesterseminar erweitert wurde.

Heute leiten die Padres der Kongregation des Heiligen Herzens (Sagrados Corazones) dort eine Musik- und Gesangschule für Knaben, die Blauets, zu denen einst auch der später berühmte mallorquinische Schriftsteller Lorenzo Riber gehört hatte. Die kleine dunkelhäutige Marienfigur aber, die Moreneta, steht jetzt in einer kleinen Kapelle hinter dem Hauptaltar der Klosterkirche, ein wenig steif, verinnerlicht und streng im Ausdruck, doch elegant in der Haltung. Sie paßt zum besinnlich-stillen Lluch.

Vom Parkplatz aus besucht man entlang den Grünanlagen (man beachte die verwitterten skulptierten alten Wegekreuze und Medaillons) rechts die alten Stallungen und Werkstattgebäude der Pilgerherberge. Dann durch die neuen Klostergänge *(Museum)* zum Platz vor der Basilika: *Brunnen* und *Standbild* von Bischof Campins y Barceló, *Kirchenfassade* mit Renaissanceportal, Rosette und Marienfigur. Innen plateresker *Renaissance-Altar,* figural skulptierter Taufstein, dahinter die Kapelle der Moreneta.

Zu empfehlen ist ein kurzer Spaziergang zum Kreuz auf dem *Calvario,* dort Reliefs: Verkündigung – Ölberg – Auferstehung.

** *Zum Puig de Roig:* Erst Straße C-710 bis Kilometerstein 17 und zum Landgut Mossa, von dort ständig ansteigend zum 1003 m hohen Gipfel. Großartiger Fernblick. Rückweg im Südbogen über Son Llobera nach Lluch, etwa 6 Stunden.

** *Zum Puig de Massanella:* An der C-713 Richtung Inca an der Paßhöhe beim Wirtshaus ›Sa Bataia‹ 200 m zurück, dann den Waldweg nach Westen 250 m aufwärts und rechts ab den roten Pfeilen und Punkten bis zum 1348 m hohen Massanella-Gipfel folgen, etwa 4 bis 5 Stunden.

Route 7: Monasterio de Lluch – Torre de Ariant – Castillo del Rey – Pollensa – Puig de Santa Maria

(Mit Torre de Ariant oder/und Castillo del Rey eine Eintags- oder Zweitagefahrt, etwa 30 km, dazu gut 6 Stunden Fußweg hin und zurück zur Torre de Ariant – oder – ebenfalls um 5 Stunden hin und zurück zum Castillo del Rey. Alternativ sollten Sie besser den Ausflug zum Castillo del Rey wählen, nach unserer Meinung einer der eindrucksvollsten Punkte der Insel und mit die schönste Wanderung auf Mallorca).

Vorletzter Abschnitt der Westküstenfahrt (Routen 3, 4, 5, 6) am Bergfuß des Puig Tomir (1102 m) entlang und Wanderung zum Castillo del Rey. Mit einem Besuch von Pollensa und dem Aufstieg zum Puig de Santa Maria endet dort diese Route.

Kurvenreiche Auffahrt zum *Coll de Sa Font* und wieder abwärts, durch eine verkarstete, menschenleere Steinlandschaft von seltsamer Monotonie mit alten Steineichen und wilden Olivenbäumen. Die Küste bleibt fern, die roten Felsen des Puig Roig (1003 m) links fallen auf, dann rechts der Straße mehrere Landgüter und der Beginn einer eigenartig beeindrukkenden Felslandschaft am Valle de Son March, nach dem gleichnamigen Herrenhof. Jetzt aufpassen! Bei Kilometerstein 6 links schmaler Fahrweg; hier parken. (** Wanderung zur *Torre de Ariant* und zur *Cova de les Bruixes,* gut 6 Stunden hin und zurück, phantastische Ausblicke zur wilden und überhaupt noch nicht erschlossenen Küste.)
Bruixes, gut 6 Stunden hin und zurück, phantastische Ausblicke zur wilden und überhaupt noch nicht erschlossenen Küste).

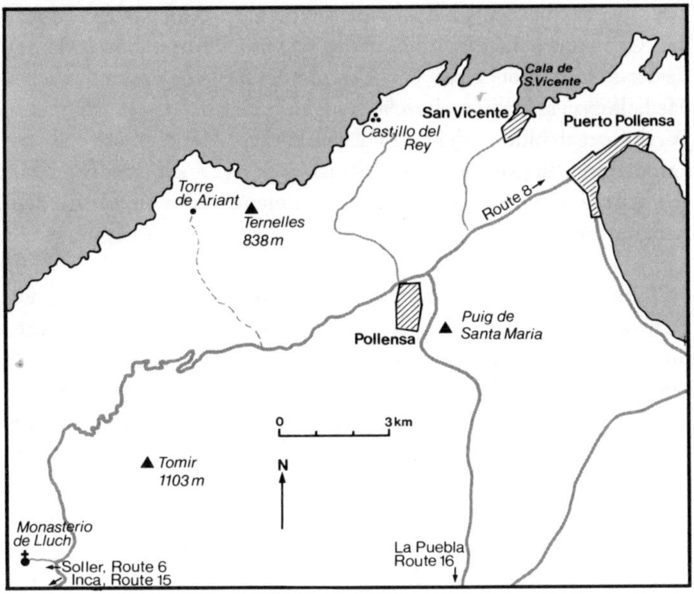

Nach der Wasserstelle *Font de Varitx,* jetzt im Tale des Torrente de Son March, Weideland, Felder und Orangenhaine, die allmählich in die üppiger werdende Gartenlandschaft der Huerta de Pollensa übergehen.

Castillo del Rey. Wieder aufpassen: linkerhand der gekennzeichnete Abzweig nach *Ternelles* und an Gutshöfen und entzückenden Ferienhäusern, üppigen Gärten mit Springbrunnen, Bädern und Bächen vorbei, fährt man in der Schlucht von Ternelles bis zu einem Eisentor vor dem letzten Gutshof. Dort Fahrzeug abstellen, Privatbesitz, keine Fahrmöglichkeit mehr. ** Nun Wanderweg entlang der guten Privatstraße stets aufwärts durch gepflegten, schattigen Forst. Vor der Paßhöhe weite Senke, halblinks oben der gekantete Felsklotz mit dem Castillo del Rey (Abb. 97). Aufstieg: guter Weg zwischen Gräsern, Lorbeer und Stechpalmen zum Felspfad und dem Tor der Festungsruinen. Erkennbar: Burghof, Türme, Zisterne, Ausblick zu den wildesten Abschnitten von Mallorcas Nordküste, zur Halbinsel Formentor (Abb. 96) und bis nach Menorca, fast senkrecht hunderte Meter tief zum Meer abfallende Kalkfelsen, südwärts zu den wie Kulissen in Blau- und Grautönen gestaffelten Bergen.

Ob hier zur Römerzeit bereits ein Kastell stand, ist nicht erwiesen, für die vorarabische Zeit darf man zumindest einen Wachtturm vermuten, da nach der Invasion die Araber hier sogleich einen stolzen Alkazar errichteten. Als 1230 die Truppen von König Jaime I. die versprengten arabischen Haufen in den nördlichen Gebirgen der Insel zusammendrängten, war Castillo del Rey auch ihre letzte Fluchtburg, blieb dann Bollwerk der Christen und für die Ritter von König Jaime II. gegen den kurzzeitigen Sieger Alfons von Aragon heimlicher Treffpunkt. Mit dem Fall von Castillo del Rey endete schließlich am 29. August 1343 auch das Königreich Mallorca, nachdem König Pedros Truppen die mallorquinischen des Königs Jaime III. bei Lluchmayor geschlagen hatten. Mehr als einen Monat dauerte die Belagerung der letzten königstreuen mallorquinischen Einheiten hier im Castillo, dann mußte von der Torre del Homenaje die Flagge Jaimes eingeholt werden, weil Hunger die Verteidiger zur Aufgabe zwang.

Pollensa. Vermutungen, der Name des Landgutes Bouger zwischen Stadt und Hafen könnte sich auf den Namen des ägyptischen Pharao Bocchoris (24. Dynastie, um 720 v. Chr.), dessen Matrosen hier gelandet waren, beziehen, bleiben spekulativ; daß in dieser Zeit Phönizier hier an Land kamen, darf man vermuten. Mit der römischen Invasion wurde Pollentia, die 'Starke', beim heutigen Alcudia gegründet, römische *coloni* siedelten in ihrem Umkreis und auch im Fruchttal des heutigen Pollensa, die kleine Römerbrücke mag es beweisen (Abb. 98).

Aber nur die Araber haben im Stadtbild Spuren hinterlassen, verschachteltes Hauskonglomerat der engen Gassen, verspielt geschmiedete Balkongitter, sonst sind die Häuser typisch mallorquinisch, etwas streng-düster aus gelbrotem Bruchsteinmauerwerk.

Stadtlage am Hang des Kalvarienberges, um die klotzige Pfarrkirche *Nuestra Señora des los Angeles*, 1236 gegründet, heutiger Bau neugotisch (18. Jahrhundert), innen viele Gemälde an Wänden und Decke, am Hauptaltar das der Kirchenpatronin, am Haupteingang auf einer Wolke Maria mit dem Jesusknaben vom deutschen Maler Mosgraber; schöne Rosette.

Durch die Calle Temple (einst Sitz der Tempelherren) zum *Almoina-Platz* mit dem Hahnenbrunnen *Font del Gall*, vor dem der spätere Heilige Vincenz Ferrer gepredigt und an die Armen Nahrungsmittel verteilt haben soll, und dann längs der alten Jesuitenkirche *Montesion* (1697) und dem *Rathaus* zum Anfang des Stufenweges auf den *Kalvarienberg* (Puig del Calvari), Pollensas 170 m hohen Stadthügel, 365 Stufen, für jeden Tag eine (Abb. 99), oben schlichte romanisch-gotische *Kapelle*, Aussicht über Pollensa und zum Klosterberg Nuestra Señora del Puig gegenüber; abwärts alter Kreuzweg, schneidet in fünf Schleifen den Treppengang.

Bei der Ausfahrt aus Pollensa rechts der *Convento Santo Domingo*, einst Dominikanerkloster (1578). Seine Marienstatue ist Mittelpunkt des Rosenkranzfestes. Im Innenhof des Kreuzganges finden im Juli/August Festspiele statt.

Römerbrücke im Norden am Flüßchen Sant Jordi (Hinweisschilder), Steinpfeilerbrücke mit nur zwei flach gehaltenen, ungleich gekrümmten Bögen, da die Breite des zu überspannenden Fußbettes relativ gering war (Abb. 98). In der Mitte leicht ansteigende Fahrbahn, der Brückenpfeiler kräftig als Strebepfeiler mit vorgebautem Wellenbrecher, darüber eine Druck-Entlastungsöffnung; Baumaterial der anstehende Kalkstein als zugeschlagenes Hausteinwerk, aus dem sich der keilförmig gesetzte Halbkreisverbund mit seiner Bogenstirn noch immer recht ästhetisch absetzt. Der Schußstein ist nicht geschmückt.

Puig de Santa Maria, Hausberg Pollensas, der Stadt am Kalvarienberg gegenüber, 300 m hoch, unbedingt besteigen! Neuerlich Bau einer Auffahrtsstraße ab Nähe Kilometerstein 51; sie kann teilweise bereits befahren werden. ** Letztes Wegstück Stufen im blanken Fels; auf dem Berg die *Ermita de Nuestra Señora del Puig*

Oberhalb des Calvari, vom Hang des Ca'n Sales, wo in einer Höhle drei tugendsame, fromme Frauen ein Eremitendasein führten, sahen sie eines Nachts (um 1350) auf dem gegenüberliegenden Puig ein hell flackerndes Lichtlein, das ihnen auch in den folgenden Nächten zuzublinken schien. Aufgeregt meldeten sie das dem Pfarrer von Pollensa, und mit einer Gruppe Beherzter zog man in der Dunkelheit auf den Berg, schürfte im Gras zwischen den Felsbrocken und fand eine Marienfigur. In der Pfarrkirche von Pollensa sollte sie aufgestellt werden, aber, als man das Figürchen fortschaffen wollte, wurde es so schwer, daß nicht einmal acht starke Burschen es anzuheben in der Lage waren. Ein Fingerzeig der Jungfrau. Eine Kapelle entstand, daneben eine kleine Eremitage, und die drei Frauen und siebzehn andere aus Pollensa blieben auf dem Berg und gründeten eine Klosterschule. Als in der Mitte des 16. Jahrhunderts die Piratenüberfälle wieder überhand nahmen, ordnete der

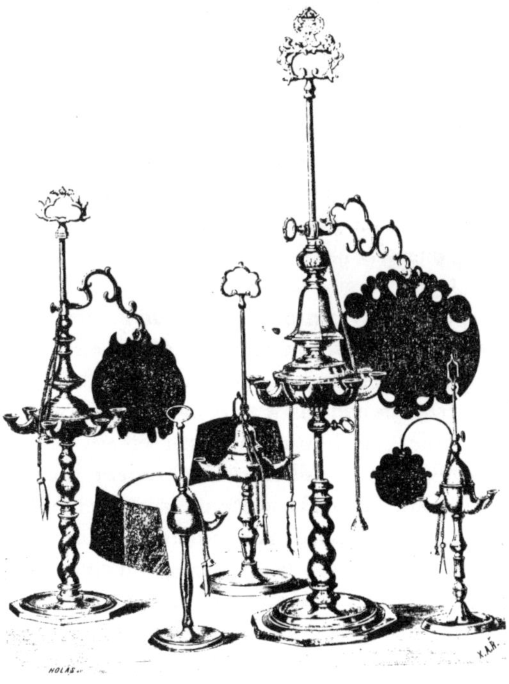

Diese lucernas für Wohnräume sind bis 1 m hoch und tragen einen, zwei oder mehrere Lichthälse mit schwenkbarem Schirm. Beim Schlafengehen nimmt man die kleinere llumeta mit nur einem Lichthals und dem Deckel zum Auslöschen

Bischof von Palma die Evakuierung aller Nonnenklöster und Unterbringung der Nonnen in Palma an. Die frommen Stiftsdamen auf dem Puig de Nuestra Señora widersetzten sich, und als ihre Eingaben erfolglos blieben, strengten sie beim obersten Gerichtshof in Palma sogar einen Prozeß an, gewannen und blieben. Nicht für lange mehr. Bevor weitere und schlimmere Pirateneinfälle Unheil anrichteten, zogen die Standhaften es dann doch vor, freiwillig nach Palma zu wechseln, fanden dort im Convento de la Concepción eine neue Wirkungsstätte, die sich seit dem mit dem Beisatz »olim del Puig de Pollensa« schmückt.

Weniger die Räume der Ermita oder die gotische Kirche aus dem 13. Jahrhundert mit der Figur der Gottesmutter und dem Jesusknaben, der einen kleinen Vogel in der Hand trägt, sind das Wunderbare auf dem Puig, sondern die einzigartige Aussicht nach allen Himmelsrichtungen, sie lohnt selbst einen langen Aufstieg zu Fuß (etwa 40 Minuten). Man blickt hinab auf Pollensa und auf die Höhen der drei frommen Frauen Ca'n Salas, auf die Bergzüge der Sierra de San Vicente, die Bucht von Pollensa (Farbt. 32) zwischen den Halbinseln Formentor (links) und Victoria (rechts) und jenseits von Victoria und Cap del Pinar weiter rechts auf den sanften Strandbogen der Bahia de Alcudia.

Route 8: Pollensa – Cala de San Vicente – Puerto de Pollensa – Mirador d'es Colomar – Tunnel des Fumat – Faro de Formentor – (Halbtagsfahrt, etwa 50 km hin und zurück nach Puerto de Pollensa)

Abschluß der Westküstenfahrt (Routen 3, 4, 5, 6, 7) mit dem Paukenschlag von Formentor, dem Nordkap Mallorcas, dessen grandiose, zauberhafte Felsformationen über eine neue, gut angelegte Aussichtsstraße bis hin zum Leuchtturm auf dem Kap bequem besucht werden können (Farbt. 33; Abb. 100).

Pollensa verläßt man auf der schnurgeraden PM-220, der 5 km langen Verbindungsstraße mit dem Hafen. Nach 1 km links ab und im Tal von San Vicente, linkerhand begrenzt von den Höhen der gleichnamigen Sierra, zur

Cala de San Vicente (Farbt. 31). Von der einstigen Fischersiedlung ist nicht mehr viel geblieben. San Vicente gehört heute zu Mallorcas Spitzenbadeorten mit mehreren Stränden, die eigenartig ernsthaft, fast feierlich von den gezackten Felsen von Cavall Bernat gerahmt werden, während das Wasser in der Bucht wegen des teils sandigen, teils felsigen Grundes stets lebhaft in Türkisnuancen schimmert.

Bereits zur Talajot-Zeit siedelten hier Vorzeitmenschen, in der Siedlungszone von *Los Encinares* ('die Steineichen') gibt es im Recinto Historico mehrere prähistorische Höhlen aus der jüngeren Stein- und der beginnenden Bronzezeit, vermutlich ein Begräbnisplatz: hinter einem fast quadratischen Eingang und einem Narthex eine mehr als 10 m lange Steintonne mit überflacher Wölbung und je eine wie T-Balken rechtwinklig angesetzte Seitentonne. (Gut zu finden, wenn man oberhalb der bisherigen Straße bei einer Taula einem Kiesweg folgt. Nach etwa 50 m ist man bei der ersten von sechs großen Höhlen.)

85 Deya, Domizil freier Künstlerkolonien

86 Escorca Kirchlein Sant Pere, 1247

87 Soller Endstation des 'Roten Expreß'

88 Lluch Marienfigur über dem Hauptportal der Wallfahrtskirche

89, 90 LLUCH Standbild des Bischofs Campins y Barceló vor der Kirchenfassade. Kuppel der Klosterkirche

91, 92 LLUCH Grablegung. Stallungen und Werkstätten der alten Pilgerherberge

93, 94 Gorg Blau, hochgelegener Stausee vor dem Massanella (1340 m). Steinsäule am Gorg Blau

95 La Calobra Nus de Sa Corbeta, der 'Knoten', 360 Grad-Kurve der Paßstraße

96 Castillo del Rey, nordwärts der Blick zum Cap Formentor

97 Castillo del Rey Das Bollwerk, mit Mauern verstärkte Naturfestung

98 Pollensa Römerbrücke über den San Jordi-Fluß

99 Pollensa 365 Stufen hinauf zum Calvario

100 Leuchtturm auf Cap Formentor

101 Alcudia Vor der Pfarrkirche die Ausgrabungen der römischen Stadt Pollentia

102 ALCUDIA Pfarrkirche San Juan, 16. Jh.

103 ERMITA DE LA VICTORIA für die wundertätige Madonnenfigur auf dem Hauptaltar

104 ALCUDIA Teatro Romano aus dem 1. Jh.

105 Landschaft auf Cap Pinar

106 ARTA Talajots von Ses Paises: Eingangstor in der Umfassungsmauer

107, 108 COVA DE SANT MARTI Katakomben, 2./3. Jh. An der überhängenden Felswand steinerne Menschengesichter

109–111 SON SERRA Oratorio de San Juan, romanische Kapitelle

112 ARTA Brunnenplatz im Kastell

113, 114 ARTA San Salvador: Übergabe Mallorcas durch den arabischen Wali an Jaime I. Steinigung des Ramon Llull

115, 116 Wegekreuz bei Arta. Santo Cristo in der ERMITA DE BETLEM

117 ERMITA DE BETLEM Kachelbild in der Vorhalle der Kirche

118 Capdepera Über der Stadt Mallorcas größte Burganlage

119 Torre de Canyamel, Wacht- und Zufluchtsturm des 14. Jh.

120 Manacor Kloster Santo Domingo, Loggia über dem Kreuzgang

121, 122 MANACOR Pfarrkirche Dolores de Nuestra Senõra, 15. Jh.: Innenraum und Vierungs kuppel
123, 124 MANACOR Pfarrkirche: Weihwasserbecken mit Johannes dem Täufer. Kloster Santo Domingo: Wappenbild 'Hand mit Herz'

125 Manacor Kreuzigung in der Nähe der Pfarrkirche

126, 127 SAN SALVADOR Steinkreuz Creu des Picot. Monument des Cristo Rey, Figur 7 m hoch

128 CASTILLO DE SANTUERI Bergfeste, römisch, arabisch, christlich

129 FELANITX Sa Capella an der steilen Auffahrt zur Ermita San Salvador

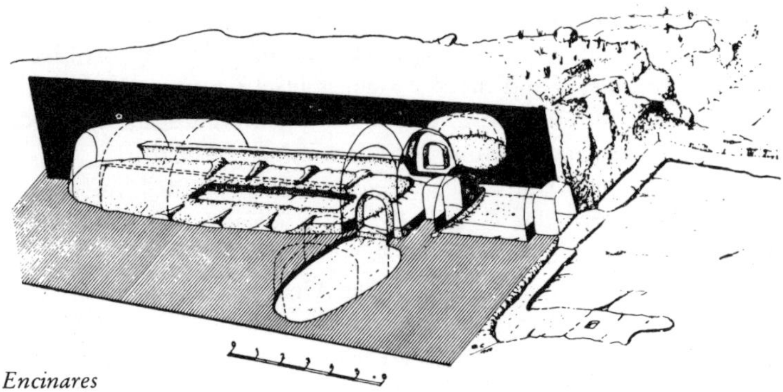

Siedlungszone von Los Encinares

Empfehlenswerter ** Spaziergang zur *Punta de Covas Blancas,* 30 Minuten, märchenhafte Aussicht!

Puerto de Pollensa, lebhafter Hafenplatz, im Küstenbogen gut 4 km lang Badebetrieb, Feinsand mit Grobsteinlagen. Der Ort ist Ausgangspunkt unserer Fahrt zur Halbinsel Formentor (Hinweisschild, Straße PM-221). Rechts die Marinestation bis zur Punta de la Avanzada mit Leuchtturm und alter Festung, 1634 zum Schutze des Hafens gegen Pirateneinfälle erbaut. Von hier in Kehren aufwärts zum

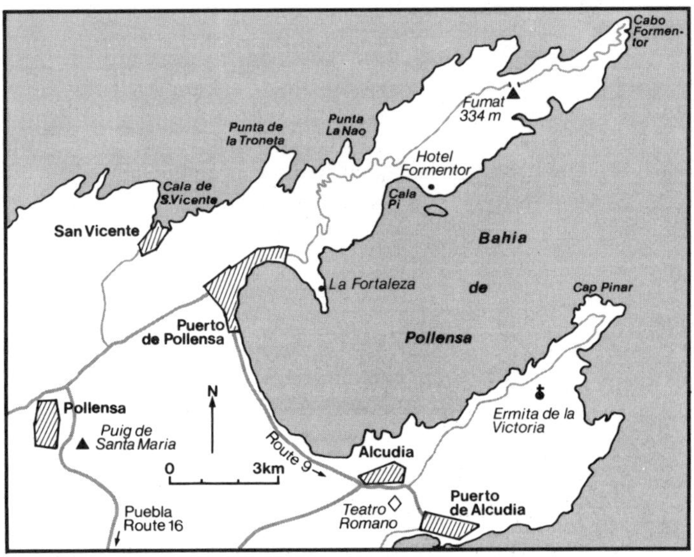

Mirador d'es Colomar, Aussichtspunkt mit mehreren Terrassen am Denkmal des Erbauers der Formentor-Straße, Antonio Parietti. Beeindruckend die senkrecht abstürzenden Wände von *Los Farallones* und die der kleinen Insel *Colomar.* Jenseits der Straße aus dem 16. Jahrhundert der *Atalaya d'Albercuix,* Glied in der mittelalterlichen Rauch-Feuer-Warnkette zwischen Castillo del Rey und Alcudia – steiniger Aufstieg.

Weiterfahrt unterhalb der Felswände von Mal Pas, Blick voraus zur *Cala Boch* und (links) zu den Felsgraten der *Cavall Bernats* bei San Vicente, dann im Rechtsschwung zur Straßenkreuzung und geradeaus weiter zum 'Hotel Formentor'.

Anfang der dreißiger Jahre kam der Argentinier Adán Diehl nach Mallorca und in die Traumbucht *Cala Pi de la Posada,* verfiel ihr und dem magischen Zauber dieser Landschaft, beschloß hier und nirgendwo anders seine und der internationalen High Society Residenz zu errichten und baute inmitten der Pinienwälder und am sanften Sand-Fels-Strandbogen das 'Hotel Formentor'. Schriftsteller, Politiker, Maler, Philosophen, Genies und globetrottende Playboys strömten bald nach Formentor, und die 'Wochen der Weisheit' mit Hermann Graf Keyserling, dem Essayisten Juan Estelrich, dem Autor Greguerias oder mit dem Philosophen Gomez de la Serna fanden weltweites Interesse. Bis heute hat sich die Exklusivität Formentors erhalten können. Die Cala Pi aber ist jetzt Paradies für alle, die vom Puerto de Pollensa anfahren, Mallorcas vielleicht schönster und reizvollster Badeplatz.

Geradewegs durch Wald leicht aufwärts, an den Gehöften von Casas Veyas (** Fußweg zur *Cala Murta* 2 km) und am Denkmal für den mallorquinischen Dichter Miguel Costa y Llobera vorbei, das zwischen Tuja und Macchia inmitten einer kleinen Gartenanlage steht. In ›Lo Pi de Formentor‹ besingt er den Platz, an dem er viele glückliche Jahre verbracht hat. Nach links schlecht befahrbarer Waldweg abwärts zur *Cala Figuera,* kleiner einsamer Strand, Geheimtip für einen ruhigen, längeren Badeaufenthalt oder für Unterwasserport.

Tunnel des Fumat durch die Felsnase des 334 m hohen Fumat. Beachten: nicht über die 180 ungesicherten, bereits verfallenden Steinstufen zum Fumat aufsteigen! Sehr gefährlich, lohnt nicht, da vom Straßenrande aus gleiche Aussicht wie von oben: zur Cala Figuera und zum dahinter aufwuchtenden Morro de Cataluña.

Mirador. Fotohinweis: Blick zur Cala Figuera und zum Leuchtturm auf Cap Formentor, beängstigend dunkle, senkrecht abfallende Felswände der Punta Tomás vor dem Gipfel des Roca Blanca (219 m). Weiterfahrt, kurvenreich, durch verkarstete, offene Landschaft, rechts Blick zur Pollensa-Bucht und bis Cap Pinar, bei gutem Wetter selbst zum Cap Ferrutx, jenseits der Alcudia-Bucht.

Faro de Formentor, Nordspitze Mallorcas, Leuchtturm von 1862 (Abb. 100), stets erwähntes Hobby der Leuchtturmwärter: Holzschnitzereien zum Verkauf an Touristen. Umfassender Fernblick, meistens sogar bis Menorca, Gegend Ciudadela.

Nutzen Sie die Rückfahrt, um oftmals anzuhalten, zum Fotografieren, zum genußvollen Schauen und vielleicht für ein erholsames Bad in der Bucht von Cala Pi oder zu einem Spaziergang durch die Forste hinter dem 'Hotel Formentor'.

Route 9: Puerto Pollensa – Alcudia – Ermita de la Victoria – Teatro Romano – Puerto de Alcudia – Cova de Sant Marti – Ca'n Picafort – (Tagesfahrt, etwa 40 km)

Sehenswürdigkeiten von Rang stellen die historischen Querverbindungen zur alten Geschichte Mallorcas her, führen von den Römern und den ersten Christen auf der Insel zum Piratensturm im hohen Mittelalter – und das alles längs der beiden größten Küstenbögen der Insel, dem von Pollensa und dem größeren von Alcudia.

Vom Hafen Pollensa auf der PM-222 stets dem Uferstreifen der *Bahia de Pollensa* entlang. Auffallend in der Ferne der kegelförmige *Puig de Sant Marti* (ein Routenziel), rechts die Felder und Gärten der kleinen *Huerta von S'Almadraba.* Außer an der sandigen *Playa Cuarosa* (Camping) gibt es nur Grobkorn- und Geröllstrand.

Von Palma/Inca kommend verschaffen Sie sich einen guten Überblick über Alcudia und Umgebung, wenn Sie bei Kilometerstein 50,2 rechts ab gut 1½ km Fahrweg hinauf zum Puig Sant Marti (250 m, Sendemast) fahren. Beide nördlichen Buchten und drei Halbinseln liegen Ihnen zu Füßen.

Alcudia, mit Sicherheit bereits zur Talajot-Zeit besiedelt (kleiner Talajot in der Nähe des römischen Theaters), dann als Cunium (Cunici) phönizisch und später griechisch, bis die von mallorquinischen Piraten unablässig gekaperten römischen Handelsschiffe zum *casus belli* für die Römer wurden und 123 v. Chr. Quintus Cäcilius Metellus in der Alcudia-Bucht landete und schnell die gesamte Insel besetzen ließ. Der Landeplatz wurde als Pollentia (die Starke, die Mächtige) zur Hauptstadt Mallorcas, und bald entwickelte römischer Sinn für Verwaltung einerseits und für Vergnügungen und Kultur andererseits auch in Pollentia zwischen Hafenbucht und der Höhe, auf der heute die Pfarrkirche steht, ein beachtliches Stadtwesen, in dem Märkte, Thermen, Theater, Springbrunnen, Statuen und öffentliche Bauten als beherrschende Baugruppen meist von eifrigen, reichen Honoratioren erstellt, d. h. gestiftet wurden, wodurch der Lebensstandard des einfachen Volkes, sobald es in der Stadt wohnte, stieg, ein Grund mit für die Anziehungskraft römischer Stadtgemeinden. Niemals hatte Rom den Untergang anderer Gemeinwesen zum Ziele, im Gegenteil, wenn Einheimische dem Sog des Römischen so leicht verfielen, dann lag es stets daran, daß es anstelle von Ideologien oder Utopien den Lebensstandard verbesserte und zu Wohlstand verhalf, ein politischer Erfolg, der auf wirtschaftlichem Fortschritt beruhte und den Balearen insgesamt mehr als 400 glückliche Jahre beschert hat. Hätten die Vandalen nicht so gründliche Zerstörungsarbeit geleistet und die Araber später den römischen 'Steinbruch'

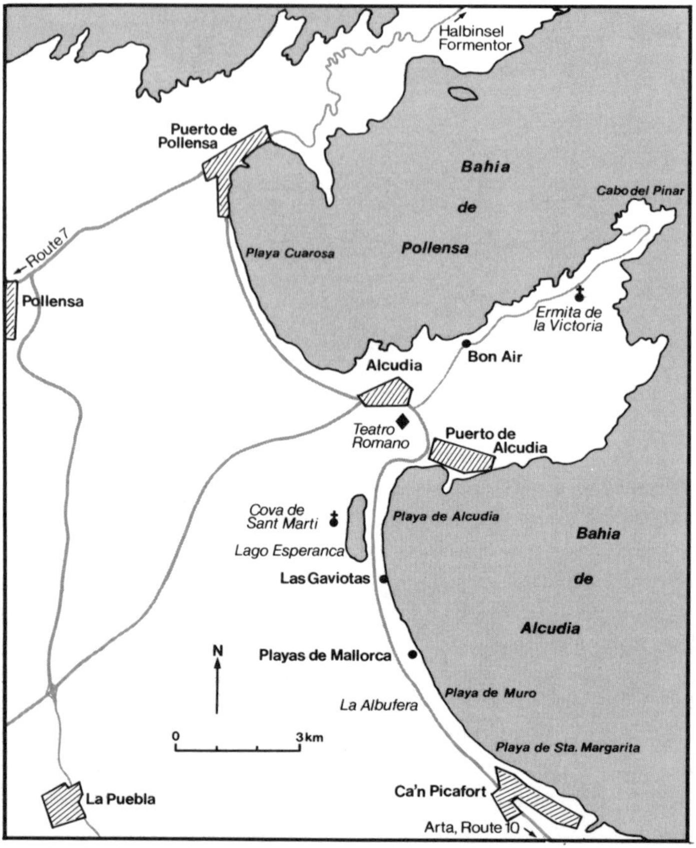

Pollentia nicht so intensiv 'genutzt', wäre zweifellos mehr von der Römerstadt erhalten geblieben als die bis heute ausgegrabenen Reste gegenüber der Kirche San Jaime. Hier, 16 m hoch über der nur 3 km entfernten Hafenbucht gründeten neben den Trümmern der Römerstadt die Araber auf dieser Höhe ihr *al Kudia* ('der Hügel'), und so günstig zwischen den beiden großen Buchten gelegen, mußte sich auch die Stadt schnell zur Blüte entwickeln, war später wichtiges Ziel der christlichen Eroberung und blieb es stets für die Einfälle der Piraten, gegen die König Jaime II. dann am Ende des 13. Jahrhunderts die wehrhaften Bastionen und Mauern errichten ließ.

Hier (Parkplatz) sollte man auch einen Rundgang beginnen: *Pfarrkirche San Juan,* einst ein Teil der Eckbefestigung der Stadt, deshalb wehrhaft-trutzig im Erscheinungsbild, 1248 genannt, heutiger Bau 16. Jahrhundert, schöne Rosette, innen (Abb. 102) spanische Gotik, zwei beachtenswerte Steinkanzeln, gotischer Hauptaltar mit dem Namenspatron und Heiligen, gekuppelte Seitenkapelle mit goldrotem Barockaltar und dem 'Santo Cristo' mit Silberkrone, Prozessionskreuz für das Fest der Hl. Ana, 26. Juli.

Gegenüber das schmucke *Pfarrhaus*, Casa Rectoral.

Puerta San Sebastian, das Palma-Tor in den erhaltenen Teilen der Stadtbefestigung, 1660 (Farbt. 34).

Jetzt in die Stadt zum *Rathaus*, Casa Consistorial (beachten Sie die Frontseite unter dem Uhrturm), und zum *Museum* (phönizisches Grabmal, Funde aus der Römerzeit, schöner Bronzekopf, 1. Jahrhundert, und ein prachtvolles mallorquinisches Renaissance-Portal).

Puerta de Xara, altes Osttor zum Hafen.

Römische Ruinen, gegenüber der Kirche (Abb. 101): meist gut erkennbare Straßenzüge und Hausgrundrisse, einige Säulen, gut 1 km weiter südlich die *Kapelle Santa Ana* (13. Jh.), spätromanisch, schlicht, sehr schöne Holzdecke; wenn geschlossen, Schlüssel im Pfarrhaus.

Noria, Vorder- und Seitenansicht. Brunnentiefe 3 bis 25 Meter

Bevor Sie weiterfahren, schauen Sie sich vor dem San Sebastian-Tor die *Noria* an, Teile eines alten arabischen Wasserschöpfrades, das aus mit Hanfseilen an den Radfelgen befestigten Tonkrügen Wasser in Verteilerkanäle schöpfte, einstmals weit verbreitet in den mallorquinischen Huertas, später abgelöst von den charakteristischen Wasserrädern, die später der Dieselmotor mit Kreiselpumpe ersetzt hat, bis sich erst heute wieder im Zeichen der Energieknappheit eine Renaissance der Windräder auf Mallorca anzubahnen scheint.

Hundert Meter links vom Stadttor de Xara biegt man nach links am Wegweiser '*Ermita de la Victoria*' in die Straße zur Halbinsel Victoria. Lassen Sie diese 10 km hin und zurück nicht aus. Über *Mal Pas* und die brandneue Urbanisation *Bon Aire* (Yachthafen) und stets die drei Gipfel des Atalaya de Alcudia im Blick, aufwärts zur Front de San Joan und noch einmal abwärts über die Steinbrücke bei der Mündung des Torrente de Sas Fontanellas ins Meer klettert dann die Teerstraße zur Punta Llarga und *Cap Gros* und von dort nach rechts kurz und steil zum Kirchlein

Nuestra Señora de la Victoria (Abb. 103). Es war am 27. Oktober 1551. Von den Wachttürmen auf Formentor drüben loderten die Signalfeuer auf: Piratenschiffe mit Kurs zum Cap Pinar, dem Schiffsstander nach Schnellsegler des gefürchteten Sanjak-Dar-Reis. Eile war geboten, und ehe die ständige Einsatztruppe auf dem Atalaya unter ihrem Feldhauptmann Bartolomé Mauro eingreifen konnte, hatten die Seeräuber schon Gefangene gemacht, geplündert und aus der Bergkapelle sogar die kleine Madonnenfigur gestohlen, die dort schon mehr als zweihundert Jahre gestanden, nachdem ein Hirte sie im Berghang gefunden und der Karmelitermönch Fra Diego deshalb an dem Platze eine Kapelle errichtet hatte. Der Verlust war groß, die Trauer größer, am größten aber das Wunder. Denn am nächsten Tage schon stand die Figur wie gewohnt am alten Platz in der Kirche.
Sieben Jahre später ein ähnlicher Piratenangriff, ein anderer Hauptmann, Guillermo Rocafull, und das ähnliche Resultat: Verwundete, Tote, Zerstörung und Verlust der Madonnenfigur. Jahre dauerte es diesmal, aber, welch Wunder, auf einmal stand die Madonnenfigur wieder am alten Platz im Gotteshaus. 'Muttergottes des Sieges' nennt man sie seitdem, weil niemals mehr räuberische Piraten den Platz heimgesucht haben. Im Halbdunkel der Kirche steht sie heute noch am Hauptaltar.

Wie auf dem Wege hierher und von der Kirchenterrasse aus, so hat man auch auf der Weiterfahrt an den Hängen des Puig de Romany bis zum Stoppschild 'Zona Militar' vor dem Pinienkap großartige Fernblicke (Abb. 105). Gerade das macht den Reiz dieses kleinen Abstechers aus: Berg- und Talfahrt an der kleinen *Costa Brava del Pinar* entlang mit ständig wechselnden Panoramablicken zwischen Fels und Meer und zu den wilden Hintergrundformationen von Formentor. Man muß oft und immer wieder anhalten, besonders abends, wenn hinter der Halbinsel Formentor die Sonne glutrot und riesengroß untergeht und ihre Goldschleppe über die Pollensa-Bucht breitet. ** Von der Ermita leicht in 40 Minuten zum Atalaya de Alcudia, dem höchsten Punkt (444 m) der Halbinsel; Fernblick bis nach Menorca. Oder in 2–3 Std. hin und zurück zur Peña Roja oberhalb der Militärzone; ähnlich einmaliger Rundblick.

Wieder am Ausgangspunkt Alcudia zurück, wählt man die Straße zum Hafen, bis etwa beim Kilometerstein 54 rechts ein verrottetes Schild (leicht zu übersehen) hinweist zum

Teatro Romano. (Hier einbiegen, nach 200 m kleiner Platz zwischen mannshohen Mauern, links Fußweg zum Theater; Abb. 104). Es stammt aus dem 1. Jh. v. Chr., muß also bald nach der Stadtgründung errichtet worden sein, und ist das kleinste der bisher bekannten 23 römischen Theater in Spanien. Da die *scenae frons,* die rückwärtige Schaufassade, wie bei uns heute die Kulisse des Bühnenhauses, verschwunden ist, schaut man von den Stufen der halbkreisförmigen *cavea* mit zwei Rängen und vier Abteilungen über den niedrigen Raum der *orchestra,* der Bühne, dem Platz der Schauspieler und Musiker, weit in die Landschaft mit Gärten und Feldern zur Hafenbucht. Kaum noch etwas ist von den Bogengängen, Treppen und Stützmauern oder der Wandelhalle über dem oberen Rang auszumachen. Dennoch, mit ein wenig Phantasie kann man sich auszumalen versuchen, wie einstmals römische Legionäre mit ihren Frauen gespannt, oder lachend klassischen Stücken, lieber tolpatschigen und zweideutigen Burlesken, gelauscht und applaudiert haben mögen.

Puerto de Alcudia, Fischerhafen im innersten Winkel der Bahia, Yachthafen und Sommererholungsort, viele Hotels, gute Sandstrände, Abfahrt der Schiffe nach Menorca (Ciudadela und Mahón).

Weiterfahrt im weiten Bogen um die Bucht auf der Straße C-712 Richtung Arta. Um die Katakomben von Sant Marti zu finden, heißt es sehr gut aufpassen, keine Hinweisschilder. Nach etwa 3 km rechts der Beginn des Lagunensees *Lago Esperanca,* bei Kilometerstein 30,3 rechts ab, nach 700 m links einbiegen in eine sehr breite Straße, nach 750 m rechts in einen Feldweg und auf ihm etwa 400 m leicht bergan zu den kalkigen, kahlen Höhen des Puig de Sant Marti. Zwischen Gestrüpp und schütteren Kiefern eine Kalksteinsäule mit Eisenkreuz. Das ist der Platz; die Tore sind nicht verschlossen.

Cova de Sant Marti (Abb. 107). Hier am Fuße des karstigen Berges versammelten sich im 2./3. Jh. gläubige Christen, um versteckt und heimlich das Meßopfer zu feiern; sie stiegen auf einer aus dem Fels geschlagenen Treppe 20 m tief hinab in eine offene, nach unten birnenartig erweiterte Höhle, um vor kaiserlich römischen Häschern sicher zu sein. Bei Gefahr konnte man dort lange Zeit aushalten, in der Höhlenmitte gibt es einen Brunnen, der von der Sant

Cova de Sant Martí

Marti-Quelle gespeist wird; von draußen oben beim Kreuz führt ein Schacht zur Quelle bei einem Granatapfelbaum. Ob auch zur Araberzeit wieder Christen dort heimlich zusammenkamen, ist unbekannt. Aber im 13. Jahrhundert müssen die beiden Altäre in zwei natürliche Nischen eingearbeitet worden sein. Gerade noch zu erkennen sind zwei Gestalten im Hintergrund: eine Heilige, die betend dem Zweikampf zuschaut, den der Heilige Georg – Sant Jordi – mit einem sich windenden Drachen ausficht, und Sant Marti, wie er seinen Mantel großzügig mit einem Bettler teilt. Ein wenig kühl und muffig ist es dort unten, und viel Geheimnisvolles wabert im Dämmerlicht, wie etwa die kleinen Menschenköpfe, die von oben zum Höhlengrund hinabschauen (Abb. 108; Sie müssen rechts der Treppe steil nach oben schauen).

Sant Marti ist heute geschütztes Nationaldenkmal, mit einem Zaun umgeben; das Tor vor dem Treppenweg zur Höhle ist oft verschlossen (Schlüssel beim Pfarrer von Alcudia).

Bevor Sie abfahren: Blick zur Alcudia-Bucht, zum Leuchtturm, zum Esperanca-Becken und ein paar Schritte halbrechts voraus zu den Resten einer römischen Zisterne, die ihre Wasser aus der Sant Marti-Quelle sammelte.

Nun durch das einstige Sumpfgebiet der *Albufera* (Mücken!) mit dem Esperanca-Becken wieder zurück zur Küstenstraße. Und nun folgen, sich reihend wie Perlen auf einer Prachtkette, linkerhand viele zauberhafte Sandstrände vor einem schmalen Kiefernwaldstreifen mit Namen, die in Reiseprospekten immer wieder genannt werden, alle eigentlich aufgefädelt am Bande der gut 7 km langen Playa de Muro: *Les Gaviots, de Mallorca, Muro, Santa Margarita* und *Ca'n Picafort,* um nur die wichtigsten zu nennen. Die Stichstraßen zu den Stränden sind meist nur hundert Meter lang, Parken, Baden, überall Restaurants.

Ca'n Picafort, durch den Tourismus heute aus einem Fischerdorf zum großen, ausgedehnten Sommererholungsplatz mit vielen Hotels und moderner City aufgebläht, unsauber in der Hafengegend, liegt etwas abseits der Küstenstraße, guter Sandstrand, Dünen, Kiefernwälder, günstiger Standplatz für den Besuch des nördlichen Mallorca.

Für Interessenten: ganz in der Nähe, in Richtung Son Serra am Strand und nur zu Fuß zu erreichen, befindet sich eine größere phönizische Nekropole, aus der die im Museum von Alcudia (S. 213) gezeigten Gräber stammen.

Route 10: Ca'n Picafort – Son Serra – Colonia de San Pedro – Arta – Ermita de Betlem – Capdepera – Cala Ratjada – Torre de Canyamel – Cuevas de Arta – (Tagesfahrt, etwa 85 km)

Höhepunkt dieser Fahrt ist der Besuch der Eremitage von Betlem, und damit des entlegendsten Platzes im Nordostzipfel der Insel zwischen Colonia de San Pedro und Cala Ratjada. Später mag man entscheiden, welche der phantastischen Riesenhöhlen auf Mallorca die schönste sei – unser Besuch endet hier bei dem Höhlengiganten von Arta.

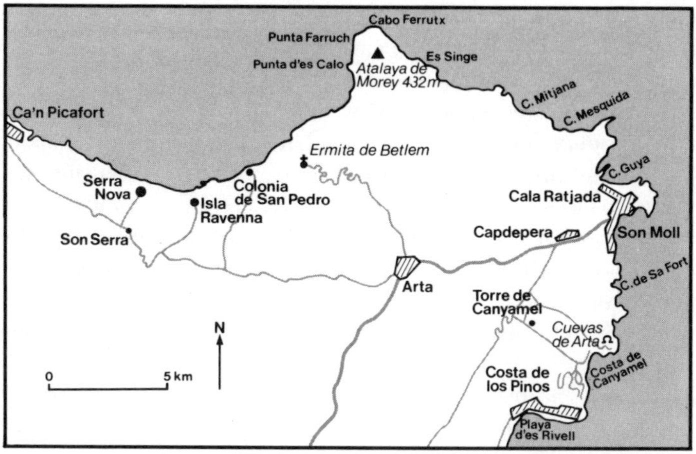

Von Ca´n Picafort fährt man auf der Küstenstraße C-712 durch Kiefernwaldungen nach Osten und dann durch das Tal des Torrente de Son Real. An der Straßengabelung nach Serra Nova links ein unscheinbarer Talajot, dann ebenfalls links das Landgut

Son Serra, gegenüber rechts das *Oratorio de San Joan* mit sehr beachtenswerten romanischen Kapitellen beiderseits der Eingangstür (Abb. 109–111).

6 km weiter nach links Abzweig zur

Colonia de San Pedro, empfehlenswert, ruhige Ortslage, kleiner Fischerhafen, weiter Blick über die Alcudia-Bucht, moderne Pfarrkirche, Fresken mit dem Thema ›Petrus und der wunderbare Fischfang‹.

Weiterfahrt bis Punta d'es Calo möglich, das am Fuße der 430 m hohen Atalaya liegt; Klippenküste mit kleinen Sandbuchten dazwischen, gut für Unterwassersport. Einmalige Panoramasicht (von links nach rechts): Ketten des Puig Mayor, Ternellas, Atalaya de Alcudia, Kap Pinar, Nordspitze der Halbinsel Formentor und das Kap.

** Von Son Mascaro aus kann man in etwa 1 Stunde zu Fuß mühsam aufsteigen zur Ermita de Betlem. Unser vorgeschlagener Fahrweg (weiter unten) ist einfacher und landschaftlich reizvoller.

Bei La Canova eine Talajot-Siedlung.

Wieder auf der C-712 am Fuße des karstigen Farruch (500 m) nun durch Weinfelder der S'Hort de Carrosa. Voraus über dem Tal der Kalvarienberg und die beiden Kirchen von

Arta. Bereits zur Talajot-Zeit mögen findige Stein- und Bronzezeitler die günstige Lage des heutigen Stadthügels erkannt haben, die Talajot-Siedlung beim Bahnhof (siehe weiter unten)

mag das beweisen. Aber auch aus späteren phönizisch-griechisch-römischen Zeiten gibt es viele Funde aus Artas Umgebung, die im Museum des Städtchens aufbewahrt werden. Aus dem Namen Jartan/Gertan wurde Arta, geblieben ist die fruchtbare arabische Feld-Gartenlandschaft um den Ort. Was Wunder, daß solch ein Paradies auch die Piraten des Mittelmeeres anzog, zumal seit den Zeiten König Jaimes I. ein königliches Schloß und eine nicht eben arme Kirchengemeinde stets gute Beute versprachen. Im Gegenzuge wurden Artas Mauern verstärkt, Wachttürme errichtet und für alle Fälle auch viele Privathäuser wehrhaft ausgebaut – für uns heute das einzigartige Stadtbild mit wuchtigen Hausfronten, herrlichen festen Rundbogentoren und trutzigen Wappenschilden an vielen Mauern, über die in Friedenszeiten jetzt üppig rote oder blaue Blumengehänge, Wicken oder Efeu wuchern und Palmen oder Obstbaumwipfel einladend aus den Gärten winken.

Günstiger Parkplatz und Ablaufpunkt für eine Stadtbesichtigung ist die *Plaza de España* unterhalb des hübschen *Rathauses.* Im Eckhaus zur Calle Rafael Blanes das genannte kleine *Museum,* ein köstliches Durcheinander mit viel Wertlosem und manch wertvollen Objekten, von denen sicherlich der bronzene Mars das beste Stück ist.

Eine Querstraße weiter steht oberhalb die eigenartige Wehrkirche, heute Pfarrkirche *Transfiguración del Señor* auf einer wie eine Bastion am Berg hängenden monumentalen Terrasse, einst Platz der islamischen Moschee, an der Talseite wuchtige Rundbogen auf acht Strebepfeilern, 1284 geweiht, der gotische Bau von 1563; innen beachten Sie die typisch mallorquinische Holzkanzel, Hochaltar mit dem Bild der ›Verklärung auf dem Berge Tabor‹, in den Kapellen interessante Altäre und Bilder.

Nun sollte man hinter der Kirche den von Zypressen flankierten *Calvario* hinaufsteigen (Kreuzwegstationen, 180 Stufen) zur Wallfahrtskirche *San Salvador* mit dem Bild der Nuestra Señora (17. Jh.; Farbt. 11) und vor allem die beiden Seitengmälde anschauen, links die ›Steinigung des Raimundus Llullus‹ in Algerien (Abb. 114) und rechts die ›Übergabe Mallorcas durch den arabischen Wali an König Jaime I.‹ (Abb. 113).

Beachtenswert der Blick von der Kirchenterrasse und von den Wehrmauern des Kastells (Abb. 112) nach Osten zur klotzigen Torre de Canyamel (Abb. 119), als Abschluß das Meer an der Pinienküste.

Nicht versäumen: Straße Richtung Capdepera, Ortsumgehung Arta, etwa 300 m nach dem ehemaligen Bahnhofsgebäude (rot-weiße Fliesenstreifen am Gebäude) rechts in der Kurve schlecht sichtbares und kaum noch leserliches Hinweisschild zu den *Talajots von Ses Paises* (Abb. 106) unter Olivenbäumen und Macchiagestrüpp. Beeindruckend die gut erhaltene zyklopische Mauer, das Tor aus aufeinandergetürmten, statisch absolut sicheren Quadern, die Grundmauern der Heiligtümer (?) mit dem typischen Mittelpfeiler und diverse Verbindungsgänge.

Nach Betlem: Ausfahrt unterhalb der Festung, Hinweisschild 'Ermita de Betlem 8,9 km', Kurvenfahrt durch Weideland bis zum Gehöft Cañ Son Morey Vell (rechts kleine Kapelle) dahinter Straßengabelung, linken Weg wählen, Serpentinenfahrt auf schmaler Straße aufwärts zum Puig de Sa Font Crutia, gegenüber der Puig de Sa Palmera und die gleichnamige Quelle, weiter Blick jetzt und ständig während der Abfahrt durch enge Spitzkehren, bis unten im Tal die Kiefernallee mit der Ermita auftaucht.

Ermita de Betlem (Farbt. 36). Um 1800 schenkte Señor Morey von seinem bis hierher reichenden Besitz am Fuße des Renegat ein erkleckliches Stückchen Erde mehreren Einsiedlern, die für sich und ihr frommes Anliegen eine Heimstatt suchten. Und weil sie anfangs, grad wie das Jesuskind zu Zeiten Kaiser Augustus', in einem Stall (hier Pferdestall) ihre ersten Gebete verrichteten, nannten sie den guten Ort Betlem, errichteten später eine kleine Kirche – und wie so oft auf Mallorca, der eigentlich weltabgeschiedene Platz lockte Pilger und Besucher an, und man konnte das Kirchlein jetzt mit einer Sonnenuhr ausschmücken, mit bunten Kachelbildern in der Vorhalle (Abb. 117), konnte die Kirchenkuppel ausmalen mit Bildern ›Krönung Mariens‹, auf den rechten Seitenaltar die dunkle Holzfigur des 'Santo Cristo' (Abb. 116) stellen und an die Kirche eine Herberge für die Pilger anbauen, in der heute die Eremitaños de Congregatión de San Pablo y San Antonio wohnen, die Klostergärten pflegen und wohl oft hinaufsteigen zum *Mirador*.

Machen Sie es ebenso, dieser Fernblick ist überwältigend schön: zur Bahia de Alcudia, zu den Halbinseln Victoria und Formentor, bis Menorca bei klarem Wetter und nach San Pedro unter Ihnen. Der kleine Gedenkstein am Wege erinnert an den Platz, wo die Eremiten ihre erste Nacht, den Hirten von Bethlehem gleich, bei ihren Tieren einschliefen, ehe sie den Stall aufsuchten.

Vergessen Sie auch nicht einen Besuch bei der *Font de S'Érmita*, drei Minuten vom Haupttor linkerhand abwärts, Quelle, Wasserbecken, Steinbänke und eine Felsengrotte mit Marienfigur, Lourdes auf Mallorca, aber beglückend ruhig und ohne Pilgerrummel.

Auf halbem Weg zwischen der Ermita und Arta kann man nach Norden über einen Fahrweg zum Gipfel des Puig Tudora, 436 m, Sendemast, fahren. Sehr gute Aussicht.

Man muß wieder zurück nach Arta und dann auf der C-715 weiter in Richtung Capdepera, eine beschauliche Fahrt durch saftiges Bauernland, vorbei an kleinen Gehöften und weißgekalkten Mühlentürmen. Dann voraus der Burgberg mit dem gezackten Mauerband des Castillo.

Capdepera (Abb. 118). Parken auf der Plaza España, dann entlang der Gasse Jesus E. Massanet über den Treppenweg hinauf zur Burg. Vermutlich bereits frühzeitlicher Schutzhügel, sicher aber von den Römern befestigt (Mauerreste) und später von den Arabern zum *Castillo* ausgebaut, eines ihrer letzten Bollwerke, die von den christlichen Soldaten König Jaimes I. genommen wurden. Ob die Namensableitung aus seiner Chronik stimmt, ist umstritten: 'Kap des Steines' *(caput de petra)*. Heimatforscher entschieden sich für 'Kap des Peter', für 'Cap de la Pera' oder gar für 'Cap de Perro' (des Hundes).

König Jaime II. ließ ab 1300 das Castillo besonders verstärken und befestigen, 1323 kam König Sanchos Kapelle des Hl. Petrus hinzu, in der eine Statue der Gottesmutter aufgestellt

Capdepera: das Schloß

war. Als noch im 14. Jahrhundert eine Flotte arabischer Piraten in der Bucht bei Ratjada an Land ging und Capdepera angriff, holte man in letzter Not das Muttergottesbild aus der Kapelle, stellte es auf dem Wachtturm Sa Baira auf – und sogleich zog weißer Nebel so dicht auf, daß die erschreckten Seeräuber kehrt zu ihren Schiffen machten und tatenlos abzogen – das vielbesungene 'Wunder von Capdepera'. Seitdem ist die Capilla der 'Hoffnungsvollen' geweiht, heißt *La Esperanza,* ein schlichtes, frühgotisches Kleinod zwischen den martialischen Mauern und den Quadrattürmen um den Festungshof mit der Casa del Gobernador.

Capdepera, stets von der Esperanza beschützt, blieb uns fast schadlos erhalten als Mallorcas größte in sich geschlossene Burganlage. Und wie immer, von fast allen Punkten des Castillo begeistert den Besucher der Blick über den Ort, in die nahe Landschaft und zur Ferne in alle Himmelsrichtungen (besonders von der freistehenden Torre d'en Bana).

Im Ort Pfarrkirche *San Bartolomé* (1830), mit dem Bild der Esperanza.

(Bei genügend Zeit Abstecher zur *Cala Mezquida,* 6 km, einem der besten Sandstrände im Nordostzipfel Mallorcas, während des gesamten Mittelalters hindurch ein abgelegenes, sicheres Dorado der Piraten, später von Schmugglern, zumal die Quelle der Bucht für gutes Trinkwasser sorgte).

Cala Ratjada, Hafen, Fischerort, Touristenzentrum, nur kleiner Sandstrand. Unbedingt Fahrt oder besser ** Spaziergang, 2 km, zum *Leuchtturm* auf der Punta d'es Farayos/Cabo Capdepera: Blick nach Cala Ratjada und zum nördlichen Cap Freu sowie ins Land über Capdepera bis Arta.

Zur Saison Hochbetrieb in den Badebuchten *Playa de Son Moll* (200 m Sandstrand) und *Cala Guyá* im Norden, weiter südlich *Cala del Carregador* und *Font de Sa Cala,* besonders schön wegen der Fichtenwälder hinter der Fels- oder Sandstrandlinie.

Man muß zurück bis Capdepera, von dort auf der PM-404 zum Straßenkreuz und linksab Richtung Playa de Canyamel. Links der Straße und die Landschaft beherrschend die

Torre de Canyamel, ein nicht zu hoher, dafür aber überaus massiger Quadratturmklotz, ein Wacht-, Wehr- und Zufluchtsturm aus dem 14. Jahrhundert mit Zinnen, Pechnasen und Turmaufsatz, heute Teil eines Landgutes (Abb. 119); im Restaurant während der Touristensaison Spanferkelessen.

Die Straße führt geradewegs zur reizvollen Badebucht, Sandstrand mit Klippen durchsetzt, dahinter Pinienwald. Keine Straßenverbindung zu den Höhlen von Arta. Deshalb vom Turm 500 m zurück und an der Straßengabelung nach rechts der Ausschilderung 'Cuevas de Arta' folgen, 6 km, zu den Höhlen.

Cuevas de Arta, Eingang im Steilhang des Cap Vermell, 40 m über dem Wasserspiegel, von der Höhe der Treppe Blick zu Cap Vermell und Cap Pinar. Führung durch die Höhle etwa 1 Stunde. Die Arta-Höhlen sind zwar Mallorcas größte Höhlen, ihre Tropfsteingebilde gegenüber anderen Höhlen (Drach, Hams, vor allem Campanet) aber wenig zart und leider geschwärzt vom Ruß der Fackeln und Feuer vorzeitlicher Bewohner, arabischer Soldaten und Piraten. Fast 400 m Wege durch die 'Säle' mit Phantasienamen und Licht- und Tonspielen (u. a. 'Himmel und Hölle'). Auf Meeresniveau die 40 m hoch gewölbte Sala de la Gloria.

Außen an den Berghängen aus Kalk und Dolomit ätzt das abrinnende Wasser oft mehrere Meter tiefe Karren oder Schratten aus. Parallele Furchen und Grate entstehen. Innen hat das im Gestein verrinnende Wasser erst schmale Ritzen, dann klaffende Spalten ausgespült und schließlich von Bächen, manchmal sogar von Flüssen durchströmte Höhlensysteme geöffnet, die, je nachdem, bis Kilometerlängen erreichen können, und deren Formen meist noch die Abhängigkeit von den vorherrschenden Schichtfugen (Kluftrichtungen) angeben können. Hier bildeten sich Tropfsteinabsätze aus herabträufelndem Wasser, das vermöge seines Kohlensäuregehaltes aufgelösten kohlesauren Kalk enthält, also Kalk, der sich dann in kristalliner Form aus dem langsam verdunstenden Tropfwasser abscheidet (Kalksinter aus Kalkspat oder Aragonit, weißlich, gelblich mit gestreifter oder wellenförmiger Farbzeichnung). Entweder werden Wände und Decken solcher Höhlen eigenartig geformt von 'Höhlenstein' überzogen oder es bilden sich Tropfsteine als Zapfen oder Säulen. *Stalaktiten* sind die von der Decke eines Hohlraumes wie Eiszapfen herabhängenden Zapfen, *Stalagmiten* die mehr flachen, als stumpfe Kegel vom Boden aus aufwärts 'wachsenden' Gebilde dort, wo fortwährend kalkhaltiges Wasser auf einen Punkt herabtropft. Beide Arten können in der Mitte zusammentreffen oder sich horizontal zu Vorhängen aus karstigen Platten vereinigen. Ein einheitliches Grundwasser gibt es in solchen Höhlen nicht, vielmehr ist das gesamte Gebirge von einem Gewirr röhren-, spalten- und grottenförmiger Karst-Kalkgerinne durchzogen (aus solchem Kalksinter, der sich z. B. im römischen Aquädukt von Trier nach Köln im Verlaufe der Jahrhunderte gebildet hatte, wurden im frühen Mittelalter viele der Säulen gefertigt, die heute den Dom von Aachen schmücken).

Route 11: Cala Ratjada/Capdepera – Son Servera – San Lorenzo – Manacor – Cuevas del Hams – Porto Cristo – Cuevas del Drach – (Reserva Africana) –
(Tagesfahrt, etwa 55 km)

Parallel zur Fernstraße C-715 von Arta nach Manacor folgt unsere Route den Ausläufern der verkarsteten Sierra de Levante als Verbindungsstraße (PM-404) für die Zubringer an die reizvollen Badebuchten fast konstant um 3 km der Küstenlinie bis Son Servera. Dann biegt sie, für Freunde der Kunst, ab nach San Lorenzo zur 'Madonna aus den Disteln' und nach Manacor, der 'Perlenstadt', um anschließend bei Porto Cristo gleich zwei andere Riesenhöhlen Mallorcas, die von Hams und die von Drach, zu besuchen oder gar, wie in der Serengeti, eine Fotosafari durch die Reserva Africana zu unternehmen.

Vier Kilometer nach Capdepera der Abzweig zur Torre de Canyamel (s. S. 221), über den kleinen, bewaldeten *Coll de Vidries* (Blick hinunter zum Canyamel-Turm) und durch Felder, Weideland und Mandelbaumplantagen zum Landgut *Pula* (rechts).

(Von hier linkerhand Stichstraße, 3 km, zur *Costa de los Pinos* (Farbt. 35), bester Badestrand *Playa d'es Rivell,* ausgedehnte Urbanisation, direkte Küstenstraße, 4 km, zur *Cala Bona,* Feinsandstrand vor Kiefernwald, und nach *Cala Millor,* mehrere Feinsandstrände bis *Cap Amer,* Pinienwald und überall modernste Urbanisation, viele Hotels).

Über *Son Comparet* (gegenüber der Puig Corp, 182 m) nach

Son Servera, Bauerndorf, Gründung von Jaime Servera, einem Feldhauptmann König Jaimes I. *(Pfarrkirche* Johannes des Täufers, Erweiterung einer kleinen Kapelle mit Wehrturm, 18. Jh., am Hauptaltar barocker Aufsatz mit der Rosenkranzkönigin und Heiligen).

Jetzt in die PM-403 einbiegen, über den niedrigen Punta-Paß und an hübschen Landgütern vorbei – in Son Carrió stammt die Kirchenrosette von Gaudí – nach

San Lorenzo. Marktflecken, Gründung unbekannt, in der Umgebung mehrere Talajots (de Llucamar, de Son Negre), dem Ortsnamen nach möglicherweise christlich-römische Siedlung (?), in der das Christentum auch während der Araberzeit lebendig geblieben war, wenn man die Geschichte der *Distelmadonna* als Indiz heranzieht. So fand man eine vermutlich seit ältesten Zeiten dort versteckte Marienfigur gerade während der Zeit wieder, als König Jaimes I. Truppen die Insel zurückeroberten. Sie hatte die Kriegswirren zwischen Arabern und Christen, unter Buschwerk und Disteln versteckt, glücklich überstanden. 'Virgen de los Cardos' (Jungfrau unter dem Distelstrauch; Farbt. 9) heißt sie deshalb seit dem 12. Jahrhundert, und der Ort San Lorenzo bekam den Beinamen d'es Cardassar (von cards = Disteln). In der Pfarrkirche hütet heute die linke Seitenkapelle die Ortskönigin Mare de Deú Trobada, die aus den Disteln kam, ein etwas verblocktes, aber nicht starres Holzschnitzbild mit dem Jesusknaben auf dem Arm, alles in weicher, üppiger Formensprache und ein wenig derb-bäuerlich in den Gesichtern, keine idealisierten Schönheiten, schlichte Menschlichkeit, zerklüfteter, blau gefältelter Mantel, in der Hand der Madonna

eine Frucht, und zu ihren Füßen in einem fast barock anmutenden Wirbel zwischen Wolkenballen Engelsphysiognomien in volkstümlich derbem Realismus, singend oder betend. Am Hochaltar der Kirche die Gottesmutter, San Lorenzo und Michael, die Kirche selbst seit 1248 als Ecclesia Sanctae Mariae de Bellver registriert.

Manacor, Mallorcas zweitgrößte, sehr betriebsame Stadt (landwirtschaftliches Zentrum, Möbelindustrie, Perlen- und Schmuckfabrikation), war römische Siedlung auf prähistorischem Wohngebiet, unter den Arabern zentraler Ort der Insel, nach der christlichen Wiedereroberung 'Villa' und der Piratengefahr wegen im 14./15. Jahrhundert befestigt; erhalten sind davon nur die beiden Türme *de Ses Puntes* (heute *Museum)* und *del Palau* (maurisch mit Eckzinnen, an der Straße nach Felanitx, Reste des königlichen Palastes Jaimes II.)

Parken in der Stadtmitte, in der Nähe der Pfarrkirche *Dolores de Nuestra Señora* auf Fundamenten der alten Hauptmoschee (Abb. 121–123); charakteristischer, überhoher gotischer Turm (15. Jh.), innen einschiffig, gotisch, sieben Spitzbogen mit skulptierten Schlußsteinen, verkehlte Rippen, drei Chorkapellen, je sieben an den Seiten;

schöne Rosette; Kuppel mit Evangelistenfiguren in den Zwickeln; Hauptaltar mit ›Kreuzabnahme‹; zwei hohe Steinkanzeln).

Museo Arqueológico (bei der Kirche), Mosaiken aus den byzantinischen Basiliken Son Pereto und Sa Carrotxa (7. Jh.; beide in Stadtnähe).

Ehemaliges Kloster Santo Domingo, Kreuzgang annähernd quadratisch auf 32 achtkantigen Säulen, darüber Loggia (Abb. 120), mehrfach Manacors Wappenschild, Hand mit Herz (Man a Cor) (Abb. 124). Benachbart die Klosterkirche *San Vicente* (1576) mit schöner Kapelle del Rosario.

Moderne Kirche *Cristo Rey* (1945); Grundriß nach der römischen Basilika Son Pereto, sehr interessante Innengestaltung, Schlüssel in der benachbarten Schule.

Verlassen Sie Manacor nicht, ohne eine *Perlenfabrik* besucht zu haben. Perlen entstehen auf natürlichem Wege, wenn durch Zufälligkeiten oder Verletzungen des Tiermantels Fremdkörper unter die Schale gelangen und dort von der Perlmuttsubstanz umhüllt und verkapselt werden. Die Schönheit von Perlen wie auch ihr Preis sind bedingt von Größe, vollkommen runder Form, feiner Glätte und hell durchdringendem Glanz oder satter Bleifarbe. Exakt das künstlich herzustellen, ist mehreren mallorquinischen Firmen gelungen, am trefflichsten Ingenieuren und Chemikern der Heusch S.A. mit ihren 'Majorica-Perlen', die den Qualitätsanforderungen derart entsprechen, daß ein Laie niemals, der Fachmann vielleicht und nur mit Mühe Unterschiede zu natürlichen Perlen wird ausmachen können. Auf der Basis eines besonders gefertigten Rundkörpers werden – ähnlich den japanischen Zuchtperlen als Ergebnis von unter Austernschalen eingeführten Kügelchen – mehrfach Lagen feinster Perlmuttessenzen, die aus dem die Insel umgebenden Mittelmeerwasser gewonnen werden, unter Weißglut aufgetragen. Schematischer Ablauf der etwa 30 Arbeitsgänge: Befestigung der runden Kerne in einer Halterung; Tauchen = Auftragen mehrerer feinster Schichten aus natürlichen Essenzen der Mittelmeerfauna; Polymerisieren unter Zuhilfenahme besonderer Temperaturen und gashaltiger Substanzen, dabei Verschmelzen der einzelnen Bestandteile zu unvergänglichem Glanz, Farbe und Qualität; Polieren, Oberflächenbehandlung für vollkommene Glätte und Hautsympathie; Kontrolle. Majorica-Perlen sind resistent und unveränderbar gegenüber Feuchtigkeit, Parfüm, Kosmetika, Schweiß, Kälte, Hitze, bleiben in jedem Falle formstabil und sind dieser Fakten wegen der Naturperle überlegen, welche altert und zerfällt.

Weiterfahrt auf der PM-402 durch Feld- und Weideland der *S'Hort d'en Codia*, rechts das Mühlenrestaurant 'Es Moli d'en Sopi' (Mühle und arabisches Wasserrad, Noria), mehrere schmucke Landgüter und dann rechts 'Castillo del Hams' (Hotel).

Cuevas del Hams, Besichtigung der Höhlen etwa 30 Minuten; 350 m lang mit dem kleinen See 'Mare de Venezia', insgesamt weniger groß und imposant als die Höhlen von Drach oder Arta, dafür zarter in den opalen und gelb-roten Farbtönen, filigrane Tropfsteinbildungen, oft bizarr geformt und deshalb ebenfalls mit Phantasienamen belegt. Die große Sala de

Descanso ist fast kreisrund und mißt 50 m im Durchmesser. Die Höhlen wurden 1906 entdeckt (Hams = Harpune, wegen auffallend vieler Tropfsteingebilde in Harpunenform).

Porto Cristo, Fischerort und Touristenzentrum an einer tiefen Bucht, *Wachtturm* (17. Jh.) und die *Cueva des Coloms* an der Hafeneinfahrt, kleiner Sandstrand, zur Saison laut und hektisch.

Cuevas del Drach, Besichtigung gut eine Stunde oder länger (zur Geologie s. S. 60), älteste und längste bekannte Höhle der Insel schon im Altertum, Fluchtburg bei mittelalterlichen Piratenüberfällen, stark verrußt, innere, tiefe Partien erst 1896 auf Anregung und mit

Die Drach-Höhlen

finanzieller Hilfe durch Erzherzog Ludwig Salvator vom französischen Höhlenforscher *Martel* erforscht; nach ihm heißt der 177 × 40 m und bis 9 m tiefe Höhlensee 'Lago Martel', größter unterirdischer See der Erde, kristallklar, gering salzhaltig, da Verbindung zum Meer, Ebbe und Flut. Das Gesamthöhlensystem liegt etwa auf Meeresniveau und ist 1300 m lang; Grotten und hervorragende Tropfsteinbildungen sind phantasievoll benannt; am Martel-See Licht- und Tonvorführungen mit Melodien von Chopin, Händel und Offenbach; Bootsfahrt auf dem See.

(Bei Zeit und Interesse, besonders mit Kindern, nur knapp 5 km nordwärts von Porto Cristo, Besuch der

Reserva Africana, Auto-Fotosafari im 40 Hektar großen Freigehege, mehr als 350 Tiere, u. a. Giraffe, Elefant, Nashorn, Flußpferd, Zebra, Watussirind, Pavian, Leopard, Schildkröte, Kudu, Antilope, Wasserbock, Gnu, Gemsbock, Mähnenspringer, Pelikan, Kranich, Springbock, Strauß, Flamingo, Storch, Hornrabe, Marabu, Nimmersatt, Kuttengeier und andere.

Das Gelände ist nur im Auto zu befahren, Filmen und Fotografieren ist überall erlaubt; angeschlossen ist ein Babyzoo mit Jungtieren und eine Delphinschau. Hauptaufgabe der Einrichtung: Zucht und Verkauf von Tieren an zoologische Gärten, Durchgangs- und Quarantänestation neuerworbener Tiere.

Route 12: Porto Cristo – Porto Colom – San Salvador – Felanitx – Castillo de Santueri – Santuario de la Consulació – Porto Petro – (Tagesfahrt, etwa 70 km ohne Abstecher zu den einzelnen Badebuchten zwischen Porto Cristo und Porto Colom)

Auf dieser Route wird man die für Ost-Mallorca typische Cala-Küste kennenlernen und aus der Vogelperspektive vom Salvador-Berg wie vom Kastell Santueri den Blick über die wellige, kulissenhafte Berglandschaft der nord-süd streichenden Sierra de Levante genießen (Farbt. 37), bis zuletzt auf dem Hügel der 'Regenmacherin' bei der Mondrago-Bucht diese Tagesfahrt beendet wird.

Porto Cristo verläßt man auf der C-717 nach Süden, vorbei am Abzweig zu den Drach-Höhlen auf der Straße, die bis Santanyi im durchschnittlichen 3 km-Abstand parallel zur Küste entlangzieht durch die typische Cala-Landschaft dieses wichtigsten Ostküstenabschnitts. *Garriga* nennt man jenen offenen, mediterranen Buschwald auf Mallorca wie Menorca: zwischen Geröll und gewachsenem Fels aromatisch duftende Gewächse, Lavendel, Rosmarin, Zistrosen, Mastix und Ginster, Feigen- und Olivenbäume, Aleppokiefern und Pinien, unter ihnen Heidesträucher in rötlichen Farben. Zur Hauptblütezeit der Garriga im Februar/März erscheint das Land wie die Palette eines Malers, und dann setzen zusätzlich noch lavendelfarbene Gladiolen oder weiße und rosa Lauchblüten, Iris und vielleicht sogar wilde Orchideen schillernde Akzente.

Die Küste ist meist zwischen 10 und 50 m hoch, in der Regel senkrecht abgebrochen zu erregenden Muschelkalk-Klippen und an der Wasserlinie mehr oder weniger stark unterwaschen in Küstenkarren, das sind Längsfurchen, die das Spritzwasser beim Wiederabtropfen in löslichem Gestein hinterläßt, und zu Brandungskehlen, oft erweitert zu Höhlen und Toren, bis bei zu starkem Überhang das Steilufer abbricht. Hier haben sich Tier- und Pflanzenwelt der felsigen Steilküste und dem bewegten Wasser auf hartem Untergrund vielfältig angepaßt: derber Bau, harte Schalen und Panzer, sessile Lebensweise in Spalten, Höhlen und fest auf der Felsoberfläche: Schnecken, Muscheln, Würmer, Schwämme, Seeigel und viele Arten von Tang.

Hobbygeologen finden dort genügend Versteinerungen, Schalentiere und Muscheln vorzugsweise. Überall gibt es zwischen den Klippen winzig kleine oder tief ins Land eingebrochene Buchten, die regelmäßig zum Ende hin abflachen und dort immer einen feinsandigen Strand haben. Nur der Ostwind weht in solche Calas (Buchten) hinein, dann ist beim Baden wegen der tückischen Grundbrandungen alle Vorsicht geboten! Die vorherrschenden Westwinde aber werden abgehalten, und die herrlichen Buchten bieten sich dann mit spiegelglatten Wasseroberflächen und kristallklarem Wasser zum Baden geradezu an. Zur offenen See hin an den Klippenfelsen dagegen, wo Baden gefahrvoll ist, wird der Unterwassersportler sein Dorado finden.

Gut ein Dutzend Stichstraßen als Zubringer zu diesen Calas gibt es heute, alle großzügig angelegt und asphaltiert, seit clevere Urbanisationsgesellschaften diese bevorzugten Küsten-

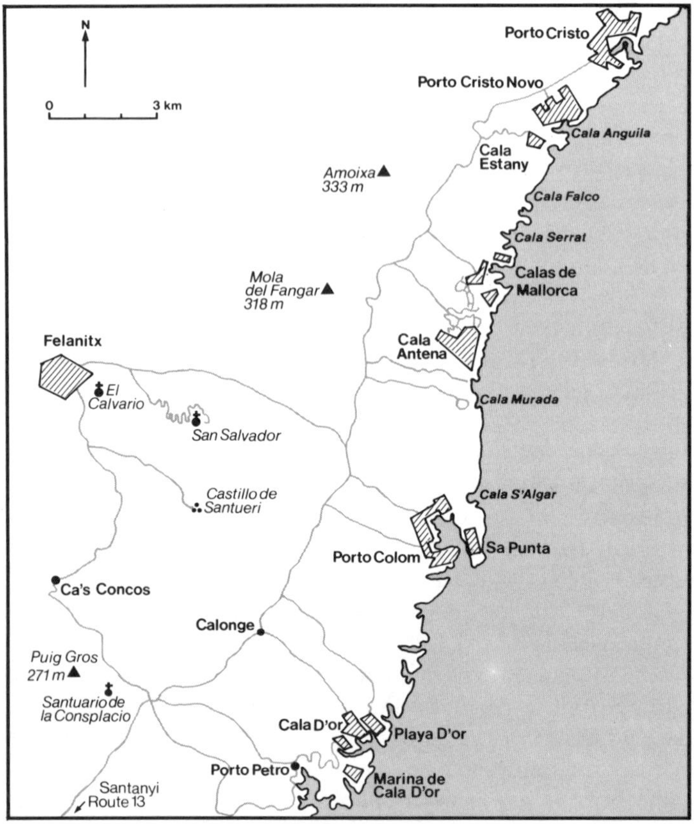

und Badeplätze erschlossen und Hotels und Ferienbungalows zum Mieten oder Kaufen erstellt haben und noch erstellen. Daß Supermärkte, Bootshäuser, moderne Yachthäfen, Bootsverleih und alle Möglichkeiten zur Ausübung aller Wassersportarten mit eingeschlossen sind, gilt als Selbstverständlichkeit.

Rechts der Straße steigen sanft die Hänge der Sierra de Levante an (Farbt. 37), ihre hier leichten Erhebungen um 300 m hoch und intensiv landwirtschaftlich genutzt als Felder, Weiden oder Obst-, Mandel- und Ölbaumplantagen zwischen Tuya- und Matagewächsen und überall lichten Kiefernbeständen. Dort liegen die weißen Fincas, die kleinen Bauerngehöfte, oder große Landgüter, eingefriedet stets von unendlich langen, hochaufgetürmten Trockenmauern, den Tancas, über die Johannisbrot-, Pfirsich-, Feigen- oder Aprikosenbäume ihre Äste neigen.

Die Steilküste und die sandigen Badebuchten, die Buschsteppe der Garriga und der Fruchtgarten um die Fincas vor immergrünem Pinienwald machen den Reiz dieser

Küstenlandschaft aus, die neben Badefreuden auch dem Wanderer ungeahnte Möglichkeiten eröffnet, vielleicht zum Spazierengehen 'einfach drauflos', weil man sich in der relativ flachwelligen Landschaft kaum anzustrengen braucht und man allerorten einkehren kann, um derb mallorquinisch zu speisen und bei köstlich kühlem Landwein irgendwo unter einem Strohdach erholsame Urlaubstage bukolisch zu genießen.

Zwei Kilometer südlich des Abzweiges zur Cala Murada spitzwinklig nach rechts in die PM-401 Richtung Felanitx einbiegen, im Bogen um den nur 271 m hohen Puig Mamellas und nach etwa 7 km wieder im spitzen Winkel scharf links, Beginn der kurvenreichen Auffahrt zum Klosterberg von

San Salvador, 3,8 km, vorbei an der kleinen *Sa Capella,* dann später auf einer Felsnase (links) riesengroßes Steinkreuz, *Creu des Picot (Abb. 126);* Aussicht, bald die weite Bergterrasse: linkerhand das Monument *Cristo Rey,* Figur 7 m hoch (Abb. 127), Stiftung eines Kanonikus, Panoramasicht, rechts erhöht die

Ermita San Salvador. Von außen trutzig an der Nase der Bergterrasse gelegen, einfach und schmucklos, vor dem Portal ein Ziehbrunnen und Gedenktafel für den Erbauer der Straße zum Gipfel; innen um eine Halle Wirtschaftsräume, Restaurant (Relief ›Abendmahl‹, Reproduktion vom Mirador-Portal der Kathedrale in Palma), malerischer Hof und dann die *Klosterkirche* (1716), hinter dem Chor Madonna (13. Jh.) mit Strahlenkranz unter Prunkbal-

San Salvador: altes Madonnenbild am Portal

dachin; in der ersten Seitenkapelle rechts ein gotisches Retabel aus Alabaster, die einzige Steinschneidearbeit auf Mallorca, Szenen zur Passion und am Sockel ein Abendmahl, alles in strengem und steilem Wand- und Raumaufbau, gleichnishaft gegliedert und in den Figuren von körperhafter Diesseitsnähe, ein packender Realismus in schlichter Menschlichkeit, beim Abendmahl von wehmütig verklärter Stimmung – eine fast barock gesteigerte Spätphase gotischer Schnitzkunst. Ob Guillem Sagrera oder aus seiner Schule Juan Marsol um 1553 die Meister waren, ist nicht klar.

Als Wallfahrtsort waren Berg und Eremitage schon vor dem 14. Jahrhundert bekannt, dann erbat um 1358 Don Alfonso, Herr auf Castillo Santueri, von seinem König Pedro IV. von Aragon Privileg und Erlaubnis zum Bau eines Gotteshauses auf dem Bergplateau, das seiner Burg genau gegenüber lag. Das königliche Dekret kam, der Eremit Romeo Burguera übernahm die Bauaufsicht, und schon zehn Jahre später konnte Bischof Pedro Bosch die neue Kirche weihen. Weil marodierende Piraten auch dieses Heiligtum später nicht ausließen, mußte mehrfach um- und ausgebaut und befestigt werden, die heutigen Anlagen stammen aus dem 16. bis 18. Jahrhundert. Von hier aus 6 km nach

Felanitx, einem besonders zur Araberzeit bedeutenden Ort und damals Zentrum der Azulejo-Herstellung (bemalte Fliesen). Viele dieser Stücke findet man noch heute in Palästen und Häusern Palmas und anderswo. Nach der christlichen Eroberung wurde Felanitx zerstört und aufgegeben, von König Jaime II. am Anfang des 14. Jahrhunderts neu gegründet; in der Umgebung vor allem Anbau der gepflegten Weißweinarten von Felanitx.

Mallorquinische Krüge werden vornehmlich zum Wasserholen benutzt und dabei von den Frauen auf dem Kopf, vor dem Leib oder auf der Hüfte getragen. Auf dem jarré, dem Regal, in der Küche abgestellt, benutzt man sie als Wasservorratsbehälter für den täglichen Hausgebrauch. Damit das Wasser nicht ausläuft oder verdunstet, wird in die Öffnung oft ein Büschel Blätter gesteckt. Plats sind die roh glasierten Teller, esendellas eine Art Suppenteller in meist brauner Glasur, sehr fest. Teurere Töpferwaren, sehr zierlich durchbrochen und fast filigran, manchmal noch mit Muscheln belegt, kommen aus Manacor und Felanitx

Typisch die Türme der einst 25 *Windmühlen* auf den umliegenden Höhen.

Sehenswert vor allem die Pfarrkirche *San Miguel* (1248 errichtet, heutige Bausubstanz von 1762; Abb. 130): imposante Freitreppe vor der barocken Hauptfassade, Renaissanceportal, Rosette, Ziertürmchen, innen schöne bunte Fenster, links eine Pietà und Kruzifix (16. Jh.), mehrere Kapellen, Seitenfront mit Gedenktafel für 414 Gläubige, die 1844 erschlagen wurden, als die Terrassenmauer neben der Kirche während der Osterprozession einstürzte.

Vor dem Kirchplatz der hübsche *Margarethenbrunnen*, um 1830, hinter der Kirche die große *Markthalle.* Empfehlenswert ein Spaziergang durch die Gassen und über die Treppen rund um die Kirche oder über den verfallenen Kreuzweg und zwischen Kakteen hinauf zum wappengeschmückten *Calvario.*

(Kurioserweise meinen noch heute viele patriotische Felanitxer, der Entdecker Amerikas wäre in ihrer Stadt geboren. In der Ca's Capità möchte ein bescheidenes *Kolumbus-Museum* das beweisen.)

Aus Felanitx jetzt südwärts auf der C-714 Richtung Santanyi, nach etwa 2 km links kleines Hinweisschild zum

Castillo de Santueri (Abb. 128). Auf schmalem, steinigem Feldweg zwischen Weinfeldern und Mandelgärten gut 3 km Holperfahrt bis zum Gutshof *Sa Possecio d'es Castell* (dort den Schlüssel erbitten), dann kurvig und eng, jetzt asphaltiert, aufwärts zum kleinen Platz unterhalb des Castillo am Bergfried, in dem im 15. Jahrhundert der Prinz von Viana eingekerkert war.

Bereits die Römer hatten hier einen Wachtturm stehen (Blick über die gesamte Südspitze Mallorcas bis zur Insel Cabrera), die Araber bauten den Platz zur fast uneinnehmbaren Festung aus, und König Jaime I. brauchte mehr als ein Jahr, um sie zu nehmen. Seitdem halten sich hartnäckig die Gerüchte, der Felsklotz sei durch unterirdische Gänge mit der Meeresküste verbunden. Gefunden hat solche Gänge bisher niemand. Die beim Christensturm fast vollständig zerstörte Burg wurde im 14. Jahrhundert neu aufgebaut, einmal zum Schutz gegen arabische Piraten, die sich auf Cabrera eingenistet hatten, aber auch, weil die mallorquinischen Könige ihr Reich gegen den Usurpator Pedro IV. zu verteidigen suchten – vergeblich, wie wir wissen. Santueri war ein Teil in diesem Bruderdrama von Aragon.

Erhalten ist nicht viel: Türme, gewaltige Mauerreste, Grundrisse der Innenräume und Relikte auf der Kuppe des 400 m hohen Burgberges. Aber, der Panoramablick von dort ist überwältigend und reicht bei klarem Wetter bis Ibiza, über die gesamte Insel Mallorca, hinüber zum Kloster San Salvador, zur Küste bei Porto Colom, Cala d'Or, Porto Petro und zur Insel Cabrera.

Weiterfahrt auf der C-714 bis *Ca's Concos* (kleine neoromanische Kirche, alte Noria), dort links einbiegen Richtung Alqueria Blanca, im Ort rechts ab und auf der C-117 etwa 1 km bis zum Hinweisschild 'Futbol', noch einmal einbiegen und aufwärts zum jetzt weithin sichtbaren Puig de la Consolació (Abb. 132).

Santueri: das Schloß, Südseite

Oratorio de la Consolació. Vielleicht sollte erst der Rundblick von der Terrasse vor und hinter dem kleinen Heiligtum Herz und Auge erfreuen, großartig zwar, aber im wesentlichen dem vom Castillo de Santueri ähnlich. Vor 400 Jahren entstand dieses beschauliche Refugium, geweiht der alten Figur der Mare Deú de la Consolació (Farbt. 12). Wie die fromm-naive mallorquinische Legende berichtet, hatte der Heilige Benedikt eine gottesfürchtige Schwester, Scholastika (Escolástica), die auf dem Berg ein heiligmäßig-sittsames Leben führte, dieweil der mehr lebenslustige Bruder zu Gott und der Welt unterwegs war und nur selten einmal bei der Schwester auf dem Berg zu Gaste blieb. Als er wieder einmal auf dem Oratorio weilte, rief Scholastika in ihrer stillen Klause den Himmel an, es möge kräftig regnen, und zwar so lange wie nur möglich, damit ihr Bruder Benedikt im Hause und länger bei ihr bliebe. Der Himmel hatte tatsächlich ein Einsehen, es goß und goß, vier Tage lang. So wurde die fromme Scholastika zur 'Regenmacherin', und wenn im Sommer die Weinreben zu trocken werden, die Felder am Verdursten sind, dann ruft man schnell die Regenmacherin an, betet zu ihr und bittet – und bis heute hat sie noch immer alle Gebete frommer Mallorquiner erhört.

Intim und malerisch hübsch der Vorhof mit Brunnen, vielen Blumen und einigen Palmen, eine Treppe zum Rundbogenportal (Abb. 131), innen die Muttergottesfigur 'Mutter der Tröstung' (18. Jh.), rechts mit seinem Hund Sankt Rochus, links Santo Domingo.

Fahren Sie zurück nach *Alqueria Blanca:* mächtiger, quadratischer *Torre d'en Tomoner,* Renaissance-Wacht- und Verteidigungsturm, und Haus *Ca'n Barras* (16. Jh.), Kirche *San José* (1963) mit schönen Fresken. Auf der C-717 gelangen Sie dann nach

Porto Petro, anheimelnder Bootshafen in tiefer, natürlicher Hafenbucht, Fischerort, neuerlich kleines Touristenzentrum in Verbindung zur Urbanisation von *Cala d'Or;* auf der Sa Punta Mitjana 'Dorf' des Club Méditerranée, Wachtturm auf der Punta de Torre, Cala-Felsenküste meist um 3 m hoch, Baden zu gefährlich, besser in den vielen kleinen Buchten mit Sandzungen; hinter dem Küstensaum Busch-Waldlandschaft der Garriga.

Fast ein Geheimtip: Besuchen Sie von Porto Petro aus, 3 km, die einzigartige *Cala Mondrago,* früher menschenleer, heute immerhin schon Touristentrubel zur Zeit der Saison, ein Platz, wie sich ihn der verwöhnte und sonnenhungrige Mitteleuropäer erträumt: Wald, Felsenküste, halbmondförmiger kleiner Feinsandstrand und kristallklares Wasser, wenig Wind und immer Sonne.

Route 13: Porto Petro – Santanyi (Cala Figuera) – Cabo de Salinas – Colonia Sant Jordi – Baños de San Juan – Ermita de San Blas – Campos – Capicorp Vell – Cabo Blanco – Arenal – Palma – (Tagesfahrt, etwa 125 km)

Wir besuchen die beiden letzten Spitzenorte der Cala-Küste, fahren entlang über Santanyi zum Südkap der Insel und zur einzigen Thermale Mallorcas, ehe wir vom bescheidenen Eremitenkirchlein San Blas zu Murillos Meisterbild in der Kirche von Campos pilgern. Dann bleibt der Weg für viele Kilometer in der duftenden, zwischen Wiesen und Feldern wechselnden Garten- und Macchia-Landschaft Süd-Mallorcas, in der bei Capicorp Vell Mallorcas größte Talajot-Siedlung besucht wird. Von Cabo Blanco aus kann man dann bereits über die Hotelkomplexe von Arenal bis zur Kathedrale von Palma schauen, dem Endpunkt dieser Route.

Von Porto Petro führen drei Straßen direkt zur Küstenstraße C-717, die in

Santanyi mündet. Zur Talajot-Zeit muß insbesondere dieser landschaftlich offene, flache Südostzipfel Mallorcas ein bevorzugtes Siedlungsgebiet stein- und bronzezeitlicher Menschen gewesen sein; von Santanyi bis Capicorp Vell stößt man immer wieder auf Reste ihrer Zyklopenbauten, die in späteren Zeiten als willkommene 'Steinbrüche' beim Bau anderer Wohnstätten dienten. Noch heute kann man bei einem aufmerksamen Spaziergang durch Santanyi beispielsweise zyklopisches Mauerwerk in der Bausubstanz diverser Häuser finden.

Daß auch Piraten Gefallen an dieser für sie günstigen, flachen und offenen Gegend fanden, ist klar, mehrfach wurde Santanyi genommen, gebrandschatzt (am furchtbarsten in der Nacht des Markustages 1388), neu befestigt, und wieder erobert, ein Schicksal, das allen küstennahen Orten der Insel widerfahren ist.

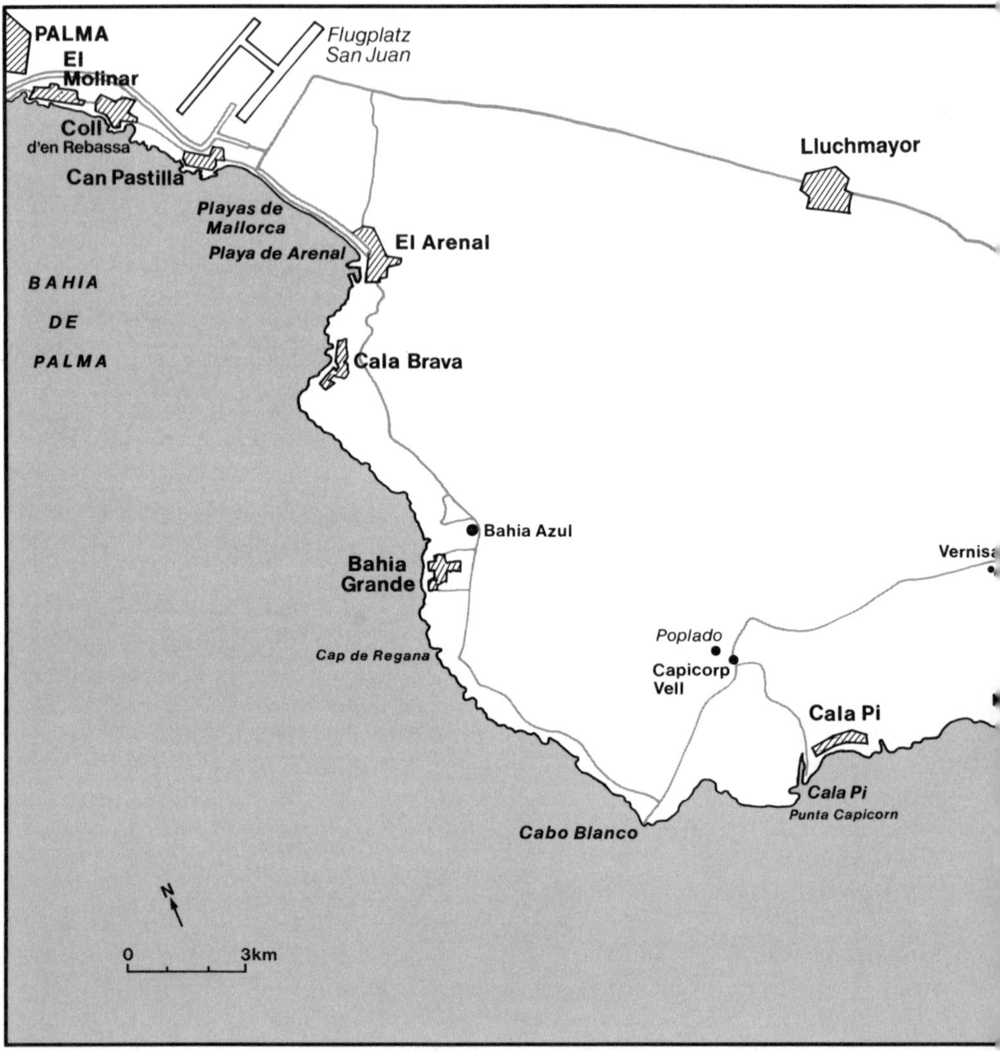

Erhalten im Stadtzentrum blieb von diesen mittelalterlichen Befestigungen die *Porta Murada,* ein altes Stadttor.

Allein die *Capilla de Roser* an der Stadtkirche ist wirklich 'alt' (1278, Zeit von König Jaime II.), und dort findet man in den Schlußsteinen der Gewölbe mehrfach das Stadtwappen mit dem Bilde des Gotteslammes vom alten lateinischen Ortsnamen Santi Annini (= heiliges Lamm), aus dem Santan-

yi wurde. Die *Stadtkirche* stammt erst aus dem 18. Jahrhundert; Orgel von J. Bosch, dem seinerzeit bedeutendsten Orgelbauer in Spanien, sie stand zuerst im Kloster von Santo Domingo in Palma, ein Gegenstück zur Orgel der Marien-Kirche von Mahón von der Orgelbauerkonkurrenz der Otter und Kiburz, die allerdings viel größer und detailreicher ausgestattet ist.

Fünf Kilometer sind es nur bis zur **Cala Figuera** (Farbt. 43), eigentlich der alte Hafenplatz von Santanyi, tief zwischen den Felsen eingebuchtet, eine Flußmündung sogar (Torrente dels Oms); Wachtturm von 1569, alles malerisch und ein bißchen romantisch, trotz der vielen Touristen zur Saison; kleiner Sandstrand, viel Kiefernwald und oberhalb der Hafenbucht ein ** Spazierweg, 30 Minuten hinüber zur benachbarten *Cala Santanyi* mit sehr schöner Feinsandbucht im auslaufenden Cañon, oberhalb des Strandes Urbanisation, und von dort, 15 Minuten durch Pinienwald und entlang der Klippenküste zum Blick zur durchbrochenen Felsformation *'Es Pontas'* (= die Brücke; Farbt. 39) und zur Cala Llombarts.

Während die Hauptstraße C-717 Santanyi direkt mit Campos verbindet, fahren wir auf der PM-601 über Llombarts (alte Siedlung am Platze eines arabischen Gutes) zum Abzweig *'Faro de Salinas, 9 km'*. Wer die Stille sucht, wem weite Kornfelder und Wiesen vor leicht schwingenden Kiefernwipfeln, hier und dort hingestippt rot, gelb, weiß oder violett Tüpfelchen irgendwelcher Blüten noch helles Entzücken hervorlocken können, wer dazu eine sanftwellige Heidelandschaft liebt und zu alledem blauen Himmel und Sonne, der darf diese paar Kilometer durch die *S´Hort Na Rotja* genannte Landschaft nicht auslassen. Andere 'Sehenswürdigkeiten' gibt es dort nicht, gottlob möchte man paradoxerweise sagen und wünschen, daß es noch überall so wäre auf der Insel wie hier, wo noch keine Urbanisation der Natur fremde Akzente aufgesetzt hat, sondern allein die alten, nirgendwo endenden Steinmauern vor malerischen Baumgruppen wie Wächter den reichen Garten Mallorcas abzuschirmen scheinen vor unserer hektischen Moderne – oder wie der Dichter Tomás Forteza 1869 sang: »Ein schönes Land ist Mallorca, denn Mallorca ist ein reicher Garten.« (vgl. S. 329).

Am Meer der weiße Leuchtturm, rotfarbene Klippenküste, weit draußen deutlich die Insel Cabrera, ein paar hundert Meter weiter rechts der Sandstrand *Playa d'es Caragol*, Platz nur für Individualisten, noch immer ein Geheimtip für den, der Minigolf, Diskothek, Charley's Ranch oder wer weiß was für Zivilisationsgerinnsel entbehren kann.

Ses Salinas hat nichts Sehenswertes, beachten Sie jedoch beim Vorbeifahren befestigte Häuser mit turmähnlichen Seitenflügeln, Schutzbauten aus der Piratenzeit. Am Ortsende linksab nach Süden, Feldweg 2 km, zu den *Talajots Juana (Abb. 133), dels Antigors* und *del Mitjá Gran,* sehr große ringförmige Anlagen aus unterschiedlich großen Steinblöcken um einen mächtigen Talajot-Turm, ein Rundbau mit einem runden Innenraum von gut 6 m im Durchmesser, im Achsenpunkt die Reste einer Mittelsäule aus aufeinandergeschichteten Steinblöcken. Beachtenswert der Eingang zum Innenring durch die einstmals viel höhere Ringmauer, relativ breit über aufrechtstehenden Füllungssteinen ein tonnenschwerer Monolith. (Da kein Hinweisschild, einfach erfragen, dann leicht zu finden.)

Weiterfahrt auf der PM-610 durch Weideland und Äcker bis zur

Colonia de Sant Jordi, uralte Siedlung, Funde aus der Zeit der Phönizier, Griechen und Römer (heute in den Museen von Barcelona und Madrid), nach einer nicht bewiesenen

Auffallend oft trifft man in der Garriga wie überhaupt im Südzipfel Mallorcas und auf Menorca auf die Hütten der Roters, der ärmsten Landarbeiter der Insel, die sich gegen meist geringen Lohn zur Getreideaussaat und zur Ernte auf den Gutshöfen verdingen. Ähnlich den für Weidetiere aus Hau- und Feldsteinen aufgesetzten menorquinischen Barracas sind auch die Roters-Hütten primitive, für Menschen keineswegs genügende Steinbauten mit meist tonnig gewölbtem Dach. In der einen Seite der Hütte befindet sich die kümmerliche Schlafstätte der Roters, in der anderen der Stall; der mittlere Teil zwischen diesen beiden bildet eine Art Flur mit Tür, winzig kleinen Fenstern und der Wasser-jarra (Behälter). Dornsträucher, Opuntien und schiefe Trockenmauern umfrieden den Garten- und Hofteil, in dem oft Backofen, Krippe für Haustiere und offene Feuerstelle, auch Tenne liegen

Theorie der Hafenplatz des bei Plinius genannten römischen Palmaria – heute Ferien- und Badeplatz mit mehreren feinsandigen Badestränden in Buchten oder kilometerweit der Küstenlinie entlang, Dünen, Kiefernwälder.

Etwa 1 km zurück und links in die PM-604 Richtung Campos einbiegen, 4 km weiter liegt

Baños de San Juan (Abb. 134). Linkerhand Vorgarten mit Palmen und Pinien, ein altes mallorquinisches Herrenhaus zum *Bade- und Kurhotel* fein restauriert, in der Halle Stiche, Karten, Schiffsbilder, im Kurteil moderne Bäder, Duschen, Inhalationsräume, Massagen, 38 Grad warme, radioaktive Therme; Indikationen: Rheuma, Arthritis, Gicht, Nervenentzündungen, Ekzeme, Fettsucht.

Erwiesenermaßen badeten bereits die Römer hier; erst um 1230 entstanden einfache Badehäuser, und der mallorquinische Badebetrieb muß damals derart erfolgreich gewesen sein, daß es Jonsson Blaeu aus Amsterdam für notwendig hielt, San Juan de la Font Santa in seinem 1638 gestochenen Atlas eigens zu benennen als eines der »heilsamsten Bäder in Spanien, ja in ganz Europa«. Damals muß man – mit Erfolg (?) – sogar versucht haben, die Font Santa auch bei Aussatz anzuwenden, jedenfalls entstand kurz vor dieser Zeit (15. Jh.) das kleine Kirchlein für die beiden Beschützer vor Aussatz, Sankt Silvester und Santa Coloma, das heutige *Oratorium* links vom Badehaus. Fast 200 Jahre später reizte es den Marinearzt Dr. J. A. Nieto Samaniego, diese einzige Inseltherme zu analysieren und die besondere Indikation bei allen rheumatischen Beschwerden zu konstatieren. 1845 entstand das heutige Badehaus. Nur Juni, Juli, August und September ist Saison, dann wird geschlossen.

Jenseits der Talsenke die ausgedehnten *Salinas de Levante,* Salzgewinnung.

Weiterfahrt Richtung Campos; 3 km weiter links zwischen Feldern das Landgut *El Palmer,* Mittelpunkt wissenschaftlicher Spekulationen um die römische Hauptstadt der Insel Mallorca, das römische Palmaria. Danach hatte sich die Gründung des Metellus irgendwo zwischen Campos und der Colonia Sant Jordi ausgebreitet, vielleicht mit dem Stadtkern genau dort, wo heute das Gut El Palmer (deshalb der Name?) liegt, mit den Thermen beim heutigen Baños de San Juan und dem Hafen bei Sant Jordi. Auf alle Fälle gibt es aus diesem Gebiet genügend Funde aller Art, die eine solche These stützen könnten (Münzen, Keramiken, Amphoren, selbst Reste römischer Lastensegler usw.).

Nun wieder aufpassen: etwa 2 km vor Campos rechts ein steinernes Wegekreuz, dort einbiegen und fast parallel zur eben gefahrenen Straße auf einem Feldweg zurück, 1,5 km, zur

Ermita de San Blas, die, einer Scheune ähnlich, ganz allein mitten in den Feldern steht (Schlüssel im letzten Gehöft mit Wasserrad, rechts). Wieder ein Rätsel gerade dieser Gegend, diesmal um das wohl älteste Kirchlein im Südosten Mallorcas. Als Sant Blas (Blasius) noch zur Araberzeit ein christlicher Gebetsplatz, nach der christlichen Eroberung in der päpstlichen Bulle 1248 als San Julián Mártir registriert, im 15. Jahrhundert eigens als 'alte Kirche' benannt. Weshalb 'alt', blieb bis heute ungeklärt, es sei denn, die These der Heimatforscher stimmt, daß Campos einst weiter südlich lag, genau dort, wo die Römer ihr Palmaria errichtet hatten und damals San Blas eben alleiniges Hauptgotteshaus von Campos war, bis, nun am heutigen Platze neu gegründet, die Kirche San Julián um 1200 dort erbaut wurde und San Blas die 'alte' Kirche blieb.

Viel zu sehen gibt es in San Blas nicht: Altaraufsatz mit Augustinus, seiner Mutter Monica und der Catalina Thomás, ein naiv-sanftes Jesuskind und eine Puppengruppe zum Tode der Gottesmutter, ein Schränkchen mit dem alten Eßgeschirr des letzten Eremiten und an der vorderen Wand rechts die kahle Stelle, wo einst das Gemälde von Murillo hing (siehe unten). Ein wenig verwahrlost wie das Kirchlein ist auch der Garten, und verworren und verwunschen wie vieles der unbekannten Historie dieser Gegend, bleibt auch der Eindruck von San Blas.

Campos. Einfaches, im Ortsbild monotones Landstädtchen um die Pfarrkirche *San Julián,* 1248 errichtet, heutiger Bau um 1870, alter Glockenturm 1579; innen sehenswert allein das Murillo-Gemälde des *›El Santo Cristo de la Paciencia‹* (um 1640) aus der Ermita de San Blas (rechte vordere Seitenkapelle), eine tief empfundene Darstellung des leidenden Christus, die gefangennimmt und nicht wieder losläßt. Im Helldunkel schimmert das Licht farbig, und selbst die Schatten beginnen zu vibrieren. Die tieftraurige Christusfigur erscheint typisch für Murillos Farbigkeit des Fleisches zwischen Licht und Schatten und seine Fähigkeit, Farbintervalle und Farbakkorde für den Betrachter in ein Eingestimmtsein zu verwandeln.

Ab Campos nun nach Südwesten auf der PM-603 Richtung La Rapita durch Wald- und Heideland, nach 5 km Straßenkreuz, rechts einbiegen in Richtung Son Catlar/Vernisa/Capicorp Vell – oder geradeaus weiter, 6 km, *La Rapita,* kilometerlanger Badestrand, besonders bei Arenal de Rapita, entlang der gut 12 km weiten Bucht, mit Dünen und duftenden Pinienwäldern; am Weststrand von Estanyol flache Klippenküste, leider oft viel Seetang. Dann nordwärts, 4 km, nach *Vernisa.* Fahrt durch Wiesen, Buschwerk und Heide, flachwellig ohne nennenswerte Erhebungen bis zum Straßenbogen, an dem rechterhand die talajotischen Bauwerke aus kargem Buschwerk aufragen.

Capicorp Vell (Abb. 135, 136). Mallorcas interessanteste Ansiedlung aus der Zeit der talajotischen Kultur zwischen dem Puig de Randa und dem Meer. Vermutlich bildeten anfangs die runden Turmbauten der sich nach oben zu verjüngenden *Talajots* den Beginn einer Siedlung, die später mit einer Ringmauer umgeben wurde. Einzelne, mit mächtigen Steinplatten abgedeckte Tore führten in den Wohnkreis. Ihn verteidigten und verstärkten bald zusätzlich in die Ringmauer eingezogene, jetzt viereckige Talajots jüngeren Datums von sorgfältigerer Bauart, an die sich, wie in einer Burganlage, Wohneinheiten mit meist viereckigem Grundriß anlehnten, die durch enge Gänge untereinander verbunden waren. Erhalten sind in Capicorp Vell nur *Reste der Ringmauer,* da ihr grob zugehauenes Steinmaterial im Mittelalter nach Palma transportiert wurde und beim Bau der Lonja wie der Kathedrale hochwillkommenes, weil billiges Baumaterial abgab.

Deutlich erkennbar sind noch heute die aufrechtstehenden, unteren Quader mit darübergeschichteten Blöcken, die ältesten Partien der Umfassungsmauer. Vermutlich waren die Oberteile der Talajots von den Wohnräumen der Siedlung aus zugänglich und dienten der Beobachtung und Verteidigung, während die unteren Teile Wohnzwecken (5 bis 7 m Durchmesser bei Rundtürmen) oder noch eher Funeralzwecken zugeordnet waren – Spuren von Brandbestattungen, Knochen, Asche sind vorhanden, und besonders kräftige Brandspuren lassen schließen, daß man in den Talajots nicht nur Verbrannte beisetzte, sondern daß Leichen selbst im Inneren des Talajots verbrannt wurden.

Etwa 10 × 10 m messen die Grundrißlinien der eckigen Talajots, die in der Regel – wie die runden – 6 bis 8 m hoch waren (Ausnahmen sogar bis 12 m) bei einer Mauerdicke von 1,5 bis 2 m aus dicken, nur grob zugehauenen Felsplatten. Vermutlich war das Dach mit schweren Steinplatten oder Holzbohlen gedeckt, die der Statik wegen von einem oder mehreren Pfeilern innen gestützt wurden, Pfeiler aus Steinbrocken zusammengesetzt oder monolithisch und oft auffallend nach oben zu pilzartig verbreitert. Zwar gibt es viele Beispiele einer Überkragung, zur Konstruktion eines Gewölbes hat es nicht geführt. Auf steinernen oder hölzernen Wendeltreppen stieg man aus einem schmalen Gang zwischen den Wohneinheiten über eine Obergeschoß-Kammer zum Dach des Talajots auf. Diese obere Kammer war nur eine kleine Galerie, 100 bis 150 Zentimeter hoch und 80 Zentimeter breit, die untere meist nur ein unregelmäßig gestalteter Hohlraum.

Massig und schwerfällig wie die Talajot-Türme waren auch die, wie es scheint beliebten Kammern und Gänge, vermutlich, weil die Steinabdeckung eine besondere Dicke der Mauern bedingte. Nicht nur Kreis oder Ellipse wurden als Grundriß der Wohnbaueinheiten bevorzugt, es gibt ebenso viele in Rechteckform. Alle sind relativ klein, und alle haben wie die Talajots in ihrer Mitte monolithische oder aus Blöcken bestehende Pfeiler, die einst die Decke aus Steinplatten oder anderem Material gestützt haben mögen. Sicherlich war der Talajot die jetzt in Stein übertragene Form der steinzeitlichen Rundhütte, an die sich dann – ganz ähnlich dem Bergfried einer mittelalterlichen Burg als Fixpunkt – mehr und mehr Wohnbauten für Mensch und Tier anlehnten. Man darf schließen, daß im wesentlichen die ursprünglich runden Talajots mit rundem Innenraum für die Bedürfnisse der Lebenden bestimmt waren (Verwandtschaft mit den sardischen Nuraghen, befestigte Wohnstätten) und die späteren, eckigen Talajots vornehmlich Verteidigungs- und Funeralzwecken dienten. Folgt man der These, daß Talajots nicht einzelstehende Bauwerke, sondern stets Zentraltürme einer Ansiedlung waren, dann muß die von Diodor genannte Einwohnerzahl von Mallorca mit 30000 Menschen als viel zu gering geschätzt werden, weil (nach Livius) im Jahre 206 v. Chr. die Karthager in der Lage waren, spielend leicht mehr als 2000 waffenfähige Männer auszuheben.

(Steigen Sie zur Übersicht auf die Mauerringe der Talajots und dann durch die engen Gänge unten in die Wohneinheiten.) Direkt und fast 5 km schnurgerade zieht die Straße zum

Cabo Blanco, dem Leuchtturm (Abb. 137). Hier ist Militärgebiet, ein alter Wachtturm 'Sa Torre' steht dort. Nach etwa 1 km am Klippenrand links, gut 80 m über dem Meer, anhalten:

130 FELANITX Pfarrkirche San Miguel

131 ORATORIO DE CONSOLACIÓ Im Hof vor dem Kapellchen für die 'Regenmacherin'

132 Der Weg zum Oratorio de Consolació

133 SES SALINAS Talajot Juana

134 BAÑOS DE SAN JUAN Radioaktive Therme, 38° warm

135 Capicorp Vell Grundrißquader talajotischer Bauten, bis zu 2 m dick

136 Capicorp Vell Monolithischer Eingang in der Talajot-Siedlung

137 Cabo Blanco

138 Son Raxa Die große Freitreppe in die einstigen arabischen Gartenanlagen, später Besitz des Kardinal Despuig

139 Son Raxa Siesta-Platz am Teich

140 Landschaft bei Buñyola

141, 142 Son Alfabia Arabische Gartenanlagen. Im Wohnzimmer der Familie Santacilla

143 Oratorio de Cretatx

144 Ermita de Santa Magdalena auf dem Magdalenenweg bei Inca

145 Oratorio San Miguel aus der Zeit um 1229

146 Bauer aus Muro

147 La Puebla Arbeiterdenkmal auf den Es-Marjals-Äckern

148 Muro Kirche San Juan Bautista, 1570

149 Sineu Kirche Nuestra Señora de los Angeles

150 Der Löwe von Sineu

151 Sineu Madonna des 15. Jh.

152 MARIA DE LA SALUD Eingangsbogen der gleichnamigen Kirche

153 Straßenkreuz in Sineu, 16. Jh.

154 PETRA Denkmal für José Miguel, den Gründer von San Francisco in den USA

155 PETRA Pfarrkirche San Pedro

156 LLUCHMAYOR Erinnerungskreuz an den Tod Jaimes III. (1349)

157 Denkmal des sterbenden Königs in LLUCHMAYOR

158 ERMITA DE LA PAU, etwa aus der Zeit um 1230

159 MONTUIRI Exvotos im Santuario San Miguel über der Stadt

160 LLUCHMAYOR Schuhmacherdenkmal

161 San Juan Das Santuario über dem Ort
162 Puig de Randa Unten das Santuario de Gracia, darüber das Santuario de Sant Honorat

163 Reste einer Wasserhebeanlage bei Montuiri

164, 165 MENORCA Mahón mit der Kirche San Francisco. Im alten Kreuzgang des Carmen-Klosters ist heute eine Markthalle

166, 167 MENORCA Mahón Muttergottesfigur an der zerstörten Kirche San Francisco. Die berühmte 3006stimmige Orgel in der Kathedrale

168 MENORCA MAHÓN Hauptaltar der Kathedrale Santa Maria

169 MENORCA Bodenmosaik in der westgotischen Basilika d'Es Fornas

170 MENORCA Megalithische Taula, monolithische Stützen mit aufgelegter Steinplatte

171 MENORCA
Talajot Torellonenet, der einzige mit einer Tür- oder Fensteröffnung oben

172 MENORCA
Naveta Rafal Rubi, 4 m breit, 8 m lang

173 MENORCA
Barraca, große Steinbauten als Viehställe auf den Inselweiden

Fernblick zum Kap, zur Insel Cabrera und in die Palma-Bucht, im Vordergrund *Cap de Regana* mit verfallenem Fort.

Dann vorbei und jetzt stets parallel zur Küste, aber ohne Sicht aufs Meer. Linkerhand entstanden und entstehen zwischen Ödland, Krüppelkiefern, Wacholder, wilden Oliven und duftenden Macchiablüten mehrere Urbanisationen, vor allem *Bahia Grande* (kurz einfahren bis zum Küstenhang; großartige Fernsicht).

Nach *Cala Brava,* noch vor Son Veri, ausgezeichneter Blick über Arenal und nach Palma, dann Einfahrt in die Bucht von

El Arenal, ein Teil der weiten Bucht von Palma, der Hausstrand der Inselhauptstadt, heute mit C'an Pastilla zusammengewachsen, längs eines feinsandigen, bis weit ins Meer flachen Badestrandes, gute 6 km Corniche mit einer bedrückenden Skyline aus Hochhaushotels, Supermärkten, Diskotheken und Souvenirshops und mit all dem Drum und Dran einer geschäftigen Urlaubs- und Vergnügungsbranche, die es vermag, täglich in übervollen Jets einfallende sonnenhungrige Nordeuropäer für Wochen zu begeisterten Mallorca-Urlaubern zu machen. Vorteile Arenals: über die Autobahn sind ständig mit dem Bus Palma oder der Flugplatz San Juan zu erreichen; der Badestrand ist sehr gut, besonders für Kinder und alte Menschen; für alle Vergnügungen, alle Wassersportmöglichkeiten ist gesorgt, günstiges Standquartier für Inselfahrten etwa nach unseren Routenvorschlägen; für ältere Menschen ist Arenal besonders empfehlenswert bei längerem Winteraufenthalt oder Überwinterung, die Uferpromenade ist kilometerlang, im Hinterland schütterer Kiefernwald. Während der Sommermonate aber ist es allzu laut und hektisch. H. Weller skizziert: die »Ausflugsadresse für deutsche Kegelklubs, eine Mischung aus Münchener Bierzeltgaudi, St. Pauli und Düsseldorfer Altstadt ... Altbier und Disko und deftige Schlachtplatte ... diese miese Meile zwischen C'an Pastilla und dem alten Arenal«, aber »drei Autominuten hinter Arenal, mit Kurs auf Cabo Blanco und die mallorquinische Südküste, findet man bäuerliches Mallorca wieder mit Mandelplantagen, Kaktushainen, Steinwällen mit rotbraunen Äckern und schwarzbunten Rindern. Ganz weit zurück in der Ebene ist noch die schäbige Silhouette Arenals zu erkennen«.

Über die Autobahn Weiterfahrt nach Palma, das man zwischen Hafen, Almudaina-Palast und Kathedrale erreicht.

Route 14: Palma – Raxa – Alfabia – (Soller) – Buñyola – Orient – Castillo de Alaro – Consell – Santa Maria – Palma – (Tagesfahrt, etwa 80 km)

Dieser Weg hat viel mit der arabischen Zeit Mallorcas zu tun, er führt in den arabischen Gärten von Raxa und Alfabia den Gartenprunk maurischer Wesire vor Augen und beschwört am Kastell von Alaro das Ende des mallorquinischen Königtums. Wer will, sollte

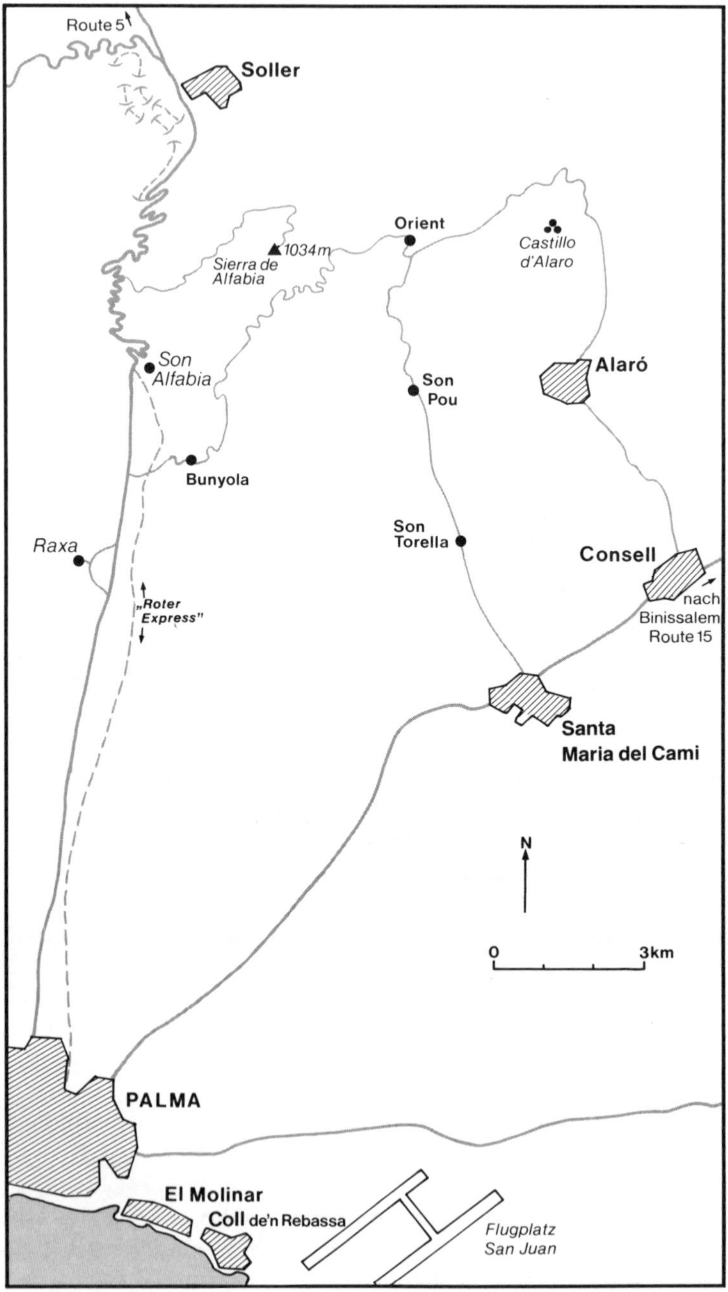
Route 5
Soller
Orient
1034m
Sierra de Alfabia
Castillo d'Alaro
Son Alfabia
Alaró
Son Pou
Bunyola
Son Torella
Raxa
Consell
„Roter Express"
nach Binissalem Route 15
Santa Maria del Cami
N
0
3km
PALMA
El Molinar
Coll de'n Rebassa
Flugplatz San Juan

schließlich über die dritte 'große' Paßstraße der Insel, den Coll de Soller, noch einmal in die kreisrunde Hafenbucht an der Westküste fahren.

Palma verläßt man nordwärts durch die Calle 31 Diciembre, Richtung Soller, die in die Fernstraße C-711 übergeht und durch die typische, urbane Fruchtlandschaft (Mandelbaumplantagen, Olivenbäume, viele Landgüter und kleine Fincas) um Palma führt. Nach 12 km rechterhand oben im Hang das weiße Sanatorium *Juan March*, nach links breiter Feldweg, 1 km, zum Landgut von

Raxa am Fuße einer sanften Erhöhung. Verwunschen und ein wenig verfallen, so ist heute der erste Eindruck, schloßartig das Herrenhaus, ein hübscher Innenhof, bäuerische Arkaden aus zehn Rundbogen mit rustikalen Kapitellen, eine herrliche Fassade in italienischer Renaissance, große Teiche mit flaschengrünem Wasser (Abb. 139), vor allem eine einzigartige Freitreppe (Abb. 138) hinauf in die einst gepflegten Gartenanlagen – heute verdorrte Pracht, Aloen und Kakteen als Überlebende, aber großartig der Blick vom Pavillon weiter oben in die nördliche Bergwelt, die wie ein Riegel das Tal abzuschließen scheint, der Weg der Paßstraße nach Soller.

Arabisch ist der Ursprung des Anwesens Son Raxa, es ging als Geschenk von König Jaime I. dann an seinen Waffengefährten Guillermo de Montegri aus Katalonien, Mitglied der Familie der Toroellas, die als Feldhauptleute und Verwaltungsexperten viel für die Eroberung der Balearen getan hatten. Erst 1797 ging Raxa in den Besitz der Familie Despuig über, und Kardinal Despuig y Damento errichtete die Bautrakte so, wie sie noch heute stehen, ließ die Gärten neu anlegen und gestalten und häufte alle ihm erreichbaren Kunstschätze in Raxa an, denn als Richter an der Santa Rota, dem obersten päpstlichen Gerichtshof in Rom, hatte er dazu viele Möglichkeiten. Teile kann man in den oberen Schloßräumen besichtigen (schlecht ausgestellt). Vielleicht wird es einmal möglich werden, Raxa so zu restaurieren, daß alles, Gebäude, Sammlungen und vor allem die Gärten wieder in dem Glanze und der Blüte erstrahlen wie zu arabischen und später erzbischöflichen Zeiten. (Z. Zt. ist ein Besuch nur auf eindringlichen Wunsch hin möglich.)

Wieder auf der C-711 sind es nur knapp 5 km zu den anderen arabischen Gartenanlagen, in denen es aber noch immer plätschert, blüht und duftet wie eh und je.

Son Alfabia. Spätestens hier kann sich jeder Mallorca-Besucher ein plastisches Bild davon machen, was mit 'arabischen Gärten' gemeint ist, eine berauschende Symphonie aus Brunnen, Fontänen, Teichen, Lauben und Laubengängen, Blüten und Bäumen, die so nur in subtropischer Vegetation gedeihen und duften, kurz ein Stück Paradies. Und das ist Alfabia: eine ansteigende Allee zum Schlößchen, schönes Barockportal mit kreuzgewölbter Eingangshalle, am Torturm in arabischem Kufi das Lob Gottes (»Gott ist das Gesetz; Gott ist groß; Von Gott kommt die Gnade; Es gibt nur einen Gott; Aller Reichtum liegt in Gott«), dann die wunderbaren Gartenanlagen (Abb. 141) und das rote Schloß voller schöner Stücke spanischer Renaissance, Waffen, Bilder, Teppiche, Keramiken, Bücher, mallorquinisches Mobiliar usw. (Abb. 142).

Einst residierte der Premier Mallorcas, der arabische Wesir Benahabet während der heißen Sommermonate hier, König Jaime I. übernahm das Schloß unversehrt, reservierte es eigens für seinen persönlichen Bedarf, gab es aber später als Lehen der Familie Santacilla; heute ist es im Besitze der Zafortezzas.

Unmittelbar vor der Schloßeinfahrt Beginn der Paßstraße zum Coll de Soller, neben vielen Schlängelabschnitten 20 harte, eng-spitzwinklige Kurven auf 6 km; rechts Abzweig, kaum befahrbarer Weg zum Hauptgipfel der Sierra de Alfabia (1068 m), Aussichtsturm, ** zu Fuß etwa 75 Minuten ein Weg.

Coll de Soller (550 m), Paßhöhe zwischen dem Teix und der Sierra Alfabia, Rückblick in die Ebene von Raxa und bis Palma. ** Vom Coll de Soller aus zum Landgut *Es Teix,* weiter zu den *Casetas del Rey Sancho* und zum Gipfel des *Puig des Teix,* dann über den Coll de Son Gallard Abstieg nach *Valldemosa,* etwa 4 Stunden.

Weiterfahrt über tolle Serpentinen nach *Soller,* 7 km, dort Anschluß an die Routen 5 und 6.

Unsere Route führt zurück, 3 km, zum Abzweig links nach

Buñyola (hübscher kleiner Ort, Bahnstation des 'Roten Expreß' von Palma nach Soller, Umgebung (Abb. 140): Oliven- und Weingärten, einheimischer Weinbrand 'Tio Pedro'), Ortsname von Vineola (kleiner Weingarten), arabische Gründung. In der *Kirche* von 1756 das Familiengrab der Despuig aus Raxa.

Weiter auf der PM-210 durch leicht hüglige Weidelandschaft und in Kehren über den kleinen *Coll de Mateu* (Blick in die Berge der Sierra de Alfabia links) nach
Orient (Eingang ins Comasema-Tal ** Fußweg etwa 5 Stunden *zum L'Ofre-Gipfel* [1090 m] und Bergwanderung zum *Castillo de Alaro,* vorbei an der Quelle Font d'en Tries, etwa 1 Stunde).

Hinter Sollerich gut aufpassen: nach etwa 4½ km rechts kleines Schild 'Castillo', Feld-Schotterweg hinauf zum Kastell (mühsam im Auto befahrbar bis zum Parkplatz Es Pouet, dann Fußweg, 15 Minuten).

Castillo de Alaro. Das ist eine 748 m hoch um den Gipfel eines Bergsporns mit Mauern und Türmen angelegte, heute verfallende *Burganlage* aus der Zeit der Araber. Ihr letzter Gouverneur Benahabet hatte sie kampflos den Truppen von König Jaime I. übergeben, und die bauten sie weiter aus zur 'uneinnehmbaren' Festung. Vergeblich. Nachdem König Jaime III. in der unglücklichen Schlacht bei Lluchmayor 1349 gefallen und sein Königreich Mallorca an Pedro IV. von Aragon gekommen war, ignorierten zwei königstreue Männer, En Cabrit und En Bassa, die Aufforderung zur Übergabe von Castillo de Alaro und zwangen Alfons zu einer für ihn verlustreichen Belagerung. Dann erst fiel die Burg, die beiden tapferen Verteidiger wurden vom haßerfüllten König zum Tode verurteilt und bei

Castillo de Alaro

lebendigem Leibe auf eisernen Rosten verbrannt. In Palmas Kathedrale, Capilla de los Martyres, stehen heute ihre Urnen.

Die unvergleichliche Aussicht vom Kastell gehört zu den eindrucksvollsten Panoramablicken auf Mallorca, zur Palma-Bucht vor allem nach Süden, zur Gebirgswelt des L'Ofre und bis zum Puig Mayor im Norden und zur Sierra de Levante und dem Puig Salvador im Osten. Im *Oratorio* die Marienfigur ›La Mare de Deú del Refugio‹ und die Bildnisse der Verteidiger, Bassa und Cabrit.

Alaro ist Bezirksort mit Schuh- und Textilindustrie (Hauptplatz mit Rathaus, Rundbogenarkaden, Wegekreuz, 16. Jh., Bartolomäus-Kirche, 14. Jh.). Weiter nach

Consell an der wichtigsten Fernstraße der Insel, C-713 (in Richtung Inca folgt nach 3 km *Binisalem,* Zentrum des gleichnamigen Weinbaugebietes, Tafeltrauben Rem de Balanza; Weinkellereien in der Ortsmitte, Besuch erwünscht; Anbau von Paprika, Kapern, Tomaten und Produktion von Pimiento, spanischem Pfeffer. In der Pfarrkirche La Asunción ausgezeichneter Altaraufsatz; im Palacio Ca'n Gilabert kleine Gemäldeausstellung). In Richtung Palma aber gelangen wir nach 4 km nach

Santa Maria del Cami, einst römische Rast- und Wegestation (del cami = am Wege), dann arabischer Hauptort, christliches Lehen des Barons Bernardo de Santa Eugénia, erster Gouverneur König Jaimes I. auf der Insel. In der wuchtigen *Pfarrkirche* beachtenswerte polychrome Innenausstattung von Francisco Herrera; nahebei der *Ex-Convento de Minimos,* untere Räume heute Leder- und Likörkontor, oben das *Museo Balear* mit Funden aus der Frühzeit bis zur Folklore des 19. Jahrhunderts, sehr schöner Innenhof, einst der alte Kreuzgang.

(** Über Son Torella nach *Avenc de Son Pou,* etwa 2 Std., große Höhle, durch nur eine kleine Öffnung belichtet.)

Rückfahrt nach *Palma* 14 km, Einfahrt über Calle Aragón.

Route 15: Inca – Santuario Santa Magdalena – Moscari – Selva – Salt de la Bella Donna – Caimari – Massanella – Mancor del Valle – Lloseta – Inca – (Halbtagsfahrt, etwa 60 km)

Zwischen zwei Klosterbergen im Umkreis von Inca besuchen wir den Felssprungplatz der Bella Donna oben im Gebirge und nahe dem Kloster Lluch, um dann im einzigartigen Wachsfigurenhistoricum von Binisalem bei gutem Wein Mallorcas Vergangenheit plastisch Revue passieren zu lassen.

Inca. Mit fast 15000 Einwohnern Mallorcas drittgrößte Stadt, Landwirtschaftszentrum, viele Lederfabriken (besuchen!), uraltes Siedlungsgebiet prähistorischer Menschen, Funde vor allem bei *Costitx* (Stierköpfe) und *Sancellas,* zur Römerzeit *castrum* und bedeutender Platz an der wichtigsten Römerstraße zwischen Pollentia und Palmaria, von den Vandalen zerstört, von den Byzantinern neu gegründet und dann so intensiv christlich, daß gegen Tributzahlung an den arabischen Wali der Islam die christliche Kultausübung duldete.

Damals war Inca der größte Ort der Insel, der innere Stadtbezirk wurde so gebaut, wie man ihn heute noch vorfindet. Es gibt wenig Sehenswertes außer Pfarrkirche *Santa Maria la Mayor* (13. Jh.) am Platz der Freitagsmoschee: quadratischer Glockenturm mit verspieltem Aufsatz; in der Taufkapelle Mallorcas einzige 'Torno' beachten, eine Holzwinde als Hilfsmittel bei der Taufzeremonie; in der Sakristei ein Marienbild von Dauder (1373).

Südlich das Kloster *San Francisco* (schöner Kreuzgang), westlich Kloster *Santo Domingo* (1604), sehenswert der platereske Altaraufsatz mit ›Rosenkranzmadonna‹ und im barocken Hof der verspielte Brunnen.

Wie zur Araberzeit und bis ins 15. Jahrhundert hinein hatten Incas Keramikwerkstätten einen besonderen Ruf. Nach alten, von arabischen Meistern übernommenen Verfahren, stellten sie so schöne, kupferrote metallisch glänzende Fayencen her, »daß die Italiener sie den schönsten Zinngeschirren vorzogen« (Cesare Scaliger), dekoriert mit altorientalischen Ornamenten und längst unleserlichen arabischen Schriftzeichen. Aus Majorika wurde *Majolika* – ein Begriff bis in unsere Tage.

Ausfahrt auf der C-713 in Richtung Alcudia, am Kilometerstein 32 nach rechts abbiegen (Hinweisschild), erst durch Felder und vorbei an Finkas, dann kleine Bergstraße, 2,5 km, hinauf zur

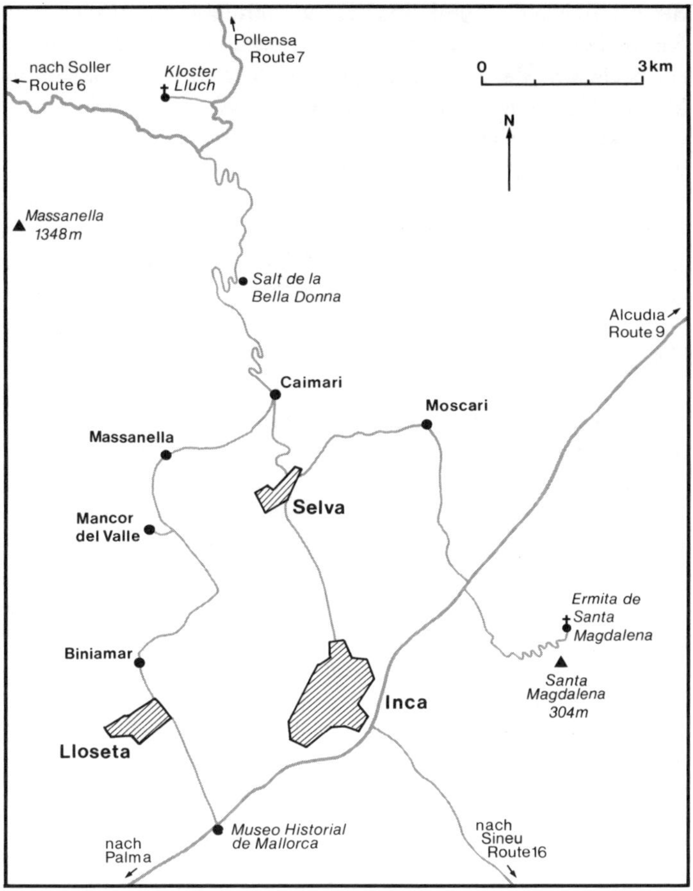

Ermita de Santa Magdalena auf dem Puig de Inca (304 m; Abb. 144). Ein schlichtes *Kirchlein* für die Hll. Paulus und Antonius, Patrone der heutigen Eremiten. Am Hauptaltar Madonna mit Kind und flankierend die Ritter Senén und Abadón, Stadtpatrone von Inca, hinter dem Gotteshaus die Eremitage, davor Terrasse mit Ziehbrunnen. Von dort wie vom Terrassenplatz hat man das Gesamtpanorama Mallorcas vor Augen, bei klarem Wetter die sicherlich umfassendste Übersicht in alle Himmelsrichtungen. (Die Kapelle stand vermutlich bereits zur Araberzeit, nach der Wiedereroberung wurde sie Eremitage frommer Frauen aus Katalonien, dann folgten Merced-Mönche, Franziskanerinnen, Nonnen aus dem Jeronimus-Kloster von Inca und zuletzt die Eremiten von St. Paul und St. Antonius.)
Zurück zur C-713 und dort nach 300 m links ab über *Moscari*, 5 km nach

Selva, an einem Hügel, mit der gewichtigen Pfarrkirche *San Lorenzo,* der einzigen Sehenswürdigkeit: Freitreppe zum kräftigen Rundbogenportal; innen beachtenswerte Gemälde vom Mallorquiner Antonius de Veri y Salas ›La Santo Familia de Francisco I.‹, eine Kopie, Original im Louvre, Paris, und andere Bilder von ihm; wertvoller Kirchenschatz in der Sakristei, Prozessionskreuz aus dem Mittelalter, eine Silberkrone und vergoldete und ziselierte Kelche und Monstranzen.

Nun auf der PM-213 nach Norden durch *Caimari,* 2 km, am Fuße des Puig Aubollons (585 m) und den Ausläufern des Massanella-Massivs (1348 m) links. Es ist ein Straßendorf mit weithin sichtbarer Pfarrkirche. Dann ständig in den Hängen des Puig de L'Escuder (terrassierte Mandelbaumplantagen) in Kehren aufwärts zur Bergregion mit alten Baumriesen und exotisch-bizarren Steinformationen bis *Es Barraca* (bei Kilometerstein 12 den Fernblick beachten!) und zum Felsdurchbruch von

Salt de la Bella Donna. Dies ist die makabre Geschichte des eigenartigen Namens: Aus welchen unergründlichen oder vordergründigen Überlegungen auch immer, jedenfalls hatte der Bauer Palou aus Selva längst den Plan gefaßt, sich seiner zwar sehr schönen, aber dennoch ungeliebten Frau irgendwie außerhalb von Gesetz und Kirche zu entledigen. Und diesmal würde es endlich klappen, die Gelegenheit war zu günstig, denn man war allein zu zweit und auf dem Wege zum Kloster Lluch, um das Neugeborene der Gevatterin aus der Taufe zu heben. Keuchend ging es die staubigen Serpentinen hinter dem Puig d'es Barraca hinan, und eben als die schöne Ehefrau des Palou auf der Höhe grad beim steilen Felsabbruch ihr verschwitztes Kopftuch abbinden wollte, brauchte Palou ihr nur noch einen leichten Schubs zu geben – und war allein mit sich und ledig aller Probleme. So meinte er und zog frohgemut und beschwingt zur Moreneta nach Lluch, um Dank zu sagen für so viel 'Glück'. Als er eine Kerze entzünden wollte, entfiel ihm der Zunder: tief im Gebet versunken kniete dort leibhaftig und unversehrt seine Gattin vor der Madonna und sagte ihr Dank für ihre wundersame Errettung. Seitdem bezeichnen die versöhnlichen Mallorquiner den Platz euphemistisch als 'Sprung' der Bella Donna, ohne weiter zu berichten, wie die Geschichte zu Ende gegangen ist. Eine phantastische Erzählung, die, lokalen Verhältnissen angepaßt, gewisse Beziehungen zur Fabulierkunst der Troubadoure der Provence, des Roussillon oder des Languedoc nicht verbergen kann.

Weiterfahrt nach *Lluch,* 5 km (Route 6, siehe dort), oder zurück bis *Caimari,* dort rechtsab und über *Massanella,* 2 km, nach

Mancor del Valle, 1,5 km. Ein reizvolles, fast verwunschenes Dörfchen am Fuße des Hügels der Santa Lucia und vor der Bergkulisse des mehr als 1000 m hohen Westküstengebirges, um 1230 nur ein Gutshof, hundert Jahre später ein Weiler um eine Kapelle für die heilige Lucia, die später auf dem Hügel eine neue Wohnung fand, als im Dörfchen die große Kirche für Johannes den Täufer errichtet wurde (ein Marqués de Palmer stiftete ihr nach einer Rompilgerfahrt die Gebeine des Märtyrers Probus, er selbst ruht in der Kirche, Grabplatte 1850).

Auffahrt hinter der Kirche links zur Terrasse vor dem Santuario. Das *Santuario de Santa Lucia* ist ein kleines Kirchlein (14. Jh.), am Altar eine Holzstatue der Madonna, dahinter das Zimmer der Lucia mit einer kleinen Figur der Heiligen, die man im 13. Jahrhundert hier gefunden haben will; viele Exvotos, hübscher Innenhof mit Brunnen und von der Terrasse wieder großartiger Fernblick: zurück zum Puig de Inca und Santa Magdalena, nach Inca, zu den weißen Mauern von Muro, rechts, und Campanet, links, dazwischen in der Ferne die Bucht von Alcudia.

Rückweg über das gleichfalls sehr reizende Bergdörfchen *Biniamar,* 5 km, nach **Lloseta.** Sehenswert in der *Kirche* das romanische Bild der Jungfrau Maria (11./12. Jh.) und die Fassade der *Casa Ayamans* (17. Jh.).

Wieder auf der Straße C-713 soll diese Route enden mit einem Besuch im

Museo Historal de Mallorca in einem von Türmen und Zinnen gekrönten Pseudo-Burgbau. Es ist ein wunderliches, recht originelles Wachsfigurenkabinett, in dem fünfzehn Figurengruppen chronologisch Mallorcas Geschichte darstellen, ein buntes, ein wenig naives, aber eindrucksvolles Szenarium zur Historie der Insel: Steinschleuderer; römische Besetzung; plündernde Vandalen; almoravidische Krieger; Wiedereroberung durch König Jaime I.; erste Meßfeier auf der Insel; Unterwerfung des letzten Wali; Raimundus Llullus; Feuertod von Cabrit und Bassa auf Schloß Alaro; König Jaime II. gründet Siedlungen; Königin und Königskinder als Gefangene auf Schloß Bellver; Kronprinz Jaime in Barcelona; die Kartenzeichner von Mallorca; Serra predigt in Kalifornien; George Sand und Chopin in Valldemosa.

Wer an Leder und Lederarbeiten Freude hat, der sollte im benachbarten Lederkunst-Museum *(Museo Arte del Cuero)* vor allem die einzigartigen Arbeiten des J. Lapayese anschauen sowie den instruktiven Überblick über kunstvolle Lederarbeiten vom Mittelalter bis heute.

Nach 4 km auf der C-713 erreicht man hinter der Ortseinfahrt in der Calle General Luque wieder Inca.

Route 16: Inca – Campanet – San Miguel – Cuevas de Campanet – La Puebla – Muro – Santa Margarita – Maria de la Salud – Sineu – Inca/Palma – (Halbtagsfahrt, etwa 65 km bis Inca, 80 km bis Palma – oder Tagesfahrt, wenn man die folgende Route 17 anschließt)

Nach einem Besuch der kleinen, aber schönsten Höhle der Insel durchfahren wir die weite Bauernlandschaft um Muro und Puebla, das ganz andere Mallorca außerhalb des Touristenstromes, um dann in Sineu, der geographischen Mitte der Insel, beim Marcuslöwen noch einmal ein wenig der Geschichte nachzugehen.

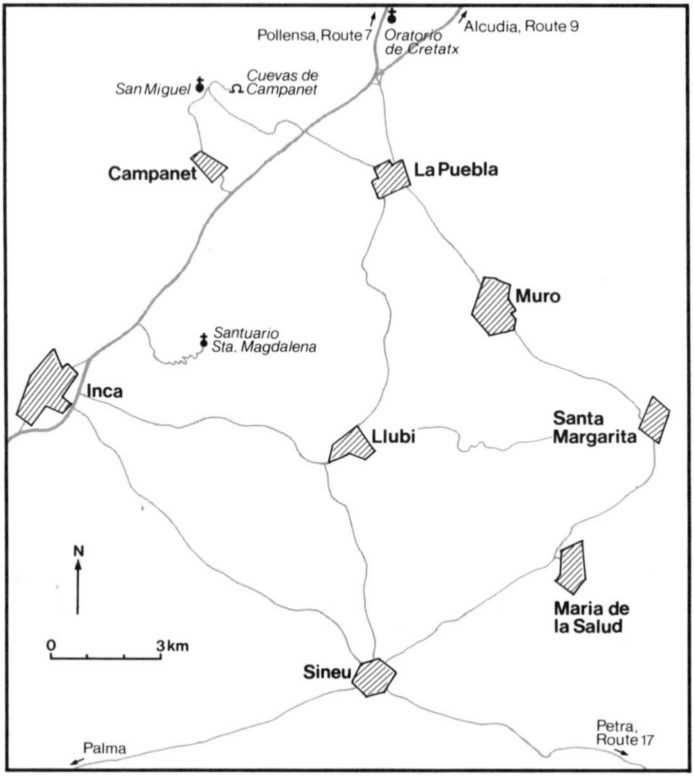

Aus Inca auf der C-713 Richtung Alcudia bis Kilometerstein 36, Abzweig linkerhand, 7,5 km nach

Campanet, ruhiges Bauerndorf auf kleiner Anhöhe, schöner Platz vor der Kirche *San Miguel* (1717), in der linken Seitenkapelle Reliquien des Heiligen Victorianus aus den römischen Katakomben, benachbart die *Casa Consistorial,* Geburtshaus des Humanisten Lorenzo Riber (1881–1958), Denkmal.

Bei Ortsausfahrt dem Schild 'Cuevas' folgen, am Bachlauf entlang zum Steinbrückchen, linkerhand das

Oratorio San Miguel, eines der ältesten Gotteshäuser der Insel aus der Zeit um 1229, schmucklos-schlicht, kleiner Glockenturm, verwitterte Heiligendarstellung im Eingangsbogen, innen Hauptaltar mit Michael, Sebastian und Antonius, altes Kruzifix, verwunschener Friedhof mit alten Grabsteinen (Abb. 145).

Kunstwerkstätten Menestralia bei Campanet

Cuevas de Campanet (Abb. 44). Gigantisch wie die Höhlen der Ostküste Mallorcas sind sie nicht, ihr Gangsystem ist aber immerhin 1300 m lang. Die Tropfsteinbildungen im miozänen Kalkstein aus der unteren Stufe des jüngeren Tertiärs jedoch sind hier zerbrechlich und filigran, wie von zarten Händen geklöppelt, und, weil erst 1945 entdeckt, schneeweiß bis seidig-chamois und nirgendwo verrußt, alles scheint kunstvoll, empfindlich und echt verzaubert, ohne den akustischen und oft kitschig-farblichen Unsinn der Besucher-Berieselung in Arta oder Drach beispielweise. Führungsdauer etwa 45 Minuten.

Wieder auf der C-713 (dort schloßähnliches Gebäude der Kunstwerkstätten 'Menestralia', lohnend, günstige Preise) nun bis zum Abzweig der PM-220 nach links in Richtung Pollensa. Nur 300 m weiter steht rechts am Fuße des Puig de Son Vila das *Oratorio de Cretatx* (Abb. 143), wie San Miguel aus dem Ausgang des 13. Jh., La Pueblas erstes Gotteshaus nach der Wiedereroberung, schmucklos romanisch ohne nennenswerte Einzelheiten am Ende einer kleinen Allee, ein zauberhafter Platz.

Nun zurück über die Straßenkreuzung und nach

La Puebla, dem wohl typischsten Landstädtchen im fruchtbaren Schwarzerde-Landwirtschaftsgebiet der Insel, dem Es Marjals, leicht hüglige Felder und Wiesen, überall Windmühlen, kleine Wassergräben, Bauern, Feldarbeiter, Vieh, eine arbeitsam-bukolische Welt vor der herben Bergkulisse der Westküste. Sicherlich haben hier zu ihrer Zeit schon römische *coloni* den Boden bewirtschaftet, zur Araberzeit gab es hier ein Landgut *Huayar Alfahs,* die Christen erbauten 1357 ihre Pfarrkirche *San Antonio Abad,* nachdem sie hundert Jahre lang die Kapellen von Campanet und Cretatx benutzen mußten.

Wir raten zu einem Halt an der schattigen *Plaza Mayor* und von dort zu einem Spaziergang; viele schöne alte Hausfassaden zwischen Platz, Kirche und den weiter nördlich

In Mallorcas Küchen auf dem Lande stehen auf Wandbrettern alle möglichen Tonwaren, Tiegel, Töpfe, Kannen, Flaschen, in der Ecke findet man die hidria, einen kleinen Krug aus gefirnißtem Ton als Wasserbehälter; es gibt zinnglänzende Kupfergefäße, pellas, die Pfannen zum Kochen der sopas und verschieden geformte ollas, Töpfe mit kupfernen Deckeln, und natürlich die großen Kessel, calderas, aus Eisen zum Wurstkochen beim Schlachtfest; dann Feuerungsgeräte, Mehlspeisformen, mollos, Mörser, Siebe, Fliegenwedel; den langen Trog, in dem mit den Füßen der Brotteig geknetet wird, einen Fleischhackklotz, pilo, und die ranastra, eine aus Weide geflochtene Form zum Trocknen der Kleider

liegenden Vierteln. An der Stadtausfahrt nach Alcudia/Can Picafort ein eindrucksvolles *Denkmal* für die Feldarbeiter von den schwarzen Es Marjals-Feldern (Abb. 147).

Das mallorquinische Haus

Mallorcas alte Häuser sind aus Naturstein-Quadern erbaut und haben in der Regel über dem Erdgeschoß noch ein Stockwerk. Ihr beiderseits abfallendes Dach ist mit roten Ziegeln gedeckt, ein angenehmer Kontrast zu den meist grellweiß gekalkten Mauern, die nur sehr selten roh belassen sind. Unter einem flachen Bogen sind die Tore meist eckig und führen in eine von Pfeilern getragene Halle, auf die viele viereckige, auffallend kleine Fenster schauen. In den alten Bauernhäusern ist noch immer die *Casa* der Hauptraum, gedeckt von einer rohen Holzbalkendecke über getünchten strahlendweißen Wänden. Auf dem Lehmfußboden oder auf Steinplatten steht dort der Herd (Llar) unter einer breiten Esse, und an den freien Wänden entlang ziehen sich gemauerte Bänke, zum Sitzen mit Schaffellen bedeckt. Schräg ab und etwas tiefer als die Casa liegen die Ställe, während in dem oberen Stockwerk kleine Wohn- und Schlafzimmer und Bodenräume zum Trocknen der Feldfrüchte mit Maiskolben an den Deckenbalken und Johannisbrot und Bohnen auf dem Boden noch immer üblich sind.

So stehen die Häuser in den alten Ortskernen noch immer auf kleinem Raum zusammengedrängt eng um den kleinen Platz vor der Pfarrkirche und entlang schmaler Gäßchen. Am breitesten ist die, in welche die Fahrstraße mündet. Sie trägt gewöhnlich auch den Namen der nächsten Ortschaft, zu der man auf dieser Fahrstraße gelangt, heißt also Calle de Palma, wenn sie nach Palma führt.

Muro liegt 5 km von Puebla, auf einem Bergrücken über den Feldern des Marjals; weithin sichtbar ist die gewaltige Kirche *San Juan Bautista* (1570) an der Stelle eines Kapellchens von 1240 (Abb. 148): freistehender Glockenturm, quadratisch, durch arkadenartig gesetzte Stützpfeiler betont kräftiger Kirchenkörper, skulptiertes Seitenportal, Hauptaltar dreistufig mit Figurenschmuck (15./16. Jh.). Andere Kirchen: Kapelle *La Sang* (14. Jh.) und *Santa Ana*

Sehr verschiedenartig sind Mallorcas Sitzmöbel. Der Sitz der Stühle (cadiras) ist aus Palmitoblättern, Bova- oder Spartschnüren geflochten. Sie haben gerade, feste vierkantige Beine und eine Lehne aus weichem Pappel- oder Strandkiefernholz, bessere sind aus dem der Kirsche, aus Nußbaum-, Ölbaum oder Mandelbaumholz. Kleine Stühle sind die cadiretas, ohne Lehne heißen sie cadiras beixas. Wohlhabende Bauern bevorzugen zusätzlich Lehnstühle (cadiras de repos) aus Nußbaumholz, Sitz und Lehne aus Leder und mit dickköpfigen Nägeln beschlagen. Die Tische sind aus Kiefern-, Nußbaum-, Fichten-, Ölbaum- oder Pappelholz und haben meist gedrechselte Füße, die durch gekrümmte eiserne Stäbe verbunden sind

(1589), einst Klosterkirche vom Minimos-Konvent. Auch hier wieder an engen Gassen viele Prachtfassaden alter Herrenhäuser. In einem alten Palast ist das sehenswerte Museo Etnológico von Mallorca untergebracht.

Santa Margarita, 6 km von Muro, ebenfalls ein sehr heimeliges Landstädtchen, römische Siedlung, Arabergut Abenmaaxbar und seit der Reconquista um die *Santa Margarita-Kirche* erbaut (1232): Freitreppe, ornamentiertes Hauptportal, innen beachtenswert der Goldschrein und das Retabulo in der Capilla Santo Cristo de las Animas, moderne mallorquinische Marmorarbeit von Tomás Vila, in der Sant Antonius-Kapelle aus dem 13./14. Jh. Bilder von Petrus und Margarita. Weiter Blick von der Kirchenterrasse.

Maria de la Salud, 6 km von Santa Margarita, ist ein Bauernort, am Platze eines Landgutes der Familie Roqueta; daß man dort ein Marienbild fand, gab Anlaß zum Bau der Kirche Nuestra Señora de la Salud (Abb. 152). Die Figur steht auf dem Hauptaltar. 1857 wurde hier der Orden der Barmherzigen Schwestern des Hl. Franz von Assisi gegründet.

Sineu, 6,5 km von Maria de la Salud, ist der geographische Mittelpunkt der Insel, sicherlich bereits Wohnort vorzeitlicher Siedler (Talajot-Relikte); römische Niederlassung, in einem lateinischen Brieffragment von Plinius als 'Sinium' erwähnt; später einer der sechs arabischen Hauptorte auf Mallorca, befestigter Herrensitz von König Jaime II. und König Sancho (heute der Convento de Monjas, wo sich die Franziskanerinnen noch immer gerne als 'Monjas del Palau', Nonnen des Palastes, ansprechen lassen), zeitweise sogar Residenz. Ein lebhafter, fast kleinstädtischer Marktflecken, in dessen Umgebung es einst viele Mühlen gab, weiße Stümpfe stehen noch, aus dem Hauskonglomerat ragt die Kirche auf.

Besichtigung ab Plaza España: Um den freistehenden Glockenturm der *Kirche* zum Denkmal des *Löwen von Sineu* (Symbol des Schutzheiligen der Stadt, Sankt Markus; Abb. 150), breite Freitreppe zur Pfarrkirche *Nuestra Señora de los Angeles* (Abb. 149): seit 1248 bekannt, Anfang des 16. Jahrhunderts durch Brand zerstört, dann mit hohen, bogenförmigen Stützpfeilern – wie in Muro – wiederaufgebaut, Sonnenuhr 1783, hoher Kuppelbau mit Wappen, Evangelisten und Markuslöwen innen, farbige Fenster, Hauptaltar mit Marienfigur um 1500, wertvolle Silberleuchter, platereske Capilla Virgen del Rosario mit Gemäldeaufsatz zu den 15 Mysterien des Rosenkranzes (17. Jh.), Capilla San Martin de Tours, hölzerner Altaraufsatz (15. Jh.). Im Kirchenschatz beachte man die goldenen Kruzifixe und eine Monstranz aus dem 15. Jh., gehämmert und getrieben, Bilder zu Szenen der Passion, ein mallorquinisches Meisterstück.

Nun nordwärts um die Kirche zur *Casa Rectoral* (bei Interesse dort Keramiksammlung ansehen), der Kirche *San Francisco* (alte Klosterkirche vom Pauliner-Konvent) und der *Casa Consistorial* (Rathaus), beachten: Treppenhaus mit schönen Schlußsteinen im Gewölbe, um marmorne Ziehbrunnen rundbogige Arkaden im Innenhof; man lasse sich die *'Barcella'* (1343), ein ziseliertes Bronzemaß für Getreide, zeigen.

Altes Getredemaß, auf der einen Seite das Wappen von Aragon, auf der anderen das von Sineu, nahe dem oberen Rand der Schriftzug ›Barcelo de Sineu‹. – Sineu ist wegen seiner Marktlage ein wichtiges Agrarzentrum der Insel

Am Ende der Calle Viento, zwischen Telefondrähten, das einzigartige *Wegekreuz* (1585, Wappen der Evangelisten, der Gekreuzigte vorn, die Gottesmutter hinten; Abb. 153).

Jenseits vom Postamt Kirche *San José* (Glockenturm, Hauptaltar mit sehr alter Holzfigur des Hl. Joseph, Fußboden aus verwitterten Azulejos; Kruzifix und Retabel 15./16. Jh.) und *Convento de Monjas,* die ehemalige Königsresidenz (1309); in der Kirche alte Holzbilder und Statuen. Im Ort allenthalben winklig-enge Gassen, viel Malerisches.

Weiterfahrt nach Inca auf der PM-324, 14 km, – oder nach Palma direkt auf der PM-334, 32 km, über Montuiri-Algaida auf der C-715, 41 km – oder per Eisenbahn – oder Fortsetzung der Rundfahrt wie in folgender Route 17.

Route 17: Sineu – Petra – Ermita de Bonany – San Juan – Ermita de la Consolación – Montuiri – Algaida – Palma – (Halbtagsfahrt, etwa 52 km)

Fortsetzung der Route 16, noch einmal zwei Klosterberge, zuerst zur Santissima von Bonany, dann zur Madonna im brennenden Dornbusch, flachhügelige Eremitenberge mitten im Land der Insel Mallorca dort, wohin sich selten einmal ein Touristenbus verfährt, das ursprüngliche, eigentliche Mallorca der frohen und guten Herzen.

Von Sineu auf der PM-330, 10 km, am Puig de Marcona (links) und den Son Onofre-Bergen nach Südosten, bis voraus der Klosterberg von Bonany (317 m) auftaucht.

Petra, arabische Gründung; die 'Strahlende' blieb es auch zu christlicher Zeit, erst als Besitz von König Jaime I., dann weil ihr Name bis heute als Stern in den USA weiterstrahlt. 1713 wurde hier José Miguel geboren, trat, erst 16 Jahre alt, dem Franziskanerorden bei, studierte und promovierte als *Fray Junípero Serra* in Palma und reiste 1747 zusammen mit seinen Ordensbrüdern Crespi, Palou, Vergé und Vicens nach Mexiko, wurde dann Superior der

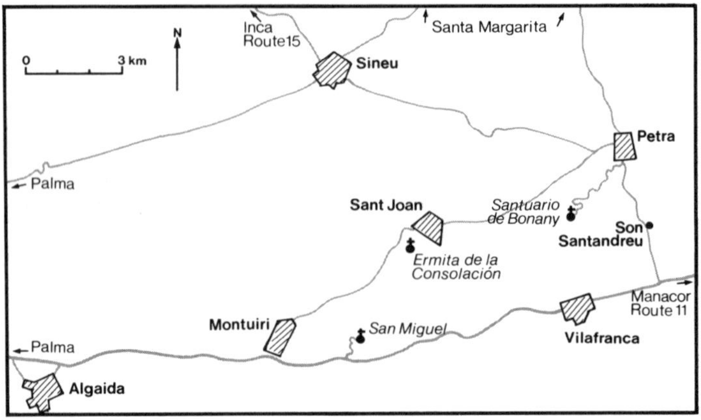

Franziskaner in Kalifornien und gründete während dieser Zeit insgesamt 21 Missionsstationen und Klöster. Eines davon war 1776 San Francisco de Assisi, aus dem sich die Millionenstadt San Francisco entwickelt hat, heute die Mission Dolores, Nähe Market Street. 70 Jahre alt, verstarb er in San Carlos. Seine Büste steht im Kreise der Großen Amerikas im Capitol zu Washington.

An der nach ihm benannten Straße sein Geburtshaus (*Ca'l Pare Serra)*, eingerichtet im einfachen bäuerlichen Stile des 17. Jahrhunderts, benachbart das *Museo del Padre Serra* (Erinnerungsstücke aller Art, besonders Briefe, Skizzen, Notizen, Karten), knapp 100 m weiter die Klosterkirche *San Bernardino* vom ehemaligen Franziskanerkloster, 1672 (schöner Altaraufsatz, zwei beachtenswerte Seitenaltäre).

Am Ende der Calle Franco die Pfarrkirche *San Pedro* (Abb. 155): am Platze eines sehr alten Gotteshauses bis 1724 errichtet, Längsseiten mit mächtigen Rundbogenarkaden, sechseckiger Glockenturm, innen gotisches Taufbecken mit der Krone Petri, des Schutzpatrons der Stadt, und Erinnerungstafel an die Taufe Serras über diesem Becken; beachtenswerter Altaraufsatz in der rechten Seitenkapelle für Cosmas und Damian, in der Kapelle der Señora Bonany (14. Jh.) ihr verinnerlichtes Bild.

In der Calle Maragues die palmenbestandene *Plaza Padre Serra* mit dem Denkmal des großen Sohnes der Stadt (Abb. 154), der in der *Casa Consistorial* (um die Ecke) auf einem Riesengemälde porträtiert ist; das andere Bild stellt seinen Neffen, Pater Miguel de Petra, dar, Mathematiker und Architekt.

Von der Plaza Cruz (Süden der Stadt, Anfang der Calle Franco) Auffahrt zur Ermita, 4 km, unterwegs Aussichten!

Ermita de Bonany, 317 m, Wallfahrerplatz zum Bild der Mare de Deú de Bonany, möglicherweise bereits im 8. Jahrhundert entstanden, zur Araberzeit in einer Höhle versteckt und nach der Wiedereroberung aufgefunden, eine fast gemütliche Madonna voller

Liebreiz und Güte und mit einem froh lächelnden Jesusknaben auf ihrem Arm, bäuerlich-rundplastisch, gedrungen und organisch gerundet, ansprechend schön.

Erst eine Hütte, ab 1604 eine Kapelle, von Pfarrer Miguel Vicens aus Petra erbaut, war ihr Verehrungsplatz. Als im Beginn des 17. Jahrhunderts eine schlimme Dürre das Land heimsuchte, flehte man auch zur Madonna auf dem Berge – und es fiel Regen in Fülle, so daß es für die Bauern um Petra und im Es Marjals bis nach Puebla hin ein gutes Jahr, ein Bon Any wurde. Seitdem heißt sie Santissima Bonany oder 'Jungfrau des guten Jahres'.

Der Kirchenbau ist neu, 1920, Reste der alten Kapelle an der Clausura, innen über dem Hauptaltar die Madonna, flankiert von San Pablo und San Antonio Abad. Von der Terrasse aus der mallorquinische Panoramablick: zur Ostküste über Manacor bis Porto Cristo, zum Klosterberg Randa und Montesion, zu den Gipfeln von Castillo Santueri und San Salvador im Süden, bis Arta und zur Alcudia-Bucht im Norden und zur Westküsten-Gebirgskette.

Abfahrt bis zur Straßengabelung vor Petra, 3,7 km, rechts in die PM-331 einbiegen und nach etwa 2 km linkerhand das Landgut *Son Santandreu* mit vielleicht ganz Spaniens bedeutendster Sammlung von Fächern aus allen möglichen Materialien, Formen und Farben, dazu Keramiken, Malereien, landesübliches Mobiliar und Einrichtungsstücke und allerlei Kleinigkeiten, sehr interessant und instruktiv.

Man muß zurück nach Petra, durch die Stadt und bei der mächtigen Pfarrkirche San Pedro links einbiegen in die PM-322 Richtung San Juan, 6 km.

San Juan. Beides springt ins Auge: die alle weißen Häuser des Ortes hoch überragende *Pfarrkirche* und der Hügel des *Santuario* (Abb. 161). Die Historie beginnt dort. Gleich nach der Eroberung wurde aus dem Araberdorf Alahmar ein christlicher Ort, der sich Johannes dem Täufer weihte und ihm dann am Ausgang des 13. Jahrhunderts die Ortskirche baute. Ein wenig früher geschah das große Wunder: Da war ein Araberjunge im Dorfe seiner Eltern geblieben, eine Waise, er verdiente sich als Hirt und Hüter sein Brot, wenn er mit den Herden der Bauern über Wiesen und Hügel zog. Einmal bemerkte er, es war schon Abend geworden, unter einem knorrigen Ölbaum ein eigenartiges Leuchten, ging näher und sah einen kleinen Dornbusch, der zwar brannte, aber nicht verbrannte, und zwischen den glühenden Zweigen stand ein Bild der Madonna mit ihrem Kind. Die nahm er unter seiner Djellabah mit nach Hause, errichtete ihr in seiner Hirtenkammer hinter den Ställen ein Altärchen und verbrannte vor dem Bild in einem Schneckenhaus, wie in einer 'ewigen Lampe', Olivenöl. Lange blieb sein Geheimnis nicht verborgen, und als man von der Geschichte erfuhr, strömten bald viele aus der Umgebung herbei, um das Wunder zu sehen. Wie immer auf Mallorca: ein Kirchlein wurde gebaut und in einer Nische das Marienbild aufgestellt: unter großem Strahlenkranz um ihr Haupt die Gottesmutter, im weichen Stil modelliert und voller Lieblichkeit, weitschwingendes Gewand in langen Bahnen, der Jesusknabe ihr zugewandt auf dem linken Arm in eigener Bewegtheit, wenn man Hand- und vor allem Fußhaltung betrachtet, ein liebevoller Realismus, das Kind dicklich und pausbäkkig wie ein Salzburger Engelchen, so recht alles in volkstümlicher Frömmigkeit, die dem mallorquinischen Landvolk adäquat war und ist.

Mare de Déu de Consolació

Die kleine Kirche der *Ermita de la Consolación* ist ein Juwel, verdankt ihre stilvolle Restauration und Erhaltung dem Ortspfarrer Gabriel Ferriol (der auch den Schlüssel bewahrt, Pfarrhaus): Vorhof, Blumen, eine Terrasse, Treppen zum Teil mit antikem Belag, schöne Kachelbilder der Kreuzwegstationen.

Unten im Orte San Juan muß man die Pfarrkirche *San Juan Bautista* besuchen (1293 begonnen): Alabasterkanzel, Retabel zur Beschneidung, Passionskreuz, fast prunkhafte Innenausstattung, kostbare Deckentäfelung mit Lamm Gottes und Evangelistensymbolen; über dem Hochaltar übergroße Fresken zum Thema Dreifaltigkeit und Leben Johannes' des Täufers, hinten in leuchtenden Farben das Fenster zur Legende vom Wunder des brennenden Dornbuschs.

Weiterfahrt auf der PM-322, nur 6 km, nach

Montuiri, Ortslage auf einem Hügel, malerische enge Gassen, viele schöne Hausfassaden mit Wappen, in der Pfarrkirche *San Bartolomé* zwei schöne Altaraufsätze.

2 km in Richtung Manacor, C-715, links die Auffahrt zum *Santuario San Miguel,* Wallfahrtskirche für die liebe Frau vom guten Frieden (Abb. 159), kaum sehenswert, aber schöne Aussicht von der kleinen, baumbestandenen Terrasse aus.

Über *Algaida* erreicht man auf der C-715 nach 29 km wieder Palma.

Route 18: Lluchmayor – Santuario de Montesion – Porreras – Montuiri – Puig de Randa – Ermita de la Pau – Algaida – Palma – (Tagesfahrt, etwa 95 km)

In unserer Routenbeschreibung zwar die letzte, als Rundfahrt von Palma aus aber eine der wichtigsten Fahrten, über das Schlachtfeld von Lluchmayor und noch einmal zu zwei Kloster- und Aussichtsbergen, erst zur Gottesmutter mit der silbernen Krone und dann zu den drei Eremitagen auf dem Klosterberge Randa, zweifellos der besondere Höhepunkt im Südosten Mallorcas, den eigentlich kein Besucher der Insel auslassen darf.

Palma verläßt man nach Osten auf der Autobahn, die hinter dem Abzweig zum Flughafen San Juan übergeht in die fast schnurgerade C-717, Richtung Santanyi; dies ist der eine Weg – reizvoller ist der andere: Abfahrt 'Playas de Palma' und entlang der gesamten Badebucht bis El Arenal, 5 km, dort nach links abbiegen in die PM-602, Richtung Lluchmayor, 12 km, durch die typische Südmallorca-Landschaft: Felder, Gärten hinter mannshohen Mauern, Windmühlen, mal eine Finka, Baumgruppen, weidende Tiere.

Lluchmayor. Vom 'Großen Wald' (lucus major) stammt der Ortsname, und vermutlich schienen die bewaldeten flachen Hügel einst für König Jaime III. die letzte verzweifelte Möglichkeit gewesen zu sein, mit nur 3000 Mann Fußtruppen und kaum 400 Reitern, von Baumgruppen getarnt, das taktisch Unmögliche zu versuchen und gegenüber zwei kampfstarken Divisionen des aragonesischen Königs Pedro IV., unter dem Oberbefehl von Admiral Rimbeau de Corbera, zu bestehen. Wir wissen: Versuch und letzter Einsatz mißlangen. Am 25. Oktober 1349 kam es zur Entscheidungsschlacht um Mallorca, tobte der Kampf in der Gemarkung von Lluchmayor; der König und fast sein gesamtes Heer fielen, das Königreich Mallorca hatte aufgehört zu bestehen und wurde zur Provinz von Aragon.

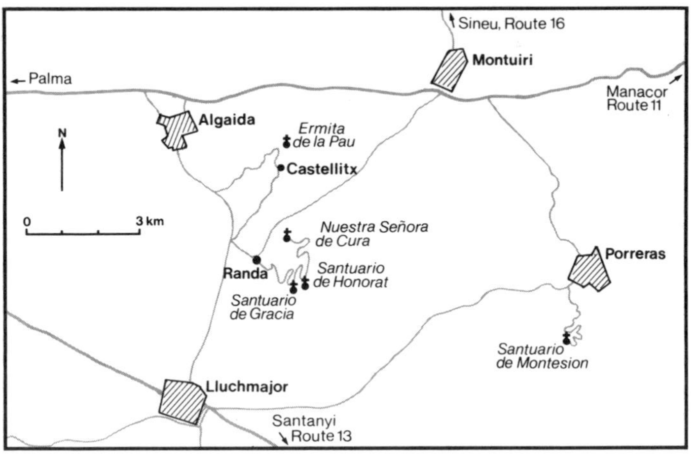

I

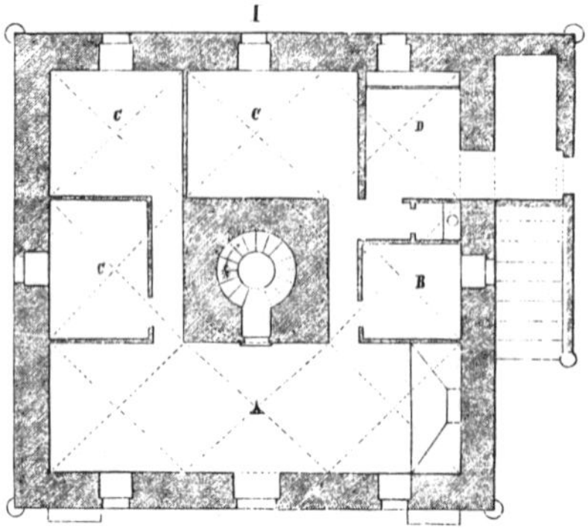

II.

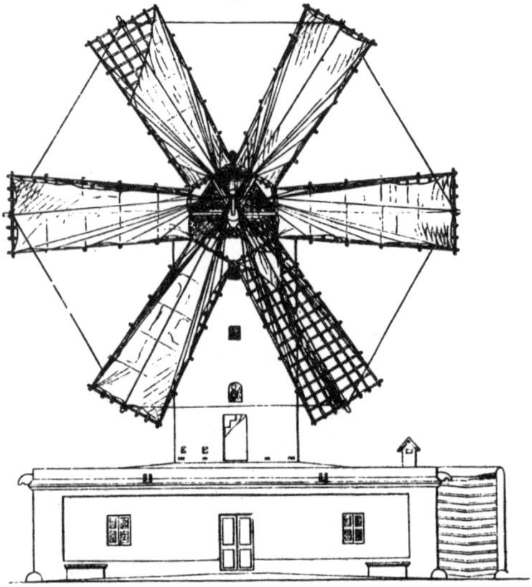

III.

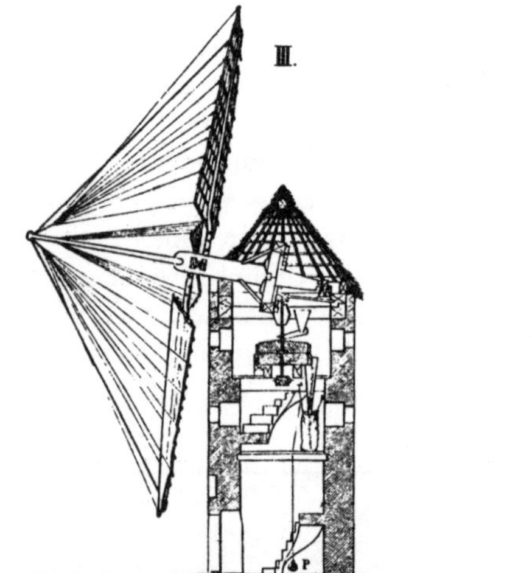

III.

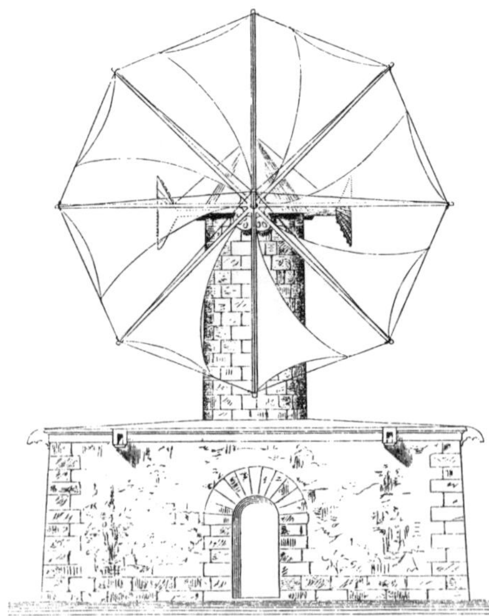

IV.

Das bedeutete das Ende eines Machtkampfes, der begonnen hatte, als König Jaime I. sein Reich unter seine beiden Söhne aufteilte. Schon Pedro III. wollte seine Hand auf die Balearen legen, Pedro IV. wagte es schließlich und besiegelte den Untergang des mallorquinischen Königtums.

Zwei Monumente erinnern an die letzte Schlacht. An der Straße C-717 kurz vor Ortseinfahrt Lluchmayor ein hohes *Erinnerungskreuz* (Abb. 156), schlicht mit Wappen, Plaza de Sa Batalla genannt, und im Ort, wenn man von Arenal her angereist kommt, ein *Denkmal* für König Jaime III. mit der erschütternden Darstellung des sterbenden Königs, neben ihm ein Soldat seiner Garde, der Mallorcas Fahne zum letzten Male in den Himmel hält (Abb. 157).

Lluchmayor ist Zentrum einer blühenden Landwirtschaft (bes. Aprikosen) und einer nicht unbedeutenden Schuhindustrie. Beachten Sie im Zentrum, Nähe Plaza España, das reizende *Schuhmacherdenkmal* (Abb. 160). In der Pfarrkirche *San Miguel* waren früher die sterblichen Überreste von König Jaime III. beigesetzt, heute ruhen sie in der Trinitätskapelle der Kathedrale zu Palma, zusammen mit denen von König Jaime II., ihre Sarkophage aus Alabaster mit den Liegefiguren der Könige, die Köpfe auf Kissen gebettet, ihre Füße von Löwen gestützt, König Jaime II. in zeitgenössischer Hofkleidung, König Jaime III. als Krieger im Maschenpanzerhemd, das er auf dem Camp de Sa Batalla von Lluchmayor trug.

Von der zentralen Plaza España wählt man die PM-502 in Richtung Porreras. Linkerhand der Klosterberg Randa, deutlich auszumachen die Steilwand mit den Bauten des Gracia-Heiligtums, darüber Sant Honoratio, dann rechterhand Porreras, der Klosterberg von Montesion und bald nach rechts die asphaltierte Auffahrt, 2,7 km, zum Kloster, vorbei an meist zerstörten Kreuzwegstationen.

Santuario de Montesion. Erst Schule der Jesuiten, dann ab Mitte des 14. Jahrhunderts kleines Kloster mit einem Kirchlein zur Ehre der Gottesmutter vom Berge Zion, Mare de Deú de Monte Sion (deshalb Montesion), finanziell vor allem gefördert von zwei Adelsfamilien aus der Umgebung, den Duzays und den Mesquidas: Treppe zum Innenhof, Rundbogenarkaden vor den einstigen Klosterzellen, Ziehbrunnen, Klosterkirche mit dem Marmorbild der Madonna, der Jesusknabe auf ihrem rechten Arm, eine mallorquinische Arbeit aus dem 15. Jahrhundert, etwas knapp modelliert ohne idealisierende Schönfärberei, der Madonnenkopf gekrönt und von einem starren Strahlenkranze umgeben, verinnerlicht im Gesichtsausdruck, gerahmt von gewelltem Haar, weich, fast lieblich im Stil wie das sanfte Ausschwingen des Faltenflusses, das Kind gedrungen, vereinfacht, fast bäurisch-derb, aber voll Spontaneität in der Bewegung; beide eingebunden in einen sie umgebenden gotischen

◁ *Windmühlen arbeiten das ganze Jahr Tag und Nacht hindurch, wenn genügend Wind ist – nur am Laurentius-Tag stehen sie still. Die mittlere tägliche Leistung beträgt etwa zwischen 280 bis 422 Liter gemahlenen Getreides. – Meist stellte man die Mühlen auf die Terrasse (sintell) eines kleinen, niedrigen und wie die Mühle selbst blendend weiß gekalkten Haus-Unterbaues, um ihnen in der flachen Feldebene eine höhere Lage zu geben. Dieser Unterbau wurde beibehalten, auch wenn die Mühlen auf Hügeln errichtet wurden*

Altaraufsatz. Dort das Wappen der Familie Duzay: Mönche auf Wellen und ein Baum; in der Sakristei Exvotos aus neuerer Zeit, in den Seitenkapellen schöne alte Altaraufsätze.

Nicht den Blick von der Terrasse vergessen: links Manacor, dann Campos und Santanyi und weiter nach rechts Felanitx, San Salvador und Castell Santueri.

Porreras ist ein Marktflecken inmitten des südost-mallorquinischen Getreidegebietes, seine einzige Sehenswürdigkeit ist die gewaltige Pfarrkirche *Nuestra Señora de Consolación* (um 1277), heutiger Bau 1666: seitlicher Quadratturm, große Fensterrose; innen schöne Kachelbilder in den Seitenkapellen; unbedingt sollte man in der Sakristei den Kirchenschatz ansehen, u.a. ein Stiftskreuz des Templer-Ritterordens, benutzt als Prozessionskreuz, feinste Silberschmiedearbeit mit Figurenschmuck (14. Jh.), eine einzigartige Monstranz und ein Hostienschrein mit Kristallinkrustationen (beide um 1565).

Weiterfahrt auf der PM-503 Richtung *Montuiri* bis zur Einmündung in die C-715 und auf ihr 1,5 km bis zum Abzweig links nach *Randa,* 8 km, einem kleinen, sehr malerischen Dörfchen am Platze eines arabischen Landgutes; Auffahrt in vielen Serpentinen zum Klosterberg von Randa, 5 km.

Puig de Randa, Tafelberg mit drei Eremitenheiligtümern (Abb. 162):
1 Santuario de Nuestra Señora de Gracia, Hinweisschild rechts, etwa 600 m zur Eremitage aus dem 15. Jahrhundert; wunderbare Lage, wie ein Schwalbennest an senkrechten Felswänden, die oberhalb der Klosterbauten weit überkragen; in der Klosterkirche Bild der betenden Madonna ohne Kind; einzigartiger Blick von der Terrasse nach Lluchmayor und zur Südküste Mallorcas.

2 Santuario de Sant Honorat, Hinweisschild rechts, Eremitage aus dem 14. Jahrhundert, Einsiedlermönche früher, Padres der Mission vom Herzen Jesu heute, kleine Kapelle, davor hübscher Innenhof; wieder weiter Blick von der Terrasse bis Palma und zur Südspitze Mallorcas mit der Felseninsel Cabrera.

3 Santuario de Nuestra Señora de Cura, kastellartig von außen mit nackten Mauern auf dem Gipfel des Tafelberges (549 m), seit 1275 Platz eines franziskanischen Eremiten, unlösbar verbunden mit dem Inselheros Raimundus Llullus, der hier ein Collegium der lateinischen Grammatik gründete. Einfahrt durch das Klostertor mit Willkommensgruß 'Bienvenido Cura', rechts kleine Gartenanlage mit *Standbild des Llullus,* dahinter die sehr stilvolle *Klosterkirche* mit dem Bild der Señora de Cura; im *Kloster* Glasmalereien mit Szenen aus dem Leben und Wirken des Raimundus Llullus und die *Bibliothek* mit uralten Handschriften, Inkunabeln und Stichen; von der großen Terrasse Blick über fast ganz Mallorca im Bogen von den Bergketten im Westen über 32 Ortschaften bis zur Küste im Süden; von der Bergterrasse im zweiten Klosterhof auch nach Palma und zu den Küstenbögen bei Arenal oder bis Portals Vells und Cap Figuera.

Sant Honorat

Hier in Stichworten die bewegte Lebensgeschichte des großen Heiligen von Mallorca: 1235 als Sohn eines Edelmannes und Vertrauten von König Jaime I. auf Mallorca geboren, wird er Page bei König Jaime II., auf Grund seiner körperlichen Vorzüge bald der höfische Playboy, es gibt viele öffentliche Skandale, bis König, Hof und Eltern auf Eheschließung mit dem Edelfräulein Catalina Labots dringen; trotzdem weitere Ärgernisse, dann vergebliche Versuche auch mit der Ehefrau eines Höflings, der Señora Ambrosia de Castello eine Liaison zu knüpfen, letzter, unerhörter Versuch: Raimundus folgt ihr hoch zu Roß durch die Kathedrale von Palma bis vor den Altar, beim dann endlich vereinbarten Rendezvous reißt Ambrosia in tragischer Geste ihre Bluse weit auf: »Ich bin eine Ausgestoßene der Liebe, mein Liebhaber ist der Tod« und zeigt ihm den von Aussatz zerfressenen Busen. Erschüttert flüchtet Raimundus, verkauft Hab und Gut, trennt sich von Frau und Kindern, pilgert nach Santiago de Compostela und zum Montserrat, kommt geläutert nach Mallorca zurück, lernt bei seinem Sklaven die arabische Sprache und zieht sich dann als Eremit auf den Berg Randa zurück. Selbstkasteiungen, Mystizismen und Visionen bestimmen die Zeit dort. Von König Jaime II. erbittet er Hilfe und erhält aus königlichem Besitze den Platz, wo heute sein Miramar steht. Eine Priester- und Missionsschule entsteht, mit dem Ziel, den Islam zurückzudrängen; er schreibt Traktate und bearbeitet theologische Themen aus seiner Sicht, später erfolgt eine Reise nach Rom, dann Paris, Montpellier, Genua und Tunis, wo er stets öffentlich seine Lehren zur Bekehrung der 'islamitischen Heiden' predigt, Weiterfahrt nach Armenien und Palästina, um Jerusalem in einem neuen Kreuzzug zu befreien, zurück nach Paris, dann nach Ägypten und noch einmal nach Palästina, anschließend nach England. Als

Achtzigjähriger erneute Missionsreise nach Tunesien und Fußmarsch bis Bougie (heute Bejaja in Algerien), wo man 1315 den Prediger wider den Islam, Allah und Mohammed öffentlich zu Tode steinigt. Sein Leichnam wird vom Genueser Etienne Colombo nach Palma überführt und in der Kirche San Francisco beigesetzt, wo er noch heute ruht.

Rückweg durch Randa bis zur PM-501 und dort, 1,5 km, rechtsab beim Hinweisschild 'Castellitx de Pau', fester Fahrweg über Hügel, durch Felder etwa 5 km zum alten Gehöft von *Castellitx* (Parken, Kirchenschlüssel erbitten).

Ermita de la Pau (Abb. 158), bescheidenes Kirchlein im stillen Tal, umgeben von Feldern, dem Gehöft, Palmen und Blumen, Blick hinauf zum Berg Randa. Wenn nicht das älteste Gotteshaus überhaupt (um 1236 oder früher), so doch eines der ältesten nach der Reconquista: Vorhof, Vorhalle, Weihwasserbecken mit Muscheldekor, gotischer Hauptbau, romanische Kapelle mit Hochaltar, Aufsatz Peter und Paul, die Mare de Deú de la Pau, lächelnde Renaissancefigur. Beschauliche Ruhe überall, und deshalb empfiehlt sich Rast auf den Sitzbänken der hohen Vorhalle oder draußen beim Brunnen.

Rückweg zur PM-501 und rechtsab Richtung *Algaida* (arabisch *al-gaide,* 'der Wald' vor dem Klosterberg Randa), Landwirtschaftsort mit der gotischen *Pedro y Pablo-Kirche* (1404): kleine Rosette, darunter Madonnenfigur und gotisches Hauptportal, innen allein sehenswert eine Ellipsenkuppel in der Eckkapelle.

Auf der C-715 erreicht man nach 21 km wieder *Palma.*

Insel Menorca

Längst ist Mallorcas Schwesterinsel der Rolle, Stiefkind des Tourismus zu sein, entwachsen. Gottlob! Fast möchte man meinen, kluge Touristikfachleute hätten Nerven genug gehabt, erst abzuwarten, in welcher Art und Weise auf den anderen Baleareninseln sich die Fremdenverkehrsströme zum Positiven wie zum Negativen hin entwickeln würden. So konnte viel Ungereimtes vermieden und Nachahmenswertes, entsprechend angeglichen, realisiert werden, zum Nutzen jedes Menorca-Besuchers heute. Historie, Kultur, Klima und Verkehrslage dieser Insel wurden bereits in den einleitenden Kapiteln behandelt. So sollen hier sofort unsere Routenvorschläge folgen.

Übersichtlich bildet die große Transversale von Mahón nach Ciudadela, die C-721, wie bei einem wenig gefiederten Blatt, die Hauptrippe der Insel, von der zu Buchten mit Sehenswertem oder an unterschiedliche Badeplätze Zubringer → als Straßen oder Wege abgehen.

Wir wählen die Hauptstadt Mahón zum Ausgangspunkt, weil dort alle Fährschiffe aus Barcelona und viele aus Palma anlegen, während Ciudadela in der Regel nur mit Alcudia auf Mallorca Verkehrsverbindung hat.

Mahón, heute um 22000 Einwohner, gehört zu den ältesten phönizischen Ankerplätzen im Westbecken des Mittelmeeres und mag schon im 14. Jahrhundert v. Chr. von ihren Handelsseglern angelaufen worden sein, denn diesen besten Naturhafen des gesamten Mittelmeeres können sie einfach nicht übersehen haben, zumal genügend deutliche Spuren vorzeitlicher Besiedlung um die Bucht von Mahón ihnen sicher den Weg gewiesen haben mögen. Dann verlief in groben Zügen die Inselhistorie parallel zu der von Mallorca, und in sie eingebettet die Geschichte der Stadt Mahón (s. Kapitel 'Geschichte'). Im innersten Winkel der gut 6 km langen Naturbucht, die geradezu einem Fjord ähnelt, und von der der genuesische Admiral Andrea Doria schwärmte: »Juli, August und Mahón auf Ehr – sind die besten Häfen im Mittelmeer«, liegt auf und an einem um 60 m hohen Plateau die Stadt, die den angelsächsischen Einfluß nicht ganz verbergen kann: grüne Fensterläden mit nach oben aufschiebbaren Fenstern unter roten Ziegeldächern an meist grellweiß gekalkten Häusern ohne Balkone aus der Zeit nach dem Frieden von Utrecht (1713), nach dem England nur bis zum Frieden von Amiens (1802) Menorca behielt, während es von der gleichen Zeit an bis heute den Felsen von Gibraltar noch immer fest in der Hand hat.

Despanya. FO. LXXXIII.

Et tandem ley trobi e aqlla fiu trās
criure de mot a mot cōprovi. La ql
es del tenor seguēt.

Conquesta dela ylla de Me-
norca: a mitremesa axi dela dita
ylla.

¶ Aquesta es la conquesta feta per
lo molt alt senyor rey Namfos de-
la ylla de Manorcha.

¶ Apres q lo molt alt sēyor en Jac
me rey de Arago ha pressa e con-
qstada la ylla d Mallorqua: e tolta
de mans de serrahins: la ql conqui
sta en lāny de nře senyor. m. ccxxix.
Vehent aço lo Almoxarif sēyor d la
ylla d manorcha vēch devāt la psen
cia del dit molt alt senyor rey pme
tēt e jurāt li q ell lo tenia p senyor
natural seu: e q li faria trahut tots
anys: axi cō aqll qui volia esser d aq
uat home seu: e que li faria trahut
tots anys axi com aquell qui volia
daqui avant esser home e natural
seu: vahent aço lo senyor rey jaqui-
li la ylla d Manorcha axi cō a home
e subdit seu: e esser sen tornat lo rey
en Jacme en Catalūya e haver re-
gat en aquesta vida per. lxiiij. anys:
e haver viscut. lxxxij. anys passa de
sta vida a. xxvij. d juliol en lany d la
incarnacio d l fil de deu. m. cclxxvj.
E jaqui p hereter en son regne e
terres son fill lo rey en Pere molt
alt e molt virtuos senyor: lo ql atte
nēt aqlla paraula scrita p lo savi Sa
lomo: qui diu: honor patris est filius
sapiens: volent donchs resemblar
al pare e multiplicar la sancta fe ca-
tholica posas en son cor q axi com
lo nom de Jesu christ per lo seu pa
re era stat mūtiplicat e loat ē la ylla
de mallorcha: e attenēt aqlla parau
le dita per Jesu christ. Nōq incepe
rit: sed qui perseveraverit: volgue
en aquella perseverar e començar.

E per ço q la posques acabar e apor
tar a perfecio tench son cōsell en la
ciutat de Leyda ab los comtes / ba
rōs e cavallers: Arcabisbes. bisbes
e altres prelats de son regne: e ab
tots los regidors de les ciutats e vi
las. E com tots foran ajustats e en
lo dit cōcili aplegats lo dit molt alt
senyor rey en Pere dix e preposa
a aquells en la forma e manera se-
guent. Egregis nobles magnifichs
e molt savis sēyors e molt faels vas
salls meus: axi com lo molt alt sēyor
rey e pare meu en Jacme de recor-
dable memoria ha conqstada la ylla
de Mallorcha: e lo nō de deu hi es
invocat / lohat e beneyt y om be po
sat en lo meu cor que per semblant
conquiste yo / e cōquistar faça la ylla
de Manorcha: per que aximateix lo
nō de nostre senyor deu Jesu christ
e de la sua sacratissima mare / verge
madona sancta Maria / e de tota la
sancta trinitat / e cort celestial hi sia
invocat / lohat e benehit: per que ca
ramēt vos prech: e us amonest q mi
vullats acōsellar e secors e ajuda pre
star: per ço q so q ara comēs puscha
a pfecio aportar: hoynt aço los q en
dit consell eran ajustats hū apres al
tre per orde començarē a respōdre /
dir al senyor rey per ay tals parau-
les. Deu q es donador de totas gra
cias vos leix senyor lo vostre delig.
e proposit cōplir e acabar / offerint
e sabent a aqlls les pferte seguēts.

¶ Les proferte seguent forā fets
al senyor rey p los barōs e ciutats.
¶ Primeramēt promes ala dita cō
questa e empresa lo cōte de Empu
ries diēt axi senyor yous promet a
la vostra empresa. l. homēs a cavall
c. ballesters e. cc. homens scudats.

¶ Lo segon fo lo cōte de Cardona
diēt senyor yous promet ala vostra
l iij

Bericht von der Eroberung Menorcas in den ›Cróniques d’Espanya‹

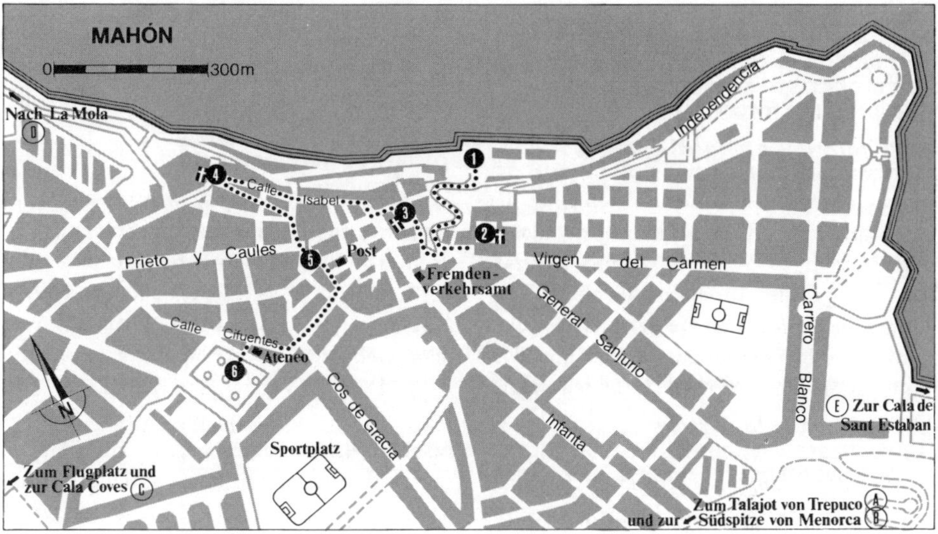

Stadtplan von Mahón

Neben dem Hafenbecken bestimmen die tristen Bauten der einstigen großen Festungsanlagen in der Bucht das weite Stadtbild, das einstmals von einem prachtvollen Königsschloß Felipes II. überragt wurde. Unsinnigerweise wurde es 1782 auf Befehl von König Carlos III. abgerissen. Vier Inseln liegen in der Hafenbucht: *del Rey* mit altem Militärhospital, *Lazareto, Plana* und *Arsenal.* Auf einem Rundgang kann man bequem an einem Vormittag die Sehenswürdigkeiten der Stadt besuchen. Hier in Stichworten unser Vorschlag mit Erläuterungen:

Beginn am

1 Hafen (Puerto), gegenüber Marinestation, zur Stadt → aufwärts Gartenanlagen und Treppen, Denkmal des Marineministers Miranda y Godoy – linkerhand

2 Iglesia Nuestra Señora del Carmen, neoklassizistisch 1726 bis 1808, Mahóns weiträumigstes Gotteshaus (Muttergottes-Hauptaltar mit Medaillons zur Mariengeschichte – im alten Kreuzgang des einstigen Klosters heute die Markthalle; Abb. 165); Durchgang zur *Plaza Augusto Miranda,* rechterhand zur

3 Plaza de la Conquista, Denkmal für König Alfons III. von Aragon, der 1287 Menorca übernahm. Kirche *Santa Maria, Kathedrale* der Stadt; begonnen von Alfons III., 1772 umgebaut, neoklassizistisch, stuckverzierte Seitenkapellen; bedeutend die Orgel der Schweizer Orgelbauer Kyburz und Otter (1810), vier Manuale, 51 Register, 3006 Stimmen (Pfeifen) (Abb. 167); prächtiger Hauptaltar (Abb. 168). *Palacio de la Casa Cultura* auf Grundmauern des alten Kastells, heute *Provinzialmuseum* (Bibliothek etwa 20000 Bände, Archive, archäologisches Museum mit talajotischen Funden, einem gotischen Stein mit katalanischer Inschrift zur Rückeroberung der Insel durch König Alfons III., Inkunabeln der Historia Ecclesiastica 1474 von Eusebio de Cesarea, Sammlungen zur Kultur der Azteken und Maya). → Außen um den Chor der Kathedrale zum *Rathaus:* kleiner neoklassizistischer Bau, Sitzungssaal mit Porträtsammlung vieler Inselpersönlichkeiten. → Durch die *Calle Isabel* (beiderseits die vielen anmutigen Hausfassaden, Fenster und Balkone alter Herrenhäuser beachten, meist Georgian Style, 18. Jh.) zur

4 Plaza de San Francisco. Dort der Stadt andere Hauptkirche, *San Francisco* mit hohem Turm (Abb. 164, 166), Kirche des gleichnamigen Klosters aus dem Jahre 1459, zerstört und geplündert von türkischen Seeräubern, heutiger Bau später Barock, wie Kreuzweg im Innenhof und Kapelle de Santissima, andere Kapellen dagegen gotisch mit interessanten Überhöhungen durch neokorinthische Kapitelle. Empfehlenswerter Blick von der Klosterterrasse über die Hafenbucht. → Durch die *Calle San Jeronimo* zur

5 Puente de San Roque, Westtor der alten Stadtbefestigung, Porta d'En Servera, gotisch (16. Jh.), Mauernische mit dem Bild des San Roque. → Über Calle Dr. Orfila Cifuentes (Wissenschaftler, Denkmal vor dem Geburtshaus) in die *Calle Cifuentes* zum *Ateneo* (Vereinigung zur Liebe für Wissenschaft, Literatur und Kunst, kulturgeschichtliche Sammlungen zur Urgeschichte, zudem Spaniens umfangreichste Sammlung von mehr als 10000 Weichtieren – moluscos – und über 7000 Exemplaren aller möglichen Algenarten.) →

6 Plaza de la Esplanade, großer Rechteckplatz am Obelisken für die Toten des Bürgerkrieges.

Ausflüge

Sehr zu empfehlen sind einige Ausflüge in die nahe Umgebung Mahóns. Man kann dazu einfach die Linienbusse benutzen, sich ein Fahrrad oder ein Moped leihen oder – wie etwa zum Talajot von Trepuco – zu Fuß hin wandern.

A Zum Talajot von Trepuco, 3 km, aus der Stadt auf der Calle General Sanjurjo, an der Stadtgrenze rechts ab, Hinweisschild zum Talajot, nach etwa 500 m links die *Ermita de Nuestra Señora de Gracia,* der Schutzpatronin von Mahón, 1436 am Platze eines älteren Klosters errichtet, später zeitweise Lazarett und Magazin, kleines gotisches Kirchenschiff (14./15. Jh.), liebliches Madonnenbild im Chor, viele interessante Exvotos dankbarer, aus Seenot geretteter Seeleute und Fischer.

→ Kaum mehr als einen Kilometer weiter rechts hinter mannshohen Tancas, den typischen aus Feldsteinen etwas konisch aufgeschichteten Mauern, der *Talajot de Trepuco,* kreisförmig aus mächtigen Steinblöcken in drei Absätzen aufgebaut, Verteidigungsturm oder/und Wohnung, von oben weite Rundsicht und hinunter zur vermutlichen Kultanlage der Siedlung: Menhire, Dolmen, auf die Spitze gestellte Steinblöcke im Kreis angeordnet um die Taula, die Tischtafel aus behauenem, senkrecht stehendem Tragstein und darauf liegendem flachen Monolithen, Heiligtum oder Thing- und Gerichtsplatz der Neolithiker (?).

B Zur Südspitze Menorcas, etwa 14 km ab Mahón, auch in Verbindung mit vorigem Ausflug A, dann Weiterfahrt nach *San Luis* (von den Franzosen gegründet, ihr Königswappen an der neoklassizistischen Kirchenfassade; Umgebung Gemüse- und Blumenzucht), → nach Südosten die reizvolle *Cala Alcaufar,* Sandstrand und steile Kalkklippen, nach Süden Cala Punta Prima, die *Südspitze* der Insel, davor die kleine, nur 1,4 km lange, aber schmale *Isla del Aire* mit Leuchttum, zur Sommerzeit Motorbootfahrten dorthin.

C Zur Cala Coves, 16 km, Anfahrt zum Flugplatz, dorthin aber nicht abbiegen, sondern weiter geradeaus bis Hinweisschild 'Restaurante/Bar', einbiegen in den Feldweg zwischen Tanca-Mauerzügen zum *Talajot Torellonet,* dem einzigen der Insel, gut 11 m hoch mit einer Fenster- oder Türöffnung (?) im Oberteil (Abb. 171).

→ 300 m weiter rechterhand Hinweisschild 'Basilica', dort über Wiesen zum Schutzdach über der einstigen *Basilica d'Es Fornas* oder Fornas de Torello aus dem 5./6. Jahrhundert, westgotisch, dreischiffig, Bodenmosaik mit Fabelwesen, Vögeln, Löwen, gerahmt von Girlanden aus Früchten und Lotusblüten (Abb. 169), möglicherweise der Boden eines Herrenhauses, das später in eine Kirche umgebaut wurde (?).

→ Durch das abgeschiedene Dörfchen *San Clemente* zur *Cala Coves,* wo Neolithiker in die Wände der Kalkfelsen, oft in Etagen übereinander, Galerien und Höhlenwohneinheiten getrieben haben. Im Mittelalter von Piraten genutzt, heute von Bauern als Viehställe, lassen sie in aller Deutlichkeit den frühzeitlichen Dorfcharakter erkennen, zumal sich in ihrer Nähe wohlgefüllte uralte Zisternen befinden.

(Zeitweise Motorbootfahrten zur Cala Coves von Mahón oder von Cala Alcaufar aus.)

D Nach La Mola, Fahrt entlang der Nordseite der Mahón-Bucht, Hinweisschild 'Cala Llonga' → Abzweig zur *Cala Mesquida,* 2 km (Feinsandstrand, alter Wachtturm und vorgelagerte kleine Insel, Hausstrand der Bewohner von Mahón, schöner Blick vom Wachtturm).

→ *San Antonio* (kleine Bungalowsiedlung, Blick nach Mahón, für Interessenten Besuch der im englischen Kolonialstil erbauten '*Golden Farm*', wo Lord Nelson mit Lady Hamilton gelebt haben soll und wo er seine Memoiren schrieb).

→ Über Hügel zur *Cala Llonga,* Versuch einer Urbanisation, beachtenswert die Ausblicke zu Bucht und Hafeninseln.

→ Über gewellte Hochflächen zum Straßenende (Militärgebiet), Blick zur Insel El Lazareto und zum Felsmassiv von La Mola.

E **Zur Cala de Sant Estaban,** Fahrt entlang der Südseite der Mahón-Bucht, vom Hafen aus stets der Uferstraße folgen (Nautic Club) bis *Vila Carlos:* englische Gründung (1771) als George Town, daher viele Häuser im englischen Stil, Ortsmittelpunkt Plaza del Generalissimo, dort *Rathaus* und Kirche *Nuestra Señora del Rosario,* Tonnengewölbe auf sechs Rundbogen, über dem Hafen (Terrasse) großartiger Fernblick zur Isla del Rey mit ihren Festungsanlagen und bis Cala Llonga.

→ Weiterfahrt zu den Ruinen von *Castillo de San Felipe,* Fußweg zum Leuchtturm auf *Cap Estaban* (Badebucht, Blick zu Cap Mola, Fort Isabel II., Isla del Aire und Cabo de Levant).

Route 1: Um den Ostteil der Insel Menorca: Mahón – Alayor – Mercadal – Fornells – Arenal d'en Castell – Mahón – (Tagesfahrt, etwa 60 km, mit Abstechern etwa 140 km)

Die Straße C-721 von Mahón nach Ciudadela folgt im wesentlichen der alten Römerstraße von Magona nach Iamnona, von der – damals wie heute – Seitenstraßen zu wichtigen Römerplätzen abzweigen. Insgesamt war ein römisches Straßennetz von 126,248 km Länge vorhanden, meist gepflasterte Militärstraßen. Gefundene Meilensteine mit Inschriften erläutern, daß die Hauptstraße in den Jahren 98 bis 103 im Auftrag von Kaiser Trajan erneuert wurde.

→ Aus Mahón auf der C-721, nach gut 4 km linkerhand Abzweig → nach Algendar, von dort zu Fuß durch engen Hohlweg zwischen Tancas zu auskragender Steintreppe und über die Mauer zur megalithischen Anlage von *Talati de Dalt,* inmitten eines Steinkreises aus neun Monolithen, Tragstein um 3,5 m hoch, Deckstein 4 m lang, daneben monolithischer Treppenstein, in der Umgebung Höhlen und zyklopische Steinrelikte einer größeren Siedlung; beachten Sie die den 'Tisch' stützende Quersäule (Farbt. 50).

→ Weiterfahrt auf der C-721, nach gut 2 km rechts der Straße die *Naveta Rafal Rubi* mit Türöffnung, Vorraum und zwei Kammern, 8 m lang, 4 m breit (Abb. 172).

→ Nun über hügeliges Gelände nach

Alayor: schöne Ortslage, Gründung König Jaimes II. vermutlich an altem maurischen Platze namens *hialors;* Pfarrkirche *Santa Eulalia* (13. Jh.), beachtenswerter Hauptaltar, Tonnengewölbe; *Rathaus* mit schönem Innenhof aus dem 17. Jahrhundert; sehr gute Bildergalerie; im alten Franziskanerkonvent *San Diego* interessanter Kreuzgang im strengen spanischen Kolonialstil.

→ Abzweig nach *Son Bou,* etwa 8 km, unterwegs aufpassen! Links ab (Wegweiser) zur größten Megalithsiedlung der Insel, nach *Torre d'en Gaumes,* 1,7 km, drei mächtige Talajots, dazwischen Reste von vielen Höhlen und eine guterhaltene Taula. In *Son Bou* (Sandstrand) Felshöhlen in den Kalkstein-Uferhängen, davor, um 200 m links vom Hotel

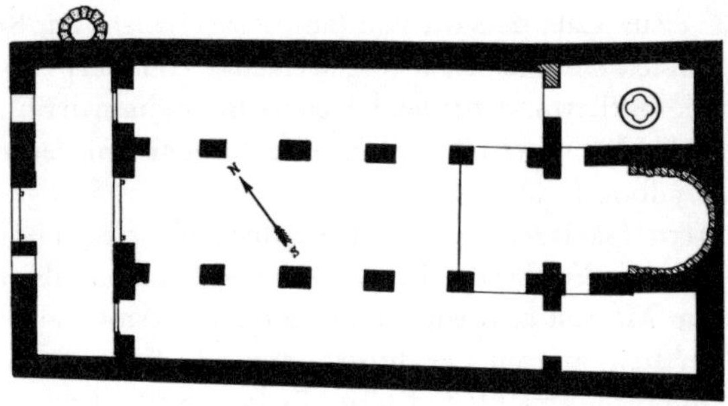

Basilika Son Bou, Grundriß

'Los Milanos', die Reste einer *frühchristlichen Basilika* aus dem 5. Jahrhundert, vielleicht erbaut im Zusammenhang mit dem Eintreffen der Reliquie des Heiligen Stephan in Mahón im Jahre 417; dreischiffig, Doppelreihe aus sechs dicken Säulen, halbkreisförmige Altarapsis mit Sakristei und Baptisterium, das Taufbecken mit kleeblattförmiger Vertiefung, gesamt 25,20 m lang, 12,40 m breit, fast monolithe Türpfosten in den Maßen 270 × 90 × 90 cm; Inschriften oder Mosaike fehlen (frappante Ähnlichkeiten zu Basiliken besonders in Algerien stützen die These von einer zu ihrer Zeit engen kulturellen Verbindung zwischen den Balearen und Nordafrika).

→Weiterfahrt auf der C-721, bald Felsdurchbruch, dort linkerhand *Es Puig Mal,* ein Felsengebilde mit der Kontur eines Indianerkopfes, 'Cabeza del Indio' genannt.

Mercadal, Mittelpunkt der Insel in ihrem landwirtschaftlichen Zentrum, Käseproduktion, nicht auslassen: Auffahrt, 3,4 km, zum *Monte Toro* (358 m, höchster Berg der Insel), auf dem einst ein gotisches Kloster stand, heute Einsiedelei, Renaissance-Wallfahrtskirche für die Schutzpatronin der Insel Menorca, Virgen del Toro (Madonna vom Stier), weil dieser Wächter des Berges einstmals Mönchen den Weg zu einer Höhle vorangetrabt sein soll, wo man dann die Madonnenfigur fand. Unvergleichlicher Blick über die gesamte Insel und bis Mallorca. Christusstatue für gefallene Soldaten.

→Abzweig auf der C-723 nach Norden, 13 km, zum Leuchtturm auf der vegetationslosen, eigenartig tot anmutenden Felslandschaft am *Cabo de Caballeria,* die Nordspitze Menorcas und zugleich nördlichster Punkt der gesamten Balearen. An der Hafenbucht *Sa Nitcha* lag einstmals die phönizische Siedlung Sanicera.

→Weiterfahrt auf der C-723 nach

Fornells (Farbt. 47), Fischerhafen geringer Tiefe an der Bahia de Fornells mit den Inseln Ravell und Sargantana. Bester Blick vom Platze des mächtigen Rundturmes, 1625 über einer Kasernenanlage mit Magazinen und Zisternen errichtet. Badestrand 4 km in der *Cala Triant,* empfehlenswerter Bootsausflug zu den *Cuevas de Na Polida* und *de Ingles,* nur bei ruhigem Wasser möglich, da Eingang unmittelbar über dem Meeresspiegel, gigantische Höhlensysteme mit Stalagmiten und Stalaktiten.

(Am Cap d'es Port 1958 Entdeckung von Resten einer frühchristlichen Basilika, halbkreisförmige Apsis mit kreuzförmiger Krypta.)

→Weiterfahrt zurück bis zur Einmündung der C-710, Abgang einer Straße zur verlassenen Urbanisation Son Park (nicht sehenswert), dann bald →Abzweig zur Kolonie

Arenal d'en Castell (Farbt. 46), herrlich gelegen in weiten Kiefernwaldungen, Sandstrandbuchten, Felsküsten, benachbart und ebenso zauberhaft gelegen *Puerto d' Addaya,* wo sich eine Meeresbucht wie ein Fjord tief ins Land windet. Auf der C-710 weiter, bis nach 6 km →Abzweig zum Leuchtturm auf *Kap Favaritx,* 10 km, wieder eine triste Felsbrocken-Mondlandschaft (Sandstrand Es Portitrol). Dann, nach nur wenigen Kilometern, abermals →Abzweig nach Sa Torre Blanca (nicht lohnend), Fahrt nur bis zur *Ermita de Fatima,* 2 km: modernes Kirchlein mit Glockenturm (1950), großartiger Fernblick.

Auf der Weiterfahrt noch kurz vor Mahón rechterhand die *Ermita de San Juan,* in der einst die erste Messe auf Menorca zelebriert worden sein soll. Gleich hier links →Abzweig nach *Es Grao,* 7 km, Fischerort heute am Rande der Urbanisation Shangri-La an der weiten Bucht von Albufera (mehrere Sand-Badebuchten); der Küste vorgelagert die *Insel Colom* (größte Insel um Menorca, 44 m hoch, 1,5 km^2).

Im äußersten Zipfel der Bucht von Mahón erreicht man dann die Inselhauptstadt wieder.

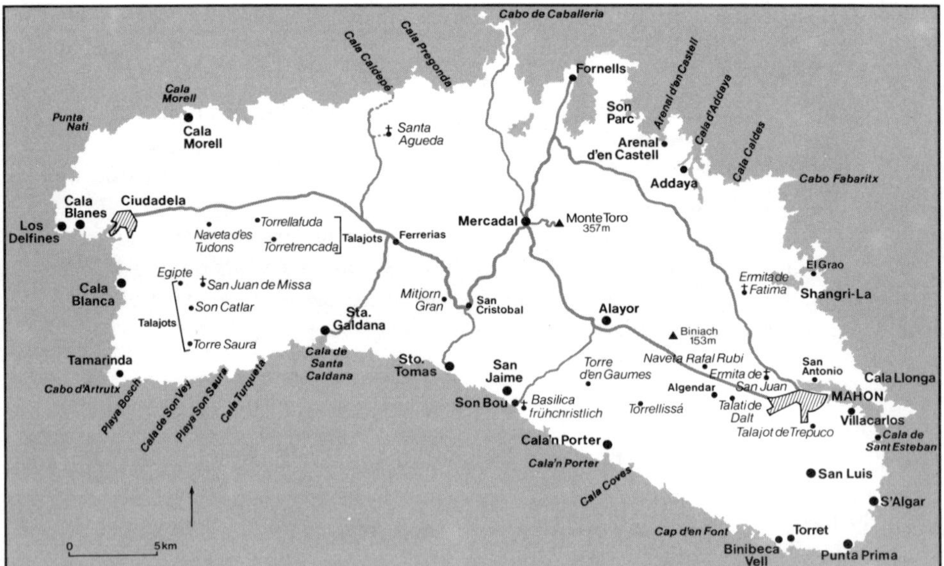

Route 2: Der Westteil der Insel Menorca: Mercadal – Ferrerias – Abstecher nach Santo Tomás, Santa Galdana – Naveta d'es Tudons – Ciudadela – Abstecher nach Los Delfines, Punta Nati, Cala Morell – (Tagesfahrt, 24 km, mit Abstechern etwa 120 km)

Gleich an der östlichen Ortseinfahrt von *Mercadal* →Abstecher nach Santo Tomás, 12 km, PM-711, über bewaldete Hügel der Sierra des Rafalet nach *San Cristobal* (Häusergruppe um die Kirche San Cristobal, 1769). Dann durch Weideland und in Windungen hinab zum Feinsandstrand bei den weißen Ferienhäuschen von *Santo Tomás.*

→2 km westwärts, nur zu Fuß, im Steilufer von Binigaus die einzige Riesenhöhle der Insel, *Cova d'Es Coloms.*

Nach Ferrerias empfehlen wir ab San Cristobal den direkten Weg dorthin, vorbei unmittelbar an dem originellen *Talajot Binicodrell* (links), eine in Schneckenhausform geführte Rampe, die sich nach oben windet; in der Umgebung viele megalithische Reste, im Gemeindebezirk San Cristobal mehr als fünf pro km^2.

Ferrerias in einem Talkessel, dennoch höchstgelegener Inselort, 142 m, entstanden um die Pfarrkirche San Bartholomé (1330) aus dem Ordensbesitz La Fraria, von der Höhe großartiger Blick über das fast arabisch anmutende Ortsbild. Dort linksab → Abstecher nach

Santa Galdana, 7 km, wieder über grüne Hügelketten und an großen Landgütern und Resten von Talajot-Siedlungen vorbei hinab zur von Felsen und Pinien gerahmten Badebucht, ein 800 m halbrundförmiger Sandstrand, der tiefste Einschnitt der menorquinischen Südküste. Nicht versäumen: fahren oder laufen Sie zur Landspitze *Morro Llevant,* 70 m hohe Felsküste, beachtenswerter Fernblick und Spaziergang ins wilde Felsental des Barranco d'Algendar bis zur Quelle de los Eucaliptos.
[*Sondertip für Wanderer:* Südwärts von Ferrerias zweigt von der Straße nach Santa Galdana nach rechts über Biniatrum ein Feldweg ab zur *Barranco d'Algendar* (erfragen: 'Barranch d' Aljandar'), etwa 7 km Saumpfad in einer bis 80 m tiefen Schlucht durch das miozäne Hochplateau Menorcas bis zur Mündung des Baches ins Meer bei Galdana, Felsspalten, gewaltige Überhänge, kleine Talkessel mit üppigen Gemüsegärten und Zitrusbäumen, ständig bewässert, von Winden geschützt, ein ganz außergewöhnliches und noch ganz abgelegenes und kaum bekanntes Dorado der Insel. Weil noch immer sehr zugewachsen, ist die Schlucht z. Zt. nur jeweils ein kurzes – trotzdem lohnendes – Wegstück von der Land- oder Seeseite aus begehbar.]
Ab Ferrerias wieder auf der C-721 nach Westen, vorbei an dem Inselberg Inclusa, 275 m hoch, rechts dann →Abzweig zur Festung *Santa Agueda,* 7 km, Feldweg Richtung Santa Isabel/Cala Caldepe (fragen, kein Wegweiser), Weideland, sanftwellige Landschaft, nach 4,5 km rechts der Festungshügel, 264 m hoch, nur zu Fuß erreichbar; die vorhandene alte Römerstraße ist wegen der großen Steigung nicht befahrbar, einst Römerkastell, später der

Alkazar der Araber, dann eine Santa Agueda-Kapelle, alles sehr stark verfallen. Zwar befand sich zur Araberzeit der Palast des Gouverneur-Scheiks in Ciudadela, die Hauptverteidigungsanlage aber war Sent Agays (Santa Agueda). Am 17. Januar 1287 nahmen die Truppen von König Alfons III. mit dem Ruf »Aragon! Heiliger Georg und Heiliger Antonius helft uns und steht uns bei!« die Festung Mahón. Die Araber zogen sich auf Sent Agays zurück, und im Auftrage des Festungskommandanten und Statthalters Abu Omar Hkam ben Kaid überbrachten vier arabische Edelleute König Alfons am 21. Januar die Kapitulationsurkunde, erkauften sich, ihren Familien und 200 ausgesuchten Edlen dafür die Freilassung nach Nordafrika, während die Mehrzahl ihrer Glaubensbrüder enteignet und versklavt wurden, wenn sie nicht für siebeneinhalb Dublonen pro Kopf wenigstens ihre Freiheit behalten durften. Erster christlicher Festungskommandant wurde ein Pedro Garcés.

Nun noch ein kleines Wegstück geradeaus in Richtung Ciudadela. Wieder aufpassen! 5 km vor der Stadt, linkerhand die berühmte

Naveta d'es Tudons (Fig. S. 14) aus der frühen Bronzezeit in der Form eines kieloben liegenden Bootes, 1960 restauriert, aufgesetzt aus mächtigen Kalksteinblöcken, 14 m lang, 5,5 m breit und 4,5 m hoch, kleine Vorkammer und auf säulenförmigen Monolithen eine Steindecke der oberen, zweiten Kammer, vermutlich das Gemeinschaftsgrab für fürstliche Tote.

Besonders an vorzeitlichen Bauten Interessierte sollten von hier aus etwa 4 km der alten, einstigen Verbindungsstraße nach Mahón folgen, ein steiniger Weg, der im Südostbogen gen Ferrerias zieht (Cami vey de Mahón). Nahe beim Landgut Els Hostals (Erkennungszeichen: große Halle mit drei Bogen) die Reste der vorzeitlichen Siedlung *Torrelafuda* (zerfallener Talajot, eine Taula, Monolithen, viel Steinblock-Durcheinander inmitten einer Baumgruppe), benachbart die Vorzeitsiedlung *Torretrencada* mit einer einfachen Taula im Kreis von steinernen Sitzbänken.

Ciudadela (Farbt. 45). Zweitgrößte Stadt der Insel, knapp 20000 Einwohner, Gründung der Phönizier, dann besetzt von Karthagern, Römern, Vandalen, Arabern, Seeräubern, Türken, Franzosen und Engländern, Inselhauptstadt bis 1722, Bischofssitz, im Gegensatz zu Mahón typisch spanisches Stadtbild mit arabischen, aber auch gotischen und französischen Details rund um die Kathedrale. Hier soll unser Rundgang beginnen.

1 Kathedrale (13./14. Jh.), am Platze der Moschee, Glockenturm einst Minarett, erstes Hochamt 2. Febr. 1287, deshalb Titularfest an Mariä Lichtmeß, Spende von König Alfons III. für Altar und Glocken 138 barcelonische Sueldos und 40 für ein 'Tabula picce', ein Altarbild; katalanische Gotik, umlaufende Balustrade mit Strebepfeilern; neues Hauptportal klassizistisch mit korinthischen Säulen 1814; Südportal (Puerta de la Luz), 14. Jahrhundert, mit steinernen Phantasietieren, feinen Kapitellen und Wappen der Stadt Aragon, einschiffig, Sterngewölbe, 12 Seitenkapellen, teilweise

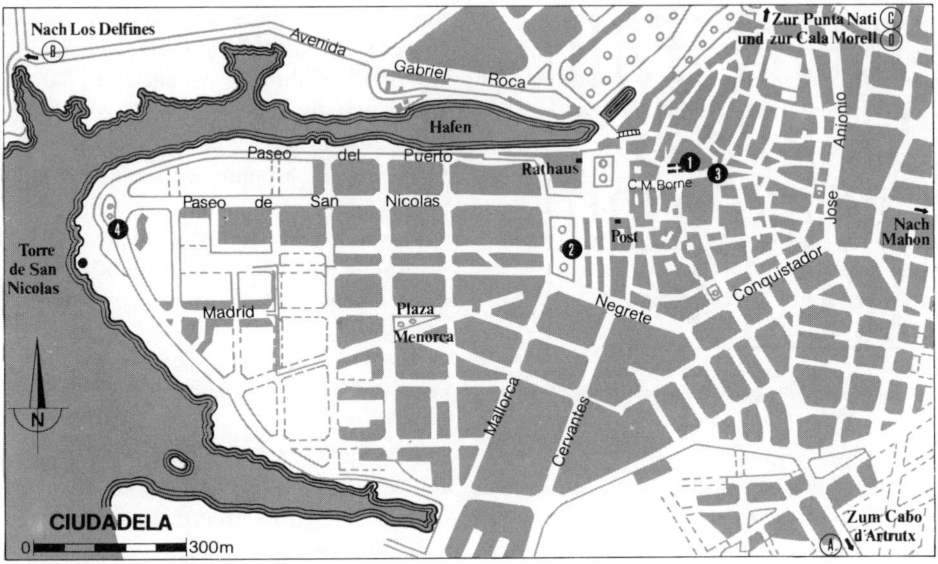

Stadtplan von Ciudadela

im Renaissancestil; leuchtend bunte Glasfenster; 1558 von plündernden Türken in Brand gesteckt.

Gegenüber der *Palacio de Olivar:* Kuppelhalle, Gemäldegalerie der Olivars und bedeutender Briten, arabische Amphoren, Münzen, Fächer, steinzeitliche Funde, Trachten und große Bibliothek.

Durch die Calle Mayor Borne zur

2 *Plaza del Generalissimo,* Hauptplatz, *Obelisk* für die Verteidiger der Stadt gegen die Türken (»Für Glauben und Vaterland leisteten wir hier im Jahre 1558 Widerstand bis zum Tode«), an den Platzseiten: *Palacio del Conde de Torre Saura* (beachten Sie Portal und Fassade; innen voll ausgestattetes Fürstenzimmer), *Palacio de Casa Salort* (Renaissancebau mit Arkaden), *Palacio Vigo* (Fassade im Stuart-Stil), *Rathaus,* einst Alkazar der Araber, dann nach Umbau der des Königs (Arkaden, zinnengekrönte Mauern, gotische Innenausstattung, Archiv, Heimatmuseum).

→ hinter dem Rathaus vom Paseo Borne zur Rampe, bester Blick in die schmale, nur 1,1 km lange Hafenbucht, klippenreich, aber windgeschützt mit gegenläufigen Unterströmungen.

Westlich wie südlich des Platzes die beiden Kirchen *San Francisco* (1588) und *Nuestra Señora del Rosario* (schöne Barockfassade). Keineswegs auslassen sollte man die

3 *Calle Obispo Vila* mit mehreren alten Kirchen und Adelspalästen, deren mittelalterliche Fassaden einzigartig sind: *Palacio de los Saura* (von den Briten für den gleichnamigen Herrn errichtet, weil er sich auf die Seite Habsburgs geschlagen hatte), flankiert

Inschrift am Epitaph eines Francese Parera und seiner Frau in der Kathedrale von Ciudadela

von den beiden Kirchen *Santo Cristo* (innen das Wunderkreuz del Crucificador) und *del Sacorro* (uralte Fresken, heute Radiostation), *Seminario Conciliar* (einst Augustiner-Kloster, Kreuzgang, Archäologisches Museum, Bibliothek), um die Ecke *Palacio Martorell* (halbrunde Balkone, großartige Innenausstattung) und *Palacio de Saura* (Schutzdach am Gesims, Fassade mit Fries, innen Sammlungen von Möbeln, Gemälden).

Zuletzt in der Calle San Sebastian der *Palacio de Squella* (goldene Stukkaturen an der Fassade, sehr luxuriöse Innenausstattung).

Als Abschluß ein Spaziergang auf dem *Paseo del Puerto* am Hafen entlang zum

4 Denkmal für David Glasgow Farragut, den Sohn eines Menorquiners, der erster Admiral der USA wurde, gleich dahinter die alte *Torre de San Nicolas,* Verteidigungsturm, Blick bis nach Mallorca.

→ Abstecher zum Cabo d'Artrutx im Süden (A), 10 km auf der PMV-7212. In *Son Oleo* die Stierkampfarena von Menorca. *Cala Santandria* (Ferienort, Sandstrand), anschließend *Cala Blanca* (größerer Ferienort, Sand- und Klippenstrand, weiter Blick bis nach Mallorca), bald rechterhand der Wehrturm von *Son Cabrisas,* weiter auf der von Tancas gesäumten Straße zum *Talajot von So N'Olivar Vell,* dann der Leuchtturm von *Cabo d'Artrutx,* umgeben von verkommenen Siedlungsresten, Weiterfahrt bis zu den Häusern der Playa Bosch möglich.

(Nur wer auch auf steinigen Feldwegen fahren oder einen Weg um 12 km zu Fuß wandern möchte, sollte auch *Torre Saura* und *Cala Turqueta* besuchen; mehrere Talajots und die Eremitage von *San Juan de Misa,* 1330, stehen am Wege; man erlebt die ganz ursprüngliche Landschaft der Insel in eindringlicher Einsamkeit, und die sich bietenden Aussichten entlang der Küste sind einzigartig.)

→ Abstecher nach *Los Delfines,* 11 km, entlang der Nordseite des Hafens (schöner Blick zur Stadt mit der Kathedrale), bis zur Hafeneinfahrt (kleiner Leuchtturm). *Cala Blanes* (Felsenbucht mit hübschen Ferienhäusern, kleiner Sandstrand), dann Los Delfines (Ferien-, Sport- und Erholungsgebiet, viele Sportarten möglich), Weiterfahrt zu den *Calas Piques* (geborstener Felsvorsprung und Natur-Felsenbrücke Pont d'en Gil) und zuletzt am Meer die *Punta Sa Pedra.* Auf diesem gesamten Wege allenthalben Haltepunkte zum Fotografieren und zur Fernsicht.

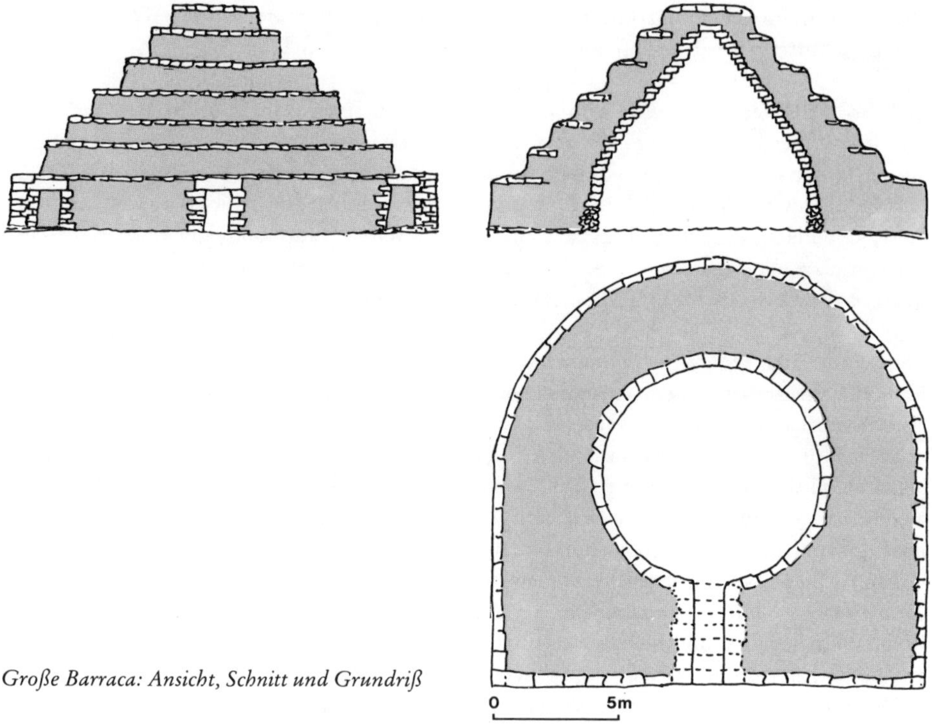

Große Barraca: Ansicht, Schnitt und Grundriß

→ Abstecher zur *Punta Nati* (C), 6 km, nur lohnend, um hinter dem Landgut von *Son Salomó* linkerhand die große *Barraca* zu besuchen, eigentlich Viehställe auf den Weiden, hier ein Prachtexemplar dieser den Talajots nachempfundenen Steinbauten, gut 9 m hoch, außen mehrfach gestuft wie mesopotamische Zikkurats, innen eine kreisrunde Steinkuppel mit etwa 4,5 m im Durchmesser. Ein mächtiger Monolith bildet den Türsturz, zwei dachähnlich aneinandergestellte Steinplatten die hausähnliche Fensteröffnung. Interessanterweise sind sie überhaupt nicht alt, sondern stammen erst aus dem Anfang des 19. Jahrhunderts, als Graf von Torre Saura auf seinem Gut Tres Alquerias bei Ciudadela einen solchen 'Stall' in der Art der alten Talajots errichten ließ. Heute gibt es viele unterschiedlich große überall auf der Insel, vornehmlich aber im Westteil (Abb. 173).

Rechterhand über den Mauern bald die beiden Talajots *Torre Nova* und *Torre Vella*, dann gehen wieder die Viehweiden über in eine trostlos graue steinerne 'Mondlandschaft', in welcher der Leuchtturm von *Punta Nati* steht (keine Besichtigung).

→ Abstecher zur Cala Morell (D), 8 km, zwischen Tanca-Mauern, an Mandelbäumen und einigen Landgütern vorbei, rechts der massige Quadratturm *Torre d'en Quart* (Rundbogenhalle, Turmzimmer mit Tonnengewölbe, Terrasse), weiter erst durch Weideland, das schnell schütterer wird, nach mehreren Bodenwellen schließlich

Cala Morell, Feriensiedlung, Strand am Restaurant 'Trogloditas', mehrere vorzeitliche Höhlen auf der Landzunge *Punta de S'Escullar,* schwer zu erreichen, insgesamt 17 Höhlen, am schönsten die zwölfte (gewölbte Fassadenfläche, 6,25 m hoch, 2,30 m breit, mit Linear- und Winkeldekor, geschmücktes Portal in Trapezform, 2,30 m hoch, innen 40 cm hohe, viereckige Plattform neben einer zentralen Säule, um den Hauptraum vier von Strebebogen getrennte Zellen, vielleicht die Schlafräume der Höhleneinheit [?]). Zusätzlich gibt es hier noch 31 Grabnischen für Urnen oder eingeäscherte Knochen.

So nun mit dem redlichen Menorca und der Grazie seiner Frauen bekannt, dürfen wir als Kontrast die amüsierlichen Auslassungen von W. C. Prätorius in seiner ›Geschichte der Insel Minorca‹, Altona 1781, anschließen:
»Das weibliche Geschlecht wird hier, z. T. aus Eifersucht, in der größten Unwissenheit gehalten, und ein Frauenzimmer, das lesen und schreiben kann, ist als eine wahre Seltenheit anzusehen. – Ihre vornehmste Beschäftigung besteht darin, daß sie Wolle oder Flachs zu ihrer gewöhnlichen Kleidung spinnen. Ihre Liebhaber suchen ihre Gunst zu erwerben, indem sie halbe Nächte unter ihrem Fenster zubringen, auf einer elenden Zither spielen und dazu singen. – Die Frauenzimmer vergnügen sich damit, daß sie Pomeranzen nach den Liebhabern werfen, die niemals vergnügter sind, als wenn eine davon ihnen einen Zahn ausgeschlagen oder ein blaues Auge gemacht hat, denn von dieser Zeit an sind sie der Gunst der Schönen versichert. – Es würde als die größte Beleidigung angesehen werden, wenn man sie küssen oder, in Gegenwart anderer Leute, auch nur ihre Hand berühren würde. Sie pflegen in solchen Fällen zu sagen 'Mira, y no tocas!' Sehen Sie auf mich, aber rühren Sie mich nicht an! – Man tut den Bewohnern Unrecht, wenn man den üblen Geruch, den man in ihren Häusern findet, dem Mangel an Reinlichkeit zuschreibt. Denn er rührt nur von dem schlechten Öl her, das sie in den Lampen brennen, und von dem Knoblauch, dessen sie sich bei Zurichtung der Speisen bedienen.«

Menorcanerin. Stich des 18. Jh.

Bildnachweis

Farbtafeln:

Werner Stuhler, Hergensweiler: 14, 15, 17, 18, 26, 32, 34, 35, 40, 42

ZEFA, Düsseldorf: 1, 3, 5, 16, 25, 37, 38, 41, 43, 45, 46, 47, 48, 49, 50

Alle übrigen Aufnahmen stammen vom Autor; ebenso die Farbtafeln auf Umschlagvorderseite und Umschlagrückseite sowie auf der vorderen Klappe

Schwarzweißabbildungen:

Werner Stuhler, Hergensweiler: 12, 49–52, 56, 57, 59, 84, 100, 112

Alle übrigen Aufnahmen stammen vom Autor

Abbildungen im Text:

Ullstein-Bilderdienst, Berlin: Seite 173

Karten in den Umschlagklappen sowie die Stadtpläne auf den Seiten 74/75, 283, 291 und 309: Ingenieurbüro für Landkartentechnik Arnulf Milch, Lüdenscheid

Praktische Reisehinweise

Wichtige Adressen

Automobilclub von Spanien (RACE) in Palma, Calle Marqués de la Cenia 39 (✆ 237348);
Abschleppdienst aus Palma anfordern über Rufnummern 224422 / 227722 am Tage, 214953 nachts.

Krankheit/Unfall. Krankenhäuser in Palma:
Clinica Femenias, Calle Bosque (✆ 231045/46);
Clinica Juaneda, Son Espanolet 55 (✆ 231647/48);
Clinica Mare Nostrum, Calle Santiago Rossinol 9 (✆ 212800/223052);
Clinica Rotger, General Riera 7 (✆ 290300/04/08);
Clinica Miramar, Avenida Son Serra (✆ 234745/46);
Clinica Planas, Calle Menorca 3 (✆ 230345/46);
Hospital Son Dureta, Son Dureta (✆ 289100);
Cruz Roja (Rot-Kreuz-Hospital), Calle Pons y Gallarza 150 (✆ 241445/48 und 293850/54).

Zahnklinik Clinica Dental, Juan Rotger, Calle Campaner 5 (✆ 224249)

Augenarzt: Dr. Herrero in Policlinica Miramar (✆ 287600);

Notarzt: Colegio de Médicos de Baleares, Via Roma 29 (✆ 211229);

Erste Hilfe (Ambulanz) ✆ 222222/230023 / 222179.

An den Stränden Stationen des *Centro Médico,* ambulante Behandlung täglich 24 Stunden durchgehend, auch sonntags; Adressen deutschsprachiger Ärzte durch Colegio de Médicos de Baleares, Via Roma 29 (✆ 211229).

Tierärzte: Animal Santuary, Calle Jesus 29 (✆ 297914); Dr. Jose Aguilo, Calle Beata Catalina 1 (✆ 212550).

Auf Menorca
In *Mahón:* Cruz Roja Española-Krankenhaus (✆ 361180);
Hospital Municipal, Cos de Gracia 26 (✆ 361281 / 360003);
Residencia Sanitaria, Bellavista (✆ 361106).
In *Ciudadela:* Hospital Municipal, Plaza San Antonio (✆ 380182);
Clinica Republica Argentina, Republica Argentina 3.

Informationen

In Deutschland:

Staatliches spanisches Fremdenverkehrsbüro
Bethmannstr. 50–54 in 6 *Frankfurt/M.*
Graf-Adolf-Straße 81 in 4 *Düsseldorf;*
Ferdinandstr. 64/68 in 2 *Hamburg 1;*
Oberanger 6 in 8 *München 2*

In Österreich und der Schweiz:

Rotenturmstr. 27 in 1010 Wien;

Rue de Berne 1 in 1200 Genf 1;

Seefeldstraße 19 in 8008 Zürich

Auf Mallorca:

Officina de Información de Palma de Mallorca, Avenue Jaime II.
Nr. 56,
oder am Flughafen.

Auf Menorca:

In Mahón, Officina de Información, Plaza de la Esplanada 48 und General Godet 10;
in Ciudadela, Ayuntamiento de Ciudadela, Plaza del Generalissimo 15.

Diplomatische Vertretungen

Deutsche Vertretungen in Spanien:
Palma de Mallorca (Konsulat),
Passeig des Born 15
(✆ 222997).

Österreichische Vertretung:
Palma de Mallorca (Konsulat),
Paseo Mallorca 14 (✆ 210145).

Schweizerische Vertretung:
Palma de Mallorca (Konsulat),
Paseo Mallorca 24 (✆ 212520).

Spanische Vertretungen in Deutschland:
Botschaft, Schloßstraße 4 in 53 Bonn und
Konsulate in Berlin, Bremen, Düsseldorf, Frankfurt/Main, Hamburg, Hannover, Mainz, München.
In Österreich:
Botschaft, Argentinierstraße 34 in 1040 Wien.
In der Schweiz:
Botschaft, Kalcheggweg 24 in 3000 Bern und
Konsulate in Genf und Zürich.

Kulturaustausch

Club Altamira pflegt spanisch-deutsche Beziehungen durch Treffen, Konzerte, Ausflüge, Ausstellungen usw.
Auskünfte Calle Juan de la Cierva 1/3 oder Hotel Jaime I., Paseo de Mallorca Nr. 19 in Palma.

Post

Inhaber deutscher *Postsparbücher* können bis zu einem Höchstbetrag von 35 000 Pesetas über ihr Guthaben verfügen; sie können gegen Vorlage des Postsparbuches, der blauen Ausweiskarte und des Personalausweises oder des Reisepasses täglich bis zu einem Gegenwert von 1000, in 30 Tagen höchstens 2000 DM abheben. Österreicher können mit *Scheck* und *Scheckkarte* bis 2500 Schillinge abheben.

Briefkästen in den Straßen sind mit rotgold-rotem Streifen versehen und tragen für *Auslandspost* die Aufschrift 'extranjero'; *Luftpost* wird mit 'via aérea', *Einschreiben* mit 'certificado' und *Eilbrief* mit 'urgente' bezeichnet.

Briefmarken 'sello' erhält man in mit den spanischen Nationalfarben gekennzeichneten Läden, den 'Estanco', die auch Tabakwaren und Streichhölzer verkaufen.

Postlagernde Sendungen erfragt man 'lista de correos' und holt sie in Palma im Hauptpostamt auf der Gran Via José Antonio (Nebenstraße des Paseo Borne);
in Mahón auf der Calle Buen Aires 15 (beim Rathaus);
in Ciudadela Plaza del Generalissimo.

Öffnungszeiten meist 9 bis 13 und 16 bis 19 Uhr, Geldverkehr aber nur von 10 bis 13 Uhr, Telegramme von 8.30 bis 21.30 Uhr.

Telefonieren nach außerhalb der Inseln: Man wählt 07 (spanische internationale Zentrale), nach hellem Tonzeichen die Kennzahl des gewünschten Landes (Deutschland 49, Österreich 43, Schweiz 41, Niederlande 31), dann Vorwahlnummer und Anschluß des Teilnehmers. Soll der Angerufene zahlen (Reversed charge) muß das Gespräch über die Vermittlung laufen (9398 wählen).

Fundbüro

Verlorene Gegenstände sofort bei der Policia Municipal im Bürgermeisteramt melden (Plaza Cort) – oder direkt beim Fundbüro (✆ 227744), dem Oficina de objetos hallados. Auch bei geringfügigen Objekten ist ein Trinkgeld als Finderlohn angemessen.

Besondere Tips

Vor der Reise alle *Ausweispapiere* (Personalausweis, Paß, Führerschein usw.) kopieren, Originale bleiben dann stets im Hotelsafe, Verlust der Kopien ist unerheblich.

Am Urlaubsort über den nächsten *deutschsprachigen Arzt* (auch Zahnarzt) informieren (Telefonbuch, Hotelrezeption).

Teueren *Schmuck*, Lederwaren oder Bekleidung im Geschäft nur anzahlen und erst später, unmittelbar vor der Abreise abholen.

Nur in *ordentlichen Geschäften* einkaufen, auch Souvenirs. Am Strand oder bei Straßenhändlern zahlt man für meist minderwertigere Ware überhöhte, oft doppelte Preise.

Sonnenbräune wird gleichmäßig über alle Körperstellen verteilt, wenn man am Beginn des Urlaubs, anstatt sofort liegend in der Sonne zu schmoren, sich kräftig bewegt, spazierengeht oder Ball spielt usw. Hautschäden durch Sonnenbrand lassen meist häßliche Pigmentflecke zurück. Schüttelfrost und weiße Hautflecke, wenn man mit den Fingern kräftig drückt, bedeuten *Sonnenbrand.* Dann auf keinen Fall mehr in die Sonne gehen. Offene Sonnenbrandwunden nicht verbinden, sondern zum Austrocknen offen belassen. Gute Sonnencreme oder Öle verwenden.

Nach dem Strandaufenthalt im Hotel ohne Seife (besser Creme-Bad) *lauwarm duschen* und dann Feuchtigkeits-Lotion auftragen, Make-Up weglassen.

Carretel

Reisen auf Mallorca und Menorca

Das *Straßennetz* (Carreteras) ist durchweg in gutem Zustand, alle Hauptstraßen sind asphaltiert; Nebenstraßen haben festen Belag oder Schotter, zwischen den Tanca-Steinmauern sind sie aber sehr eng. Hupen vor den Kurven! *Rechtsverkehr* hat immer Vorfahrt, auch im Kreis. Nachts darf in Ortschaften nur mit *Standlicht* (nicht Abblendlicht) gefahren werden. *Gurtpflicht.* Ausreichendes Tankstellennetz. *Straßensteine* (Pedras pasadores) tragen farbige Kappen: grün = C = Comarca = Hauptstraße; gelb = PM = Provincial = Provinzstraße oder gelb = PMV = Vecinal = Gemeindestraße, zusätzlich jeweils die Straßennummer. Alte Straßennamen tragen gewöhnlich den Namen der nächsten Ortschaft, zu der diese Straße führt.

Eigener Wagen für mehr als dreiwöchigen Mallorca-Urlaub kann nur wärmstens empfohlen werden. Dann kann man in Muße alle unsere Routen abfahren oder zwischendurch von einer Landschaft zu einer anderen wechseln, aus dem quirligen Palma zu einsamen Höhen hinauf oder von abgelegenen Dörfern oder Bergen zu menschenleeren Badebuchten hinunterfahren.

Eine *Haftpflichtversicherung* ist nur für Personenschäden vorgeschrieben, die *grüne Versicherungskarte* ist Pflicht, fehlt sie, muß eine Kurzversicherung abgeschlossen werden (ist aber nur auf Personenschäden beschränkt). Einen Auslandsschutzbrief mitzuführen, wird sehr empfohlen.

Wer mit seinem Auto länger als sechs Monate in Spanien bleibt, muß sehr hohen Zoll zahlen. Termine unbedingt in den Paß stempeln lassen oder Schiffsbeförderungsschein aufheben. Abhilfe: einmal kurz über die Grenze fahren. Passagen für Personen und Fahrzeug: 'Melia' für 'Trasmediterranea' in:

6000 Frankfurt/Main 1, Große Bokkenheimer Straße 54.

Wagen mieten ist auf den Inseln große Mode, mindestens für eine Inselrundfahrt, besser für mehrere Tage. Tarife noch mäßig. Am billigsten sind leistungsfähige Mopeds, für sportliche Touristen und bei dem guten Inselwetter besonders ratsam.

Taxis bleiben nur im Stadtgebiet preiswert, für längere Strecken sollte man immer einen Mietwagen nehmen. Stadttaxis berechnen nach Taxameter; Überlandtaxis nach festen Preislisten (zeigen lassen!). Sonntags, feiertags und nachts nur außerhalb Palmas Preisaufschlag von 40 Prozent. Radio-Taxi-Rufnummer: **255440** in Palma. Taxis haben äußerlich unterschiedliche Farben und sind z. B. in Palma schwarz und crèmefarben.

Autobuslinien erreichen fast jeden Ort auf den Inseln, sind das billigste und zuverlässigste Verkehrsmittel und erlauben dazu interessante Kontakte mit der Inselbevölkerung. Reisebüros, Hotels oder Busbüros geben über Linien, Preise und Rundfahrmöglichkeiten Auskünfte.

Wichtigste Fernlinien ab **Palma:**

Esporlas ab Archiduque Luis Salvador über Son Berga – Establiments, 13 km, 30 Minuten;

El Arenal ab Avenida Alejandro Rossello 97 über Coll d'en Rabassa – Ca'n Pastilla, 14 km, 32 Minuten;

Magalluf ab Plaza de España über Portals Nous – Palma Nova (alle 15 Min.), 15 km, 32 Minuten;

Valldemosa ab Avenida Juan March Ordinas 16 über S'Esgleieta, 18 km, 40 Minuten;

Galilea ab Archiduque Luis Salvador 50 über Puigpunient, 21 km, 60 Minuten;

Santa Ponsa ab Plaza de España über Portals Nous – Palma Nova – Magalluf (alle 15 Min.), 21 km, 60 Minuten;

Calvia/Capdella ab Via Roma, 23 km, 62 Minuten;

Alaro ab Plaza de España über Santa Maria – Consell, 24 km, 65 Minuten;

Deya ab Avenida Juan March Ordinas 16 über Valldemosa, 28 km, 66 Minuten;

Andraitx ab Via Roma 7 über Puguera, 30 km, 67 Minuten;

Banyalbufar/Estellenchs ab Archiduque Luis Salvador 50 über Esporlas, 32 km, 70 Minuten;

Puerto de Andraitx ab Plaza de España über Palma Nova – Magalluf – Santa Ponsa – Paguera (dreimal tägl.) 35 km, 90 Minuten; **San Telmo** ab Via Roma 7 über Andraitx – S'Arraco, 37 km, 90 Minuten; **Selva** ab Avenida Alejandro Rossello 97 über Inca – Moscari, 40 km, 95 Minuten; **Lluch** ab Plaza de España über Inca – Selva, 47 km, 95 Minuten; **Felanitx** ab Avenida Alejandro Rossello 50 über Algaida – Montuiri – Porreras, 50 km, 97 Minuten; **Santanyi** ab Avenida Alejandro Rossello 97 über Lluchmayor – Campos, 50 km, 2 Stunden; **Ca'n Picafort** ab Plaza de España über Inca – Santa Margarita, 55 km, 98 Minuten; **Puerto de Alcudia** ab Plaza de España über Inca – Alcudia, 56 km, 100 Minuten; **Puerto de Pollensa** ab Plaza de España über Inca – Pollensa, 59 km, 100 Minuten; **Porto Cristo** ab Plaza de España über Manacor, 63 km, 105 Minuten; **Calonge/Cala d'Or** ab Avenida Alejandro Rossello 97, über Lluchmayor – Campos – Salinas – Santanyi – Alqueria Blanca, 64 km, 2 Stunden; **Porto Colom** ab Avenida Alejandro Rossello 50 über Lluchmayor – Campos – Felanitx, 70 km, 2 Stunden; **Cala Millor/Cala Bona** ab Plaza de España über Manacor – Porto Cristo, 70 km, 2 Stunden; **Cala Ratjada** ab Plaza de España über Algaida – Montuiri – Villafranca – Manacor – San Lorenzo – Arta, 80 km, 125 Minuten.

Eisenbahnen gibt es auf Menorca überhaupt nicht, auf Mallorca zwei Gesellschaften: *Ferrocarriles de Mallorca,* von Palma nach Inca 20 km, 35 Minuten – und die *Ferrocarril Eléctrico de Soller* ('Roter Pfeil'), von Palma über Bunyola nach Soller, 13 Tunnels, 28 km, 55 Minuten (und nicht versäumen: von Soller aus mit der offenen Straßenbahn weiter zum Hafen, Puerto de Soller, 5 km, alle 30 Minuten). Für alle Linien Abfahrtsbahnhof in *Palma an der Plaza de España,* Kartenverkauf auch Plaza XII bei R.E.N.F.E. (✆ 22 41 63).

Flugverbindungen zu den anderen Baleareninseln mehrfach täglich, Auskünfte und Buchungen bei:

Iberia, Avenida Generalissimo 20 in Palma (✆ 46 43 00)
Lufthansa und **Condor,** Palma Flughafen (✆ 26 09 55);
Swissair, Palma Flughafen (✆ 26 09 60);
Allgemeine Auskünfte: Palma Flughafen (✆ 26 41 62 / 26 46 24)

Auf **Menorca** alle Auskünfte und Buchungen in *Mahón,* Delegació de Aviaco, Calle Doctor Orfila 10 (✆ 36 45 01), in *Ciudadela,* Calle Calvo Sotelo 5 (✆ 36 01 85)

Schiffsverbindungen: von *Palma nach Mahón,* 10 Stunden; *nach Ciudadela,* 10 Stunden; *nach Ibiza* 4 Stunden. Auskünfte und Buchungen:

> Compania Trasmediterranea in **Palma,** Paseo de Muelle (✆ 226740);
> in **Alcudia,** Lazareto 1 (✆ 545342);
> in **Mahón,** Calle General Godet 27 (✆ 362847);
> in **Ciudadela,** Calle Santa Clara 31 (✆ 380090).

Autobuslinien in der Stadt Palma

1 Pl. San Antonio – A. Rosselló – Pl. España – Av. Juan March – Av. Conde Sallent – Via Roma – Pl. Weyler – G. Mola – Pio XII – Sagrera – Paseo Maritimo – Dique del Oeste.

4 Pl. San Antonio – Via Roma – Pio XII – Av. Jaime III – Via Argentina – Pl. Progreso – ITINERARIO por Terreno-Bonanova, vuelta por Son Dureta – ITINERARIO por Son Dureta, vuelta por Terreno-Bonanova.

2–3/13 Pont d'Inca – Vdas. Virgen de Lluch – Aragón – A. Rosselló – Conde Sallent – Via Roma – Gral. Mola – Pio XII – Jaime III – Av. Argentina – Pl. Progreso – Marqués de la Cenia – Calvo Sotelo – Illetas.

5–15 Campamento – Son Dureta – Andrea Doria – Espartero – Pl. Progreso – Fátima – Caro – Paseo Mallorca – Avenidas – Pl. España – Avenidas – Juan Maragall – Capitán Ramonell Boix – Cardenal Rosell – Carretera Coll a Ca'n Pastilla – Playa de Palma.

6 Pl. San Antonio – Av. A. Rosselló – Pl. España – Av. Juan March – Gral. Riera – Luis Vives – Andrés Torrens – Tte. Lizasoain – Juan Crespi – Son Espanyolet.

7 Sindicato – Anselmo Clavé – Pl. España – Avenidas – Pl. Hornabeque – Ramón y Cajal – Cotoner – Villalonga – Barrera – Dragonera – Cno. Vnal. de Son Rapinya – Son Vida.

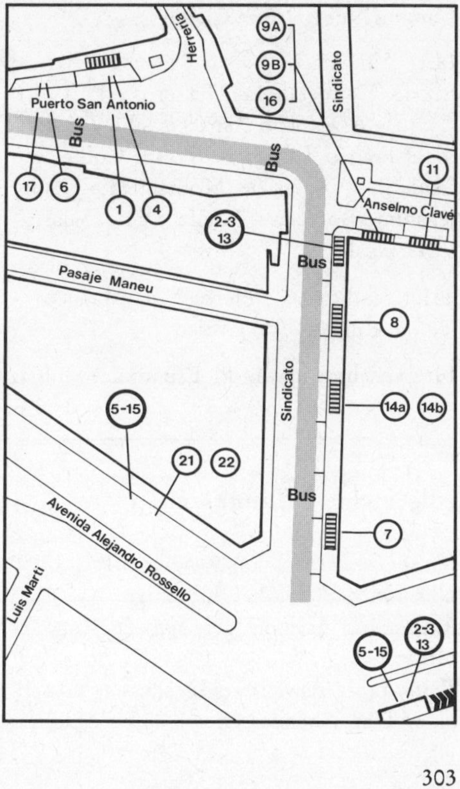

8 Sindicato – Anselmo Clavé – Pl. España – Avenidas Pl. Hornabeque – Rodriguez Méndez – Pascual Ribot – Cno. Vnal. de la Vileta – Oblatas – Antonia Maria Salvá – Virgen Milagrosa.

9A Anselmo Clavé – Pl. España – Av. Juan March – Conde Sallent – Gral. Riera – Sta. Luisa de Marillac – San Vicente de Paul.

9B Anselmo Clavé – Pl. España – Avenidas – Blanquerna – Pl. Paris – Soldado Soberats Antoli – Colliure – San Vicente de Paul – Hermanos Esquivias.

11 Anselmo Clavé – Pl. de España – Av. Juan March – Archiduque Luis Salvador – Enrique Granados – Cno. de Buñola – Poligono La Victoria – Vdas. Sindicales – Camino Nuevo – Son Cladera.

14A Sindicato – Av. A. Rosselló – Arturo Rizzi – Manuel de los Herreros – Pl. Pedro Garau – Arzobispo Aspargo – Pl. Tte. Coronel Franco – Capitán Crespi Coll – Son Gotleu – Virgen de Montserrat – Padre Jerónimo Boscana – Adelfa – Cno. Salard – Vdas. Agal.

14B Sindicato – Héroes de Manacor – Tomás Rullán – Son Gotleu.

16 Anselmo Clavé – Pl. España – Avenidas – Gral. Riera – Coronel Beorlegui – Alcázar de Toledo – Montant.

17A Pl. San Antonio – Héroes de Manacor – Son Ferriol – Son Baña – Camino Viejo de Son San Juan – Autopistas – Aeropuerto.

17B Av. Juan March – Archiduque Luis Salvador – Jafuda Cresques – Eusebio Estada – Pl. de España – Avenidas – Juan Maragall – Autopista – Aeropuerto.

18 Honderos – Poligono de Levante – Camino Fondo – Carretera Vieja de Son San Juan.

19 Pl. España – Av. Juan March – 31 de Diciembre – Capitán Salom – Carretera de Valldemosa – Facultad de Ciencias.

21 Av. A. Rosselló/Pl. España – Avenidas – Via Roma – Gral. Mola – Pio XII – Jaime III – Av. Argentina – Anibal – Pl. Progreso – Marqués de la Cenia – Calvo Sotelo – Porto Pi – Ca's Catalá – Carretera Andraitx – Portals Nous – Palma Nova.

22 Av. A. Rosselló/Pl. España – Avenidas – Via Roma – Gral. Mola – Pio XII – Jaime III – Av. Argentina – Anibal – Pl. Progreso – Marqués de la Cenia – Calvo Sotelo – Porto Pi – Ca's Catalá – Carretera Andraitx – Portals Nous.

Allgemeine Öffnungszeiten

Geschäfte öffnen von 9 oder 10 bis 13.30 Uhr und 16.30 bis 20 Uhr, einige
Kaufhäuser bleiben den ganzen Tag geöffnet;
Restaurants servieren Mittagessen von 12 bis 15 Uhr, Abendessen von 20 bis 23 Uhr;
Banken öffnen montags bis freitags von 9 bis 14 Uhr, samstags von 9 bis 13 Uhr;
Diskotheken von 21 Uhr bis 4 Uhr morgens;
Nachtclubs von 22 Uhr bis 3 Uhr morgens;
Kinos beginnen um 15 Uhr, letzte Vorstellung 22 Uhr;
Stierkämpfe finden statt immer sonntags oder feiertags um 17 Uhr.

Sport

Alle Sportarten, die mit Wasser zu tun haben, stehen an erster Stelle.

Baden: überall (siehe unsere Kartenübersicht) an den langen Küstenlinien. Flache Sandstrände, kleine Badebuchten oder Steilküsten mit scharfkantigen Kalksteinklippen, dort

Unterwassersport, Schnorcheln oder Tieftauchen bis zu Korallenbänken in 10 bis 20 m Tiefe.

Wasserski: an fast allen größeren Badebuchten, nicht billig. *Segeln:* Bootsvermietung in größeren Hafen- und Badeorten, alle Auskünfte in den nautischen Klubs. *Fischen:* überall im Meer ohne Erlaubnisschein, für Süßwasser ist eine Genehmigung erforderlich (ICONA in Palma, Pasaje Particular Guillermo de Torella Nr. 1). Zum *Jagen* (meist Niederwild) ist ein Jagdschein erforderlich (Servicio Nacional de Pesce Fluvial y Caza in Madrid, Calle Goya Nr. 25). *Reiten:* Mietpferde u. a. in Cala Ratjada, Cala Millor, Ca'n Picafort, Paguera, Colonia Sant Jordi. *Trabrennen:* jeden Sonnabend im Hippodrom in Palma. *Golf:* z. Z. in Son Vida bei Palma, Punta Rotja, Santa Ponsa, Portals Vells, alle 18 Löcher. *Stierkampf:* von Ostern bis Oktober sonn- und feiertags, Plakatanschlag beachten, Karten vor allem für Schattenplätze (a la sombre) frühzeitig besorgen. Arenen in Palma, Felanitx, Muro, Inca.

Entfernung von Palma zu den wichtigsten Stränden (s. Karten S. 306/307)

Strand	*km*	*Strand*	*km*
Cala d'Or	63	Illetas	9
Cala Fornells	26	La Calobra	70
Cala Mayor	5	Magalluf	15
Cala Millor	71	Mal Pas	57
Cala Mesquida	84	Paguera	23
Cala Murada	76	Palma Nova	14
Cala Ratjada	80	Playa de Palma. Can Pastilla	6
Cala Santañy	55	Playa Romántica	73
Cala San Vicente	56	Porto-Cristo	63
Camp de Mar	25	Puerto de Alcudia	54
Can Pastilla	6	San Telmo	37
Can Picafort	60	Santa Ponsa	20
Canyamel	62	Ses Salines	56
El Arenal	11	S'Illot	68
Formentor	72	Puerto de Soller	35

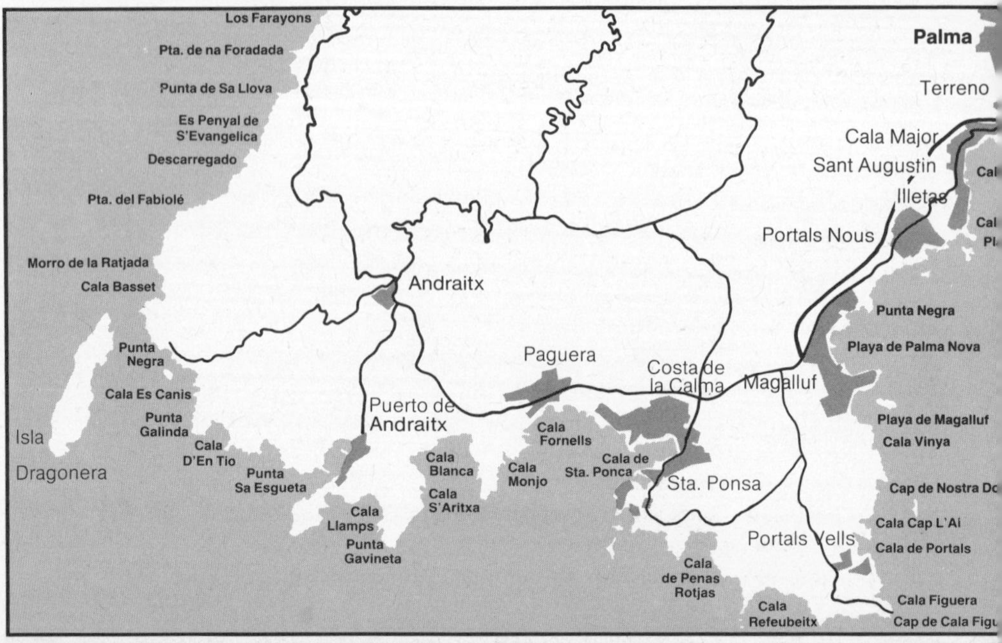
Los Farayons
Pta. de na Foradada
Punta de Sa Llova
Es Penyal de S'Evangelica
Descarregado
Pta. del Fabiolé
Morro de la Ratjada
Cala Basset
Punta Negra
Cala Es Canis
Punta Galinda
Isla Dragonera
Cala D'En Tio
Punta Sa Esgueta
Andraitx
Puerto de Andraitx
Cala Llamps
Punta Gavineta
Cala Blanca
Cala S'Aritxa
Paguera
Cala Fornells
Cala Monjo
Cala de Sta. Ponca
Costa de la Calma
Sta. Ponsa
Cala de Penas Rotjas
Cala Refeubeitx
Magalluf
Portals Vells
Palma
Terreno
Cala Major
Sant Augustin
Illetas
Portals Nous
Punta Negra
Playa de Palma Nova
Playa de Magalluf
Cala Vinya
Cala Cap L'Ai
Cala de Portals
Cala Figuera

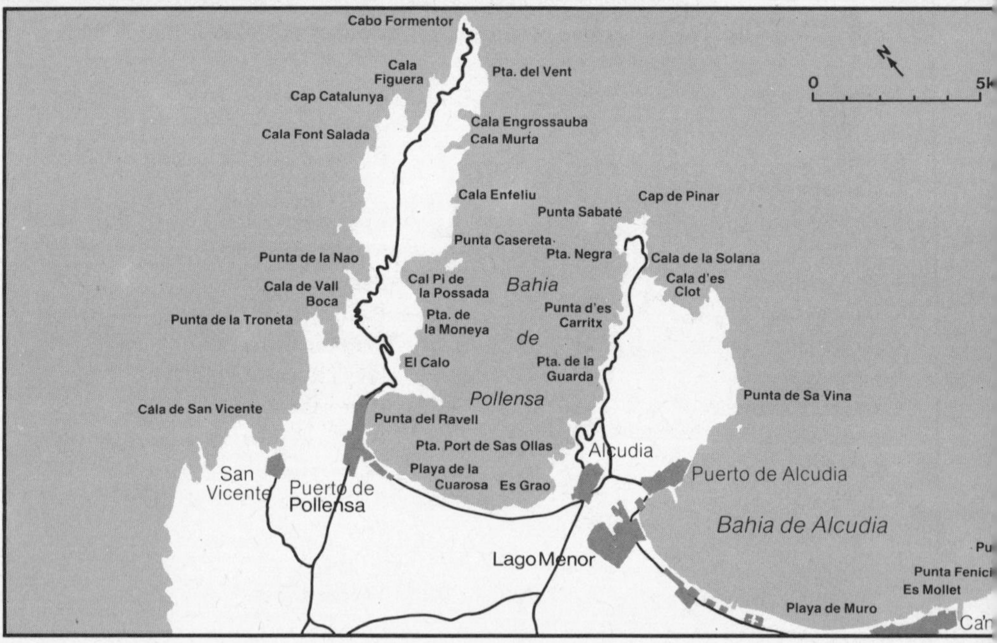
Cabo Formentor
Cala Figuera
Pta. del Vent
Cap Catalunya
Cala Font Salada
Cala Engrossauba
Cala Murta
Cala Enfeliu
Cap de Pinar
Punta Sabaté
Punta Casereta
Pta. Negra
Cala de la Solana
Cala d'es Clot
Punta de la Nao
Cala de Vall Boca
Punta de la Troneta
Cal Pi de la Possada
Pta. de la Moneya
El Calo
Bahia de Pollensa
Punta d'es Carritx
Pta. de la Guarda
Punta de Sa Vina
Cala de San Vicente
Punta del Ravell
Pta. Port de Sas Ollas
Playa de la Cuarosa
Es Grao
Alcudia
Puerto de Alcudia
San Vicente
Puerto de Pollensa
Bahia de Alcudia
Lago Menor
Es Mollet
Playa de Muro
0
5

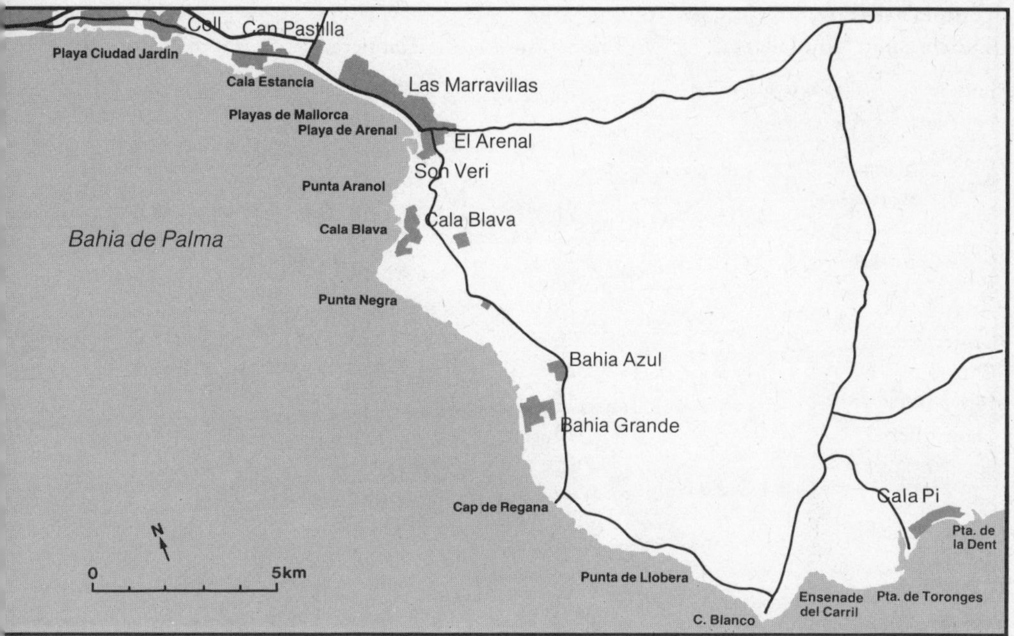
Coll
Can Pastilla
Playa Ciudad Jardin
Cala Estancia
Las Marravillas
Playas de Mallorca
Playa de Arenal
El Arenal
Son Veri
Punta Aranol
Cala Blava
Cala Blava
Bahia de Palma
Punta Negra
Bahia Azul
Bahia Grande
Cap de Regana
Cala Pi
Pta. de la Dent
N
0
5km
Punta de Llobera
Ensenade del Carril
Pta. de Toronges
C. Blanco

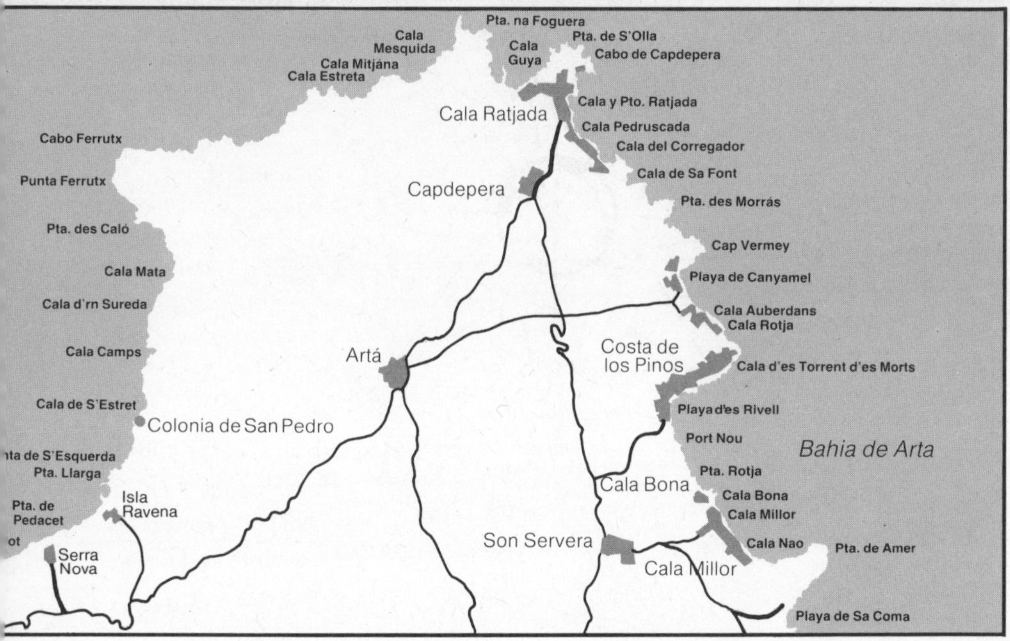
Pta. na Foguera
Cala Mesquida
Pta. de S'Olla
Cala Guya
Cabo de Capdepera
Cala Mitjána
Cala Estreta
Cala y Pto. Ratjada
Cala Ratjada
Cala Pedruscada
Cabo Ferrutx
Cala del Corregador
Cala de Sa Font
Punta Ferrutx
Capdepera
Pta. des Morrás
Pta. des Caló
Cap Vermey
Cala Mata
Playa de Canyamel
Cala d'rn Sureda
Cala Auberdans
Cala Rotja
Cala Camps
Costa de los Pinos
Artá
Cala d'es Torrent d'es Morts
Cala de S'Estret
Playa d'es Rivell
Colonia de San Pedro
Port Nou
ta de S'Esquerda
Bahia de Arta
Pta. Llarga
Pta. Rotja
Isla Ravena
Cala Bona
Cala Bona
Pta. de Pedacet
Cala Millor
Son Servera
Cala Nao
Pta. de Amer
Serra Nova
Cala Millor
Playa de Sa Coma

Temperaturen (Durchschnitt auf Mallorca)	tägliche Temperatur	Wasser-Temperatur	tägliche Sonnenstunden
Januar	12	15	5,2
Februar	13	14	6,4
März	15	14	6,3
April	17	16	6,8
Mai	21	19	9,6
Juni	25	21	10,7
Juli	29	24	10,9
August	28	26	11,1
September	26	23	8,0
Oktober	21	20	6,4
November	16	18	5,5
Dezember	13	16	4,0

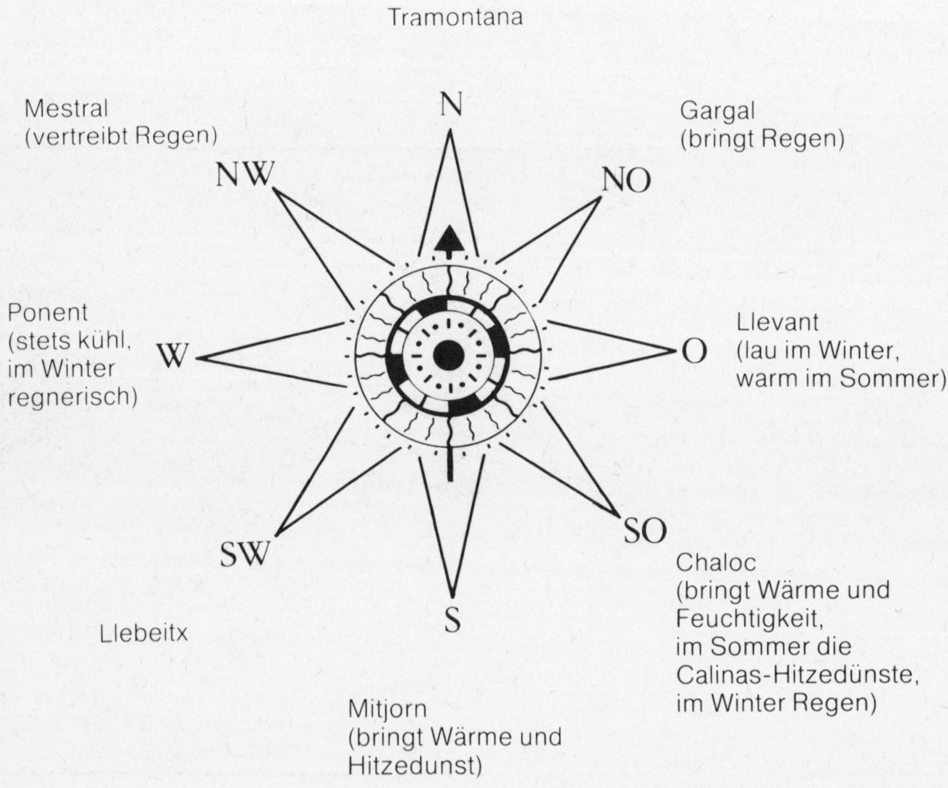

178 reine Sonnentage
120 Tage teils sonnig, teils wolkig
45 Tage Schauer und Wolken
22 Tage Regen (Juni/Juli ein Regentag pro Monat, restliche Monate zwei Regentage pro Monat)

Pueblo Español in Palma

Das 'Spanische Dorf' ist zu erreichen vom Paseo Maritimo in Palma über die Calle Andrea Doria → Calle Marinero Moll Dunlach; es ist seit 1967 Freilichtmuseum auf 25 000 m² mit 92 verkleinerten, aber naturgetreuen Nachbildungen berühmter Bauwerke Spaniens in den verschiedensten Baustilen aus allen Bezirken der Halbinsel, dazu Werkstätten, in denen nach alten Handwerkertraditionen beispielhaft gearbeitet wird; Tavernen mit Flamenco-Vorführungen und Restaurants mit spanischer, aber auch inter-

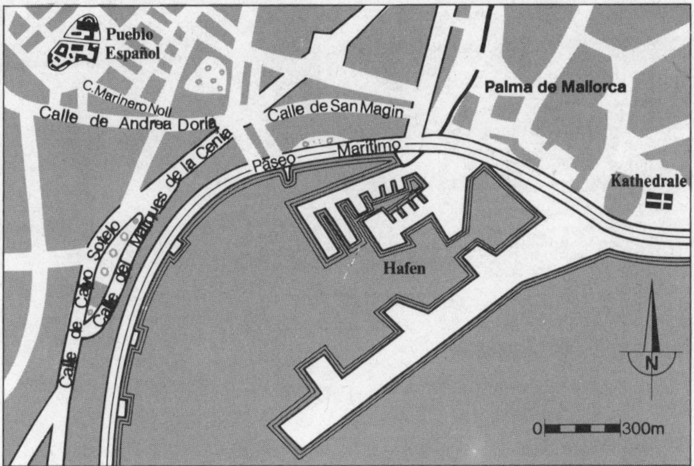

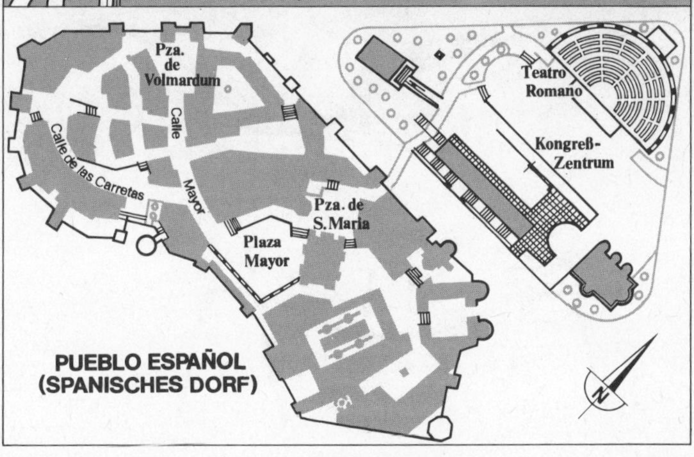

nationaler Küche sowie Jazzkeller und Diskotheken; viel Jahrmarkt und bunter Kitsch. Auf der Plaza Mayor meist um 17 Uhr mallorquinische Volkstänze, abends ab 22 Uhr Flamenco.

Gegenüber das Kongreß-Zentrum von Palma mit einem großen 'Kaisersaal' und einem Teatro Romano.

(Mit genüßlichen Pausen ein Halbtagsausflug).

Mallorquinische Pfluggespann

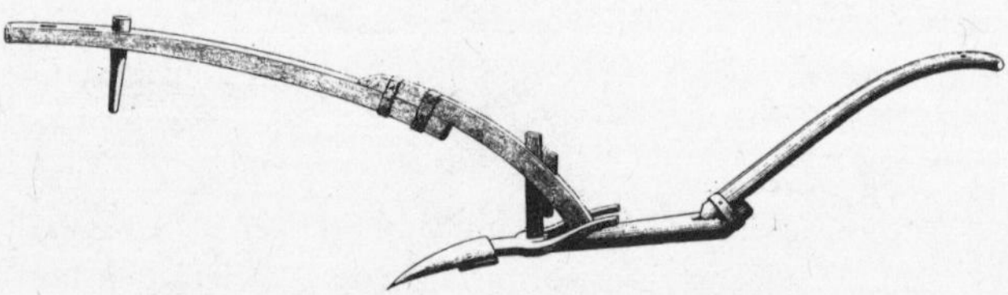

Arada mit um 2,70 m langer Deichsel aus Strandkiefernholz und vorn dem Pflock zum Anhängen des Joches. Die spitze Pflugschaar, reya, ist aus Eisen (um 12 cm lang, fast ebenso breit und 6 kg schwer). Pro Minute zieht man mit einem solchen Pflug etwa 80 m Furchen

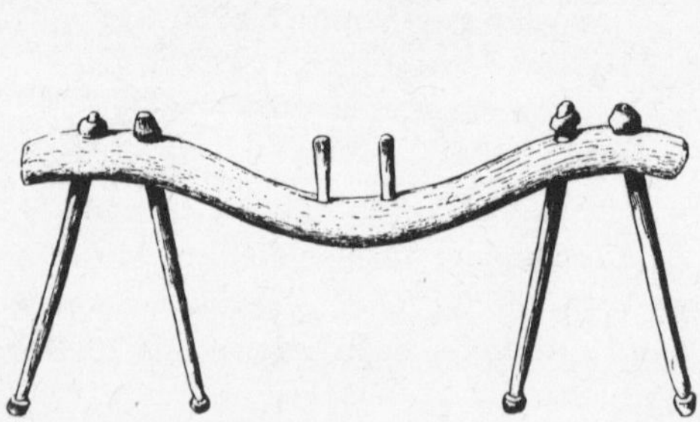

Ochsenjoch

Unterhaltung und Belehrung in Palma

Theater im *'Auditorium'* (Paseo Maritimo); *'Balear'* (Zanoguera); *'Prinzipal'* (Navarra).

Gemäldegalerien in allen Stadtteilen, besonders in der *Altstadt* und im *Pueblo Español* (moderne Bilder) sowie im *'Circulo de Bellas Artes'*, Calle General Mola Nr. 17.

Museen
Schatzkammer der Kathedrale (s. S. 104);
Diözesanmuseum im Bischofspalast (s. S. 107);
Museo Krekoviç an der Carretera de Indioteria (interessante Sammlungen zur Geschichte des Inkareiches wie zum heutigen Peru);
Kunstgalerie in der Calle Apuntadores Nr. 54 (Werke von Morales, van Dyck, Ribera, Goya und 200 Radierungen);
Seefahrtsmuseum im Consulado del Mar (s. S. 118);
Nationalmuseum im Almudaina-Palast (nur Führungen);
Stadtmuseum im Schloß Bellver (s. S. 122).

Museen auf Menorca
Archäologisches Provinzialmuseum in Mahón (s. S. 283);
Museo del Ateneo in Mahón (s. S. 284);
Museo Seminario Conciliar in Ciudadela bei der Kathedrale (s. S. 292)

Bibliotheken
Auf Mallorca
Stadtbibliothek Palma im Rathaus;
Bibliothek der Handelskammer Palma, Calle Estudio General Nr. 5;
Öffentliche Provinzialbibliothek in Palma, Calle Lulio;
Bibliothek der Pensionskasse in Palma, Calle Prevision Nr. 1;
Bibliothek im Palast Sollerich in Palma, Calle Cayetano Nr. 22;
Cultura Artesana, kunsthandwerkliche Bücher, in Palma, Calle Disputación;

Auf Menorca
Haus der Kultur in Mahón, Plaza de la Conquista Nr. 8;
Ateneo in Mahón, Conde de Cifuentes Nr. 25;
Caja de Pensiones in Mahón, Calle Calvo Sotelo Nr. 30;
Stadtbibliothek in Ciudadela, Calle Juan Benejam Nr. 2;
Caja de Pensiones in Ciudadela, Calle Obispo Vila Nr. 5.

Alle Museen und Bibliotheken haben geöffnet etwa vormittags von 10 bis 13 Uhr und nachmittags von 16 bis 20 Uhr.

Rundfunk

Mit deutschsprachigen Sendungen: *Radio Aleman*, täglich von 10 bis 11 Uhr und 19 bis 20 Uhr Nachrichten, Reiseinformationen, Wetterberichte, Suchmeldungen, Musikwünsche usw. über UKW 97,5 MHz oder Mittelwelle 1224 kHz; *Radio Maritim*, täglich 19 bis 20 Uhr über 1385 kHz und 88,8 MHz; *Radio Juventud*, täglich von 9 bis 10 Uhr über 89,9 MHz.

Zeitungen

Aus allen Teilen der Bundesrepublik Deutschland, Österreichs und der Schweiz an den Kiosken; deutschsprachige spanische Zeitung ›*Mallorca Magazin*‹, Wochenzeitung mit allen wichtigen aktuellen Inselinformationen, Veranstaltungen, Mietwagenfirmen und Preisen, Landeskundlichem, Funk- und Fernsehprogrammen, Hinweis auf Spezialitätenrestaurants, Sport, Immobilien (Redaktion Palma, San Felio 17, Apartado 304).

Feste und Feiertage

Januar

5. Jan. in *Palma:* **Fest der Heiligen Drei Könige.** Sie landen auf einem Schiff im Hafen und werden dort mit Fackeln und Feuerwerk begrüßt. Dann Festzug zum Rathaus durch die Straßen der Altstadt.

16. Jan. in *Sa Pobla, Arta, Costitx, Manacor, Mancor del Valle, Santa Eugenia, Santa Maria del Cami:* **Fest von St. Antonius Abat,** überall Freudenfeuer, Ursprung in Sa Pobla, wo man das Fest seit 1365 feiert. Um diese Freudenfeuer, die *Foguerons,* tanzt man vermummt und singt alte Lieder zu Hirtentrommeln, den *Ximbombes,* und zu Tamburins. Alle essen an diesem Abend die *Espinagades*-Pasteten, eine köstliche Mischung mit Gemüsen, Aal und vielen Gewürzen.

17. Jan. in *Ciudadela/Menorca:* **Prozession der drei Schläge,** Messe in der Kathedrale mit Predigt zur Wiedereroberung der Insel, dann Prozession hinter drei Gemeinderatsmitgliedern zu Pferde und in mittelalterlicher Gewandung zum Tor der alten Stadtmauer. Hier Halt, der älteste Reiter steigt ab und klopft dort dreimal mit der Fahnenstange, wo früher das Tor stand. Beim dritten Schlag ertönt die Nationalhymne und das Te Deum (Erinnerung an den Einzug König Alfonsos III. in das islamische Ciudadela am 17. 1. 1267). Auf der Plaza San Antonia werden Orangen, Datteln und Palmenbirnen verkauft.

17. Jan. in *Palma, Costitx, Manacor, San Juan, Sa Pobla, Petra:* **Fest Segen des Antonius,** Tiersegnungen, um den Schutz des Heiligen für alle Tiere zu erbitten und um Krankheiten und Seuchen vorzubeugen.

17. Jan. in *Pollensa:* **Fest der Pinie des St. Antonius,** ein vor der Kirche aufgerichteter Pinienstamm wird mit Seife eingerieben; wem es gelingt, hinaufzuklettern, der darf die ganz oben aufgehängte Belohnung behalten.

17. Jan. in *Arta:* **Reiterzug von St. Antonius,** Festzug mit Wagen, auf denen das Leben des Heiligen dargestellt wird; als 'Teufel' Verkleidete stellen die Versuchungen dar.

17. Jan. in *Mancor del Valle:* **Abnahme der Krähe,** eine am Kirchturm festgebundene Krähe wird zu einer unten aufgestellten Hütte geholt. In der Hütte Bilder von Antonius und Paulus. Dann kleine Prozession 'Ausritt des Teufels' und die Segnung *(Beneides)* der Tiere.

19. Jan. in *Palma, Costitx:* **Vorabend von San Sebastian,** viele Freudenfeuer, Singen, Tanzen und Verzehren der ortsüblichen Speisen

20. Jan. in *Pollensa:* **Fest von San Sebastian,** Prozession hinter der Fahne *'Estandart'* mit dem Bild des Heiligen. Sogenannte *Cavallets,* das sind Jungen, die ein Pappmasché-Pferd um ihre Körper tragen, tanzen dabei ausgelassen.

Februar

Karnevalistische Wochen, in *Palma:* Festzug 'Die Straße', den Paseo Borne entlang; an der *Playa de Palma:* Wagenzug und fröhliche Blumenschlacht; in *Calvia, Palma Nova, Magauf* weitere Festzüge; in *Montuiri* 'Die letzten Tage', zum Karnevalsabschluß Feierlichkeiten, Freudenfeuer, Buden und Essen und Trinken.

März und April

Am **vierten Fastensonntag** in *San Juan:* **Fest von Brot und Fisch,** Wallfahrt zur Tröstungskapelle, Erinnerung an den Fund der Trobada um 1400, Volkstänze und Blumengaben, Verzehr der *Coquetes*-Törtchen aus ungesäuertem Teig zur Erinnerung an die wundersame Vermehrung von Brot und Fisch.

Ab Palmsonntag in *Palma:* **Palmenmarkt,** Buden vor der Kirche Santa Margarita, wo das Bild des Hl. Antlitzes verehrt wird, bekannt auch als *Ram de Ciutat* oder 'Ram der Stadt'.

Karwoche in *Arta:* **Gründonnerstagsprozession** und Abendmahlsfeier auf der Vortreppe des Franziskanerklosters; **Karfreitag** im Hof von San Salvador bei Fackelbeleuchtung **Mysterienspiel** *'Es Davallament',* die Abnahme, anschließend **Karfreitagsprozession.**

Karwoche in *Palma:* Alle Feierlichkeiten kreisen um das Christusbild *La Sang* im alten Spital. Gründonnerstags wird dieses Bild durch die Straßen getragen, am Karfreitag nach der 'Prozession des Stillschweigens' in der Kirche Nuestra Señora del Socorro eine sehr rührende Darstellung der Beisetzung.

Karwoche in *Sineu:* Nach der 'Abnahme Christi' Rosenkranz und Predigt, große Prozession von der Kirche aus.

Karwoche in *Pollensa:* In schweigender Prozession und bei Fackelbeleuchtung wird das Bild des ruhenden Christus von der Kapelle auf dem Kalvarienberg hinunter zur Pfarrkirche Nuestra Señora de los Angeles getragen.

Während der Karwoche in *Palma* findet die Internationale Segelwoche statt, Hauptrennen ist die 'Pricesa Sofia'.

Ostermontag in *Pollensa:* **Fiesta d'es Puig,** seit 1640 Wallfahrt hinauf zum Berg. Nach der Messe Spiele, Tänze und vor allem Verzehr der *Panades-* und *Fromatjades*-Pasteten aus Fleisch und Käse.

Dienstag nach Ostern in *Mancor del Valle:* **Wallfahrt** zum Heiligtum der Hl. Lucia, findet seit 1617 statt.

Dienstag nach Ostern in *Llubi:* **Wallfahrt** zur Klause des Hl. 'Christus des Heils und der Abhilfe'.

Dienstag nach Ostern in *Campanet:* **Wallfahrt** zum Heiligtum von San Miguel hinter dem Bild Christus' von der Pfarrkirche zum Heiligtum. Anschließend Volksfest unterhalb der Höhlen von Campanet.

Dienstag nach Ostern in *Petra, San Juan, Villafranca:* **Osterwallfahrt** zur Klause von Bonany.

Dienstag nach Ostern in *Sa Pobla:* **Wallfahrt** zur Kapelle von Cretatx, typisch bäuerliche Wallfahrt zu Fuß und mit Tieren und Karren, Segnung des Brotes *(Pancaritat),* Liederwettbewerb mit Liedern, die während der Landarbeiten gesungen werden *(Tonades)*. Verzehr von Fleischpasteten *(Panades)*, Marmeladenpasteten *(Robiols)* und Gemüsepasteten *(Coquerrois)*.

Mittwoch nach Ostern in *Algaida:* **Wallfahrt** zum Heiligtum La Pau Castellitx, Wagenprozession vom Dorf aus, Messe und viele mallorquinische Tänze, Liederwettbewerb usw.

Mittwoch nach Ostern in *Lloseta:* **Wallfahrt** zum Coco, eigentlich zur Kapelle der Nuestra Señora de Lloseta, wo man 1233 das Madonnenbild fand.

Sonntag nach Ostern in *Inca:* **Fest der heiligen Magdalena,** Wallfahrt hinauf zum kleinen Heiligtum, oben Festfeier.

Sonntag nach Ostern in *Alaro:* **Wallfahrt** hinauf zum Schloß, beschwerlicher Fußweg, deshalb bleibt man bis zum Abend auf dem Burgberg.

Sonntag nach Ostern in *Porreras:* **Wallfahrt** zur Kapelle von Montesion, oben religiöse und weltliche Feierlichkeiten.

Sonntag nach Ostern in *Palma:* **Fest des Engels,** man trifft sich im Walde bei Schloß Bellver zum Feiern; im 15./16. Jh. war Palmas Engelsfest eines der feierlichsten der Stadt.

Mai

Am **Monatsanfang** in *Soller:* **Fest der tapferen Frauen,** gemeint sind die Frauen Catalina und Francisca aus dem Jahre der türkischen Freibeuter 1561. Junge Leute führen Scheingefechte zwischen Christen und Mauren vor, und in einem Wagenzug werden dazu Ereignisse aus dem Soller-Tal charakterisiert.

Juni

Fronleichnam in *Pollensa:* Fest **Die Adler,** zwei prächtig gekleidete Jungfrauen mit Schmuck und Pappadlern am Gürtel tanzen vor dem Allerheiligsten; eigentlich ein altes Fest der Weber.

12./13. Juni in *Arta:* **Fest St. Antonius vom Juni,** zur Erinnerung an die Gründung des Franziskanerklosters. Mit Pappmaché-Umhängen als Pferde *(Cavallets)* Verkleidete tanzen ausgelassen.

23./24. Juni (und auch schon am vorherigen Sonntag) in *Ciudadela/Menorca:* Mittelalterliches **Reiterfest;** der mit Fellen bekleidete und einen Schafsbock tragende *S'Homo des Be* (der Rechtschaffene) geht durch die Ortsstraße und lädt, begleitet von der Reitergruppe *Junta de Caixers,* zum Johannesfest ein. Reiterspiele auf dem Marktplatz, dann Wallfahrt zur Klause des Heiligen.

Tags darauf, am 25. Juni, das Hauptfest der Insel Menorca, die **Fiesta de San Juan** mit großartigen Reiterspielen wie am Tage zuvor.

24. Juni in *Muro:* **Fest von San Juan,** Stierkampf, Theatervorführungen, Tanz und Volksbelustigungen.

24. Juni in *San Juan:* **Fest der tanzenden Sonne,** eigentlich eine kleine Landwirtschaftsmesse und Tierschau, Vorführungen im Schafscheren *(Tondra amb Estidores),* Volksfest.

29. Juni in *Puerto de Alcudia:* **Fest des Schutzheiligen San Pedro,** Land- und Seeprozession zu Ehren des Heiligen.

30. Juni in *Marratx:* **Wallfahrt** von San Marcal, Bitten an den Heiligen, alle rheumatischen Schmerzen zu lindern, dabei eine hochinteressante Ausstellung von *Siurells*-Pfeifen aus Ton, die als 7 bis 20 cm lange Figuren gearbeitet sind und am Ende eine Pfeife haben; volkstümliche, naiv gestaltete und dann bemalte Figürchen, sehr typisch für Mallorca.

Juli

2. Juli in *Alcudia:* **Wallfahrt** zur Jungfrau des Sieges, und schließlich nach langem Fußmarsch oben vor der Kapelle die typischen mallorquinischen Volkstänze *Corregudes de Joias i Balls de Jotas in Boleros.*

9. Juli in *Ciudadela/Menorca:* **Fest des 9. Juli,** ein patriotisches Fest, Erinnerung an den Widerstand gegen die Türken, Sitzung im Rathaussaal und Verlesung einer Urkunde aus Konstantinopel zu Belagerung, Widerstand und Plünderung der Stadt. Auswahl der Reiter für die *Junta de Caixers* zum nächsten San Juan-Fest.

In allen Häfen der Inseln Mallorca/Menorca Fischerfeste zu Ehren der Jungfrau mit Fischerprozession zu Schiff, so

13. bis 16. Juli in *Cala Ratjada:* schöne bengalische Beleuchtung.

16. Juli in *Puerto de Andraitx:* **Schiffsprozession** durch Hafen und um die Bucht, interessante Fischertrachten.

16. Juli in *Puerto de Pollensa:* **Schiffsprozession.**

16. Juli in *Puerto de Soller:* nächtliche **Schiffsprozession** mit Fackeln und bengalischer Beleuchtung.

Erste Julihälfte in *Escora:* **Chorkonzerte** am Torrente de Pareis, veranstaltet vom Kunstmaler Coll Bardolet und der Gemeinde.

Dritter Sonntag im Juli in *Mercadal/Menorca:* **Fest des Schutzheiligen San Martin, Bischof von Tours,** Erinnerung an die Eroberung der Insel, Gedenkfeier übernommen von den maltesischen Rittern, Reiterspiele mit Reitern in mittelalterlichen Uniformen.

24./25./26. Juli in *Villa Carlos/Menorca:* **Fest von San Jaime,** also St. Jakob der Apostel, Reiterfest, Reiterzug der *Colcada* in alten Trachten zur Plaza, auf der mit Musik und Tanz bis in die Nacht gefeiert wird.

15. Juli in *Calvia:* Hier die **Nit Mallorquina,** die **mallorquinische Nacht,** Fest mit Liedern und Volkstänzen.

25. Juli in *Alcudia:* nur alle drei Jahre **Prozession** zum Christus-Fest.

28. Juli in *Valldemosa:* **Fest des Triumphwagens,** wobei Mitglieder einer Bruderschaft das Privileg auf einen Kuchen und einen Halt des Wagens vor ihrem Hause haben. Spätabendlicher Umzug mit Tieren und Wagen, ein Mädchen stellt die mallorquinische Heilige Catalina Thomás dar, Lieder für die *Sor Tomasseta,* ein lautes Volksfest.

Sonntag nach dem 28. Juli in *Palma:* **Fest des Triumphwagens,** ganz ähnlich wie in Valldemosa feierlicher Reiterumzug.

Letzter Sonntag im Juli in *Valldemosa:* **Das Konzert,** Abschluß der Feierlichkeiten für Catalina Thomás, im Kloster und in der Zelle Chopins Konzerte mit den besten Pianisten der Zeit.

August

2. August in *Pollensa:* **Fest der Nuestra Señora de los Angeles,** Prozession zu Ehren der Mutter Gottes der Engel, Scheingefecht *Moros y Cristianos,* zwischen Mauren und Christen – gleichzeitig internationales Musik-Festival im Kloster von Santo Domingo sowie eine internationale Malerei-Ausstellung.

Zweiter Sonntag im August in *Lluchmayor:* **Fest der Santa Candida,** Festzug mit *Xirimies,* den Großköpfen aus Pappmaché und mit Riesenfiguren, mallorquinische Tänze zu Dudelsackmusik.

10. August in *Selva:* **Fest des Schutzheiligen San Lorenzo,** mit die prächtigsten folkloristischen Darbietungen Mallorcas in alten Trachten, Auftritt der Gruppe *Aires de Montanya,* die alte mallorquinische Tänze und Lieder in Originalfassung vorträgt.

10./13. August in *Alayor:* **Fest von San Lorenzo,** Reiterfestzug, Wagenzug, Scheibenwerfen und Verteilung von Rosenwasser *(Aigu Ros).*

16. August in *Alaro:* **Fest von San Roque,** Erinnerung an 1652, als der Hl. Rochus die Gemeinde von Beulenpest rettete, Wagenzug mit Darstellungen, lustige Blumenschlacht.

23./25. August in *Ferrerias/Menorca:* **Fest von San Bartolome,** Reiterzüge durch die Straßen, alle in mittelalterlichen Trachten.

24. August in *Montuiri:* Sehr interessant die **Tänze** der Gruppe *Els Cosiers,* welche Mallorcas älteste Tänze vorführt. Stets ist das Thema der Kampf zwischen Gut und Böse, hier dargestellt von der Dame und einem Teufel *(Dimoni)* in grobem Gewand, mit Maske, Hörnern und Schwanz. Solche Tänze werden auch in der Kirche aufgeführt, wobei am Ende stets die Dame den Teufel mit dem Fuß unten am Boden festhält.

24. August in *Capdepera:* **Trabrennen** beim Landgut Es Camp Roig zu Ehren des heiligen Bartholomäus.

28. August in *Felanitx:* **San Agustin,** Tanzfest aus mittelalterlicher Tradition mit dem Pferdchentanz *(Es Cavallets)* in diversen typischen Figuren wie Kette, Ring oder Prozession.

29. August in *San Juan:* **Fest des Schutzheiligen,** gemeint ist San Juan, Festzug mit Teufeln, den beliebten Großköpfen und Dudelsackmusik, nachmittags Wettkämpfe im Schleudern *(Tir de Bassetja)* in der Tradition der berühmten balearischen Schleuderer.

September

Den Monat über verschiedene Volksfeste unter dem Motto »Playa de Palma ist ein einziges Fest«.

8. Sept. in *Mahón/Menorca:* **Fest der Nuestra Señora de Gracia,** vier Tage lang Veranstaltungen wie Festzug mit Riesen und Großköpfen, Tänze, Konzerte, Sportwettkämpfe und Ausstellungen.

21. September in *Bunyola:* **Fest von San Mateo,** seit gut 200 Jahren Tanzfeste und am Vorabend Chorkonzert mit dem Orchester der Stadt Palma.

Erster Sonntag im September in *Santa Margarita:* **Prozession der Glückseligen,** prachtvoller Wagenzug mit Trachtengruppen, die *Gerres,* typische Krüge, in den Händen tragen bis sie ihnen von als 'Teufel' Verkleideten fortgenommen und vor der Statue der Catalina Thomás zerbrochen werden. Festfeiern bei abendlicher Beleuchtung.

Zweiter Sonntag im September in *Villafranca de Bonany:* **Melonenfest,** Veranstaltungen rund um die Melonenproduktion, kostenloses Melonenessen.

Letzter Sonntag im September in *Binissalem:* **Fest der Weinlese,** nach der Messe auf dem Kirchvorplatz Ankunft der Weinleser *(Vermadors)* und der Dudelsackpfeifer *(Xeremiers),* Segnung des Mostes und der Opfergaben durch die erste Weinleserin *(Vermadora Mayor),* Fürbitten zur Hl. Jungfrau von Rubines. Öffnung der Weinfässer des Ortes und Weinprobe, Tanz und Feuerwerk.

Oktober

Erster Sonntag im Oktober in *San Juan:* **Fest der Blutwurst,** Volkstänze, Dudelsackmusik, Imbiß mit heimischen Wurst-

sorten, gebratene Spezialitäten und die typische Gemüsetorte *Coca am Trampó.*
Letzter Sonntag im Oktober in *Pletra:* **Fest vom Spritzkuchen,** schon am Vorabend kräftiger Imbiß mit Wustwaren und lockeren Spritzkuchen, die *Berenada de botifarróns i sobrassada,* am Sonntag sportliche und kulturelle Veranstaltungen

Dezember

24. Dez. in Lluch: **Weihnachtliches Mysterienspiel** im Kloster.
25. Dez. Weihnachtsfest ohne Geschenke, die erst am Dreikönigstag übergeben werden.
31. Dez. in *Palma:* **Fahnenfest,** Erinnerung an die christliche Eroberung der Stadt durch König Jaime II. am 31. Dez. 1229. Morgens bringt der Stadtrat das Königsbanner vom Rathaus zur Plaza de Cort. Dann zieht der Festzug in die Kathedrale, den ganzen Tag über religiöse ud weltliche Festlichkeiten.

Festkalender nach Gemeinden

(in der Klammer: Einwohnerzahl, Höhenlage und km nach Palma)

Mallorca

Alaro (3662; 240; 24)
1. Sonntag nach Ostern: Wallfahrt zum Schloß.
14.–16. August: Fest des Schutzheiligen San Roque.

Alcudia (4180; 9; 53)
28.–29. Juni: Fest des Schutzheiligen San Pedro.
2. Juli: Wallfahrt zur Jungfrau des Sieges.
24.–26. Juli: Fest des Schutzheiligen San Jaime.

Algaida (3224; 200; 24)
16. Januar: Fest des Schutzheiligen San Honorato.
Mittwoch nach Ostern: Wallfahrt zur Klause La Pau-Castellitx.
24.–26. Juli: Fest von San Jaime.

Andraitx (5767; 52; 28)
28.–30. Juni und 1. Juli: Fest von San Pedro.
(**Puerto de Andraitx:** 13.–16. Juli: Fest der Beschützerin, Virgen del Carmen).
(**S'Arracó:** 19., 20., 26., 28. August: Christusfest.
8. September: Fest von Nuestra Señora de la Trapa.)

Arta (5530; 170; 70)
16. Januar: Freudenfeuer von Sant Antoni.
17. Januar: Reiterzug von Sant Antoni.
Karwoche: Prozessionen am Gründonnerstag und Karfreitag.
12.–13. Juni: 'Sant Antoni vom Juni'.
5.–7. August: Fest von San Salvador.
(**Colonia de San Pedro:** 29. Juni: Fest des Schutzheiligen San Pedro.)

Bañyalbufar (485; 100; 25)
7.–10. September (ungefähr): Fest des Schutzheiligen.

Binisalem (4572; 160; 23)
24.–26. Juli: Fest der Schutzheiligen San Jaime und Santa Ana.
29. September–7. Oktober: Wettbewerb für Malerei. Am letzten Septembersonntag 'Fest der Weinlese'.

Buger
29.–30. Juni: Volksfest von San Pedro.

Buñyola (2729; 240; 17)
21. September: Fest des Schutzheiligen San Mateo.

Calvia (8095; 150; 20)
6. Januar: Ankunft der Hl. Drei Könige.
16. Januar: Die Segnungen von San Antonio, Abt.
19. Januar: Freudenfeuer am Vorabend von San Sebastian.
Februar: Karnevalswoche.
23.–24. Juni: Fest des Schutzheiligen San Juan.
21.–26. Juli: Volksfest von San Jaime.
September: Miss-Wahl.
(**Capdella:** 14.–17. Juli: Fest der Beschützerin, Nuestra Señora del Carmen.)
(**Paguera:** 27.–29. August: Volksfest.)
(**Santa Ponsa:** 18.–20. August: Jährliches Fest.
9.–16. September: Gedenkfeier der Landung vom König Jaime I., dem 'Eroberer').

Campanet (2267; 167; 37)
Mittwoch nach Ostern: Wallfahrt zur Kapelle von San Miguel.
1.–2. Julisonntag: Fest des Hl. Victoriano.
29. September: Fest des Schutzheiligen San Miguel.

Campos del Puerto (6418; 22; 37)
9. Januar: Fest der Schutzheiligen San Julian und Santa Basilia.
14.–15. oder 15.–16. Juni: Fest von Nuestra Señora del Carmen.
14.–15. August: Fest der Beschützerin, der 'Mutter Gottes von August'.

Capdepera (4463; 90; 78)
23.–26. August: Fest des Schutzheiligen San Bartolomé.
(**Cala Ratjada:** 13.–16. Juli: Volksfest von Nuestra Señora del Carmen.
14.–16. August: Fest des Schutzheiligen San Roque.)

Consell (2075; 108; 19)
24. August: Fest des Schutzheiligen San Bartolomé.

Costitx (741; 160; 31)
16.–17. Januar: Fest von San Antonio Abat.
19.–20. Januar: Fest von San Sebastian.
7.–9. September: Fest des Schutzheiligen.

Deya (396; 220; 28)
24. Juni: Fest des Schutzheiligen San Juan.

Escorca (475; 525; 51)
Erste Julihälfte: Chorkonzert am Torrente de Pareis, La Calobra.
2. Septemberwoche: Der Tag von Lluc.

Esporles (2553; 46; 14)
28.–30. Juni und 1. Juli: Fest des Schutzheiligen.

Estellenchs (482; 150; 33)
29. August: Fest des Schutzheiligen.

Felanitx (1247; 112; 50)
20. Juli: Fest der Beschützerin Santa Margarita.
28. August: Messe und Fest von San Agustín.

Inca (18750; 38; 29)
Sonntag nach Ostern: Fest von Santa Magdalena.

30. Juli: Fest der Heiligen Abdón und Senén.
9. November: Fest der Beschützerin Santa Maria la Mayor.

La Puebla (10783; 40; 42)
16. Januar: Festabend des Hl. Antonius Abt.
17. Januar: 'Beneïdes de Sant Antoni', 'Hl. Antonius Segen'.
Dienstag nach Ostern: Wallfahrt nach Crestaig.

Lloret de Vista Alegre
7.–9. August: Fest des Schutzheiligen.

Lloseta (4074; 180; 28)
Mittwoch nach Ostern: Wallfahrt des 'Cocó'.
8. September: Fest des Schutzheiligen.

Llubi (2183; 90; 40)
Dienstag nach Ostern: Wallfahrt zur Klause 'Christus des Heils und der Abhilfe'.
31. Juli, 1.–2. August: Fest von San Felio.

Lluchmayor (12680; 150; 24)
2. Augustsonntag: Volksfest der Santa Cándida.

Manacor (24275; 110; 50)
16.–17. Januar: Hl. Antonius Abt.
(**Porto Cristo:** 15. August: Fest des 'Carmen').

Mancor del Valle (837; 245; 34)
16. Januar: Fest des Hl. Antonius Abt.
17. Januar: 'Abnahme der Krähe'.
Dienstag nach Ostern: Wallfahrt zur Kapelle von Santa Lucia.
24. Juni: Fest des Schutzheiligen San Juan.

Maria de la Salud (1951; 40; 39)
8. September: Fest der Beschützerin, 'Mutter Gottes'.

Marratx (7042; 180; 14)
30. Juni: Wallfahrt von San Marcial.
(**Pla de na Tesa:** 24. August: Fest des Schutzheiligen San Bartolomé.)
(**Pont d'Inca:** 28. Juli: Fest der Beschützerin Santa Catalina Thomás.)
(**Portol:** 16. Juli: Fest der Beschützerin, Nuestra Señora del Carmen.)

Montuiri (2419; 170; 28)
Am Samstag vor Fastenbeginn: 'Letzte Tage in Montuiri'.
Dienstag nach Ostern: 'Fest am Berge'.
24. August: Feste des Schutzheiligen San Bartolomé.

Muro (6084; 100; 45)
16.–17. Januar: Fest von St. Antonius Abt.
24. Juni: Fest von San Juan.
(**Ca'n Picafort:** 1. Septemberwoche: Wettbewerb der Jagd unter dem Wasser.)

Palma de Mallorca (219000; 33)
5. Januar: Festzug der Hl. Drei Könige.
17. Januar: Die Segnungen.
19. Januar: Festabend von San Sebastian.
Februar: Karnevalswoche. 'Sa Rua'.
Karwoche: 'Palmenmarkt' und Prozessionen.
1. Sonntag nach Ostern: 'Fest des Engels'.
Sonntag nach 28. Juli: Fest von Santa Catalina Thomás.
31. Dezember: 'Fahnenfest'.

Petra (4004; 120; 44)
17. Januar: Segnungen und Wagenwettbewerb zu San Antonio, Abt.

Dienstag nach Ostern: Wallfahrt zur Klause Bonany.
29. Juni: Religiöses Fest zu Ehren von San Isidro.
21. Juli: Fest der Beschützerin Santa Práxedes.
1. Augustsonntag: Fest von Nuestra Señora de los Angeles.
Am letzten Oktobersonntag: Fest der Spritzkuchen.
(**Ariany:** Am letzten Augustsonntag: Fest der Beschützerin Nuestra Señora de Atocha.
24. November oder am nächstfolgenden Sonntag: Gedenkfeier der Geburt des Fray Junípero Serra.
Dienstag nach Ostern: Wallfahrt nach Crestaig.)

Pollensa (10298; 70; 53)
17. Januar: 'Pi de Sant Antoni', 'Reiterzug vom Hl. Antonius'.
20. Januar: 'Fiesta de San Sebastián', 'Fest vom Hl. Sebastian'.
Karfreitag: 'Devallament' – 'Kreuzabnahme'.
Ostermontag: 'Festa d'es Puig', 'Fest am Berg'.
Fronleichnamstag: 'Les Aguiles', 'Die Adler'.
16. Juli: Fest der 'Virgen del Carmen'.
2. August: Fest von 'Nuestra Señora de los Angeles'.
August: Internationales Musikfestival.

Porreras (4809; 150; 37)
Sonntag nach Ostern: Wallfahrt zur Kapelle Montesion.
15. und 16. August: Fest des Schutzheiligen San Roque.

Puigpunent (1015; 240; 16)
15. und 16. August: Volksfest.
8. September: Volksfest von Galilea.

Sancellas (2212; 50; 26)
15. August: Fest des Schutzheiligen.

San Juan (2048; 27; 36)
16.–17. Januar: Fest von San Antonio, Abt.
4. Fastensonntag: Fest von Fisch und Brot.
Dienstag nach Ostern: Wallfahrt zur Klause Bonany.
24. Juni: Messe und Feierlichkeiten 'der tanzenden Sonne'.
29. August: Fest des Schutzheiligen.
1. Oktobersonntag: Fest der Blutwurst (Butifarró).

San Lorenzo (3924; 203; 60)
17. Januar: St. Antonius, Abt.
8. Mai, 10. August, 8. September: Konzert der Dorfkapelle und 'Ball de Bot y Boleros Mallorquins', Aufführung von mallorquinischen Tänzen.

Santa Eugenia
Am 1. Sonntag nach dem 17. Januar: Fest von San Antonio, Abt.
1. Augustsonntag: Fest des Schutzheiligen.

Santa Margarita (4296; 100; 50)
1. Septembersonntag: Prozession der Beata oder Glückseligen.
(**C'an Picafort:** 1. Septemberwoche: Wettbewerb der Unterwasserjagd.)

Santa Maria del Cami (3875; 130; 15)
16. Januar: Fest von San Antonio, Abt.
20. Juli: Fest der Beschützerin Santa Margarita.

Santanyi (5415; 70; 50)
25. Juli: Fest des Schutzheiligen.

Selva (2925; 230; 34)
10. August: Fest des Schutzheiligen San Lorenzo.
Zwischen 1. und 10. August: Preis Jaime Lladó für Forschung.
1. Augusthälfte: 'Selva Rock'.
Alljährlich am Dienstag und am Freitag: Aufführung von Tänzen und Liedern aus Mallorca durch die Gruppe 'Aires de Muntanya'.

Ses Salines (2330; 60; 47)
1. Augustsonntag: Volksfeste der Colonia de Sant Jordi.
24. August: Fest des Schutzheiligen San Bartolomé.

Sineu (3129; 160; 35)
25. April: Fest des Schutzheiligen San Marcos.
Karwoche: Prozessionen am Gründonnerstag und am Karfreitag.
14.–16. August: Fest des Schutzheiligen.

Soller (9308; 54; 30)
5. Januar: Festzug der Drei Könige.
16. Januar: 'Foguerons' oder Freudenfeuer des Hl. Antonius.
2. Maiwoche und Montag: Messe und Feste.
16. Juli: Fest der 'Virgen del Carmen'.
23.–24. August: Fest des Schutzheiligen San Bartolomé.
3. Septemberwoche: Internationales Rennen zum Puig Mayor.
Erste Septemberhälfte: Internationale Folklore Ausstellung.
(**L'Horta:** 2. Julisonntag: Fest von Nuestra Señora de la Victoria.)
(**Puerto de Soller:** 15. Juli: Fest der Nuestra Señora del Carmen.)

Son Servera (3341; 92; 65)
17. Januar: Fest von St. Antonius, Abt.
24. Juni: Fest des Schutzheiligen San Juan.
Im Sommer, jeden Donnerstag in 's'Esglesia Nova': Aufführung von Mallorquinischen Tänzen.

Valldemosa (1151; 425; 18)
27. und 28. Juli: Volksfeste der 'Beata' oder Glückseligen.
Am letzten Julisonntag: Konzert im Kartäuserkloster.

Villafranca de Bonany (2460; 102; 40)
Dienstag nach Ostern: Wallfahrt zur Klause Bonany.
Juli: 3 letzte Tage der letzten Woche: Fest des Schutzheiligen.
2. Septembersonntag: Fest der Melone.

Menorca

Alayor
5. und 16. Januar: Fest der Hl. Drei Könige.
10.–13. August: Fest von San Lorenzo.

Ciudadela
17. Januar: Prozession der 3 Schläge.
23.–24. Juni und am Sonntag vorher: Mittelalterliche Reiterfeste von San Juan.
9. Juli: Patriotisches Fest.

Ferrerias
23.–25. August: Fest des Schutzheiligen San Bartolomé.

Mahon
5.–6. Januar: Fest der Hl. Drei Könige.
17. Januar: Fest vom Hl. Antonius, Abt.
23. Juni: Vorabend von San Juan.
3.–9. September: Fest der Beschützerin, Nuestra Señora de Gracia.

Mercadal
3. Julisonntag:. Fest des Schutzheiligen San Martín.
(**Fornells:** Ende Juli, am Sonntag nach dem Fest von San Martin in Mercadal:
Fest des Schutzheiligen San Antonio, Abt.)

San Cristobal
Am Sonntag nach der Feierlichkeit in Fornells: Fest des Schutzheiligen San Cristóbal.

San Luis
25.–27. August: Fest des Schutzheiligen San Luis.

Villa Carlos
24.–26. Juli: Fest von San Jaime.

Märkte und Messen

Mallorca, wöchentliche Markttage

Montag: Calviá, Montuiri, Manacor

Dienstag: Alcudia, Artá, Llubí, Porreras, Santa Margarita.

Mittwoch: Andraitx, C'an Picafort, Santanyi, Selva, Sineu (erhält die Tradition des Markttages als Königliches Privileg), Villafranca (wenn der Mittwoch kein Feiertag ist).

Donnerstag: Inca, San Lorenzo des Cardassar.

Freitag: Lloret de Vista Alegre, Luchmayor, María de la Salud, Son Servera.

Samstag: Campanet, Lloseta, Palma de Mallorca, Santa Margarita, Santanyi, Sóller.

Sonntag: Alcudia, Algaida, Artá, Binissalem, Felanitx, Pollensa, Sa Pobla, Santa María del Cami, Sencelles.

Messen

Mallorca
April, am letzten Sonntag: Santa Maria del Cami.
Mai, Sineu: wichtige Messe für Landwirtschaft und Viehzucht; die Messe, die umfangreichste der Insel, wurde vom König Pedro IV. von Aragon eingeführt und ist damit auch älteste und eigentümlichste Messe Mallorcas.
Am 2. Sonntag: Felanitx, Lloret de Vista Alegre.
Am 3. Sonntag: Sencelles. Am letzten Sonntag: Binissalem, Manacor. Am Sonntag, der dem Namenstag von San Isidro am nächsten liegt: Campos del Puerto.

Juli, 2. Samstag: Algaida.

August, 17.: Sineu, 28.: Felanitx, 2. Sonntag: Soller.

September, 8.: Montuiri, 1. Sonntag: Artá, 3. Sonntag: Felanitx.

Oktober, 19. und 26.: Inca, 3. Sonntag: Santanyi, 4. Sonntag: Felanitx und vorletzter Dienstag: Porreras.

November, 2. und 13.: Inca 'Dijous Bo'. 8., 17. und 24.: Sa Pobla, 2. Sonntag: Pollensa, am letzten Sonntag: Binissalem.

Dezember, 21.: Sineu, am Dienstag nach dem Fest von Santa Catalina in Llubí, am Sonntag vor San Lucas oder am Tage selbst, wenn es ein Sonntag ist: Lluchmayor. Am ersten Sonntag nach Ostern in Muro.

Menorca

'Sebime': Messe, 'Woche der Bijouterie in Menorca' in Mahón. Wird zweimal jährlich veranstaltet und zwar während der dritten Januarwoche und während der dritten Septemberwoche.

Bezeichnungen zur Topographie und Landeskunde

Arenal = Sandiges Dünenland am Meeresufer
Aujub = Geschlossenes Wasserdepot
Avench = Tiefe Felsenspalte
Balsa = Offene Lache, als Tränke verwendet
Barrera = Hölzernes Gitter zum Abschließen von Grundstücken
Biga = Preßbalken bei Ölmühlen
Cala/Caló = Kleine Meereseinbuchtung
Caminé = Straßenwärter
Carregador = Landungsplatz, um Waren aufzuladen
Carretera = Landstraße
Clapér = Haufen von zusammengesuchten Feldsteinen
Clasta = Hofraum
Coll = Paß, Gebirgssattel
Comellar = Tal, Einbuchtung
Corral = Hof für Vieh
Cova = Höhle
Donat = Kirchendiener an einem Wallfahrtsplatz
Entrada = Eingangshalle, Eintritt
Escar = Geglätteter oder gepflasterter Platz, an dem man die Boote an Land ziehen kann
Escuy = Felsenriff
Figueral = Feigenbaum-Pflanzung
Freu = Meerenge
Garriga = Niedriger Buschwald
Hort = Obst- und Gemüsegarten
Hostal = Herberge und Stallung
Marés = Kalkmergel
Marjada = Bodenterrasse
Marjador = Terrassenmauer
Mirador = Angelegter Aussichtspunkt
Morro = Kopfartiger Gebirgs- oder Kap-Vorsprung
Odre = Schlauch als Ölmaß
Paret = Trockenmauer
Pedrera = Steinbruch

Pedriz = Steinerne oder gemauerte Bank
Pica = Wasserbecken im Fels als Tiertränke
Pinar = Wald aus Strandkiefern
Playa/Playola/Playeta = Strand, kleiner Strand
Porchade = Vordach
Rota = Verpachtetes Feldstück
Sestador = Sommerstall für Schafe
Single = Steile Einsenkung im Gebirge
Tafona = Ölmühle
Tanca = Eingeschlossenes Feld und die Einfriedungsmauer
Trispol = Gestoßener, fester Fußboden

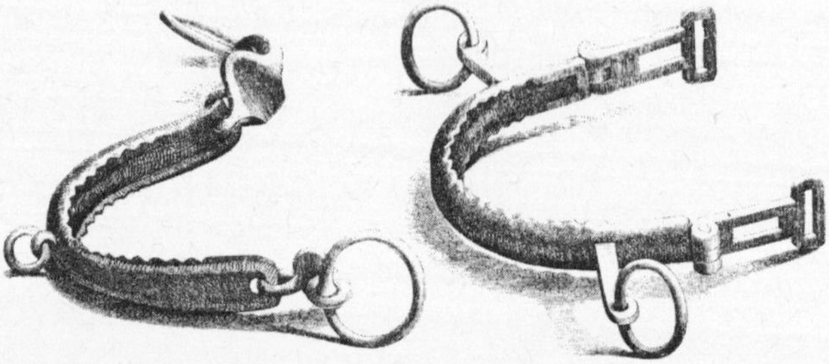

Zaumzeug für Esel und Maultiere, gewöhnlich innen leicht gezähnt. Zum Lenken werden die Zügel (Leine = llonja) durch die Ringe gezogen (Stricke oder Lederriemen, seltener Ketten)

Sprichwörter aus Mallorca

Tal embat tal oratge Wie die Brise, so der Wind

Contractes de primes, d'aube no passen avant Die am Abend geschlossenen Verträge erfüllen sich nicht am Morgen (weil die Fischer abends müde und betrunken sind)

Hâbit no fá mônja ni mussa canônge Das Kleid macht weder die Nonne, noch der Kragen den Domherrn

Hey hâ més dias que llangonissas Es gibt mehr Tage als Würste

Honra y profit no câben dins un bolsic Ehre und Gewinn haben nicht in einer Tasche Platz

La diligencia es la mara de la ventura Der Fleiß ist die Mutter des Glücks

La pobresa no es vilesa Die Armut ist keine Schmach

Lo que no se paga en diners se paga en dinadas Was man nicht mit Geld bezahlt, bezahlt man mit Verbeugungen

Lo que pôts fer tú no heu encomânas à ningú Was du selbst machen kannst, laß keinen andern tun

Mal cami pasarlo prest Einen schlechten Weg muß man möglichst schnell passieren

Mantell ô capa tot ho tapa Mäntelchen oder Mantel, alles deckt

May s'aplegan fins ques semblan Nie vereinigen sie sich, wenn sie sich nicht ähneln

Mes perd lo avariciós que el abundós. Der Geizhals verliert mehr als der Verschwender

Môrta la cuca môrt es veri Gestorben der Wurm, gestorben das Gift

Muda es llop sas dents, pero no es pensaments Der Wolf wechselt die Zähne, aber nicht die Denkart

No pôt ser beurer molt y anar dret Es ist unmöglich viel zu trinken und gerade zu gehen

Barca aturâda no guàña nôlits Stehendes Schiff verdient keinen Lohn

En el grân mar el grân peix Auf hoher See große Fische

Es peix grôs se menja es menut Die großen Fische fressen die kleinen

Qui dôrm no pilla peixos Wer schläft, fängt keine Fische

Qui vôl menjar peix es cul se hâ de bañar Wer Fische essen will, muß sich den Hintern naß machen

Qui s'embarqua derré, vogua es rem tort Wer sich zuletzt einschifft, rudert mit den schiefen Rudern

Menjar bé i biure lo demes fa riure Gut essen und trinken, alles übrige wird lustig

Mallorquinisch essen und trinken

Que aproveche! 'Mahlzeit!' wünschen wir jedem Inselbesucher, wenn er nicht nur von den Leckerbissen Spaniens, sondern auch von den lokalen der Inseln Mallorca und Menorca kostet.

Paella steht an erster Stelle, stets frisch zubereitet, was immer mindestens eine halbe Stunde Wartezeit bedeutet. Reis, Fisch, Huhn, Gemüse und alle möglichen Meerestiere werden fein gemischt und mit dem ölgekochten Reis zubereitet.

Wie auf Spaniens Festland ist *pierna de cordero,* gebratene Lammkeule, das klassische Fleischgericht und wetteifert im Geschmack nur noch mit *frito mallorquin* aus Nieren, gebratener Leber mit Zwiebeln, Knoblauch und Kartoffeln.

Mallorcas wie Menorcas Eintopfgerichte heißen *sopas mallorquinas* und *sopas mantaza,* köstliche Gemische aus vielen Gemüsesorten, Kohl, Fleisch und Brot.

Conejo con cebolla und *conejo al ajillo* bestellt, wer auf gekochtes Kaninchenfleisch Appetit hat, sehr schmackhaft entweder mit Zwiebeln oder mit viel Knoblauch zubereitet. Feinschmecker schwören auf *tordos con col,* das sind Drosseln mit Kohl, oder auf *caracoles con alioli,* die kleinen spanischen Schnecken in Majonnaise und Knoblauch.

Nur im Herbst gibt es *setas,* Reizger, und daraus feinschmeckende Pilzgerichte oder Beilagen.

Von den mallorquinischen Bauernwürsten muß man zumindest gekostet haben. Paprikarot und ebenso inhaltsreich ist die saftige, grobe Mettwurst *Sobrasada,* deftiger die mit Fettstückchen gespickte, geräucherte Blutwurst *Butifara.*

Sonst aber sind es Meerestiere, denen Mallorcas und Menorcas Speisekarte eine gewisse Exklusivität verdankt. Man war nicht richtig auf den Balearen, wenn man nicht wenigstens einmal *zarzuela de pescado* probiert hat, eine herzhafte Gaumenfreude aus zusammen gebratenen oder gekochten Fischarten, die vor Stunden noch im Mittelmeer herumschwammen, jetzt gekocht in Wein und zubereitet mit scharfer Tunke und Gewürzen – oder *gambas* (Garnelen) und ihre Verwandten, die *langostinos,* möglichst *a la plancha,* gebraten nämlich und nicht so billig wie etwa die köstlichen *dinas a la plancha,* ganz frische, gebratene große Sardinen.

Ausgefallener, aber kaum minder schmackhaft, ist der *pulpo,* ein Polyp, der oft bis 10 kg schwer, und dessen Fleisch so zäh ist, daß es erst *a la gallega,* eßbar weich gekocht wird. *Calamares* und *sepia* sind die Tintenfische, Spezialitäten *a la romana,* das ist in Ringe geschnitten und in Teig gebraten – oder die *sepia a la plancha,* gegrillt.

So auf Holzspieße gesteckt, bekommt man sie an den Bartheken als *tapa* gereicht, Appetitanreger zusammen mit alkoholischen Getränken und manchmal, aber selten genug, noch gratis und als Zugabe zum Getränk. Wer mehr davon probieren möchte, bittet um ein *variado,* von allem etwas.

Zuletzt die Muscheln, *mejillones,* natürlich gekocht in Wasser, *al vapor,* und gleich so gegessen – oder genossen, wenn sie *a la marinera,* in Weinsoße zubereitet wurden. Üblich sind die großen Muscheln und billig dazu, teurer die kleinen *almejas* und die selteneren Arten *datiles* und *pies de cabra.*

Wie auf dem Festland auch, so trinkt man auf den Balearen zum und nach dem Essen Wein, den gewöhnlichen Tischwein *vino de la casa,* rot = *tinto,* weiß = *blanco* oder rosé = *rosado* und in Mallorca natürlich vom Roten aus Binisalem.

Kaffee wird zuletzt serviert. Bestellen Sie nur *café,* dann bringt Ihnen der Ober ein winziges Täßchen starken Espresso, den Sie als *cortado* mit Milch oder als *carajillo* auch mit einem Schuß Cognac haben können. Wünschen Sie den Kaffee so wie zu Hause, dann bestellt man einen *café largo* oder *americano,* mit Milch *con leche.*

Tee bleibt auch spanisch *té,* mit Zitrone ist er *té con limon,* mit Milch *tè con leche.*

Menorcas Küche verfeinert kulinarische Genüsse möglicherweise mit der auf dieser Insel 'erfundenen' *salsa mahonesa,* der Majonnaise, mit *queso de Mahón,* einem weißen Ziegen- oder Schafskäse, den man dort auch mit *membrillo,* das ist süßes Quittenmark, ißt, und ein Gläschen menorquinischen *Gin* wird sicherlich kein Feinschmecker verschmähen wollen … (er wird hier mit Weingeist und nicht mit Kornschnaps, wie im nördlichen Europa, gebrannt).

Statt Kaffee wird auch Schokolade getrunken, *chocolate,* besser *a la francesa,* leichter als die dicke spanische, die mit wenig Milch getrunken wird, und ist es sehr heiß, sollte man sich mit Eiskaffee, *café helado,* abkühlen. Dazu gibt es halbe, geröstete Buttersemmeln, *tostada media,* oder *Butterkuchen, ensaimadas,* oder die überall beliebten *churros,* eine Art Spitzkuchen.

Das Mittagessen, *almuerzo,* und das Abendessen, *comida,* sind recht reichhaltig, wobei *comida* die Hauptmahlzeit meint, die man entweder mittags oder abends einnimmt. Dann werden Vorspeisen, *entremeses,* Suppe, *sopa,* ein erster Gang aus Eiergerichten, *platos de huevos,* oder mit Fischgerichten, *pescado,* und der Hauptgang mit Fleischspeisen, *carnes,* und mit Gemüsen, *verduras,* serviert. Der Nachtisch, *postres,* besteht in der Regel aus jahreszeitlichen Früchten, *frutas.*

Das im Restaurant genannte Menü, *comida,* ist billiger als das à la carte-Essen, und das Trinkgeld, *propina,* ist in der Endsumme der Rechnung, *cuenta* oder *nota,* bereits miteingeschlossen, doch ein guter mallorquinischer Ober, *camarero,* erwartet noch einen Betrag dazu.

Aceitunas = Oliven, *rellenas* gefüllt
ahumado = geräuchert
Albóndigas = Frikadellen
Alcachofas = Artischocken, *fritas* gebraten
Almeja = Muschel
Almuerzo = Mittagessen, ab 14 Uhr
Anchoas = Sardellen
Angulas = Aalquappen in Öl
Aperitivo = Appetitanreger, öffnet den Magen vor dem Essen, meist hochprozentige Festlandsweine, Sherry, und ausländische Erzeugnisse die, weil in Lizenz destilliert, in Spanien billiger sind.
Apio = Sellerie
Arenque = Hering
Arroz = Reisgericht, *al horno* im Backofen gebacken, *abanda* mit Fisch
Asado = der Braten, geschmort
Atún = Thunfisch, *en aceite* in Öl

Bacalao a la vizcaina = Kabeljau Biskaya
Bar = Nur ein Lokal zum Trinken, täglicher Treffpunkt des Spaniers auch für Geschäftliches (Likör, Kognak, Bier, Limonade, Kaffee, Espresso).
Barquillos = Waffeln
Berenjenas = Auberginen
Berza = Weißkohl
Bistec, auch *Bisté* = Beefsteak
Bodega = Einfacher, rustikaler Weinkeller, wo man direkt aus dem Fässern in das Glas abfüllt, zum Probieren oder Kaufen.
Bogavantes = Hummer
Bollo = Hefewecken
Brevas = Feigen (indische: *chumbo)*
Butifarra = fette Schweinswurst
Cabello de angel = Kürbismarmelade
Calamar = Tintenfisch
Calderada = Fischsuppe (spanische Form der französischen Bouillabaisse)
Caldo = Fleischbrühe, *de gallina* Hühnerbrühe
Caña = Schnaps aus Zuckerrohr
Carne = Fleisch, *estofada* Schmorbraten, *salada* Pökelfleisch, *ahumada* Rauchfleisch
Carnero = Hammel
Carpa = Karpfen
Cazuela de habas = dicker Bohneneintopf
Cebollas = Zwiebeln
Cerdo = Schweinefleisch
Cerveza = Bier, schwächer als bei uns eingebraut, würzig 'Henninger', 'San Miguel', malziger 'Skol International'.

Chanfaïna = Ziegenfleisch und Gemüsetopf
Chipirones = kleine Tintenfische
Chorizo = gewürzte Schweinewürstchen mit Knoblauch und Paprika
Chuleta = Kotelett, *de cerdo* Schweinskotelett
Cocido = Spanisches Nationalgericht, Eintopf aus Fleisch, Kichererbsen und Kartoffeln
Cochinillo asado = Spanferkel geschmort
Cola de vaca = Ochsenschwanz
Coliflor = Blumenkohl
Comida = Abendessen, ab 21 Uhr abends.
Coñac = Spanischer Brandy, Weinbrand, vollmundig, weich und mild: 'Veterano Osborne', 'Magno', 'Ciento y Tres' = '103', strenger: 'Fundador' und 'Carlos I.', herb: 'Byass 96'.
Cordero asado = Hammelbraten
Cuba libre = Erfrischungsgetränk aus weißem Rum mit Cola und Eis.

Desayuno = Erstes Frühstück, das der Spanier schnell an der Bar einnimmt: ein Kaffee mit trockenem Gebäck (Brioche) oder mit weichem Backwerk in Schneckenform (Ensaimada).

Ensalada = Salat, *de lombarda* Rotkohlsalat, *lechuga* Kopfsalat, *de San Isidro* Kopfsalat mit Thunfisch
Embuchado = Trockenwurst aus Schweinsfilet
Empanadas = Blätterteigpasteten
Empanadillas de pescado = Fischpasteten
Erizo de mar = Seeigel
Espárragos = Spargel
Espinacao = Spinat
Estofado = Rinderschmorbraten

Fabado = suppenartiges Ragout aus weißen Bohnen und Schweinefleisch
Fiambre = Aufschnitt, *variado* gemischt
Fideos a la malagueña = Spaghetti mit Paprikaschoten, Tomaten und Muscheln
Filete de ternera = Kalbsschnitzel
Fresas = Erdbeeren

Gazpacho = Kaltschale aus Gemüsen
Gin Palo = Süß und schwer aus Johannisbrot und getrockneten Feigen, wird mit Soda (auf Mallorca), mit Gin (auf Menorca) verdünnt.
Guisantes = Erbsen

Helado = Eis, *de frambuesa* Himbeereis
Hierbas = Grünlicher Kräuterlikör, fast ein mallorquinisches Nationalgetränk, als *Hierbas dulce* sehr süß, als *Hierbas seco* nicht 'trocken', sondern nur etwas weniger gesüßt.
Higado = Leber
Huevo = Ei, *duro* hart, *pasado por agua* weich, *revueltos* Rührei, *al plato* oder *frito* Spiegelei, *a la flamenca* Spiegeleier mit Erbsen, Bohnen, Zwiebeln, Paprikas und Würstchen

Jamón = Schinken, *en dulce* mit Zucker eingemacht und kalt
Judias = Bohnen, *verdes* grüne Bohnen, *verdes a la española* mit Paprikaschoten und Knoblauch
Jugo de tomate = Tomatensaft, *de pomelo* Grapefruitsaft

Lechón = Spanferkel
Lenguado = Seezunge, *a la andaluza* gebratene Röllchen mit Reis, Auberginen, Paprikas
Liebre = Hasenbraten
Lomo = Schweinsfilet, auch als luftgetrocknete Dauerwurst im Darm

Lumumba = Erfrischungsgetränk aus heißem Kakao mit Weinbrand.

Mantequilla = Butter
Manzanas = Äpfel, *fritas* Apfelküchlein
Marmita = Fischeintopf mit *bonito* (Bonettfisch)
Melocotónes = Pfirsiche
Migas = gebackenes Brot mit Fleisch oder Sauce serviert, manchmal auch süß
Morcilla = Blutwurst, *blanca* mit Reis-Fleisch-Mischung gefüllte Wurst
Mostaza = Senf (Senfbüchse: *mostacera)*

Naranjas = Apfelsinen
Nata batida = Schlagsahne

Olla podrida = Eintopf aus Huhn, Schinken, Kichererbsen und verschiedenen Gemüsen
Ostras = Austern

Paella valenciana = Reiseintopf mit Huhn, Fleisch, Gemüsen, Muscheln und Hummer, *bruta* gebratener Reiseintopf mit Geflügel und Fisch, Schweinefleisch und Tomaten
Pan = Brot, *Panecillo* = Brötchen
Patatas = Kartoffeln, *fritas* Bratkartoffeln
Pato = Ente, *con arroz* mit Reis
Pavo = Puter
Pepino = Gurke
Pepitoria de gallina = Hühnerfrikassee
Pichón = Taube
Pies de cerdo = Eisbein
Piñas (de America), auch ananás = Ananas
Pimentones rellenos = gefüllte Paprikaschoten
Plátanos flambés = gebackene Bananen
Pollo asado = Brathähnchen
Potaje = Kichererbsen mit Spinat
Propina = Trinkgeld, obwohl alle Restaurantpreise Endpreise sind. Erwartet werden 10 Prozent oder großzügiges Aufrunden der Zahlsumme. Taxifahrer, Zimmerkellner und Zimmermädchen bekommen das gleiche.
Puchero = Eintopf aus Fleisch, Gemüse, Kichererbsen

Queso = Käse, *de cabra* Ziegen-, *de oveja* Schafskäse

Raya en pimetón = Rochen in Paprika
Repollo = Wirsingkohl
Requesón = Quark
Restaurante = Speiselokal mit Angeboten von Menus, Essen à la carte und sogenannten Touristenmenus. Spanier stellen ihr Essen nach Karte zusammen, jede Portion wird gesondert berechnet.
Riñones al Jerez = Kalbsnieren in Sherry

Salchichas = Brühwürstchen
Salchichón = Cervelatwurst
Salmonete al horno = gebackene Meeräsche (eine forellengroße Lachsart)
Sangria = Erfrischendes Getränk, ähnelt unserer Bowle, aus Rotwein, Orangen und anderen Früchten
Sherry = Vom entstellten Ortsnamen Jerez (de la Frontera); von dort die Marken 'Gonzales Byass', 'Sandemann', 'Pedro Domecq' (süß und trocken), 'Tio Pepe', 'Dry Sack' (herb oder noch herber 'Jerez muy seco' verlangen).
Solomillo asado = geschmortes Lendenstück
Sopa de ajo = Suppe mit Knoblauch (und Brot und Ei), *de semola* Griessuppe, *de verduras* Gemüsesuppe, *de fideos* Nudelsuppe

Tabacos = Tabakwarenladen (gelb-rote Schilder, dort auch Verkauf von Briefmarken). Spanische Zigaretten haben meist dunkle Tabake ('Ducados', 'Coronas', 'Vencedor', mit und ohne Filter), und die helleren heißen 'Celtas'.

Tapas = 'Deckelchen', um den Alkohol zu 'verschließen'; Bezeichnung für die mit Fisch, Fleisch, Wurst, Schinken oder Käse belegten Happen zum Essen 'zwischendurch' an der Bar.

Ternera mechada = gespickter Kalbsbraten

Tocino = Speck

Torreznos = gebackene Speckscheiben

Torrijas = Arme Ritter

Tortilla = Eierkuchen, Omelett, *de camarones* Krabbenomelett

Trucha = Forelle, *a la parrilla* gegrillt

Tumbet Mallorquina = Gemüseauflauf aus Auberginen, Paprika, Tomaten und Kartoffeln

Uvas = Weintrauben

Vaca = Rindfleisch, *cadero de vaca* Schmorbraten

Vieiras = große Muscheln in Schale überbacken

Yemas = Süßigkeit aus Fondantmasse mit Datteln oder Nüssen

Zanahorias = Möhren

Sprache

Auf Mallorca spricht man offiziell die Amtssprache Spanisch, daneben das Mallorquinisch, dessen spezifische Eigentümlichkeiten sich aus der nicht abreißenden Berührung der eingesessenen Mallorquiner mit den Bewohnern des Roussillon, die katalanisch sprachen, aber stetig dem Französischen ausgesetzt waren, bildeten. Mit den Truppen von König Jaime I. und dem Beginn der Verwaltung über Gesetze, Erlasse, Glaubensäußerungen usw. konnte sich diese Abart des Spanisch-Katalonischen zu einer eigenständigen Sprache entwickeln, so daß bald die Bibel und viele alte Werke aus dem Spanischen ins Mallorquin übersetzt wurden. Bereits König Jaime selbst hatte als Schriftsteller ein philosophisches Werk und eine Geschichte seiner Taten, die ›Cronica de Don Jaime I‹ nicht auf Spanisch (Kastilisch), sondern in katalonischer Sprache verfaßt, und solange Mallorca mit der Krone Aragons unter Jaime vereinigt war, gab es keinen Unterschied zwischen der Sprache der Katalanen, der Aragonier und der Mallorquiner, abgesehen von einigen arabischen Wörtern, die bis heute auf Mallorca in Gebrauch sind. Seit dem Ausgang des 13. Jahrhunderts haben unübersehbar viele Heimatdichter profane und geistliche Literatur im Mallorquin geschaffen, und gerade heute pflegt man in breiten Kreisen der Inselbevölkerung diese wohlklingende, vollgültige Schriftsprache. Viele Landkarten, Wegeschilder und andere Bezeichnungen werden deshalb gern wieder im Mallorquin geschrieben.

Angesiedelt ist die Sprache, wie oben gezeigt, etwa zwischen dem Südfranzösischen (dem Provençalischen) und dem Norditalienischen, sie hat dem Katalanischen gegenüber eine durchaus andere Färbung im Klang und andere Wortbildungen, die es anderswo in Spanien nicht gibt. Für den Interessierten oder Sprachkundigen möge hier als Beispiel eines prominenten Prosaisten des 13. Jahrhunderts das Gebet von Raimundus Llullus folgen:

Senyor é Creador meu, ajudatsme si á vos vé de plaer en aquest tan gran perill, que tan bon feit com yo he comencat no'l puixca perdre; car no'l perdria yo tan solament, ans lo perdrets majorment vos: car yo vaig en aquest viatge per exalçar la fe que vos nos havets donada, é per baxar é destruyr aquells qui no creuen en vos. E doncs ver Deus é poderos, vos me podets guardar d'aquest perill, é fer servir la mia volentat, que he per servir á vos. E deu vos membrar de nos que hanch nula re no'us claman merce que no le troba sens vos, é aquells majorment qui'ns han en cór de servir, é traen mal per vos, é yo só d'aquells. E, Senyor, membreus de tanta gent qui va en sui per servir vos. E vos, mare de Deu, qui sou pont é pàs dels pecadors, prech vos per las set alegries, é per los set dolors que hagues del fill de Deu, que'us membre de mi en pregar à vostre fill, qu'ell me storca d'esta pena, é d'aquest perill en que yo son, é aquells qui van ab mi.

Mein Herr und Schöpfer! hilf mir, wenn es dir beliebt, aus dieser so großen Gefahr, damit das Gute, was ich begonnen habe, nicht verlorengehe; denn ich würde es nicht allein verlieren, sondern auch du. Denn ich unternehme diese Reise, um den Glauben auszubreiten, den du mir geschenkt hast, und um denjenigen zu beugen und zu vernichten, welche nicht an dich glauben. Beschütze mich also, wahrer und mächtiger König! in dieser Gefahr und nimm meine Bereitwilligkeit, dir zu dienen, an. Und vergiß nicht, daß die, welche Gnade von dir erbitten, sie nur in dir finden, und insbesondere diejenigen, welche dir von ganzem Herzen dienen und für dich leiden, und dazu gehöre ich. O Herr! gedenke der vielen Leute, welche mit mir ziehen, um dir zu dienen. Und du, Mutter Gottes! die du der Steg und der Weg des Sünders bist, ich flehe zu dir um der sieben Freuden und der sieben Schmerzen willen, welche du vom Sohne Gottes empfingest, auf daß du meiner gedenkest und mich von diesen Übeln und aus der Gefahr errettest, in die ich mich samt denen, welche mit mir ziehen, begebe.

Menorcaner, Stich des 18. Jhs.

Preisgedicht auf Mallorca von Tomas Forteza (1869)

Quant de les altes montanyes
Los cims blanquejen de neu,
També lesplanes blanquejen
Ab la flor dels ametlers.
Cau la flor demunt la bruya
Qu'abaix de los arbres creix,
Pintada de vert la terra,
Brufada de grans d'argent;
D'esperansa y de puresa
Ne rumbeja hermos mantell.
Bella terra n'es Mallorca,
Qu'es Mallorca rich verger.

Wenn die Wipfel der hohen Gebirge
Vom Schnee erglänzen,
Sind auch die Ebenen in Weiß gekleidet
Von den Blüten des Mandelbaumes.
Fällt die Blüte auf den Rasen,
Welcher unter den Bäumen sproßt,
So prankt die grünende
Und mit Silberkörnchen bestreute Erde
Zu einem herrlichen Mantel
Von Hoffnung und Reinheit.
Ein schönes Land ist Mallorca;
Denn Mallorca ist ein reicher Garten.

Vé lo Maig; ab les espigues
Tornen d'or los sementers,
Grat remot fan ses onades
Quant se besen ab lo vent.
Llún la fals, y entorn de l'era
Al cel pugen los garbers,
Trota l'euga, cruix la palla.
Gloses cante 'l pareller,
L'aire s'umpl' de polsaguera
De blat s'umplen los graners.
Bella terra n'es Mallorca,
Qu'es Mallorca rich verger,

Kommt der Mai, so verwandeln sich durch
Die Ähren
Die Saatfelder in Gold,
Ein wonniges Geräusch machen die Wogen
(der Saaten),
Wenn sie mit dem Winde kosen;
Es erglänzt die Sichel, und rings um die
Tenne
Steigen die Garbenhaufen gen Himmel,
Dahin trabt die Stute, das Stroh rauscht.
Lieder singt der Pareller,
Die Luft erfüllen Staubwolken,
Mit Getreide füllen sich die Scheuern.
Ein schönes Land ist Mallorca;
Denn Mallorca ist ein reicher Garten.

Si l'estiu roba à la rota
Sa verdor y sos joyells,
Negrejant de rehims la vinya
Te ajagudes sas sarments.
Los fadrins à les al-totes
Los beraten los cistells,
Mentres duen portadores
Riuen, ballen juganers

Wenn der Sommer den Feldern
Ihr Grün und ihren Schmuck raubt,
Schwärzen sich die Reben von Trauben
An den niederhängenden Ranken.
Die Burschen nehmen den Mädchen
Die Körbe ab,
Während sie Portadoras tragen,
Schäkern sie und tanzen lustig;

Dins el cup lo most regala,
Lo vi bull dins lo celler.
Bella terra n'es Mallorca,
Qu'es Mallorca rich verger.

A dol toquen les campanes,
Lo camp de sol se revest,
À solades cau l'oliva
Endolant tots los reguers;
Afanyades cullidoras
L'apelluquen ben rebent;
L'aygua bull dins la caldera,
Lo front' xuga el tafoner,
Roda l'truy, la prensa gisca
Raija l'oli en los cubells.
Bella terra n'es Mallorca,
Qu'es Mallorca rich verger.

L'auba riu: ses fulles badent
Lliris, roses y clavells;
Remorejen les abelles
En llur calzez mel beguent;
Lo goret la reya solca
Trenca el cavech los terrers;
Naix la Lluna; lluny ressona
L'esquelleta dels anyells,
Del pastor la dolsa gaita,
La bandola del jovent.
Bella terra n'es Mallorca,
Qu'es Mallorca rich verger.

Dalt del cim lo pi s'oreja,
Baix del cim los olivers,
De la penya brolla l'aygua
Omplint l'horta de fruits bells;
En los boschs naixen alsines,
En los plans arbres fruyters,
En la vall llargues rengleres,
D'olorosos tarongers;
I'n los horts palmera airosa

In den Bottich fließt der Most,
Der Wein gährt im Keller.
Ein schönes Land ist Mallorca,
Denn Mallorca ist ein reicher Garten.

Zur Trauer läuten die Glocken,
In Trauer kleidet sich das Land;
In Schichten fällt die Olive herab,
Alle Gräben schwärzend;
Emsige Sammlerinnen
Heimsen sie schleunigst ein;
Im Kessel siedet das Wasser,
Die Stirn trocknet sich der Tafoner,
Die Mühle dreht sich, die Presse ächzt
Und das Öl fließt in die Becken.
Ein schönes Land ist Mallorca,
Denn Mallorca ist ein reicher Garten.

Der Morgen lacht; es öffnen ihre Blätter
Die Lilien, die Rosen und die Nelken;
Die Bienen summen und trinken
Aus deren Kelchen den Honig;
Den Acker furcht die Pflugschar,
Die Hacke zerstückelt die Schollen;
Der Mond geht auf; weithin erschallt
Das Glöcklein der Lämmer,
Des Hirten süßer Dudelsack
Und die Mandoline des Jünglings.
Ein schönes Land ist Mallorca,
Denn Mallorca ist ein reicher Garten.

Oben auf der Höh' wiegt sich in der Luft die Pinie,
Am Fuße der Höh' der Ölbaum;
Dem Felsen entströmt das Wasser
Und füllt die Obstgärten mit lieblichen Früchten;
In den Wäldern wachsen Eichen,
In den Ebenen Fruchtbäume,
In dem Tale ausgedehnte Reihen

Sos ventalls vinclant al vent
Bella terra n'es Mallorca,
Qu'es Mallorca rich verger.

Wohlriechender Orangenbäume,
Und in den Gärten läßt die luftige Palme
Ihre Wedel im Winde spielen.
Ein schönes Land ist Mallorca,
Denn Mallorca ist ein reicher Garten.

Ay! Mallorca el cor m'encises:
Ab ton blau del cel tan bell,
Ab te platjes remoroses,
Qu'escomou l'ambat lleuger,
Ab les flors de tes praderes,
Ab lo cant de los aucells,
De lo cel é el paradis
Pera mi semblança n'ets;
Ay! Mallorca, si te deixo
De anyorança moriré.
Bella terra n'es Mallorca,
Qu'es Mallorca rich verger.

Ach Mallorca, du entzückst mein Herz
Mit dem so schönen Blau deines Himmels,
Mit deinen rauschenden Ufern,
Welche die leichte Brise bewegt,
Mit den Blumen deiner Wiesen,
Mit dem Gesang deiner Vögel;
Des Himmels und des Paradieses
Abbild bist du für mich!
Ach Mallorca, wenn ich dich verlasse
Werde ich vor Heimweh sterben.
Ein schönes Land ist Mallorca,
Denn Mallorca ist ein reicher Garten.

Register

Orte

Personen

Bitte beachten Sie auch folgende Veröffentlichungen unseres Verlages zu Spanien:

Zentral-Spanien

Kunst und Kultur in Madrid, El Escorial, Toledo und Aranjuez, Avila, Segovia, Alcalá de Henares
Von Anton Dieterich. 232 Seiten mit 11 farbigen und 155 einfarbigen Abbildungen, 38 Zeichnungen, Karten und Plänen, 13 Seiten praktischen Reisehinweisen, Zeittafel, Register, kartoniert (DuMont Kunst-Reiseführer)

Die Kanarischen Inseln

Inseln des ewigen Frühlings: Teneriffa, Gomera, Hierro, La Palma, Gran Canaria, Fuerteventura, Lanzarote.
Von Almut und Frank Rother. 336 Seiten mit 95 farbigen und 93 einfarbigen Abbildungen, 71 Zeichnungen und Plänen, Sachwortverzeichnis, Literaturhinweisen, 27 Seiten praktischen Reisehinweisen, kartoniert (DuMont Landschaftsführer)

Katalonien und Andorra

Von den Pyrenäen zum Ebro
Costa Brava – Barcelona – Tarragona – Die Königsklöster.
Von Fritz René Allemann und Xenia von Bahder. 368 Seiten mit 49 farbigen und 167 einfarbigen Abbildungen, 59 Plänen und Zeichnungen, 14 Seiten praktischen Reisehinweisen, Literaturangaben, Register, kartoniert (DuMont Kunst-Reiseführer)

»Den beiden Verfassern gelingt es, nicht nur vielbesuchte Stätten eingehend zu schildern, sondern auch die Bedeutung verborgener Kunstschätze so eindringlich darzustellen, daß der Reichtum Kataloniens an glanzvollen Schöpfungen vor allem der Romanik lebendig in Erscheinung tritt. Dabei sind sachliche Unterrichtung und temperamentvolle Interpretation stets in das richtige Gleichgewicht gebracht. Der Leser begleitet die Autoren nahezu leibhaftig auf ihren zahllosen Kreuz- und Querwegen und läßt sich mit Sicherheit von ihrer Entdeckerfreude anstecken.« *Frankfurter Allgemeine Zeitung*

Südspanien für Pferdefreunde

Kulturgeschichte des Pferdes von den Höhlenmalereien bis zur Gegenwart
Geschichte der Stierfechterkunst
Von Gerhard Kapitzke. 344 Seiten mit 42 farbigen und 220 einfarbigen Abbildungen, 25 Seiten praktischen Reisehinweisen, Register, kartoniert (DuMont Landschaftsführer)

»Richtig reisen«: Ibiza/Formentera

Von Ursula von Kardorff und Helga Sittl. 264 Seiten mit 52 farbigen und 147 einfarbigen Abbildungen, 2 Karten, 48 Seiten praktischen Reisehinweisen, kartoniert

Die Alhambra

Von Oleg Grabar. 208 Seiten mit 15 farbigen und 110 einfarbigen Abbildungen, Zeichnungen und Plänen, Register, Bibliographie, kartoniert (DuMont Dokumente)

Andalusien

Spaniens maurischer Süden
Von Inge und Arved von der Ropp. Mit einem Text von Rolf Blaeser. Etwa 160 Seiten mit etwa 100 Farbfotos und vielen einfarbigen Zeichnungen im Text, Zeittabelle, Karte und Bibliographie, Leinen mit Schutzumschlag

»Richtig reisen«

»Richtig reisen«: Algerische Sahara
Reise-Handbuch. Von Ursula und Wolfgang Eckert

»Richtig reisen«: Amsterdam
Von Eddy und Henriette Posthuma de Boer

»Richtig reisen«: Arabische Halbinsel
Saudi-Arabien und Golfstaaten
Reise-Handbuch. Von Gerhard Heck und Manfred Wöbcke

»Richtig reisen«: Australien
Reise-Handbuch. Von Johannes Schultz-Tesmar

»Richtig reisen«: Bahamas
Von Manfred Ph. Obst. Fotos von Werner Lengemann

»Richtig reisen«: Bangkok
Von Stefan Loose und Renate Ramb

»Richtig reisen«: Von Bangkok nach Bali
Thailand – Malaysia – Singapur – Indonesien
Reise-Handbuch. Von Manfred Auer

»Richtig reisen«: Berlin
Von Ursula von Kardorff und Helga Sittl

»Richtig reisen«: Budapest
Von Erika Bollweg

»Richtig reisen«: Cuba
Reise-Handbuch. Von Karl-Arnulf Rädecke

»Richtig reisen«: Florida
Von Manfred Ph. Obst. Fotos von Werner Lengemann

»Richtig reisen«: Friaul – Triest – Venetien
Von Eva Bakos

»Richtig reisen«: Griechenland
Delphi, Athen, Peloponnes und Inseln
Von Evi Melas

»Richtig reisen«: Griechische Inseln
Reise-Handbuch. Von Dana Facaros

»Richtig reisen«: Großbritannien
England, Wales, Schottland
Von Rolf Breitenstein

»Richtig reisen«: Hawaii
Von Kurt Jochen Ohlhoff

»Richtig reisen«: Holland
Von Helmut Hetzel

»Richtig reisen«: Hongkong
Mit Macau und Kanton. Von Uli Franz

»Richtig reisen«: Ibiza/Formentera
Von Ursula von Kardorff und Helga Sittl

»Richtig reisen«: Irland
Republik Irland und Nordirland
Von Wolfgang Kuballa

»Richtig reisen«: Istanbul
Von Klaus und Lissi Barisch

»Richtig reisen«: Kairo
Von Peter Wald

»Richtig reisen«: Kalifornien
Von Horst Schmidt-Brümmer und Gudrun Wasmuth

»Richtig reisen«: Kanada und Alaska
Von Ferdi Wenger

»Richtig reisen«: West-Kanada und Alaska
Von Kurt Jochen Ohlhoff

»Richtig reisen«: Kopenhagen
Von Karl-Richard Könnecke

»Richtig reisen«: Kreta
Von Horst Schwartz

»Richtig reisen«: London
Von Klaus Barisch und Peter Sahla

»Richtig reisen«: Los Angeles
Hollywood, Venice, Santa Monica
Von Horst Schmidt-Brümmer

»Richtig reisen«: Malediven
Reise-Handbuch. Von Norbert Schmidt

»Richtig reisen«: Marokko
Reise-Handbuch. Von Michael Köhler

»Richtig reisen«: Mauritius
Reise-Handbuch. Von Wolfgang Därr

»Richtig reisen«: Mexiko und Zentralamerika
Von Thomas Binder

»Richtig reisen«: Moskau
Von Wolfgang Kuballa

»Richtig reisen«: München
Von Hannelore Schütz-Doinet und Brigitte Zander

»Richtig reisen«: Nepal
Kathmandu: Tor zum Nepal-Trekking
Von Dieter Bedenig

»Richtig reisen«: Neu-England
Boston und die Staaten Connecticut, Massachusetts, Rhode Island, Vermont, New Hampshire, Maine
Von Christine Metzger

»Richtig reisen«: New Mexico
Santa Fe – Rio Grande – Taos
Von Gudrun Wasmuth u. Horst Schmidt-Brümmer

»Richtig reisen«: New Orleans
und die Südstaaten Louisiana, Mississippi, Alabama, Tennessee, Georgia
Von Hanne Zens, Horst Schmidt-Brümmer und Gudrun Wasmuth

»Richtig reisen«: New York
Von Gabriele von Arnim und Bruni Mayor

»Richtig reisen«: Nord-Indien
Von Henriette Rouillard

»Richtig reisen«: Norwegen
Von Reinhold Dey

»Richtig reisen«: Paris
Von Ursula von Kardorff und Helga Sittl

»Richtig reisen«: Peking und Shanghai
Von Uli Franz

»Richtig reisen«: Rom
Von Birgit Kraatz

»Richtig reisen«: San Francisco
Von Hartmut Gerdes

»Richtig reisen«: Die Schweiz und ihre Städte
Von Antje Ziehr

»Richtig reisen«: Seychellen
Reise-Handbuch. Von Wolfgang Därr

»Richtig reisen«: Südamerika 1
Kolumbien, Ekuador, Peru, Bolivien
Von Thomas Binder

»Richtig reisen«: Südamerika 2
Argentinien, Chile, Uruguay, Paraguay
Von Thomas Binder

»Richtig reisen«: Südamerika 3
Brasilien, Venezuela, die Guayanas
Von Thomas Binder

»Richtig reisen«: Süd-Indien
Von Henriette Rouillard

»Richtig reisen«: Texas
Von Horst Schmidt-Brümmer und Gudrun Wasmuth

»Richtig reisen«: Tunesien
Reise-Handbuch. Von Michael Köhler

»Richtig reisen«: Venedig
Von Eva Bakos

»Richtig reisen«: Wallis
Von Antje Ziehr

»Richtig reisen«: Wien
Wachau, Wienerwald, Burgenland
Von Wolfgang Kuballa und Arno Mayer